中国电子学会
中国计算机学会信息存储技术专业委员会 ┃ 推荐教材

信息存储与管理

（第二版）

数字信息的存储、管理和保护

[新加坡] G.Somasundaram
[美] Alok Shrivastava　著

马　衡　赵　甲　译

王永康　陈　弘　井　超　主审

人民邮电出版社

北　京

图书在版编目（CIP）数据

信息存储与管理：数字信息的存储、管理和保护 /
（新加坡）萨曼达（Somasundaram,G.），（美）希瓦史塔
瓦（Shrivastava,A.）著；马衡，赵甲译. -- 2版. --
北京：人民邮电出版社，2013.7（2021.1重印）
　ISBN 978-7-115-32326-2

　Ⅰ. ①信… Ⅱ. ①萨… ②希… ③马… ④赵… Ⅲ.
①信息管理－研究 Ⅳ. ①G203

中国版本图书馆CIP数据核字（2013）第131714号

版权声明

内 容 提 要

信息的管理和安全对于企业的成功至关重要，它已经发展成为一门高度成熟和复杂的IT支柱产业和学科。本书是同名书籍的第二版，主要包括存储系统的各个组件和不同存储系统的模型，以及与"云计算"相关的重要信息和新技术。

本书所涵盖的概念、原理和方案部署理念贯穿了整个信息存储和管理技术的范畴。本书包含5个部分，包括新增的章节"云计算"，主要阐述以下方面的内容：重复数据删除技术、虚拟资源调配、统一存储、连续数据保护技术、FCoE、闪存、存储分层、大数据、物理和虚拟环境下的业务连续性和安全，以及关于存储模型（NAS、SAN）和基础设施组件虚拟化存储对象的详细信息。

本书适合作为高校信息管理专业的教材或参考书，同时也非常适合信息管理专业技术人员、IT 经理人等专业人士阅读参考。

- ◆ 著　　　[新加坡] G.Somasundaram

　　　　　　[美] Alok Shrivastava

　　译　　　马 衡 赵 甲

　　主　审　王永康 陈 弘 井 超

　　责任编辑　俞 彬

　　执行编辑　杜 洁

　　责任印制　程彦红 焦志炜

- ◆ 人民邮电出版社出版发行　　　北京市丰台区成寿寺路11号

　　邮编　100164　电子邮件　315@ptpress.com.cn

　　网址　http://www.ptpress.com.cn

　　国铁印务有限公司印刷

- ◆ 开本：787×1092　1/16

　　印张：19.5

　　字数：522千字　　　　　　　　　　2013年7月第2版

　　印数：28 501 – 29 500 册　　　　　2021年1月北京第11次印刷

　　著作权合同登记号　图字：01-2013-3651 号

定价：45.00 元

读者服务热线：(010) 81055410　印装质量热线：(010) 81055316

反盗版热线：(010) 81055315

广告经营许可证：京东市监广登字20170147号

推荐序

信息化是不可逆转的发展趋势，经济和社会的发展离不开信息化。信息化已经对经济、社会的发展和人类的进步产生了重大的推动作用，今后也必将产生更大的影响。而在信息化进程中，信息的存储与管理是核心。存储像是一个坚强的基石，支撑着信息化的快速发展。

然而，存储不仅是设备本身，也不仅是技术本身，还包含了更加复杂的系统化的全局观念和新颖的管理理念。随着信息量的爆炸性增长，信息管理的复杂程度也急剧增加。高水平的信息存储管理人员在全球范围内普遍缺乏，专业人员的培养需求迫切。培养优秀的专业人才离不开优秀的教材，而《信息存储与管理（第二版）》的出版，从专业培训的角度来看，可以说是填补了空白。

本书特色明显，主要体现在：（1）内容新颖实用。本书既介绍了 iSCSI 等新的网络存储概念，也描述了实现存储可靠性和安全性的远程复制、存储安全域等新技术。（2）知识系统丰富。本书包含了从设备到系统、从直连存储到网络存储、从智能化存储管理到存储虚拟化、从存储可靠性到存储安全性，知识系统而全面。每章后面的小结归纳了本章的重要知识点，所附的练习题有利于考查对本章知识的掌握情况。附录中的缩略语为更好地阅读本书提供了帮助，而术语表为更好地与他人交流提供了共同语言。（3）理论与实践结合。本书在讲授基本原理的基础上，结合具体的软、硬件产品作为范例剖析，不仅为存储管理人员提供了具体的实例参考，也为存储研究人员提供了技术借鉴。

参与本书原文编写的有约 20 位来自 EMC 教育服务部门的专家，并经多位专家全面审阅，最后由 G.Somasundaram 和 Alok Shrivastava 两位业界资深专家撰写统稿而成，体现了集体的智慧。本书中文译、校者来自北京大学、中山大学等国内著名大学和 EMC 等知名企业，译著文字顺畅、概念准确。

《信息存储与管理：数字信息的存储、管理和保护》一书适合作为高校学生和教师、企事业信息管理专业技术人员的培训教材，也适合 IT 经理人、信息存储研究人员等专业人士阅读参考。

我相信，《信息存储与管理:数字信息的存储、管理和保护》一书的出版能为我国培养信息存储与管理方面的专业技术人才和管理人才做出贡献，能为提升我国的信息存储技术应用水平起到良好的促进作用，从而有利于加速我国的信息化进程。

方　滨　博士

中国计算机学会信息存储技术专业委员会　主任委员
国防科技大学计算机学院　研究员
中国电子学会网络存储工程师专业技术资格认证　特聘专家

第二版序

首先衷心祝贺 EMC 学院联盟主编的《信息存储与管理（第二版）》即将付梓，也非常荣幸地能代表 EMC 为此书作序。

《信息存储与管理（第二版）》的出版正当其时，这和 IT 行业的需求紧密相连。目前 IT 行业正面临着前所未有的挑战：一方面，随着平板电脑等智能终端的日益普及和社交网络的兴起，我们的信息世界在急速膨胀，2012 年全球产生的数据总量已达到 2.7ZB（1ZB=1 万亿 GB），较 2011 年增长 48%。如何存储、管理和保护这种巨量的信息？另一方面，IT 架构尤其是企业 IT 架构也日趋复杂，成本不断攀升，而 IT 预算却在减少。IT 技术将如何帮助企业提升响应能力和资源利用率，降低软硬件采购和管理成本，提高竞争力？面对这种挑战，IT 行业需要不断创新，以及培养更多、更优秀的人才。作为云计算和大数据方向的 IT 行业领先者，EMC 责无旁贷；而在中国这个快速发展的市场推动创新和培养人才，更是 EMC 中国卓越研发集团的使命之一。

作为一个重要的里程碑，EMC 全球总裁乔·图斯先生于 2006 年宣布投资 5 亿美元在上海建立 EMC 中国研发中心，使中国成为 EMC 的全球软件研发基地之一。时至今日，EMC 中国研发中心已发展成为 EMC 中国卓越研发集团，并成为 EMC 最重要的创新中心之一。集团下设存储技术研发基地、云计算研发基地、信息管理研发基地、中国实验室、全球解决方案中心和全球客户技术支持中心，共 6 大职能部门，在北京和成都均设有研发中心，以招募最优秀的人才。目前员工已达 1700 多名。EMC 中国卓越研发集团每时每刻都向 EMC 业务部门提供优质的软件与硬件开发与质量保证，为中国、亚太地区和全球的客户提供世界一流的产品和服务。

在人才培养方面，EMC 推出了完整的、先进的培训和认证体系，并在全球高校中广泛开展教育项目的合作——EMC 学院联盟项目。这个项目旨在普及信息管理知识，已经向高校赠送开放式课程《信息存储与管理》、《云架构及服务》和《数据科学与大数据分析》，今后还会贡献更多的课程。目前 EMC 学院联盟已经覆盖了全国所有的省市，并拥有超过 300 所高等院校的加盟，每年培训超过 2 万名学生，而且这个数字每年都在快速地增长。除此之外，EMC 与众多中国一流的高校有着长期、深入的全面合作，包括教育和科研机构建设、学科共建等，其中包括"EMC-复旦网络存储培训中心"和清华大学的"EMC 课堂"；每年，EMC 中国卓越研发集团都会举办"iStorage 爱存储"知识竞赛，吸引了大批 EMC 学院联盟的学生参与，其中不少优秀的学生在毕业后加入了 EMC 中国卓越研发集团。每年，EMC 学院联盟都会邀请大批学生与教师参观 EMC 中国卓越研发集团的办公室，与技术专家和管理人员进行面对面的交流，为大学生和跨国 IT 公司架起了一座桥梁。

最后，我希望《信息存储与管理（第二版）》能帮助到更多愿意了解和投入到信息化浪潮中的人们。

EMC 全球副总裁
EMC 中国卓越研发集团总经理

注：2012 年信息总量数据来自 IDC 数字世界研究 http://www.idc.com/getdoc.jsp?containerId=prUS23177411

原 书 序

在本书第一版出版之后的两年内，我们所了解的世界发生了前所未有的巨大变化。我们身处一个数字时代，信息量不到两年就翻一番。在未来十年内，全球的 IT 部门需要管理的信息量将增长 50 倍，但是相关的 IT 专业人员只增长 1.5 倍（数据来自 2011 年 6 月由 EMC 赞助的 IDC 数字宇宙研究报告）。虚拟化和云计算对于企业来说不再是一个可选项，而是一个生存的必选项。大数据正在创造一个巨大的新机会，企业可以对自己最有价值的资产——信息进行分析、采取行动和创造新的价值，并最终成为自己的竞争优势。

信息技术领域正在经历一场巨大的变革。云带来了颠覆性的新技术、计算模型和学科，极大地改变了 IT 的构建、运作、管理和消费方式。它创造了新的角色，如云技术专家和云架构师，来引领这场变革。IT 组织正在从后台的基础设施管理方（任务是保证正常运行），转变为主要的战略性业务贡献方，工作重点是将 IT 作为服务来提供。

所有的这些变化都要求我们在 IT 组织内创造新的核心竞争力，在业务需求和战略目标的框架下建立对于技术的新思维（甚至重建数据中心的组织结构）。信息存储和管理专业人员必须在已有知识的基础上，获得新的关键技能，才能成功踏上这一将耗费几年时间的、复杂的云端之旅。我们认为的关键技术有：虚拟化、聚合网络（converged networking）、信息安全、数据保护以及数据仓库和分析等。

我们对信息存储和管理进行了修订，希望带给您新的认识，以及当前急需的新的技术和技能的一些幕后见解。这些技术和技能，在设计、实现、管理、优化和利用虚拟基础设施，并最终实现云的商业利益方面具有不可或缺的作用。你将跟随拥有业界最先进的培训、认证和实践经验的 EMC 专家进行学习。

如果你是存储和信息管理方面的专业人士，正在实施数据中心的虚拟化，或正在构建一个稳健的云基础设施，或你只是对学习这些方面的概念或原则感兴趣，现在正是更新你的 IT 技能的关键时机。借助本书，并利用相应的新的培训和认证机会，你可以加速更新你的技能，填补关键技能的空白，从而获得职业发展，为你所在的公司的成长、持续发展和盈利能力贡献自己的力量。

这个行业的挑战有很多，回报也同样丰厚。尼尔森·曼德拉说过："教育是最强大的武器，你可以用它来改变世界。"我衷心希望这本书能在你的 IT 教育和职业发展（不管你现在担任什么职位）的路上起到关键的作用，希望你抓住这个机遇，改变自己，也改变世界。

Thomas P. Clancy
EMC 全球副总裁，教育服务部
2012 年 5 月

前　言

信息存储是信息技术的中流砥柱。无论是个人用户还是企业 IT 用户，他们每时每刻都在产生着海量的数字信息。我们需要对这些处于传统环境、虚拟环境以及迅速发展的云环境中的信息进行存储、保护、优化和管理。

曾几何时，人们对信息存储的认识还仅仅是连接到电脑主机背后的那一摞摞用于保存数据的磁盘或磁带。即使在今天，也只有那些存储业内人士才深知信息存储技术对于 IT 基础设施的可用性、高性能、完整性和信息优化所发挥的至关重要的作用。近十年来，信息存储技术已发展成为尖端技术，为数字信息的存储、管理、互联、保护、安全、共享和优化提供了丰富多彩的解决方案。

虚拟化的广泛应用、云计算的出现、数据量每年的高速增长、数据类型和来源多样化——所有这些因素都让现代存储技术在企业和组织成功中扮演着越来越重要的角色。在传统、虚拟及云环境下，如何雇佣存储领域的专业人才，是主管们正面临的严峻挑战。

尽管许多一流大学已经开始在其计算机或信息技术专业的教学计划中加入了专门讲授存储技术的课程，但遗憾的是，当今的许多 IT 专家们，甚至包括那些有着多年经验的专家，都未曾获益于这种正规教育。因此，包括应用、系统、数据库及网络管理等多个领域在内的资深专家，对于存储技术对各自领域所产生的影响并不具备一个统一的认知基础。

我们编写本书的目的在于：使学生和专业人士对存储技术的各个环节形成一个完整全面的认识与理解。尽管本书的实例部分采用的是 EMC 公司的产品，但是，读者通过本书形成的对于技术概念及其基本原理的理解，必将有助于轻松地掌握其他公司的相关产品。

本书分为 5 个部分，共 15 章。其中，高级专题是基于其前面章节所掌握的内容深化而来的。第 1 部分介绍虚拟化和云基础设施的概念，这些概念贯穿全书，确保对于存储技术的探讨覆盖传统环境、虚拟环境和迅速发展的云环境。

第 1 部分，存储系统：这 4 章讲述了信息增长及其带来的挑战，定义了存储系统及数据中心环境，回顾了存储技术的发展历程，并介绍了智能存储系统。这一部分还介绍了虚拟化和云计算的概念。

第 2 部分，存储网络技术：这 4 章涵盖了光纤通道存储区域网（FC-SAN）、IP 存储区域网（IP SAN）、网络连接存储（NAS）、基于对象的存储和统一存储。对统一存储和聚合网络（FCoE）的概念也进行了介绍。

第 3 部分，备份、归档和复制：这 4 章介绍了传统环境和虚拟环境中的业务连续性、备份及恢复、数据去重、数据归档、本地数据复制和远程数据复制。

第 4 部分，云计算：这一部分讲述的是云计算的内容，包括基础设施框架、服务模型、配置选项以及迁移到云需要考虑的问题。

第 5 部分，存储基础设施的安全与管理：这 2 章涵盖了存储安全、存储基础设施的监控和管理。其中包含了虚拟和云环境中在安全和管理方面需要考虑的问题。

此外，本书的网站还提供了一些最新的辅导资源和阅读材料，有兴趣的读者可以访问 http://education.EMC.com/ismbook，以获取更详尽的信息。

EMC 学院联盟

我们真诚地邀请有意教授《信息存储与管理：数字信息的存储、管理和保护》课程的大专院校参与 EMC 学院联盟计划。参与该计划可获得针对以下课题的独特的公开课程教育：

- 信息存储和管理
- 云基础架构和服务
- 数据科学与大数据分析
- 备份恢复系统及体系结构

本计划为教学机构免费提供各种课程资源，帮助学生在迅速变化的 IT 业界获得工作机会。具体内容请访问 http://education. EMC.com/academicalliance。

EMC 认证专家证书

EMC 认证专家是 IT 业界领先的培训和认证项目，涵盖了信息存储技术、虚拟化、云计算、数据科学/大数据分析等方面的内容。

参与认证是对自己的投资，也是对经验的检验。

本书是 EMC 信息存储及管理专家认证考试（E10-001）的辅导教材。通过此考试将获得 ECM 认证专家——信息存储准专家（第 2 版）的认证。

欲了解其细节，请访问 http://education.EMC.com。

致　谢

当我们开始本书的编撰时，首当其冲的挑战就是如何寻找一个对构成现代信息存储基础设施的广泛技术有着全面了解的专家队伍。

激发并支持我们完成本书的一个关键因素就在于：在 EMC，我们有着丰富的技术和经验，以及许许多多业界最优秀的人才。和这些专家交流时，他们都和我们一样对出版这本全面涵盖信息存储技术的书籍的前景倍感兴奋，因为这是使他们能够与全球的专家和学生们分享他们专业知识的一个难得的契机。

本书是在 EMC 教育服务部的指导下，在 CTO 办公室、全球市场部、EMC 研发部门的支持下，由 EMC 许多关键部门的努力和奉献所凝聚的结晶。

本书第一版出版于 2009 年，是在来自 EMC 教育服务部的 Ganesh Rajaratnam 和来自 EMC CTO 办公室的 David Black 博士带领下完成的。出版后一直是最受专业人士和学生欢迎的存储技术类书籍。除了英文纸版和电子版外，本书还有简体中文版、葡萄牙语版和俄语版。

随着云计算的兴起和虚拟化技术的广泛应用，我们觉得有必要对书的内容进行更新，加入对信息存储领域出现的新技术和新成果的介绍，于是就有了本书的第二版。第二版的内容更新是在来自 EMC 教育技术部的 Ashish Garg 的带领下完成的。而内容的审阅则是由 Joe Milardo 和 Nancy Gessler 牵头，是他们协同专家团队共同完成的。

下列来自 EMC 的专家参与编撰审阅了本书的某些章节，我们在此向他们表示衷心的感谢。

编撰：

Rodrigo Alves	Anbuselvi Jeyakumar	Charlie Brooks	Sagar Kotekar Patil
Debasish Chakrabarty	Andre Rossouw	Diana Davis	Tony Santamaria
Amit Deshmukh	Saravanaraj Sridharan	Michael Dulavitz	Ganesh Sundaresan
Anand Varkar	Dr. Vanchi Gurumoorthy	Dr. Viswanth VS	Simon Hawkshaw
Jim Tracy			

审阅：

Ronen Artzi	Jack Harwood	Eric Baize	Arthur Johnson
Greg Baltazar	Michelle Lavoie	Edward Bell	Tom McGowan
Christopher Chaulk	Jeffery Moore	Roger Dupuis	Toby Morral
Deborah Filer	Peter Popieniuck	Bala Ganeshan	Kevin Sheridan
Jason Gervickas	Ed VanSickle	Jody Goncalves	Paul Brant
Juergen Busch	Brian Collins	Juan Cubillos	John Dowd
Manoj Kumar	Wayne Pauley	Ira Schild	Shashikanth, Punuru
Murugeson Purushothaman		Shekhar Sengupta	Mike Warner
Ronnie Zubi	Evan Burleigh	Ed Belliveau	

我们还要感谢 EMC 的 Mallik Motilal 为本书制作了所有的插图，感谢 EMC 的 Mallesh Gurram 为本书设计封面，感谢本书的出版商 John Wiley & Sons 协助本书及时出版。

——Somasundaram Gnanasundaram，EMC 公司教育服务部主管

——Alok Shrivastava，EMC 公司教育服务部资深主管

2012 年 3 月

Somasundaram Gnanasundaram（Somu）目前是 EMC 全球服务部的主管，引领着全球业界的培训创新。Somu 是 EMC 开放课程的架构师，该课程旨在填补 IT 业界关于存储和新兴云计算知识的鸿沟。在他的率领和指导下，EMC 学习伙伴（EMC Learning Partner）、学院联盟（EMC Academic Alliance）等业界培训创新项目如火如荼地持续发展壮大，为全球信息存储和管理技术领域培养了成千上万的优秀学生。Somu 所负责的关键领域包括指导全球专家小组、发掘全球 IT 教育提供商并建立合作以及为 EMC 的业界培训创新制定总路线。在此之前，Somu 曾担任 EMC 以及其他 IT 领军厂商的多个管理及领导职位。Somu 毕业于印度金奈的安那大学（Anna University Chennai），并获得孟买印度理工学院（Indian Institute of Technology）的硕士学位。他拥有 25 年的 IT 从业经验。

Alok Shrivastava 是 EMC 教育服务部门的资深主管。Alok 是 EMC 许多成功培训创新计划的架构师，如业界领先的 EMC 专家认证项目、EMC 学院联盟培训项目以及这本关于信息存储技术的独特而宝贵的书籍。Alok 以其卓识远见领导着一个由高水平专家组成的团队，共同为 EMC 员工、合作伙伴、客户和其他业界专业人士提供世界一流的技术培训。在此之前，Alok 曾在亚太地区和日本组建并率领了一个富有成就的 EMC 售前工程师团队。Alok 在早期还曾作为系统管理员、存储管理员以及备份和灾难恢复顾问，效力于全球许多大型数据中心。他获得了印度理工学院（Indian Institute of Technology）和印度 Sagar 大学（University of Sagar）的双硕士学位。在超过 30 年的 IT 从业生涯中，Alok 一直对信息存储技术领域怀着情有独钟的热情。

译者简介

马衡，EMC 公司中国卓越研发中心企业存储部门高级文档工程师。参与了 EMC Symmetrix DMX-4、VMAX 系列以及 VPLEX 等产品文档的设计和编写，同时负责分析和总结对客户影响较大的产品问题，对存储技术和存储解决方案有较好的理解。具有 7 年的 IT 行业从业经验，涉及存储、关系数据库、数据仓库、数据分析和挖掘等领域。在加入 EMC 之前，曾在 IBM 的信息管理部门工作，参与了数据仓库 InfoSphere Warehouse、数据分析工具 Cubing Services 和 IBM Alphablox 多个版本的开发和测试工作。

赵甲，曾在 EMC、HP 和中国邮政等多家国内外知名企业从事技术工作。拥有多年存储工作经验，曾多次承担重大项目的规划和实施工作，在存储规划、性能调优和容灾方向拥有丰富经验。现就职于中国建设银行北京数据中心，担任高级信息技术工程师，主要负责 EMC 存储全系产品的研究工作。

主审简介

王永康，现任 EMC 公司学院联盟计划大中国区高级经理，中国电子学会教育工作委员会委员，全球网络存储工业协会（SNIA）中国教育委员会副主席。王永康先生是 IT 行业的教育专家，主要工作是在大中华地区的著名高校中普及与存储、云计算、大数据相关的技术和知识，致力于为 IT 行业培养未来的专业人才。王永康先生及其领导的团队代表 EMC 与全国各大教育机构建立了长期的合作伙伴关系，涉及学科建设，科研开发，实习生计划，联合实验室等各个领域。王永康在 IT 行业从业 15 年，之前在 EMC 担任资深技术顾问。

陈弘，现任 EMC 中国卓越研发集团统一存储部门总监，主持和领导 EMC 统一存储产品系列包括 CLARiiON，Celerra，VNX 和 VNXe 在中国的开发、测试、系统工程等活动。陈弘在通信和 IT 行业从业十余年，在加入 EMC 之前，陈弘在朗讯科技和阿尔卡特-朗讯的光网络产品和接入网络产品研发部门从事多年的通信系统产品软件开发、系统工程及其相关的领导工作。

井超，现任 EMC 大中国区培训服务经理，专注于培训领域超过了 10 年，为大陆、港、台三地的客户和合作伙伴提供企业级专业的技术培训，涵盖了虚拟化、云计算、大数据和数据中心基础架构等最前沿的技术及解决方案。从早年的网络公司 Novell 到通信公司摩托罗拉等，井超先生担任过售前、售后工程师，拥有超过 10 年的网络、通信理论及实战经验。井超先生及其 EMC 培训团队作为国内网络存储及云计算技术的布道者，每年为国内培训上千名存储专家、虚拟化专家、云计算专家及数据中心专家。

本书中文版审编人员

主审

    王永康 EMC 学院联盟大中国区高级经理

    陈   弘 EMC 卓越研发集团软件开发总监

    井   超 EMC 培训部服务经理

执行主审

    杨子夜 EMC 中国研究院，高级研究员

    张   正 EMC 卓越研发集团，顾问工程师

    吴文磊 EMC 学院联盟助理项目经理

审编

    李   虎 EMC 卓越研发集团，顾问工程师

    汪   洁 EMC 卓越研发集团，副主任工程师

    吴   俊 EMC 卓越研发集团，软件工程高级经理

    许   杰 EMC 卓越研发集团，主任工程师

    杨   铭 EMC 卓越研发集团，副主任工程师

    曾   军 EMC 卓越研发集团，软件工程经理

    章昊翰 EMC 卓越研发集团，顾问工程师

    章   竺 EMC 卓越研发集团，主任工程师

    赵丙峰 EMC 卓越研发集团，主任工程师

    周应超 EMC 卓越研发集团，主任工程师

    顾京晶 EMC 培训部，资深讲师

    李宝彤 EMC 培训部,资深讲师

    王立军 EMC 培训部,资深讲师

    林吉刚 EMC 培训部,资深讲师

    边俊杰 EMC 培训部,资深讲师

    吴知岚 EMC 培训部,讲师

    刘   龑 EMC 学院联盟主任项目经理

    陈   实 EMC 学院联盟助理项目经理

本书图标
说明

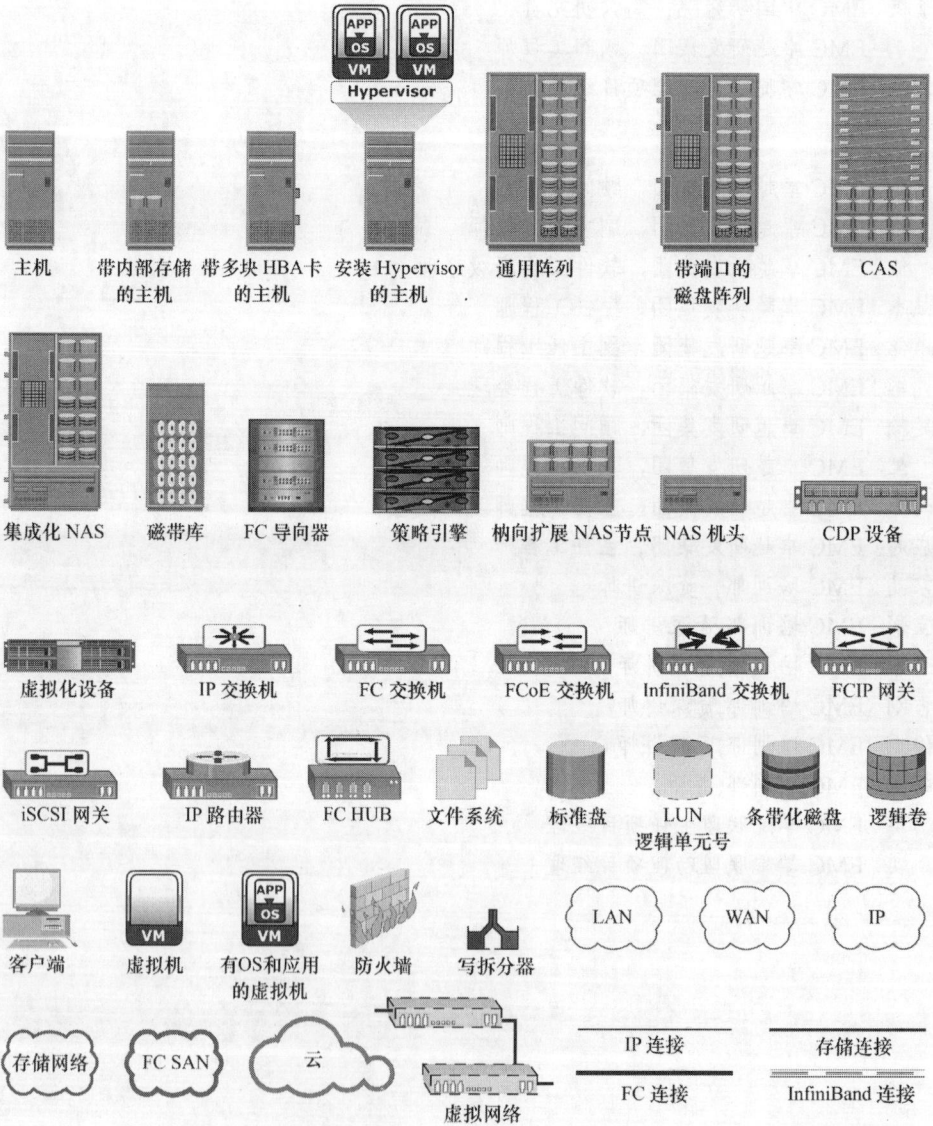

APP OS VM | APP OS VM
Hypervisor

| 主机 | 带内部存储的主机 | 带多块 HBA 卡的主机 | 安装 Hypervisor 的主机 | 通用阵列 | 带端口的磁盘阵列 | CAS |

| 集成化 NAS | 磁带库 | FC 导向器 | 策略引擎 | 枘向扩展 NAS节点 | NAS 机头 | CDP 设备 |

| 虚拟化设备 | IP 交换机 | FC 交换机 | FCoE 交换机 | InfiniBand 交换机 | FCIP 网关 |

| iSCSI 网关 | IP 路由器 | FC HUB | 文件系统 | 标准盘 | LUN 逻辑单元号 | 条带化磁盘 | 逻辑卷 |

VM | APP OS VM

| 客户端 | 虚拟机 | 有OS和应用的虚拟机 | 防火墙 | 写拆分器 | LAN | WAN | IP |

| 存储网络 | FC SAN | 云 | 虚拟网络 |

| IP 连接 | | 存储连接 |
| FC 连接 | | InfiniBand 连接 |

目 录

第1部分 存储系统

第 2 部分 存储网络技术

第 3 部分　备份、归档和复制

第 4 部分 云计算

第 5 部分　存储基础设施的安全与管理

第1章
信息存储与管理的介绍

信息在我们的日常生活中变得越来越重要。21世纪，我们生活在一个随令就行、随需应变的世界里，随时随地都可能需要信息，我们已经变得很依赖信息了。每天我们都上网搜索、参加社交网络、收发邮件、共享图片与视频以及使用其他许多应用。随着产生数据的设备数量的高速增长，越来越多的信息由个人产生，超过了由组织（包括商业、政府及非营利组织等）产生的信息量。当由个人产生的信息被其他人共享时，该信息就会增值。信息产生时，通常存储在本地设备上，如手机、智能手机、平板电脑、摄像机、笔记本。共享这些信息，需要通过网络将其上传到集中管理的数据存储仓库（数据中心）。有意思的是，大量信息是由个人产生的，但是这些信息的存储和管理却只由很少的组织负责。

当然，商业世界信息的重要性、依赖性及其数据量也都继续保持惊人的增长速度。商业世界依赖于快速、可靠的信息访问，这对他们的成功十分重要。涉及信息处理的商业应用包括机票预定、通信计费系统、电子商务、电子银行、信用卡交易处理、资本/股票交易、医保保单处理、生命科学研究等。随着商业世界越来越依赖于信息，这为存储、保护和管理信息带来了很多挑战。许多法规和合同对数据的可用性和数据保护提出了要求，这增加了问题的复杂性。

商业组织通常会维护一个或多个数据中心，用来存储和管理信息。数据中心包含数据存储及其他用于运算、联网及数据存储的物理性信息技术资源。在传统的数据中心里，不同的业务部门和业务应用拥有专用的存储资源。随着应用数量的增加和数据量的增长，数据中心出现了彼此独立的信息存储设备孤岛。这增加了信息管理的复杂性，存储资源也得不到充分利用。虚拟化的出现，优化了资源的利用率，并且简化了资源的管理。许多机构把虚拟化技术应用到数据中心，从而把传统的数据中心变成了虚拟数据中心。云计算根本性地改变了信息技术的构建、管理和提供方式，进一步降低了信息存储和管理的复杂度，减少了IT资源的部署时间。云计算带来了完全自动化的需求满足流程，用户可以快速获取所需的存储和其他IT资源。应用云计算，一个机构能够快速部署应用，可以根据需求随时扩展和收缩底层的存储能力。

本章描述了信息存储架构从以服务器为中心模型到以信息为中心模型的演变，对虚拟化和云计算也进行了简单的介绍。

1.1 信息存储

商家通过分析和处理数据来获得对它们每天操作相关的信息，而存储就是允许用户持续存取数字数据的仓库。

1.1.1　数据

数据就是原始事实的集合，从中可以得出一些结论。手写书信、印刷书籍、家庭照片、已签字的抵押贷款文件、银行账册和机票等都包含了数据。

在计算机发明之前，数据的产生和共享仅限于很少的形式，例如，纸和胶卷。今天，相同的数据可以转换成更多便利的格式，如一个邮件信息、一本电子书、一张数字图像或者一部数字电影。这些数据都可以用计算机生成并存储为 0 和 1 的字串，如图 1-1 所示。这种形式的数据称为数字数据，经过计算机处理之后可以被用户使用。

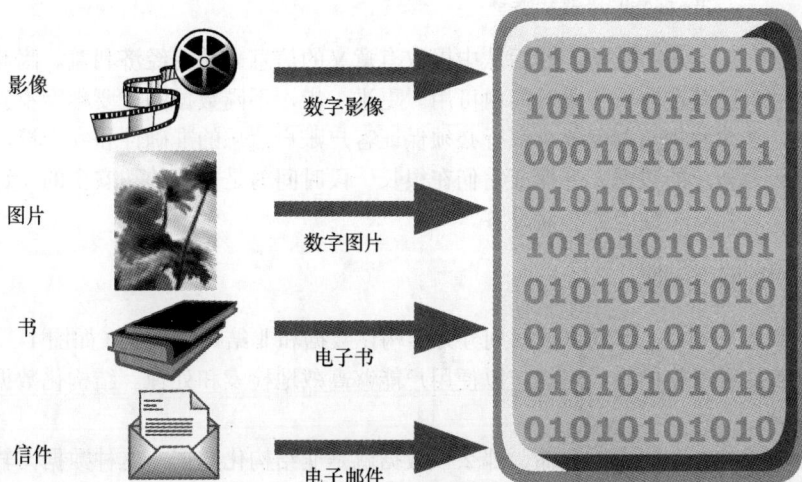

图 1-1　数字数据

随着计算机和通信技术的发展，产生数据和共享数据的速率也呈指数增长。下面是一些促进数字数据增长的因素。

- **数据处理能力的提升**：当今计算机在处理能力和存储能力上有了显著提高。这促成了把不同类型的内容和介质从传统方式转换为数字格式。
- **数字存储的低成本**：技术的进步和存储成本的降低提供了低成本的解决方案，也促进了价格更低廉的存储设备的开发。这种成本的减少提升了数据产生和存储的增长速度。
- **可负担的和更快的通信技术**：共享数字数据比传统方式更加快捷。一封手写的书信也许需要一周才能到达目的地，而一封电子邮件只需几秒钟就能抵达收件人。
- **无处不在的应用和智能设备**：智能手机、平板电脑、新型电子设备和智能应用贡献了大量的数字内容。

目前，创建、收集和存储各种类型的数据变得廉价且更加容易。伴随着个人和商业需求的增长，加速了数据的产生，这种现象被称为*数据爆炸*。个人和商业机构对"数据爆炸"有不同程度的贡献。

随着时间的推移，数据的重要性和价值都会改变。大部分产生的数据都只在短期内重要，时间一长就不那么重要了。这一特点影响着数据存储解决方案的选择。通常最近产生的且使用率较高的数据存储在高速但成本较高的设备上。过一段时间之后，这些数据可以被转移到速度较慢、成本低但是可靠的设备上。

研究和商业数据实例：

下面是一些研究和商业数据实例。

- 客户数据：关系到公司客户的数据，如订单信息、发货地址以及购买历史清单。
- 生产数据：包括产品不同方面的数据，如库存、描述、价格、可用量和销售量。
- 医疗数据：涉及医疗护理的数据，如病人历史记录、放射图像、药物详细信息以及其他诊断治疗和保险信息。
- 地震学数据：地震学是研究地震的学科。需要收集数据并处理，以获取信息来判断地震的位置和震级。

商业应用会产生大量的数据，然后从中提取有意义的信息来获得经济利益。因此，商业应用需要维护数据并保证其在较长一段时间内可用。更进一步，不同数据的重要程度不同，需要具体的处理。例如，法律和规章制度要求银行必须保证客户账户信息的准确性和安全性。一些商业应用需要处理上百万客户的数据，并保证它们在很长一段时间内是完整的和安全的，这就需要高性能大容量且具有增强安全性能的存储设备。

1.1.2 数据类型

根据存储和管理方式，可以将数据划分为结构化数据和非结构化数据（如图 1-3 所示）。结构化数据按行和列这种严格的格式组织，以便用户能够高效地检索和处理。结构化数据通常用数据库管理系统存储。

如果数据无法按行和列进行存储，那么该数据就是非结构化数据。这种数据比较难于被商业应用检索和查询。例如，客户联系信息可能会存储成不同的格式，如便签、邮件信息、商业名片，或者数字格式的文件（DOC 文件、TXT 文本文件和 PDF 文件）。由于它的非结构化特征，使用传统的客户关系管理应用来获取非结构化数据比较困难。新创建数据绝大多数都是非结构化数据。如何应用新架构、新技术、新方法和新技能来存储、管理和分析各种来源的非结构化数据，并从中获取价值，是业界面临的挑战。

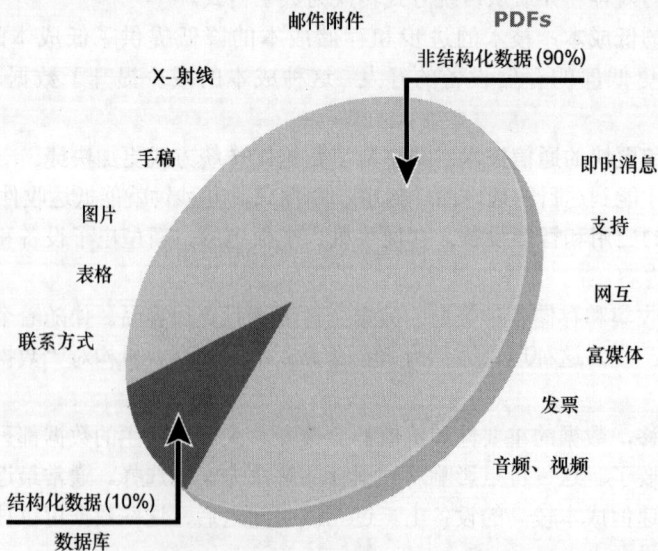

图 1-2　数据类型

1.1.3　大数据

大数据是一个新提出的且在不断演化的概念，是指数据量超出了常规软件工具在可接受的时间内的抓取、存储、管理和处理能力。它既包括结构化数据，也包括非结构化数据。其数据的来源多种多样，可以来自商务应用处理、网页、视频、图像和社交媒体等。这些数据集通常需要实时地抓取和更新，以用于分析、预测性建模和决策等用途。

从大数据中吸取价值存在很大的机遇。大数据的生态系统（见图 1-3）由以下元素组成：

1. 从多个位置收集数据，并从收集的数据中生成数据（元数据）的设备。
2. 数据收集器，收集来自设备和用户的数据。
3. 数据聚合工具，从收集的数据中吸取有意义的信息。
4. 数据用户和买家，是指在数据价值链中从他人收集或聚合的数据中获益的人群。

大数据的数据量、多样性、变化范围和复杂性超出了传统的 IT 设备和数据处理工具及方法的处理能力。对大数据进行实时分析需要新的方法、架构和工具，以提供高性能、大规模并行处理（MPP）数据平台和对数据集的复杂分析。

数据科学是一门新兴的学科，商业组织可以利用这门学科从大数据中获取商业价值。数据科学是多门学科（统计学、数学、数据可视化和计算机科学）的综合。数据科学家的职责是设计各种高级算法对海量数据进行分析，以寻找新的价值点，为更多的决策提供数据支持。

很多领域和市场已经开始利用数据科学，从大数据的分析中获益。其中包括医学与科学研究、医疗医护、公共管理、欺诈检测、社交媒体、银行、保险公司，以及其他以数字信息为中心的实体。

1.1.4　信息

不管是结构化数据还是非结构化数据，除非其被展现成一种有意义的形式，否则都不能满足任何个人的或是商业的目的。信息就是从数据中提取出来的智慧和知识。

商业应用分析原始数据以找出有意义的趋势。基于这些趋势，公司可以制定和修改其策略。例如，只需通过分析客户的购买模式和维护客户的物品清单，零售商就可以辨认出客户喜欢的样式和品牌的名字。

有效的数据分析不仅给现有的商业应用带来利益，而且通过采用创造性的方式来使用数据还能创造出潜在的、新的商业机会。

1.1.5　存储

由个人和商业应用产生的数据必须存储起来，以便在进一步处理时可以进行访问。在一个计算环境下，用来存储数据的设备称为存储设备（storage device），或简称存储（storage）。存储设备的类型取决于数据类型以及数据创建和使用的频率。像手机或数码相机中的内存、DVD、CD-ROM 和个人电脑中的硬盘等都是存储设备的实例。

商业应用中通常使用的几种存储介质，包括内部硬盘、外部磁盘阵列和磁带。

1.2　存储架构的发展

以前，所有的组织在其数据中心都有集中的计算机（大型机）和信息存储设备（磁带卷和磁盘架）。开放系统的发展及其提供的部署的简单性和易用性，使得组织内的不同商业单元（部门）都可以拥有自己的服务器和存储设备。在早期开放系统的实现中，存储设备都在服务器内部，无法和其他服务器共享。

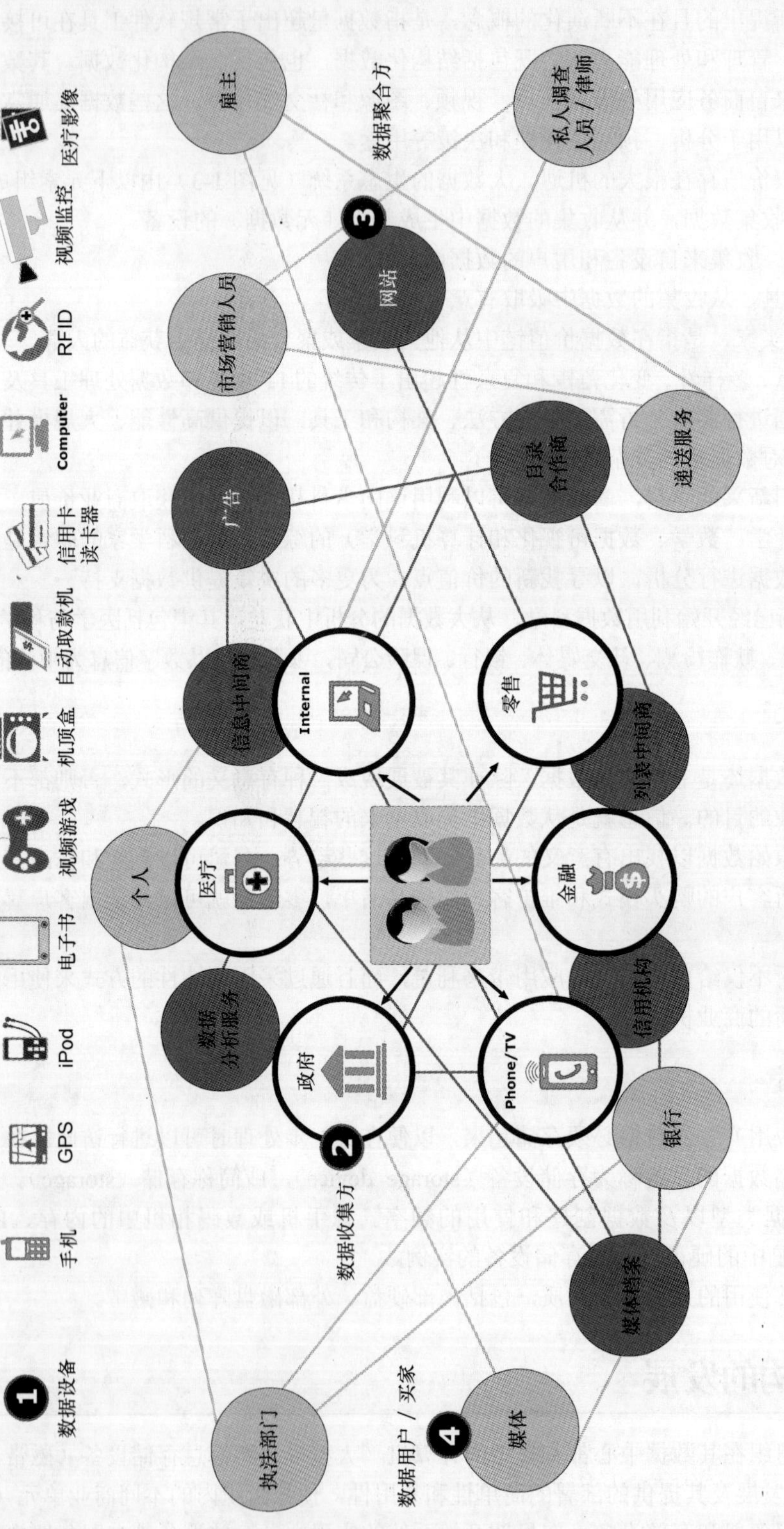

图 1-3 大数据生态系统

这种方式称为以服务器为中心（server-centric）的存储架构（参见图 1-4（a））。在这种架构中，每个服务器拥有一定数量的存储设备。对服务器进行维护或者增加存储容量都会导致信息的暂时无法访问。分散布置于企业内各部门的服务器导致了信息的难于保护、不易管理，并产生了信息孤岛以及增加了操作的开销。

(a) 以服务器为中心的存储架构

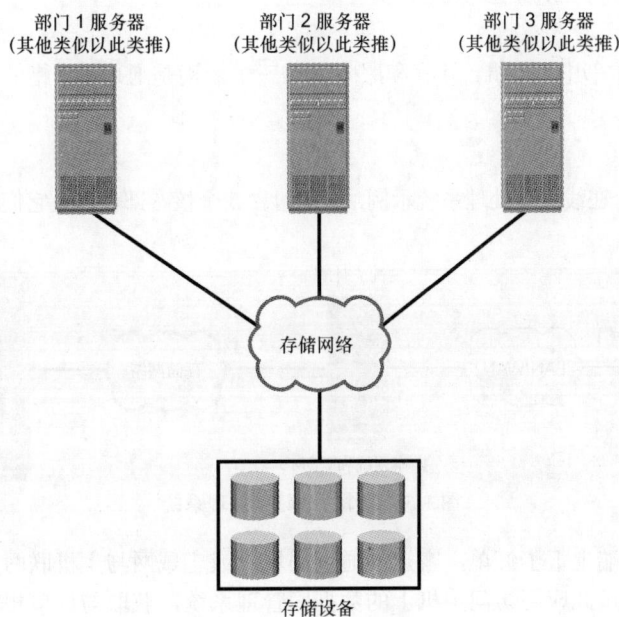

(b) 以信息为中心的存储架构
图 1-4　存储架构的发展

为了应对这些问题，以服务器为中心的存储架构被以信息为中心的架构所取代（information-centric architecture）。在以信息为中心的架构中，存储设备集中管理，不再依附服务器。多个服务器可共享存储设备。部署新服务器时，从共享存储设备中为它分配存储。共享存储的容量可以通过添加新设备的方式动态增加而不影响信息的可用性。以信息为中心的架构让信息管理变得简单，同时拥有更好的成本效益。

存储技术和存储架构的不断发展，使得各组织能对其数据进行更好的融合、保护、优化和利用，从而在其信息资产上获得更高的回报。

1.3　数据中心基础设施

企业组织通过数据中心为整个企业提供集中的数据处理能力。数据中心保存和管理着大量的数据。数据中心基础设施包括硬件组件和软件组件。硬件组件包括计算机、存储系统、网络设备和后备电源等。软件组件包括应用、操作系统和管理软件等。此外，空调、灭火和通风装置等环境控制设备也是基础设施的组成部分。

大型组织通常维护多个数据中心，以便分散数据处理负担，并在灾难发生时提供数据备份。

1.3.1 数据中心核心部件

一个数据中心要实现基本功能，必须要有 5 个核心部件。

- **应用**：提供计算操作逻辑的计算机程序。
- **数据库管理系统（DBMS）**：提供了一种结构化方式，把数据存储成具有关联关系的逻辑表。
- **主机或计算**：指运行应用和数据库的计算平台（包含硬件、固件和软件）。
- **网络**：联网设备之间通信的数据通路。
- **存储**：持续存储数据以供后续使用的设备。

通常这些核心部件都被视为独立的管理单元，但是只有所有这些部件一起工作才能达到数据处理的要求。

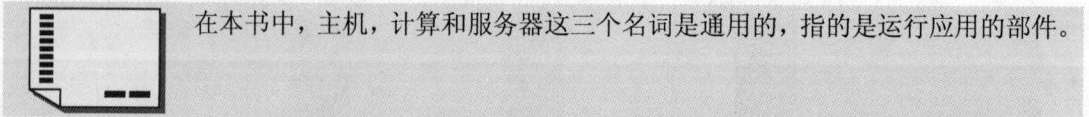

> 在本书中，主机，计算和服务器这三个名词是通用的，指的是运行应用的部件。

图 1-5 展示了一个在线订单处理系统示例，其中包含 5 个核心部件以及它们在商业处理中的作用。

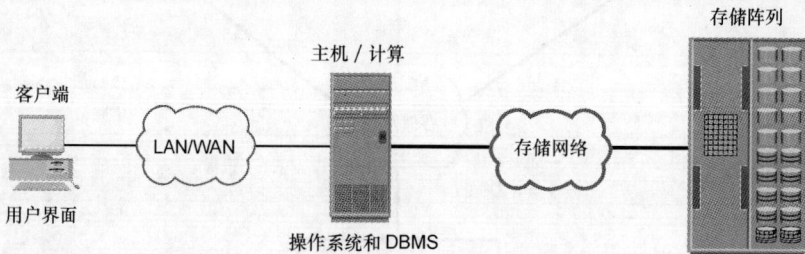

图 1-5　一个在线订单处理系统

用户在一台客户端上下了订单，客户端通过局域网或广域网与主机联网，主机上运行着订单处理应用。客户端通过此应用访问主机上的数据库管理系统，获取与订单相关的信息，如客户姓名、地址、支付方式、订购产品和数量等。

数据库管理系统（DBMS）通过主机操作系统将数据写入存储阵列的物理磁盘内。存储网络为主机和存储阵列之间的通信提供连接，并在两者之间传输数据读写请求。存储阵列在接到主机发来的请求后，在物理磁盘上执行相应的操作。

1.3.2 数据中心的主要特点

数据中心运行的不可中断性对商业机构的生存和成功至关重要。因此，很有必要用一个可靠的存储基础设施来保证数据随时可访问。图 1-6 所示的特点对数据中心基础设施的所有部件都适用，但这里我们只关注存储系统。本书将给出满足这些需求的多种技术和解决方案。

- **可用性**：有需求时，一个数据中心必须保证数据的可用性。对于金融服务业、通信和电子商务领域的业务来说，数据无法访问可以造成每小时上百万美元的损失。
- **安全性**：数据中心应建立完整的安全策略和流程，加强各部件的整合，防止对信息的非授权访问。
- **可扩展性**：业务的增长通常需要部署更多的服务器、新的应用和额外的数据库。数据中心资源应实现按需扩展，扩展应不影响正常的业务运营。

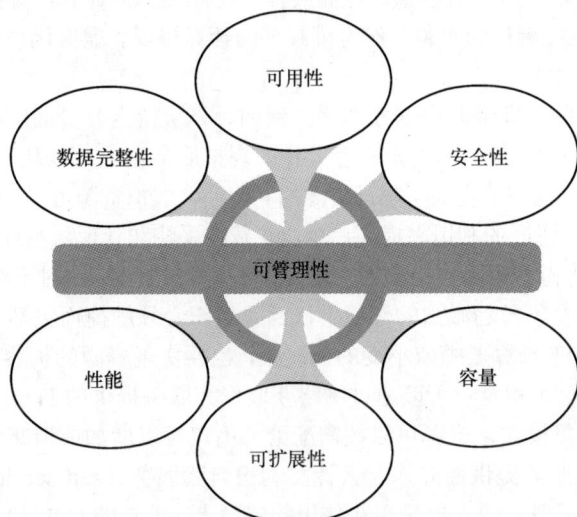

图 1-6　数据中心部件的关键特征

- **性能**：数据中心的部件应能根据服务等级提供最佳的性能。
- **数据完整性**：数据完整性对应的是一种机制，比如纠错码或奇偶校验位，以保证数据在存取和接收时保持一致。
- **容量**：数据中心的运行需要足够的资源来高效地存储和处理海量数据。当容量需求增加时，数据中心必须在不影响可用性，或者仅对其产生很小影响的前提下实现扩容。容量管理可以是对现有资源的重新分配，而不仅仅是添加新的资源。
- **可管理性**：数据中心对于部件的管理应该尽量简单和统一。可管理性可以通过对常规任务进行自动化或减少人工介入来实现。

1.3.3　管理数据中心

管理一个数据中心牵涉到许多任务。关键的管理任务包括以下几点。

- 监控（Monitoring）：对数据中心的各个部件和运行的服务持续不断地收集信息。数据中心需要监控的方面包括安全性、性能、可用性和容量。
- 报告（Reporting）：周期性地反映资源的性能、容量和使用率。报告可以帮助确定与数据中心运行相关的业务评判和分摊费用。
- 配给（Provisioning）：提供支持数据中心运行的硬件、软件和其他资源的一个流程。配给主要是对资源进行管理，以满足容量、可用性、性能和安全方面的需求。

虚拟化和云计算的出现极大地改变了数据中心基础设施的部署和管理方式。许多组织已经迅速实现了对数据中心中多个部件的虚拟化，提高了资源的利用率。此外，IT 部门面临持续的成本压力和对于随需应变数据处理的需求，加速了云计算的应用。

1.4　虚拟化和云计算

虚拟化是将物理资源（例如计算、存储和网络资源）抽象出来，使其表现为逻辑资源。在 IT 业界，虚拟化已经以各种形式存在了好些年。虚拟化最常见的例子是计算机系统中的虚拟内存和对物理磁盘的分区。

虚拟化将物理资源放到一个共享池中，提供一个统一的视图。例如，存储的虚拟化是将共享池中的多个存储设备表现为一个大容量的存储实体。与此类似，计算的虚拟化是将共享池中多个服务器的 CPU 性能（以兆赫作为单位）作为可共享的计算资源。虚拟化也使共享资源的集中管理成为可能。

虚拟资源可从共享的物理资源中创建部署。例如，一块特定容量的虚拟磁盘可从一个存储共享池中创建，一个特定 CPU 频率和特定内存大小的虚拟服务器也可以从一个计算共享池中创建。物理资源在虚拟资源之间共享，提高了物理资源的利用率。虚拟资源可以根据需求增删，并且不影响应用和用户。随着 IT 资产的利用率提高，企业花费在采购和管理新物理资源的成本得以节省。同时，更少的物理资源也意味着占用更小的空间，消耗更少的资源。这对于经济和环境都是有益的。

在当今节奏加快，竞争日趋激烈的环境下，商业组织必须敏捷而灵活，才能应对不断变化的市场需求。这意味着在 IT 预算萎缩或不变的情况下，也要实现资源的扩容或升级。云计算很好地应对了这些困难，使得个人和企业可以通过网络获取作为服务提供的 IT 资源。云计算提供了扩展性极强又非常灵活的计算模式，资源可以按需配给。用户可以增加或消减对于计算资源的需求，只需极少的管理成本和服务提供商介入。云计算利用自我服务（self-service）模式，使得需求的实现可以完全自动化。消费者的支出只用在使用的资源上（消耗的 CPU 时长、传输的数据量和占用的存储空间大小）。

云基础设施通常建立在虚拟化的数据中心之上，因为虚拟化后的数据中心可以提供资源的聚合共享和快速部署。虚拟和云环境下的信息存储将会在后面的章节中详述。

小结

本章阐述了数据、信息和存储基础设施的重要性。为了满足今天的存储需要，必须从了解数据类型、数据的价值以及数据中心的关键特性开始。

本章所介绍的存储架构的发展和数据中心的核心部件，为信息存储和管理奠定了基础。虚拟化的出现为数据中心的变革提供了契机，传统的数据中心得以转变为虚拟化的数据中心。云计算则进一步改变了 IT 资源的部署和消费方式。

本书后面的章节将对信息存储和管理在传统数据中心和虚拟化的数据中心应用的各个方面进行详述。最先涉及的是数据中心的关键部件，重点放在存储系统和 RAID 上（在第 2、3、4 章）。第 5 到第 8 章会讲述各种存储联网技术，如存储区域网（SAN），网络连接存储（NAS），对象存储（object-based storage）和统一存储（unified storage）。第 9 到 12 章讲述业务连续性解决方案（备份、复制和归档技术）。第 13 章会介绍云架构和云服务。第 14 和 15 章将会讲述在传统和虚拟环境下的存储安全策略和管理技术。

练习

1. 什么是结构化和非结构化数据？调查存储和管理非结构化数据面临的问题。
2. 讨论一下以信息为中心的存储架构对比以服务器为中心的架构的优势。
3. 大数据有哪些属性？调查并准备一个关于大数据分析的陈述。
4. 调查商业结构如何利用信息资产获取竞争优势和新业务机会。
5. 调查并准备一个关于个人数据管理的陈述。

第2章
数据中心环境

不管商业机构的规模如何，数据中心都是其不可或缺的部分。集中管理的主机、存储、连接（或网络）、应用和数据库管理系统（DBMS）是一个数据中心的关键部件。这些部件协同工作，对数据进行处理和存储。随着虚拟化的成熟，传统的数据中心也逐渐发展为虚拟化的数据中心（virtualized data center，VDC）。在虚拟化的数据中心中，传统的数据中心资源被放到一个共享池里，作为虚拟资源提供。经过这个抽象化处理，物理资源的复杂性和局限性对于用户不再可见。利用虚拟化整合 IT 资源，商业机构可以提高基础设施的利用率，降低整体拥有成本。另外，在一个虚拟化的数据中心中，虚拟资源的创建是通过软件实现的，与传统数据中心的物理资源的部署相比要快很多。本章将会讲述数据中心的所有关键部件，包括在计算、内存、桌面和应用层面的虚拟化。存储和网络的虚拟化将会在后面的章节涉及。

信息资产对于商业机构的关键性日增，存储这一数据中心的关键部件，被视为一项独特的资源。存储的实现和管理值得特别关注。本章还将涉及存储子系统，以及磁盘驱动器的组件、几何构造和性能参数，以及实现主机和存储之间连接的技术。

核 心 概 念
应用、数据管理系统、主机、连接和存储设备
应用虚拟化
文件系统和卷管理器
计算、桌面和内存的虚拟化
存储介质
磁盘部件
分区位记录
逻辑块寻址
闪存盘

2.1 应用

应用指的是一个提供计算操作逻辑的计算机程序。应用向底层操作系统发起请求，对存储系统进行读写操作。也可与数据库配合，由数据库通过操作系统提供的服务对存储设备执行读写操作。在数据中心环境中配置的应用根据特点，可以分为业务应用、基础设备管理应用、数据保护应用和安全应用。电子邮件、企业资源规划（Enterprise Resource Planning,ERP）、决策支持系统（decision support system,DSS）、资源管理、备份、身份认证和防病毒应用都属于上面所述的应用。

应用产生的 I/O 特性对于存储系统的性能和存储解决方案的设计影响很大。参考附录 A 了解更多关于应用 I/O 特性的信息。

应用的虚拟化

应用的虚拟化消除了应用对于底层平台（操作系统和硬件）的依赖。实质上是将应用和所需的操作系统资源打包放入一个虚拟的容器中。利用这项技术，部署应用时无需对计算平台的操作系统、文件系统和注册表做任何更改。因为虚拟化应用运行在孤立的环境中，不会对底层操作系统和其他应用造成破坏。以前同一计算平台上运行多个应用或者同一应用的多个版本可能会造成冲突，应用虚拟化隔离了不同版本应用所需的资源，避免了冲突。

2.2 数据库管理系统（DBMS）

数据库是一种结构化存储数据的方式，数据以某种逻辑进行组织，存在相互关联的表格中。数据库有助于优化数据的存取。数据库管理系统控制数据库的创建、维护和使用。它处理来自应用对数据的操作请求，对操作系统发出指令，对存储设备中的相应数据进行读写。

2.3 主机（计算）

用户通过应用程序来存取数据。运行这些应用程序的计算机被称作"主机"或"计算系统"。主机可以是物理机，也可以是虚拟机。计算虚拟化软件可以在一个物理计算架构上创建多个虚拟机。计算虚拟化和虚拟机将会在本章的后面进行探讨。物理主机的例子很多，比如桌面电脑、服务器、服务器集群、笔记本电脑以及移动设备。主机由 CPU、内存、I/O 设备，以及一系列执行运算操作的软件构成。软件包括操作系统、文件系统、逻辑卷管理器和设备驱动等。这些软件可以作为单独的实体安装，也可以作为操作系统的一部分安装。

CPU 由四个部件组成：算术逻辑单元（Arithmetic Logic Unit，ALU），控制单元（Control Unit），寄存器（register）和一级缓存（L1 cache）。主机上的内存有两种，随机存取存储器（RAM）和只读存储器（ROM）。I/O 设备负责主机的通信。I/O 设备包括键盘、鼠标和显示器等。

软件运行在主机上，对数据的输入和输出进行处理。下面一节将会详细讲述主机系统中不可或缺的各种软件组件。

2.3.1 操作系统

在传统的计算环境中，操作系统控制着计算的所有方面。它负责应用和计算系统物理部件之间的协作。操作系统还提供了访问数据的应用。操作系统负责监测用户行为和环境，并作出反应。它还负责组织和控制硬件组件，管理硬件资源的分配，为其被管理的所有资源的访问和使用提供基本保护。操作系统可执行基本的存储管理任务，同时管理着底层组件（如文件系统、卷管理器和设备驱动）。

在虚拟计算环境中，虚拟层处于操作系统和硬件资源之间。操作系统的工作方式因引入的计算虚拟化的实现形式而不同。在常规的实现方式下，操作系统的工作方式类似访客，只进行与应用交互相关的活动。这时，硬件管理的功能由虚拟层负责。

内存的虚拟化

内存一直以来都是，以后也将是主机部件中成本较高的一个器件。它决定了一个主机可以运行的应用的大小和数量。内存的虚拟化允许多个应用和进程，在其内存需求之和大于可用内存的情况下，依然可以运行且互不影响。

内存的虚拟化是操作系统将主机内存虚拟化的一个功能。操作系统创建一个虚拟内存，其地址空间大于物理内存空间。虚拟内存由物理内存空间和一部分硬盘存储组成。操作系统中管理虚拟内存的工具叫做虚拟内存管理器（virtual memory manager，VMM）。VMM 管理着虚拟内存和物理内存的映射关系，并在虚拟地址指向硬盘部分时，从硬盘获取数据。VMM 使用的硬盘空间叫做交换空间（swap space），也称页文件（page file）或者交换文件（swap file）。它是硬盘上的一块空间，被操作系统当作物理内存对待。

在虚拟内存的实现中，系统的内存被分为连续的区块（block），这些块由固定大小的页组成。分页（paging）这个进程负责将不活动的页面移至交换文件中，在需要时将这些页面从交换文件取回到物理内存中。这样可以在多个应用之间充分利用有限的可用物理内存。操作系统将最少使用的页面从内存中移至交换文件中，以保证更活跃的进程有足够的物理内存空间。访问交换文件要比访问物理内存页慢，因为交换文件在硬盘上，而硬盘的速度慢于内存。

2.3.2　设备驱动

设备驱动（device driver）是一种专用软件，它用于实现操作系统与某种设备，如打印机、鼠标或硬盘的交互。设备驱动让操作系统识别、访问和控制设备。设备驱动依赖于硬件，不同操作系统的驱动也不同。

2.3.3　卷管理器

早期，硬盘驱动器（HDD）呈现给操作系统的是一组连续的物理块。整个硬盘驱动器都分配给文件系统或是其他数据体，由操作系统或应用程序使用。这样做的缺点是缺乏灵活性：当一个硬盘驱动器的空间使用完时，想要扩展文件系统的大小就很难。而当硬盘驱动器存储容量增加时，把整个硬盘驱动器分配给文件系统通常会导致存储空间不能充分利用。

逻辑卷管理器（Logical Volume Manager，LVM）的发展使得文件系统容量的动态扩展以及高效的存储管理成为可能。LVM 是一个运行在物理机器上管理逻辑和物理存储设备的软件。LVM 也是一个介于文件系统和物理磁盘之间的中间层。它可以把一个大容量物理磁盘划分为若干小的虚拟磁盘，也可以把几个小的物理磁盘组合成一个大的虚拟磁盘（这个过程叫做串联concatenation），提供给应用程序使用。

磁盘分区（disk partitioning）的引入就是为了改善硬盘驱动器的灵活性和使用率。在分区时，硬盘驱动器被划分为几个逻辑卷（logical volume，LV），如图 2-1 所示。例如，一个大的物理磁盘，可以根据文件系统和应用程序的数据管理要求，划分为若干小的逻辑卷。当硬盘在主机上进行初始分区时，是将一组连续的柱面分配给一个分区。主机的文件系统在访问分区时，完全不需要知道磁盘的物理结构和分区信息。

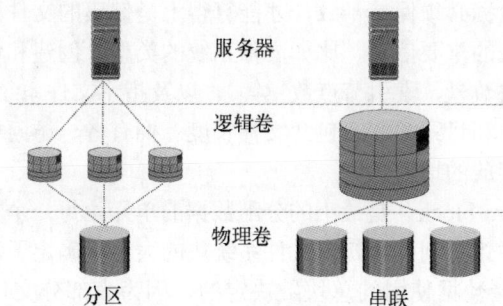

图 2-1　磁盘分区与串联

串联（concatenation）把若干小的物理磁盘组合起来，呈现给主机一个较大的逻辑盘（见图 2-1）。

LVM 提供了优化的存储访问，简化了存储资源的管理。它隐藏了物理磁盘的细节和数据在磁盘上的位置。管理员改变存储的分配时无需停止正在运行的应用。

LVM 的基本部件是物理卷（physical volume）、卷组（volume group）和逻辑卷（logical volume）。在 LVM 术语中，每一个连接到主机系统的物理磁盘都是一个物理卷（PV）。LVM 把由物理卷提供的物理存储空间转换为逻辑存储空间，供操作系统和应用程序使用。一个卷组由一个或多个物理卷组合而成。对一个物理卷进行初始化时，LVM 会为其分配一个唯一的物理卷标识（PVID）。卷组中的物理卷可以动态添加或移除。一个物理卷只能属于一个卷组，它的全部空间都并入卷组，不能被其他卷组共享。在卷组创建时，每一个物理卷都被划分为若干个相同大小的数据块，这些数据块称为物理区域（physical extent）。

逻辑卷是在给定的卷组中创建的。一个逻辑卷可以被认为是一个虚拟磁盘分区，而卷组则可以被认为是一个磁盘。一个卷组可以划分为许多逻辑卷。逻辑卷的大小取决于其包含的物理区域的数目。

对操作系统来说，逻辑卷就像是一个物理设备。一个逻辑卷可以由不连续的物理分区组成，并可以跨越多个物理卷。在逻辑卷上创建文件系统后，就可以将逻辑卷分配给应用了。可以为逻辑卷配置镜像，以确保更好的数据可用性。

2.3.4　文件系统

文件是有关联关系的记录或数据的集合，它们作为一个有命名的整体存储。文件系统（file system）是大量文件的分层组织结构。文件系统使得对存放在磁盘、磁盘分区或逻辑卷内的数据文件的访问变得更加容易。文件系统包含相应的逻辑结构和软件例程，负责控制对文件的存取。有了文件系统，用户可以对文件进行创建、修改、删除和访问操作。对磁盘上文件的访问需要由文件拥有者授权才能进行，这通常也是由文件系统来控制的。

文件系统使用目录（directory）把数据组织成分层结构。目录就是保存指向文件的指针的地方。所有的文件系统都维护着一个到目录、子目录和文件的指针映射，这些内容也是文件系统的一部分。常见的文件系统有以下几种。

- FAT32（File Allocation Table，文件分配表）：适用于微软 Windows。
- NT 文件系统（NTFS）：适用于微软 Windows。
- UNIX 文件系统（UFS）：适用于 UNIX。
- 扩展文件系统（EXT2/3）：适用于 UNIX。

除了文件和目录，文件系统还包括许多其他相关的记录，统称为元数据（metadata）。例如，UNIX 系统的元数据包括超级块（superblock）、索引节点（Inode）、空闲的和正在使用的数据块列表等。一个文件系统的元数据必须保持一致，才能算得上是健康的文件系统。

超级块包含了文件系统的重要信息，比如文件系统的类型、创建和修改时间、大小和布局、可用的资源数量（如空闲块数量，索引节点数量等），以及指示文件系统挂载状态（mount status）的标记等。索引节点与文件和目录关联，包含文件长度、拥有者、访问权限、最后访问和修改时间、连接数量，以及数据存放的地址。

文件系统块（file system block）是最小的分配数据的单元。每一个文件系统块对应物理磁盘上一个连续的区域。在文件系统创建之初，文件系统块的大小就确定了。文件系统的大小是由文件系统块的大小以及所存储数据使用的总块数决定的。因为大部分文件都比单个预定义的文件系统块的大小要大，所以一个文件可以跨越多个块。随着新块的添加和删除，文件系统中的块将变得不再连续了（碎片化）。使用一段时间后，随着文件数量的增多，文件系统就变得更加碎片化了。

下面的列表说明了使用 LVM 将用户文件映射到磁盘存储子系统的过程（该过程可结合图 2-2 来理解）：

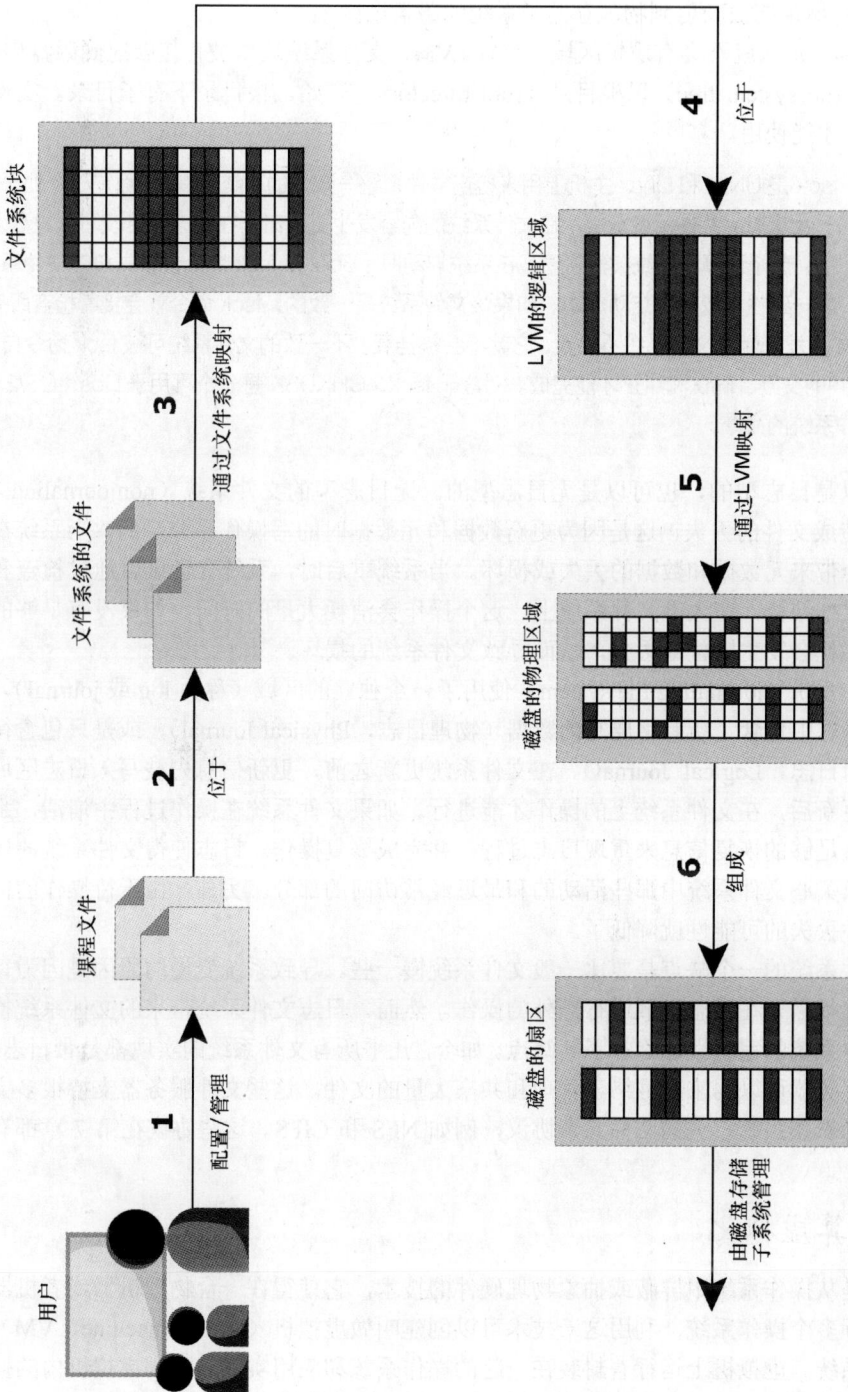

图 2-2 将用户文件映射到磁盘存储的过程

1．用户和应用程序创建并管理文件；

2．这些文件存储在文件系统上；

3．文件系统映射到文件系统块上；

4．文件系统块映射到逻辑卷的逻辑区域（logical extent）上；

5．通过操作系统或是 LVM 再把逻辑区域映射到磁盘的物理区域（physical extent）上；

6．这些物理区域最终被映射到物理存储子系统的磁盘扇区上。

如果没有 LVM，那么就不会有逻辑区域。没有 LVM，文件系统块将被直接映射到磁盘扇区。

文件系统树（file system tree）以根目录（root directory）开始。根目录下有子目录。文件系统只有在挂载之后才能使用。

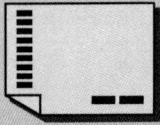

fsck 是 UNIX 和 Linux 主机上用来检查文件系统一致性的系统工具。下面是一个处于不一致状态的文件系统示例：在文件系统的内容发生更改时，在将这些更改写入磁盘之前，整个计算机系统突然崩溃。在系统启动时（Boot），fsck 命令会首先检查文件系统的一致性，以确保启动成功。如果该文件系统是一致的，fsck 命令就会接着检查所有其他的文件系统。如果发现哪个文件系统不一致，它就不会被挂载。不一致的文件系统可被 fsck 命令自动修复，有时需要用户的交互、确认和纠正才能完成。对应于 fsck，CHKDSK 是一个可用于 Dos、OS/2 和微软 Windows 操作系统的命令。

文件系统可以是日志型的，也可以是无日志型的。无日志型的文件系统（nonjournaling file systems）可能会造成文件的丢失，这是因为更新数据和元数据时的写操作是分开的。当系统在写过程中崩溃时，会带来元数据和数据的丢失或损坏。当系统重启时，系统会尝试着通过检查和修复操作来更新元数据结构。在大型文件系统上，这个操作会消耗大量的时间。如果没有足够的重建信息，那么文件就会发生错位或丢失，从而导致文件系统的损坏。

日志型的文件系统（journaling file system）使用了一个独立的区域（称为 log 或 journal），来存放日志信息。日志中包含了所有将要写的数据（物理日志，Physical Journal），或是只包含待更新的元数据（逻辑日志，Logical Journal）。在文件系统更新之前，更新信息先被写入日志区域。只有日志区域被更新后，在文件系统上的操作才能进行。如果文件系统在操作过程中崩溃，那么在日志区域中就有足够的恢复信息来重现日志过程，并完成修复操作。日志使得文件系统的检查特别快，因为它只关心文件系统中那些活动的和最近经常访问的部分。另外，由于待操作的信息都被保存了，文件丢失的可能性就降低了。

带日志的文件系统的一个缺点是要比一般文件系统慢一些。导致系统变慢的原因是因为每次文件系统变化时，都需要在日志区域进行额外的操作。然而，日志文件系统带来的文件系统检查时间的缩短和文件系统的完整性远弥补了其缺点。如今，几乎所有文件系统的实现都是带日志的。

专用的文件服务器可以用来在网络上管理和共享大量的文件。这些文件服务器支持很多文件系统，并且采用了操作系统相关的文件共享协议，例如 NFS 和 CIFS。这些协议在第 7 章都有详细描述。

2.3.5　计算虚拟化

计算虚拟化是从操作系统中屏蔽或抽象物理硬件的技术，它使得在一台物理机器或者机器集群上可以同时运行多个操作系统。利用这一技术可以创建叫做虚拟机（virtual machine，VM）的可移植虚拟计算系统。虚拟机上运行着封装在一起的操作系统和应用实例，不同虚拟机内的操作系统和应用是隔离的。计算虚拟化是通过位于操作系统和硬件之间的虚拟层（virtualization layers）来实现的。虚拟层也被称为 hypervisor，Hypervisor 为所有的虚拟机提供所需的硬件资源（如 CPU，内存和网络）。在一台物理服务器上，如果性能许可，可以创建大量的虚拟机。

虚拟机是一个逻辑实体，但是在操作系统看来，它却是一个有自己的 CPU、内存、网络控制器和磁盘的物理主机。所有的虚拟机彼此孤立，共享底层的硬件资源。从 hypervisor 的角度来看，虚拟机不过是多种文件（包括 VM 配置文件和数据文件等）的集合。

物理服务器常常会面对资源冲突的问题，特别是在两个或多个应用对于资源的需求有冲突的时候。例如，不同应用可能需要同一注册表项有不同的值，或者需要同一 DLL 的不同版本。如果这其中有应用需要保证高可用性，那问题就更容易出现了。结果，服务器一次只能为一个应用提供资源（参见图 2-3(a)）。商业组织不得不为每个部署的应用购买新的物理机，这提高了成本，降低了灵活性。另一方面，许多应用并不能完全利用硬件资源。这样处理器的性能、内存和存储都处于没有充分利用的状态。计算虚拟化可以解决这些问题（参见图 2-3（b）），从而用户可以在一台物理机器上可以运行多个操作系统和应用，大幅提高了服务器的利用率，促进了服务器的资源整合。

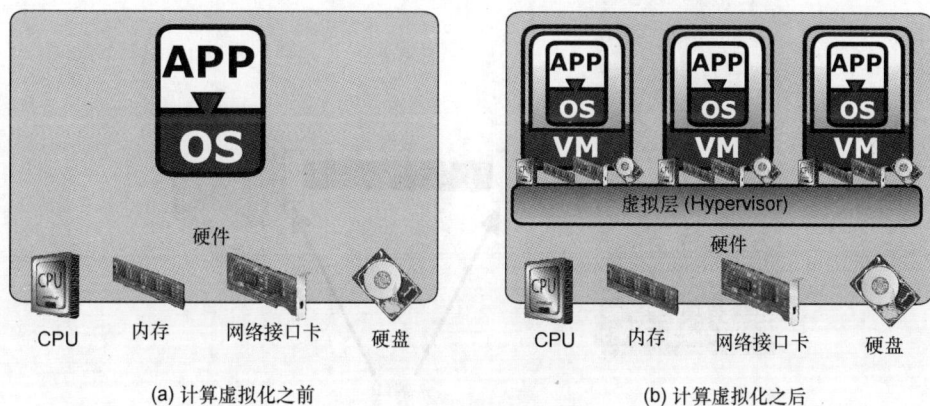

(a) 计算虚拟化之前　　　　　　　　(b) 计算虚拟化之后

图 2-3　服务器虚拟化

通过整合服务器，商业机构可以减少数据中心服务器的数量。这样省去了重新购置服务器的成本，同时降低了运营成本，节省了数据中心的地板空间和机架空间。创建虚拟机与配置新物理服务器相比所需时间更少，商业机构可以更快更容易地部署服务器（即虚拟机）。单个虚拟机的重启、升级或崩溃都不会影响到同一物理机器上的其他虚拟机。另外，虚拟机可以从一台物理机复制到另外一台机器上，在这个过程中应用不受影响。虚拟机的非中断性迁移（nondisruptive migration）对于不同物理机器之间的负载均衡，硬件维护和保证可用性等场合都是非常必要的。

桌面虚拟化

在传统的桌面模式中，操作系统、应用和用户配置文件是和特定的硬件绑定的。因此当客户端坏掉或丢失时，业务生产率会受到很大影响。桌面虚拟化打破了操作系统、应用、用户配置文件和设置对于硬件的依赖。IT 人员可以更改、更新或者部署上述元素的任何一个而不会影响其他元素。桌面运行在数据中心的虚拟机上，用户可以通过多种客户端设备访问桌面，例如笔记本电脑、台式机和移动设备（也称为精简设备——thin devices）。应用的执行和数据存储都是在数据中心集中进行的，而非在客户端设备上。由于桌面运行在数据中心的虚拟机上，降低了数据泄漏和数据遭盗窃的风险。此外，备份可集中进行，合规也得到简化。虚拟桌面易于维护，因为安装补丁、配置新应用和操作系统、为用户部署资源或者删除用户都是集中进行的。

2.4　连接

连接（Connectivity）指的是各个主机之间或者主机同其他外围设备（如打印机、存储设备）之间的互连。这里重点讨论主机和存储设备之间的连接。主机和存储设备之间的连接和通信通过物理部件和接口协议实现。

2.4.1　连接的物理部件

物理部件（physical components）指的是连接主机和存储的硬件。主机和存储间连接的 3 个物理部件是：主机接口设备、端口和线缆（如图 2-4 所示）。

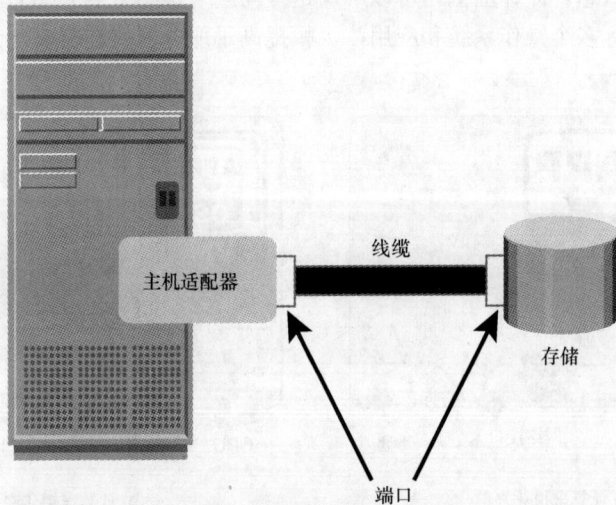

图 2-4　连接的物理部件

主机接口设备（host interface device）或称主机适配器（host adapter）用于主机和主机之间，或主机和存储设备之间的连接。例如，主机总线适配器（host bus adapter，HBA）和网络接口卡（network interface card，NIC）都属于主机接口设备。主机总线适配器是一种专用集成电路（application-specific integrated circuit，ASIC）板，承担着主机和存储之间的 I/O 接口功能，将 CPU 从额外的 I/O 处理任务中解放出来。一台主机通常包含多个 HBA。

端口（Port）是专用插口，使得主机和外部设备之间可以建立连接。一个 HBA 上有一个或多个连接主机和存储的端口。电缆（Cable）用于将内部或外部设备连接到主机上，由铜或光纤制成。

2.4.2　接口协议

主机和存储之间的通信需要通过协议。协议是通过在通信的源端和目的端都使用接口设备（或者控制器）来实现的。用于主机和存储设备之间的最常见的接口协议包括集成设备电路/高级技术附件 IDE/ATA 协议、小型计算机接口（SCSI）协议、光纤通道（Fibre Channel）协议和互联网协议（Internet Protocol）。

集成设备电路/高级技术附件（IDE/ATA 和 SATA）

IDE/ATA 是一个常见的用于存储设备之间（如磁盘和 CD-ROM 驱动器之间）连接的接口协议标准。该协议支持并行传输，因此也被称为并行 ATA（PATA）或 ATA。IDE/ATA 有多种标准和命名。Ultra DMA/133 版本的 ATA 协议支持 133MB/s 的吞吐率。在主从（master-slave）配置中，一个 ATA 接口支持每个连接器（connector）连接两个存储设备。如果看重磁盘的性能，不建议两个设备共享端口。

本协议的串行版本支持单比特（single bit）串行传输，也被称为串行 ATA（SATA）。SATA 凭借其高性能低成本的优势在较新的系统上已取代 PATA。SATA 3.0 标准的最高数据传输率已达 6 GB/s。

小型计算机接口（SCSI）和串行 SCSI

SCSI 已成为高端计算机中优先选择的连接协议。该协议支持数据并行传输，性能、扩展性和兼容性都优于 ATA 协议。但是，因为成本较高，在家庭及个人桌面用户中不够普及。与最初的 SCSI 协议相比，目前的 SCSI 协议已做了完善并包含了一系列的技术和标准。在一条总线上，SCSI 可支持最多 16 个设备，传输速率可达 640MB/s（Ultra-640 版本）。

串行连接 SCSI（serial attached SCSI，SAS）是点对点的串行协议，与并行 SCSI 不同。较新版本的串行 SCSI 协议（SAS 2.0）支持最高 6 Gb/s 的传输率。更多关于 SCSI 架构和接口的细节，参见本书附录 B。

光纤通道（Fibre Channel）

光纤通道（Fibre Channel）是用于广泛用于存储设备高速通讯的协议。光纤通道接口支持 Gb 级的网络传输速度。光纤通道协议是串行数据传输协议，使用铜线或光纤进行数据传输。最新版本的光纤通道接口（16FC）支持的数据传输率高达 16Gb/s。光纤通道协议及其特性将在第 5 章中详细介绍。

互联网协议（Internet Protocol）

IP 作为网络协议，一直以来主要用于主机和主机之间的通信。随着新技术的兴起，IP 网络成为主机和存储间通信的可行选择。IP 在成本和成熟性上有优势，商业机构也可以利用已有的 IP 网络。iSCSI 和 FCIP 协议都是利用 IP 网络实现主机和存储通信的例子。这些协议将在第 6 章中详细介绍。

2.5　存储

存储是数据中心的核心组件。存储设备使用磁性、光学或固态介质。磁盘、磁带、软盘等使用的是磁性介质，CD-ROM 是使用光学介质，而可移动的闪存卡或闪存盘使用固态介质。

在过去，磁带（Tape）是做备份最常用的存储介质，因为它的成本很低。但是磁带在性能和管理上有很多局限性，表现在以下几个方面。

- 数据在磁带上是沿着磁带的方向线性存储的。检索和获取数据也是顺序进行的，访问数据至少都要花费数秒钟的时间。因此，对于随机访问数据就非常耗费时间。对于那些需要实时、快速访问数据的应用程序，磁带并不是一个较好的方案。
- 在一个共享的计算环境中，存储在磁带上的数据不能同时被多个应用程序访问。同一时刻只能允许一个应用程序使用磁带。
- 磁带驱动器上的读写头与磁带表面是接触的，所以在多次使用后磁带会老化、磨损。
- 在磁带上存储和获取数据要求较高，管理磁带库的开销很大。

因为有以上缺陷，加上磁盘成本降低，磁带已经不是企业级的数据中心进行数据备份的首选。光盘存储（Optical Disk Storage）在小的单用户计算环境中非常流行。它经常在个人或笔记本电脑中被用来存储相片或作为备份介质。它同样被用作小型应用程序（如游戏）的发布介质，或用来在计算机系统之间传送少量数据。光盘的容量和速度都比较有限，因此难以被用作企业级数据存储。

光盘的"一次写，多次读（write once and read many，WORM）"的特点是它的一个优势。CD-ROM 就是一个 WORM 设备。从某种程度上说，光盘可以保证数据内容不被更改，所以对于那些需要长期存储的、创建之后就不会改变的少量固定数据，可以把光盘作为一种低成本的备选方案。由一组光盘组成的光盘阵列，称为 jukebox（自动唱片点唱机），现在仍然是一种固定内容的存储解决方案。其他形式的光盘还包括 CD-RW、蓝光光盘以及各种各样的 DVD。

磁盘驱动器（Disk Drive）是当今计算机存储和访问数据使用最多的存储介质，可以很好地支持性能密集型（performance-Intensive）的在线应用程序。磁盘支持快速的随机数据访问，这意味着大量用户或应用程序能同时写或获取数据。另外，磁盘有很大的容量，由多个磁盘组成的磁盘阵列能够提供更大的容量和更好的性能。

对于磁盘驱动器的访问需通过预定义的协议，如 ATA、SATA、SAS 等。协议在磁盘界面控制器内实现。早期的磁盘界面控制器是独立的卡，与主板连接实现通信。现在的磁盘界面控制器都已集成在磁盘驱动器上，因此，磁盘驱动器常以支持的协议来分类，如 SATA 磁盘、FC 磁盘等。

2.6　磁盘驱动部件

磁盘的核心部件包括盘片、主轴、读写头、驱动臂装置以及控制器（如图 2-5 所示）。

磁盘驱动器通过在磁性盘片上快速地移动读写臂来读写数据。数据通过读写臂的读写头在磁盘控制器和磁性盘片之间传输。数据可以重复地记录在磁盘上或从磁盘中擦除。下面各节将详细介绍磁盘的各个不同的部件，磁盘组织数据和存储数据的机制，以及影响磁盘性能的因素。

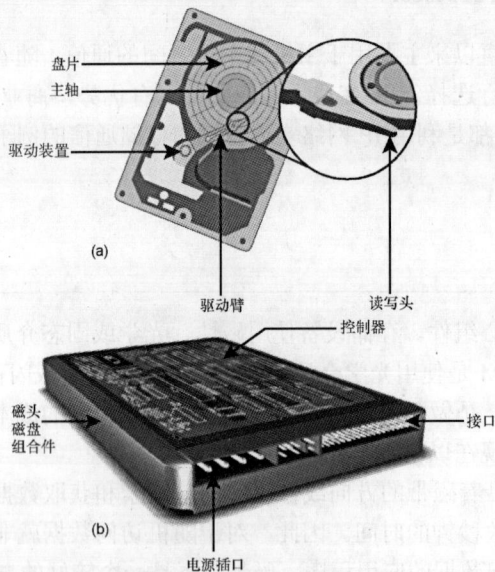

盘片
主轴
驱动装置
(a)
驱动臂　读写头
控制器
磁头磁盘组合件
接口
(b)
电源插口

图 2-5　磁盘驱动器部件

2.6.1　盘片

一个典型的硬盘包含一个或多个扁的、圆形的金属盘，称作盘片（如图 2-6 所示）。数据就是以二进制代码（0 或 1）的形式记录在这些盘片上。将一组可旋转的盘片封装在一个盒子里，就形成了一个磁头磁盘组合件（Head Disk Assembly，HDA）。一个盘片是一个双面（上、下）镀上磁性物理材料的刚性、圆形金属盘。在盘片上的数据是通过在磁盘表面分布极性不同的磁性区域来编码的。数据在盘的上下两面都可以进行读写。盘片的个数以及每个盘片的存储容量决定了磁盘的总容量。

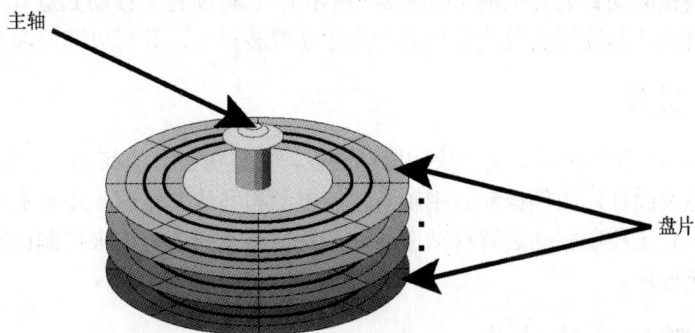

图 2-6　主轴和盘片

2.6.2　主 轴

如图 2-6 所示，一根主轴固定了所有的盘片，并和一个马达相连。主轴的马达是以恒速旋转的。

磁盘盘片以几千转每分（revolution per minute，rpm）的速度旋转。按转速来划分，磁盘有 5 400rpm、7 200rpm、10 000rpm 和 15 000rpm 这几种。盘片的速度随着科技的进步仍然在提高，尽管提高的空间有限。

2.6.3　读写头

如图 2-7 所示，读写头在盘片上读写数据。磁盘的每个盘片上都有 2 个读写头，上下两面各一个。读写头在盘片上写数据的时候会改变盘片表面的磁极。当读数据时，读写头会探测盘片表面的磁极。在进行读写操作时，读写头能够感知磁极并与盘片表面保持距离（不与盘片接触）。当主轴旋转时，读写头和盘片之间有一个微小的间隙，叫做磁头飞行高度（Head Flying Height）。当主轴停止旋转后，读写头将停留在盘片上位于主轴附近的一个特定的区域，此时间隙就会消失。这个特定区域就叫着陆区（Landing Zone）。着陆区的表面有一层润滑剂，以减小磁头和盘片之间的摩擦。

磁盘上的逻辑电路保证了读写头在接触盘面之前先移动到着陆区。如果驱动装置出现了故障，读写头意外地接触到了着陆区之外的盘片表面，就会导致磁头瘫痪（Head Crash）。磁头瘫痪一旦发生，盘片表面的磁性物质就会被划破，也会损坏读写头。磁头瘫痪通常会导致数据的丢失。

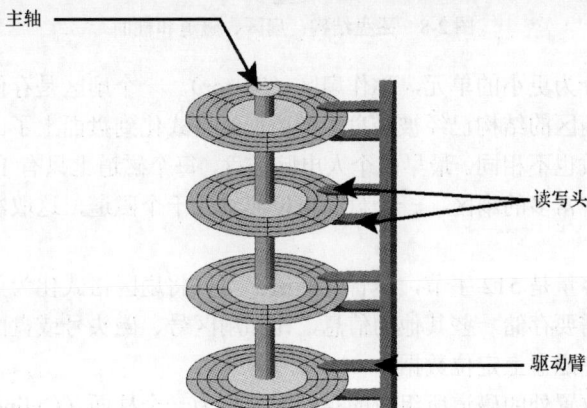

图 2-7　驱动臂装置

2.6.4　驱动臂装置

读写头是安装在驱动臂装置上的（如图 2-7 所示）。它将读写头移动到盘片上需要读写数据的位置。磁盘上所有盘片的读写头都连接到同一个驱动臂装置上，并可以同时在盘片上移动位置。

2.6.5　控制器

控制器（如图 2-5（b）所示）是一块印刷电路板，安装在磁盘的底部。它包含一个微处理器、内部存储、电路以及固件。固件控制着主轴马达的电源和马达的转速，还负责管理磁盘和主机之间的通信。此外，它还控制驱动装置移动驱动臂，并切换不同读写头来控制读写操作，还能够对数据访问进行优化处理。

2.6.6　物理磁盘的结构

磁盘上的数据是记录在磁道（Track）上的。磁道是盘面上以主轴为圆心的一组同心环，如图 2-8 所示。磁道从外向内依次被编号，最外面磁道的编号为 0。盘面上每英寸磁道数（tracks per inch，TPI）或者说磁道密度（Track Densitytrack density），是衡量一个盘面上划分磁道紧密程度的度量标准。

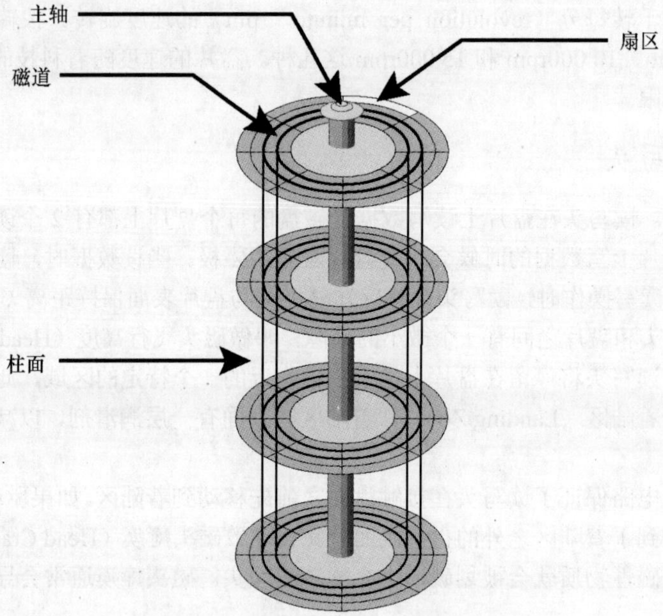

图 2-8　磁盘结构：扇区、磁道和柱面

每个磁道都被划分为更小的单元，称作扇区（Sector）。一个扇区是存储系统中可单独被寻址的最小单位。磁道和扇区的结构已经被磁盘生产商低级格式化到盘面上了。对于不同的磁盘，每个磁道包含的扇区个数也不相同。最早的个人电脑磁盘，每个磁道上只有 17 个扇区，但最近的磁盘上单个磁道都拥有非常多的扇区。一个盘面可以容纳几千个磁道，这取决于盘片的物理面积以及记录密度。

通常一个扇区的容量是 512 字节，尽管有些磁盘可以将扇区格式化为更大的容量。除了存储用户数据，扇区里还需要存储一些其他的信息，比如扇区号、磁头号或盘面号、磁道号等。这些信息能够帮助控制器在磁盘上定位数据。

所有盘面上相同位置处的磁道所组成的存储区域称为一个柱面（Cylinder）。磁头的位置是由柱面号来表示的，而不是磁道号。

磁盘标称容量与可用容量

一块磁盘的标称容量和可用容量是不同的。例如，一块宣称容量为 500 GB 的磁盘实际上只有 465.7 GB 的空间可用于存储用户数据。造成这个差别的原因是硬盘制造商以 10 为单位计算硬盘容量。这意味着 1 个千字节（kilobyte）等于 1000 个字节（byte），而非 1024 个字节；因此硬盘的可用容量总是少于标称容量。

2.6.7　分区位记录

由于盘片是由具有相同圆心的磁道组成的，外面的磁道的周长肯定比里面的磁道长，所以外面的磁道必然能存储更多的数据。在过去的磁盘中，外磁道与内磁道所包含的扇区个数相同，所以外磁道的数据密度相对较低，盘面的空间利用率也较低（如图 2-9（a）所示）。

分区位记录（Zoned Bit Recording）能够高效地利用磁盘空间。如图 2-9（b）所示，该机制根据磁道与磁盘中心的距离将它们划分成若干个区域。这些区域从最外面起进行编号，最外面的区号是 0。每个区域上的磁道都被分配了适当数目的扇区：靠近中心的区域，磁道中所含的扇区要少一些；而外面的区域，磁道所包含的扇区数则要多一些。但是，每个指定的区域内所有磁道上的扇区个数都是相同的。

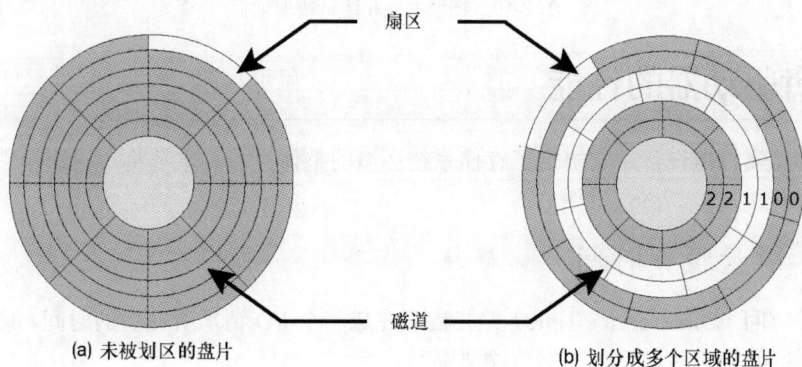

图 2-9　分区位记录

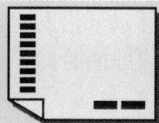

离盘片中心越近的区域，数据传输速率越低。因此对性能要求高的应用程序，应该将它们的数据存放在盘片靠外的区域中。

2.6.8　逻辑块寻址

早期的磁盘利用物理地址，包含了柱面（Cylinder）、磁头（Head）和扇区（Sector）的编号，称为 CHS 编号，在磁盘上进行定位，如图 2-10（a）所示。主机操作系统必须知道每个正在使用的磁盘的几何结构。而逻辑块寻址（Logical Block Address，LBA）则使用线性地址访问物理块的数据，从而大大简化了寻址过程，如图 2-10（b）所示。磁盘控制器将 LBA 地址转换为 CHS 地址，主机操作系统只需要知道磁盘有多少个物理块就行了。逻辑块与物理块（扇区）之间的映射是 1∶1 的。

在图 2-10（b）中，磁盘的每个磁道上有 8 个扇区，共有 8 个磁头和 4 个柱面。也就是说一共有 8×8×4=256 个物理块，物理块的编号从 0 到 255。每个物理块有唯一的地址。假设每个扇区（物理块）的容量是 512 字节，那么一块 500GB 的磁盘，格式化后容量为 465.7GB，有超过 976 000 000 个物理块。

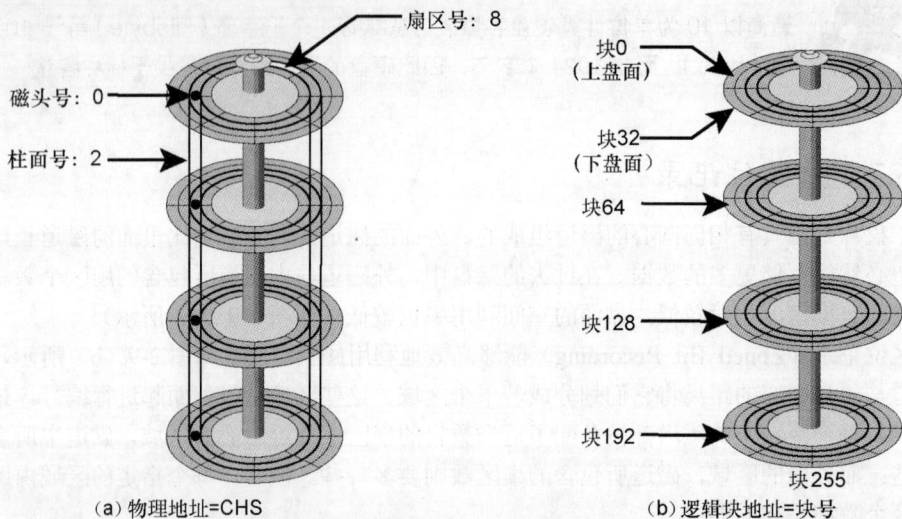

（a）物理地址=CHS

（b）逻辑块地址=块号

图 2-10　物理地址和逻辑块地址

2.7　磁盘驱动器的性能

磁盘驱动器属机电设备，它决定了存储系统环境的整体性能。本节将讨论影响它性能的各种因素。

2.7.1　磁盘服务时间

磁盘服务时间（Disk Service Time）是指磁盘完成一个 I/O 请求所花费的时间。影响它的因素有三个：寻道时间、旋转延迟和数据传输速率。

寻道时间

寻道时间（Seek Time，也叫访问时间，Access Time）指的是读写头在盘面上移动（沿着盘面半径方向）进行定位的时间，也就是移动驱动臂将读写头移动到正确的磁道上所需要的时间。寻道时间越短，I/O 操作越快。磁盘生产商发布了以下寻道时间的规格。

- 全程时间（Full Stroke）：读写头从最里面的磁道移动到最外面的磁道，跨越整个磁盘宽度的时间。
- 平均时间（Average）：读写头随机地从一个磁道移动到另一个磁道的平均时间，通常指的是全程时间的三分之一。
- 相邻磁道时间（Track-to-Track）：读写头在两个相邻磁道间移动的时间。

上述规格都是以毫秒来度量的。磁盘生产商通常会标明磁盘的寻道时间。现在磁盘的平均寻道时间一般在 3～15ms。对于读操作来说，在随机的磁道上读数据与在相邻磁道上读数据相比，寻道时间对前者的影响更为关键。为了减少寻道时间，可以把数据只写到某些柱面上去。这将导致比实际容量更低的有效磁盘容量。例如，如果只用到一个 500GB 磁盘靠外的前 40%柱面，那么它的有效容量只有 200GB。这就是所谓的磁盘短击（Short-Stroking）。

旋转延迟

为了存取数据，驱动装置和驱动臂需要将盘面上方的读写头移到特定的磁道，同时盘片旋转，将请求的数据（扇区）移到读写头下面。盘片旋转以定位读写头下方的数据（扇区）所用的时间，称为旋转延迟（Rotational Latency）。延迟时间取决于主轴的转速并以 ms 来度量。平均旋转延迟是主轴旋转一圈所需时间的二分之一。与寻道时间类似，读写随机选择的扇区与读写相邻扇区相比，旋转延迟对前者的影响更大。

一个转速为 5 400rpm 的磁盘的平均旋转延迟大约为 5.5ms，而转速为 15 000rpm(或每秒 250转)的磁盘，其平均旋转延迟约为 2.0ms。

数据传输速率

数据传输速率（Data Transfer Rate，也叫传输速率，Transfer Rate）指的是每个单位时间内磁盘能够传输到 HBA 的平均数据量。要计算数据传输速率，首先要明白读写操作的过程。对于读操作，数据首先从盘面移动到读写头，再到磁盘内部的缓冲区，最后才通过接口传输到主机 HBA。对于写操作，数据通过磁盘接口从 HBA 传输到磁盘内部缓冲区，再到读写头，最终从读写头写到盘面上。

读写操作的数据传输速率是以内部和外部传输速率来衡量的，如图 2-11 所示。

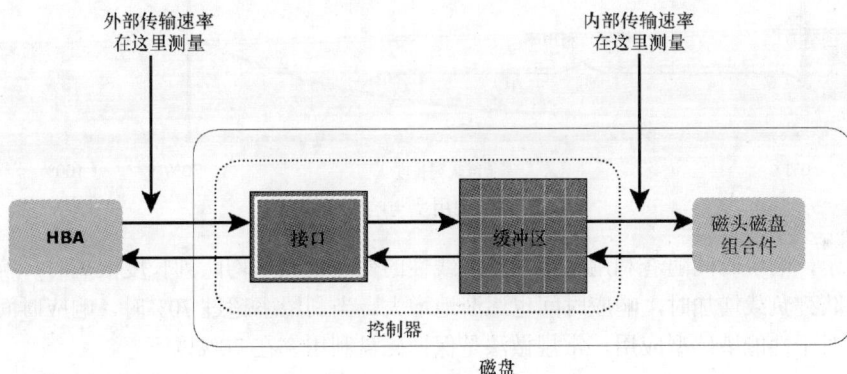

图 2-11   数据传输速率

内部传输速率（Internal Transfer Rate）指的是数据从一个盘面上的单个磁道传输到内部缓冲区的速率。内部传输速率需要将寻道时间和旋转延迟考虑在内。外部传输速率（External Transfer Rate）指的是数据从接口移动到 HBA 的速率。通常外部传输速率是接口所宣称的速率，比如 ATA 的速率是 133MB/s。持续的外部传输速率（实际工作时）一般要低于所宣称的接口速率。

2.7.2 磁盘 I/O 控制器的利用率

磁盘的 I/O 控制器的利用率对于 I/O 响应时间的影响很大。要理解如何影响，我们可以将磁盘看作一个黑盒子，包括 2 个部分。

- **队列（Queue）**：用于存放等待 I/O 控制器处理的 I/O 请求。
- **磁盘 I/O 控制器（Disk I/O Controller）**：依次处理队列中的 I/O 请求。

I/O 请求以应用程序生成请求的速率到达控制器。这个速率也称作到达速率（Arrival Rate）。这些请求暂存在 I/O 队列中，将由 I/O 控制器依次进行处理，如图 2-12 所示。I/O 到达速率、队列长度，还有 I/O 控制器处理每个请求的时间决定着 I/O 响应时间。如果控制器一直忙碌或处于高利用率状态，队列规模会较大，反应时间也会较长。

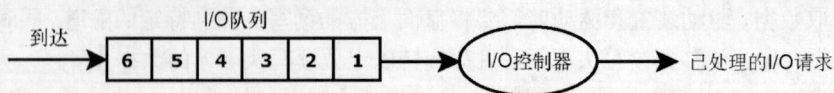

图 2-12   I/O 处理

根据磁盘驱动器性能的基本规则，控制器利用率和平均响应时间的关系如下：

平均响应时间（T_R）=服务时间（T_S）/（1–利用率）

其中 T_S 是控制器处理一次 I/O 所用的时间。

当利用率为达到 100% 时——也就是 I/O 控制器饱和时，响应时间接近于无限大。实际上，饱和的部件，或者说瓶颈，迫使 I/O 请求序列化，这意味着每个 I/O 请求都必须等待它前面的请求被处理完毕。利用率和响应时间的关系如图 2-13 所示。

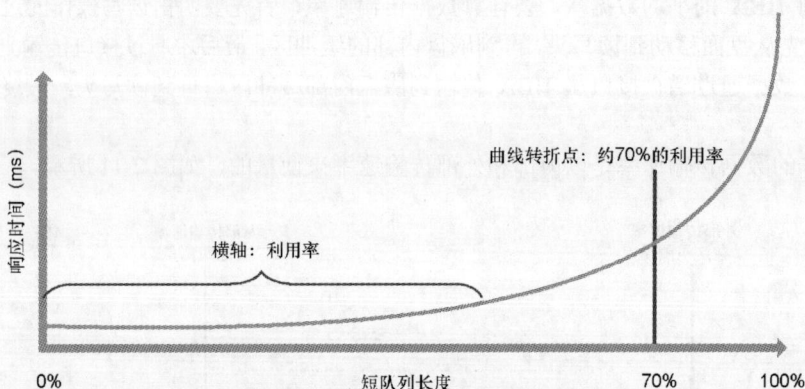

图 2-13   利用率与响应时间

该图显示，响应时间随着利用率增加呈非线性的变化。当平均队列长度很短时，响应时间一直很快。当队列负载增加时，响应时间也逐渐地增大。当利用率超过 70% 时，响应时间呈指数增长。因此，对于性能敏感型应用，常规做法是保证磁盘利用率在 70% 以下。

2.8   主机对数据的访问

应用对数据的读取和存储是通过底层的基础架构来实现的。操作系统（或文件系统）、连接和存储是基础架构的核心组件。存储设备可以在主机内部，也可以在主机外部。无论是内部还是外部，主机控制器卡都是使用预定义的协议（如 IDE/ATA、 SCSI 或光纤通道）来访问存储设备的。IDE/ATA 和 SCSI 广泛应用于小型和个人计算环境下对内部存储的访问。光纤通道和 iSCSI 协议则用于访问外部存储设备（或子系统）上的数据。外部存储设备可以直连到主机上，也可以通过网络连到主机上。存储直连主机的这种形式，称为直连存储（direct-attached storage，DAS），将在本章后面进行介绍。

理解通过网络访问数据非常重要，因为它奠定了存储联网技术的基础。通过网络访问数据通常以下面三种方式进行：块级别（block-level）、文件级别（file-level）和对象级别（object-level）。

应用从文件系统（或操作系统）请求数据时一般要指明文件名和地址。文件系统将文件属性映射到数据的逻辑块地址，然后向存储设备发送请求。存储设备将逻辑块地址（LBA）转换成 CHS 地址，取回数据。

在块级别的访问中，文件系统在主机上创建，对数据的访问通过网络以块级别进行，如图 2-14（a）所示。未格式化磁盘和逻辑卷都要分配到主机，以进行文件系统的创建。

文件级别的访问要求文件系统在另外的文件服务器或者存储端创建。通过网络发送文件级别的数据请求，如图 2-14（b）所示。因为数据访问是在文件级别，这个方法的开销比块级别访问要大。对象级别的访问（object-level access）是智能进化（intelligent evolution）的结果。数据访问是以独立（self-contained）对象的形式通过网络进行的。对象都有唯一的标识符。存储网络技术和配置将在本书第 2 部分"存储网络技术"中详细介绍。

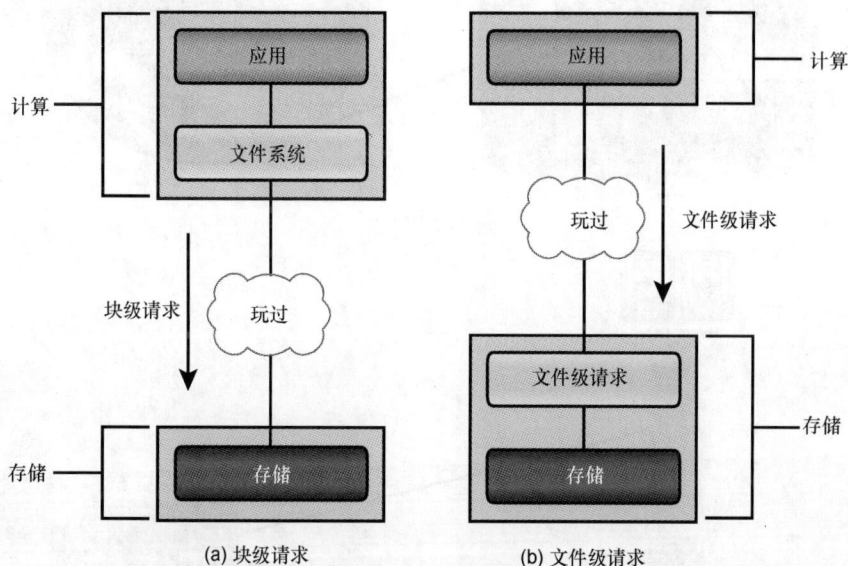

(a) 块级请求   (b) 文件级请求

图 2-14　主机访问存储

2.9　直连存储（direct-attached storage）

直连存储指的是存储设备与主机直连的架构。主机内部磁盘驱动器和与主机直连的外部存储都是直连存储的例子。虽然存储网络技术的各种形式越来越普遍，直连存储依然适合小环境下（个人计算或工作组）的本地数据访问。直连存储根据其与主机的相对位置关系，可以分为内部直连存储和外部直连存储两类。

在内部直连存储架构中，存储设备在内部通过串行或并行总线与主机连接（见图 2-15（a））。物理总线有距离限制，要保证高速传输只能在较短距离内使用。另外，多数内部总线支持的设备数量非常有限，且在主机内部占据很大空间，加大了其他部件维护的难度。

在外部直连存储架构中，主机与外部存储设备直连，数据访问在块级别进行（见图 2-15（b））。多数情况下，主机和存储直连的通信使用 SCSI 或 FC 协议。与内部直连存储相比，外部直连存储消除了距离和设备数量的限制，可以对存储设备进行集中管理。

2.9.1　直连存储的好处和局限

与存储网络架构相比，直连存储需要的初始投入较低。直连存储的配置比较简单，可以简单快速地部署。设置管理通过主机上的工具（例如主机操作系统）进行，大大简化了小型环境下的存储管理。因为直连存储的架构较简单，管理任务较少，只需较少的软硬件便可以搭建和运行。

但是，直连存储的扩展性并不好。存储阵列的端口有限，限制了可直连的主机数量。当达到容量（端口）上限时，服务的可用性就会受影响。因为可共享的前端端口有限，直连存储并不能充分利用资源。在直连存储环境下，未被利用的资源很难重新分配，造成了要么过度应用，要么应用不足的存储资源孤岛。

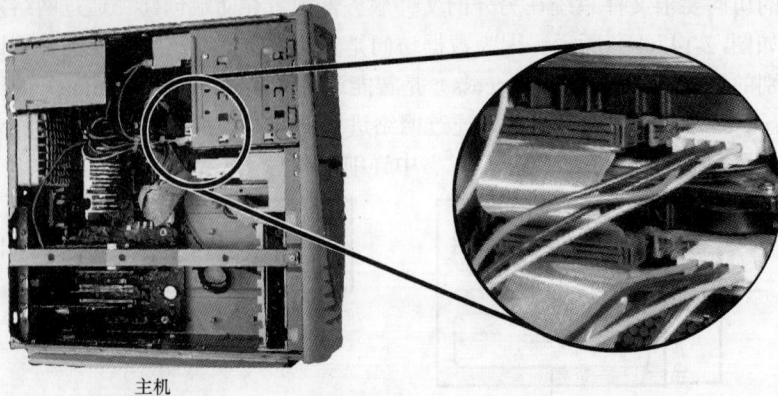

(a) 内部 DAS

主机

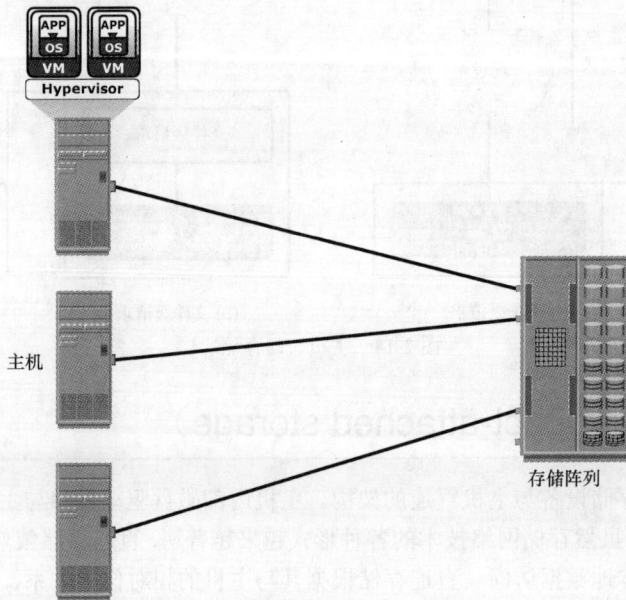

(b) 外部 DAS

图 2-15　内部和外部 DAS 体系结构

2.10　基于应用程序的需求和磁盘性能的存储设计

　　应用程序的存储需求分析通常都是从确定存储容量开始的。这可以根据文件系统的大小和数量，以及应用程序将要使用的数据库部件来评估确定。应用程序的 I/O 大小、特点及其在工作峰值产生的 I/O 数量是影响磁盘性能、I/O 响应时间和存储系统设计的其他因素。块大小取决于应用程序所依赖的文件系统和数据库。数据库环境中的块大小通常是由底层数据库引擎及其环境变量集所控制的。

　　磁盘服务时间（T_s）是衡量磁盘性能的一个关键指标。T_s 和磁盘利用率（U）决定了一个应用的 I/O 响应时间。正如本章前面提到的那样，总的磁盘服务时间（T_s）是寻道时间（T）、旋转延迟（L）和内部传输时间（X）的总和。

$$T_s = T + L + X$$

给定如下磁盘实例，磁盘的具体规格是这样的:

- 在一个随机 I/O 环境中，平均寻道时间为 5ms。因此，T=5ms。
- 磁盘旋转速率为 15 000rpm（250 转每秒）——由此可以确定旋转延迟（L），大概是旋转一圈时间的一半，即 L=（0.5/250 rps，以 ms 为单位）。
- 内部数据传输率为 40MB/s，其内部传输时间（X）可以根据 I/O 块大小来计算。比如，如果块大小为 32KB，那么 X=32KB/40MB。

由此，I/O 控制器服务一个大小为 32KB 的块所用的时间为:

$$T_s = 5ms + (0.5/250) + 32KB/40MB = 7.8ms。$$

每秒钟最大的 I/O 服务次数，即 IOPS 为（$1/T_s$）=1/（7.8×10^{-3}）=128 IOPS。

表 2-1 罗列了基于以上磁盘规格的不同块大小时的最大 IOPS。

表 2-1   磁盘服务时的最大 IOPS

块大小	$T_S = T + L + X$ (ms)	$IOPS = 1/T_S$
4KB	5ms + (0.5 / 250 rps) + 4KB / 40MB = 5 + 2 + 0.1 = 7.1	140
8KB	5ms + (0.5 / 250 rps) + 8KB / 40MB = 5 + 2 + 0.2 = 7.2	139
16KB	5ms + (0.5 / 250 rps) + 16KB / 40MB = 5 + 2 + 0.4 = 7.4	135
32KB	5ms + (0.5 / 250 rps) + 32KB / 40MB = 5 + 2 + 0.8 = 7.8	128
64KB	5ms + (0.5 / 250 rps) + 64KB / 40MB = 5 + 2 + 1.6 = 8.6	116

对不同块大小，IOPS 的范围从 116 到 140，这也意味着可以达到极高的利用率（接近 100%）。如 2.7.2 节所述，当磁盘控制器利用率升高时，应用的响应时间 R 也将增加。还是前面的例子，块大小为 32 KB，在磁盘控制器利用率为 96% 时，响应时间（R）为:

$$R = T_s/（1-U）= 7.8/（1-0.96）= 195 ms$$

如果一个应用要求更快的响应时间，那么磁盘利用率必须维持在 70% 以下。同样是 32 KB 的块大小，磁盘利用率在 70% 时，响应时间急剧降低，为 26 ms。然而，在磁盘利用率更低时，IOPS 也会减少。依然是 32 KB 的块大小，利用率接近 100% 时，磁盘可以执行的 IOPS 为 128。在磁盘利用率为 70% 的 IOPS 为 89（128×0.7），这表明磁盘可以执行的 I/O 操作数是一个重要的因素。在为应用计划存储需求时，需要重点考虑这个因素。

应用程序的存储需求是要根据满足应用程序的存储容量和 IOPS 来确定的。如果一个应用程序需要 200G 的磁盘空间，那么当前一块磁盘就能满足这种需求。然而，如果应用程序的 I/O 需求很高时，性能下降，一块磁盘就无法满足高需求的 I/O 响应时间。

基于以上讨论，一个应用程序所需要的磁盘数（D_R）可以通过如下方式计算得到:

$$D_R = Max(D_C, D_I)$$

这里 D_C 是满足容量需求的磁盘数量，而 D_I 是满足 IOPS 需求的磁盘数量。

让我们通过一个例子来加深理解。

假设一个应用程序的容量需求为 1.46TB，应用程序最高负载时的 IOPS 为 9 000，磁盘制造商提供的磁盘容量为 146GB，转速为 15 000rpm，可以达到的最大 IOPS 为 180。

在这个例子中，为了满足容量需求，需要 1.46TB/146GB=10 个磁盘。

而为了满足高达 9 000 的 IOPS 需求，则需要 50 个磁盘（9 000/180）。结果，为了满足应用程序的需求，将需要 50 = Max(10, 50) 个磁盘。

对响应时间敏感的那些应用，磁盘需求数还必须以单个磁盘低于 70% 使用率时的 IOPS 来计算。依然使用这个例子，单个磁盘在 70% 使用率时的 IOPS 为 180×70%=126 IOPS。那么满足应用 IOPS 需求的磁盘数量是 9 000/126=72。

因此，满足这个应用程序的需求需要 Max (10, 72) = 72 块磁盘。

在上面的例子中，从容量角度看，10 块磁盘就可满足需求，但是满足性能需求则需要 72 块磁盘。为了从性能角度优化磁盘需求，出现了许多运行在实时环境下的解决方案，例如磁盘原生命令排序（disk native command queuing）、使用闪存盘、RAID 以及使用缓存（cache memory）。RAID 和高速缓存将分别在第 3 章和第 4 章详细讲述。

2.11 磁盘原生命令排序（disk native command queuing）

命令排序是应用于磁盘驱动器的一项技术，它决定接收到的 I/O 请求的执行顺序，以减少不必要的磁盘头移动，提高磁盘性能。当磁盘控制器接收到 I/O 请求时，命令排序算法会为此 I/O 分配一个标签，确定该命令的执行次序。使用命令排序技术，命令按照数据在磁盘上的组织确定执行顺序，而非按接收顺序依次执行。

最常用的命令排序算法叫做寻道时间优化（seek time optimization）。命令的执行以实现读写头移动的最优化为目的，可能会对命令重新排序。如果不使用寻道时间优化，命令会按接收顺序先后执行。如图 2-16（a）所示，命令会按 A，B，C，D 的顺序执行。A 之后马上执行 C，所需的磁头半径移动幅度小于执行 B。应用寻道时间优化技术，命令的执行顺序为 A, C, B, D，如图 2-16（b）所示。

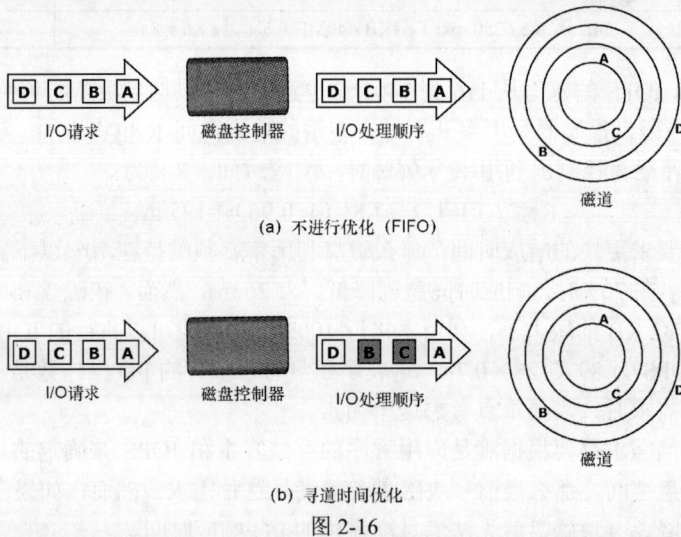

(a) 不进行优化（FIFO）

(b) 寻道时间优化

图 2-16

访问时间优化（Access Time Optimization）是另外一个命令排序算法。使用这种算法，命令的执行顺序会综合考虑寻道时间优化和对于旋转延迟的分析，以实现最佳性能。

命令排序技术也应用在现代存储阵列控制器中，有时候会与应用于磁盘的命令排序并用。

2.12 闪存盘简介

随着信息的增长，存储用户的业务应用对于性能的需求越来越高。传统上使用增加磁盘数量的方式满足较高的 I/O 需求。企业级闪存盘（enterprise class flash drives，EFD）的出现改变了这种状况。

闪存盘也被称为固态硬盘（solid state drives，SSD），是新一代的磁盘。它拥有极高的性能，能满足性能敏感型应用的需求。闪存盘使用基于半导体的固态存储（闪存）来存取数据。与传统的机械磁盘相比，闪存盘不含移动部件，因此也没有寻道时间和旋转延迟。另外，因为是基于半导体的设备，闪存盘比机械磁盘更省电。闪存盘特别适合那些文件块较小（small block size），随机读取工作较多，且要求响应时间持续保持较低水平的应用。那些需要快速处理大量数据（如货币兑换，电子交易系统）或者实时数据处理的应用在使用闪存盘后能大幅提高性能。

企业级闪存盘的吞吐量是传统机械磁盘的 30 倍，而响应时间不到机械磁盘的 10 分之 1（分别是小于 1ms 和 6～10ms）。此外，每存储 1 TB 数据，使用闪存盘与使用机械磁盘相比，最多可节省 38% 的电能。换算成单个 I/O 消耗的电能，闪存盘比机械磁盘节省 98%。

综合来说，虽然单 GB 容量的成本更高，闪存盘依然提供了更低的整体拥有成本（total cost of ownership）。应用闪存盘后，企业达到应用的性能需求所需的磁盘数量更少（大约只需机械磁盘数量的 20～30 分之一）。不但节省了磁盘的成本，还节省了电能、制冷的花费，占用空间也更小。磁盘数量减少，还可以降低存储管理的成本。

2.12.1 闪存盘的组件和架构

为了保证兼容性，闪存盘采用了和机械磁盘相同的外形和连接器。这样存储机柜中的一个机械磁盘坏掉时，可以直接用一个闪存盘替代。闪存盘的关键组件包括控制器、I/O 接口、大容量存储（存储芯片的集合）和缓存。控制器控制闪存盘的运行。I/O 接口提供电力和数据访问。大容量存储由一组用于存储数据的非易失性 NAND 闪存芯片组成。缓存是进行数据处理或操作的临时空间或缓冲池。

一个闪存盘上有多个用于数据访问的并行 I/O 通道（控制器和闪存芯片）。一般来说，闪存芯片和通道的数量越多，闪存盘的内部带宽越大，其性能越高。闪存盘一般有 8 到 24 个通道。

闪存中的存储芯片是以块和页为逻辑单位组织的。页（page）是闪存盘上能被读写的最小对象（object）。页组合成块（block）（此处的块与机械磁盘扇区 512 字节的块不同）。每个块可以有 32、64 或者 128 个页。页的大小没有唯一标准，常见的大小有 4 KB，8 KB 和 16 KB。闪存盘模拟物理磁盘的逻辑块地址（LBAs），每页占据一系列连续的物理块。举例来说，一个大小为 4 KB 的页占据 8 个连续的 512 字节数据块。闪存盘的读操作发生在页层级，而写操作则发生在块层级。

2.12.2 企业级闪存盘的特性

企业级闪存盘的主要特性如下：

- **NAND 闪存技术**：NAND 闪存技术非常适合读取随机数据。NAND 设备采用不良块追踪（bad block tracking）技术和校验码（error-correcting code，ECC），以保证数据一致性，实现最快的写入速度。
- **基于单级单元（Single-Level Cell，SLC）的闪存**：NAND 技术有两种单元设计方式。多层单元(Multi-Level Cell, MLC) 可以记录多个状态，所以每个单元可以存储多位数据。而单层单元的每个单元只存储一位数据。单层单元有性能好和寿命长的优势，是适合企业数据应用的较优方案。单层单元的读取速度是多层单元的两倍，而写入速度可达多层单元的四倍多。单层单元的写入擦除周期（write erase cycle）是多层单元的 10 倍多。另外，单层单元每个单元只存储一位数据，出错的几率大大减小，所以其可靠性也好于多层单元。
- **写入平衡技术（write leveling technique）**：最大化磁盘寿命的一个重要方面是保证存储单元的使用较平均。这意味着经常更新的数据要写入不同的位置，避免对同一单元的使用过于频繁。企业级闪存盘在设计时就考虑到这一点，新的写入操作会使用最新（即最少使用）的块。

2.13 概念应用：VMware ESXi

VMware 是服务器虚拟化解决方案领域的领导厂商。VMware ESXi 提供了一个叫做 hypervisor 的平台，将 CPU、内存和存储资源抽象出来，使一台物理服务器上可以同时运行多台虚拟机。

VMware ESXi 是一个应用于 x86 平台实现服务器虚拟化的 hypervisor。它能够在同一物理机上创建并同时运行多个虚拟机（VM）。虚拟机是一组文件的集合，可以移动、复制或者作为模板使用。组成一个虚拟机的所有文件通常保存在一个叫做 VMFS（Virtual Machine File System，虚拟机文件系统）的集群文件系统中的同一目录下。运行 ESXi 的物理机叫做 ESXi 主机。ESXi 主机提供了运行虚拟机所需的物理资源。ESXi 由两个主要部件组成：VMKernel 和虚拟机监控器（Virtual Machine Monitor）。

VMkernel 提供了和其他操作系统类似的功能，如进程创建、文件系统管理和进程调度。它专为支持同时运行多个虚拟机而设计，并提供了一些核心的功能，例如，资源调度和 I/O 堆栈等。

虚拟机监控器负责在 CPU 上执行命令，以及进行二进制转换（Binary Translation，BT）。虚拟机监控器将硬件虚拟化，使虚拟机表现为一台有 CPU、内存和 I/O 设备的物理机。每个虚拟机都会被分配一个虚拟机监控器，监控器掌握一定的 CPU、内存和 I/O 设备资源来运行虚拟机。

小结

本章讲述了数据中心的关键组件——应用、数据库管理系统（DBMS）、主机、连接和存储。从应用程序到存储设备的数据流需要经过这些实体，它们的物理和逻辑部件都影响着应用的整体性能。数据中心各组件的虚拟化提高了部件的利用率，简化了部件的管理。

存储设备是数据中心环境中最重要的元素。硬盘驱动器（HDD）是最流行的存储设备，它使用磁介质来访问和存储数据。基于闪存的企业级固态磁盘（SSD）是最近的创新。它在很多方面都优于机械磁盘。

目前的磁盘存储系统为了满足应用对性能的需求，都使用了大量的磁盘。如何管理磁盘容量、确保性能和可靠性是一个很大的挑战。RAID（redundant array of independent disk，冗余磁盘阵列）的出现正是为了应对这些问题。我们将在下一章详细介绍 RAID。

练习

1. 虚拟化的数据中心与传统数据中心相比有哪些优势？

2. 一个应用程序，需要 200GB 的存储空间来部署一个数据库和其他文件。同时，在负载高峰期时还要求能够支持 5 000 IOPS。现在可用的磁盘是这样的：具有 66GB 的可用空间，制造商声明该磁盘可以支持最大 140 IOPS。应用程序是响应时间敏感型的，且磁盘利用率超过 60%时就不能满足响应时间要求。请计算出为了满足应用程序的需求所要使用的最少磁盘数量，并解释其原因。

3. 磁盘服务时间是由哪些因素构成的？在一个随机 I/O 操作中，哪一个因素消耗了最大比例的磁盘服务时间？

4. 一个应用程序的平均 I/O 大小为 64KB。以下磁盘的具体信息是由制造商提供的：平均寻道时间为 5ms，转速为 7 200rpm，传输速率为 40MB/s。请确定应用程序使用这种磁盘的最大 IOPS 是多少？以这个例子为例，解释一下磁盘利用率和 IOPS 之间的关系。

5. 参照练习 4，根据 I/O 控制器利用率为 20%、40%、60%、80%和 100%时的情况，绘制一幅反映响应时间和利用率关系的曲线图，并描述从图中可以得出的结论。

6. 调研除了本章讨论的主要部件外（包括环境控制参数（热量、通风和空调）、电力供应和安全），数据中心还包括哪些部件？

第 3 章
数据保护：RAID

核 心 概 念

硬件和软件 RAID

分条、数据镜像和奇偶校验

RAID 等级

RAID 的写代价

热备用

20 世纪 80 年代后期,计算机在商业处理领域的迅速普及促进了新应用程序和数据库的增长，进而显著提高了人们对于存储容量和性能的需求。在当时，数据通常存储在单个被称为 SLED（Single Large Expensive Drive）的大容量、昂贵的磁盘驱动器中。单一磁盘无法满足人们对性能的需求，因为他们同时只能服务有限数量的 I/O。

当今数据中心的存储架构中至少都有几百个块硬盘。在机械磨损、机械损伤等其他环境因素的影响下，硬盘驱动器非常容易发生故障。硬盘故障通常会导致数据的丢失。存储阵列中磁盘的数量越多，发生磁盘故障的几率越大。例如，在一个由 100 块硬盘构成的存储阵列中，如果每块硬盘的平均寿命是 750 000 小时，那么整个阵列的平均寿命就是 750 000/100=7 500 小时。换句话说，这个磁盘阵列中每隔 7 500 小时，就至少有一块硬盘会发生故障。

RAID 是一种将多块磁盘形成一个整体，使之能够在硬盘故障时提供数据保护的技术。一般来说，应用 RAID 还可以提高存储系统性能，因为多个硬盘可以同时服务 I/O。使用闪存盘的存储阵列在应用 RAID 技术后，同样可以在数据保护和安全性方面获益。

1987 年，加州大学伯克利分校的 Patterson、Gibson 和 Katz 等人发表了一篇题为《冗余磁盘阵列（RAID）的一个示例》（A Case for Redundant Arrays of Inexpensive Disks）的论文。该文献描述了如何利用许多小容量的廉价磁盘替代当时在大型机中广泛采用的大容量磁盘。为了体现存储技术的进步，我们现在使用的术语 RAID 中的字母缩写 "I" 已经从原先的 "廉价"（Inexpensive）重定义为 "独立"（Independent）。RAID 技术已经从一个学术概念转化为一项业界标准，在当今的存储阵列中普遍应用。

本章详细介绍了 RAID 技术、RAID 级别（RAID Level）、多种形式的 RAID 实现和它们各自的优势。

3.1 RAID 的实现方式

RAID 有两种实现方式：硬件 RAID 和软件 RAID。它们各自都有优点和缺点，我们将在本节具体讨论。

3.1.1 软件 RAID

软件 RAID（Software RAID）是由基于主机的软件来提供 RAID 的功能。它通常在操作系统层次上实现对 RAID 阵列的管理，而并不需要专门的硬件控制器。

和硬件 RAID 相比，软件 RAID 具有低成本和简单的优点，但它的缺点也是显而易见的：

- **性能**：软件 RAID 将影响系统的整体性能，因为与 RAID 相关的计算会带来额外的 CPU 开销。
- **功能**：软件 RAID 不能支持所有的 RAID 级别。
- **操作系统兼容性**：软件 RAID 和宿主操作系统相互捆绑，因而当软件 RAID 或操作系统进行升级时，就不得不考虑版本之间的相互兼容性。这将极大地限制数据处理环境的灵活性。

3.1.2　硬件 RAID

硬件 RAID（Hardware RAID）是通过集成在主机或存储阵列上的专用硬件控制器（Controller）来实现的。不同的实现在存储阵列与主机的交互形式上有很大的不同。

控制卡 RAID（Controller Card RAID）是一种基于主机的硬件 RAID 实现技术。它在主机上安装一块专用的 RAID 控制卡，并将硬盘连接到控制卡上。有的厂商还将 RAID 控制器直接集成在主板上。对于一个主机数量较多的数据中心来说，在主机上安装 RAID 控制器并不是一个高效的方案。

外部 RAID 控制器（The External RAID Controller）是一种基于阵列的硬件 RAID 技术。它向主机提供了一个磁盘的接口，使主机看到一个普通的存储卷，主机以管理物理磁盘的方式管理这些卷。RAID 控制器的主要功能包括：

- 磁盘聚合（Disk Aggregations）的管理与控制；
- 逻辑磁盘和物理磁盘间的 I/O 请求变换；
- 磁盘故障时的数据再生。

3.2　RAID 阵列的组成

RAID 阵列（RAID array）指的是一个由许多硬盘以及支撑 RAID 功能的相关软硬件所组成的封闭模块。RAID 阵列中若干个硬盘所组成的子集可以构成逻辑上的联合，称为**逻辑阵列（Logical Array）**，也叫做 **RAID 集（RAID Set）**或 **RAID 组（RAID Group）**（见图 3-1）。

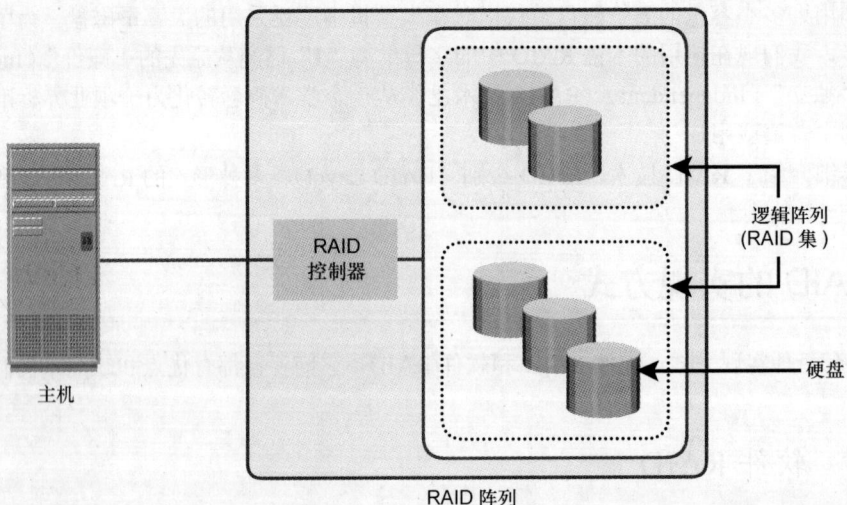

图 3-1　RAID 阵列的组成

3.3　RAID 技术

　　分条、数据镜像和奇偶校验等 RAID 技术构成了 RAID 分级的基础，决定了 RAID 集的数据可用性和性能特点。

3.3.1　分条（Striping）

　　分条是将数据分布在多块磁盘以实现磁盘的并行使用的技术。与对单一磁盘进行读写相比，分条技术能让所有的读写头同时工作，在同样的时间内处理更多的数据，提升了性能。

　　如前所述，一个 RAID 集由一组磁盘构成。我们将磁盘上一块由若干地址连续的磁盘块构成的、大小固定的区域定义为**条带（Strip）**。位于 RAID 集所有磁盘上相同位置的条带构成了**分条（Stripe）**。图 3-2 示意了条带和分条在 RAID 集里的物理和逻辑分布。

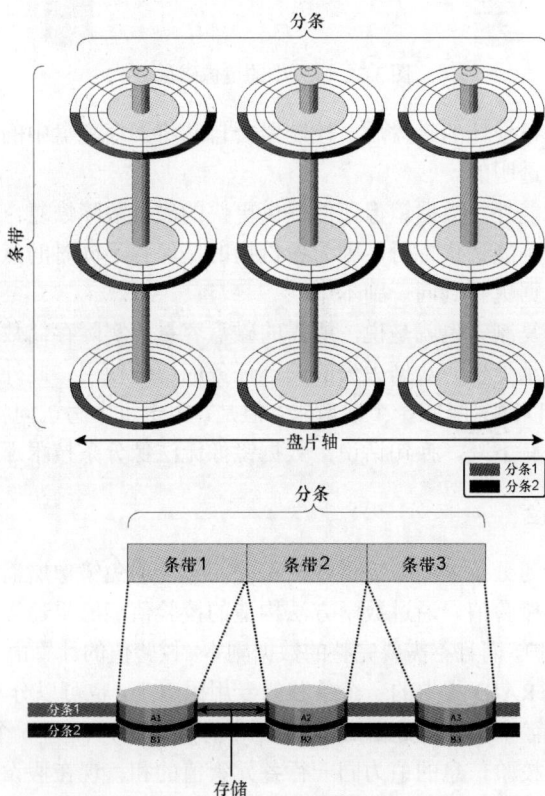

图 3-2　分条的 RAID 集

　　条带尺寸（Strip Size，也称作**分条深度，Stripe Depth）**描述了构成条带的磁盘块（Disk Block）数目。如果数据访问总是从条带的起始位置开始的，那么条带尺寸就等于从单个硬盘一次所能读取或写入的最大数据量。分条中的所有的条带都含有相同数目的磁盘块。而减小条带尺寸就意味着数据将被分成更小的块存储在多个物理磁盘上。

　　分条尺寸（Stripe Size）是条带尺寸与 RAID 集中硬盘数量的乘积。例如，一个由 5 块磁盘组成，条带尺寸为 64 KB 的 RAID 集的分条尺寸为 320 KB（64KB×5）。**分条宽度（Stripe Width）**是一个分条所包含的数据条带的数目。

　　在没有采用校验或镜像的情况下，RAID 分带本身并不提供数据保护功能。镜像和校验将在下面介绍。

3.3.2　数据镜像

镜像技术将同一数据存储在两块不同的磁盘上,从而产生该数据的两个副本。当其中一块磁盘发生故障时,另一块磁盘上保存的副本仍然能幸存下来(如图 3-3 所示),因而控制器仍然能够利用幸存磁盘上的数据镜像继续对主机的数据请求进行响应。

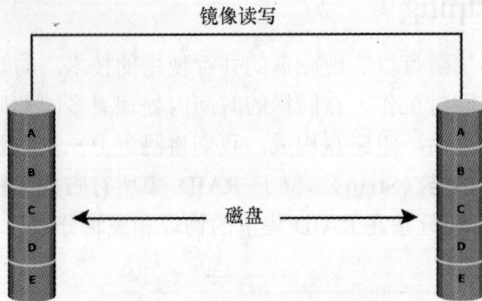

图 3-3　阵列中的镜像磁盘

当我们用新磁盘替换下损坏的磁盘后,控制器会自动将幸存磁盘中的数据副本拷贝回去。而这个过程对于主机是完全透明的。

除了提供数据冗余功能外,数据镜像还能提供更快的磁盘故障恢复。但是,数据镜像的作用仅仅在于保护数据,它并不能替代备份,因为备份指的是保存不同时间点上的数据状态,而数据镜像则不断地将变化的数据更新到同一副本中。

镜像操作涉及到数据复制。也就是说,所需的磁盘容量为实际存储数据总量的 2 倍。因为成本较高,镜像大多在无法承受任何数据丢失的关键任务应用中使用。此外,镜像还能提高读访问的性能,因为两块磁盘可以同时响应一个读请求。但是,由于每个写访问将导致两次写硬盘操作,其写访问性能实际上会略有下降。换句话说,数据镜像无法像分条技术那样提升写操作的性能。

3.3.3　奇偶校验

奇偶校验是一种既能为分条 RAID 提供数据保护,又能避免镜像所需开销的方法。我们往分条中增加一个磁盘来存储校验值。通过数学方法构造的校验值能够重建丢失的数据,这种冗余校验能够提供完全的数据保护,而且不需要完整的数据副本。校验值的计算由 RAID 控制器来执行的。

校验信息可以存储在 RAID 集中的一个单独的专用磁盘上,也可以分布在所有磁盘上。图 3-4 显示了一个校验 RAID。前 4 个是"数据磁盘",用于存储数据,而第 5 个是"校验磁盘",用于存储校验信息。在该图中校验信息的值为同一行各元素值的和。现在假设某一个数据磁盘损坏,我们只需将校验值减去其他磁盘对应位置的值,就能找回丢失的数据。

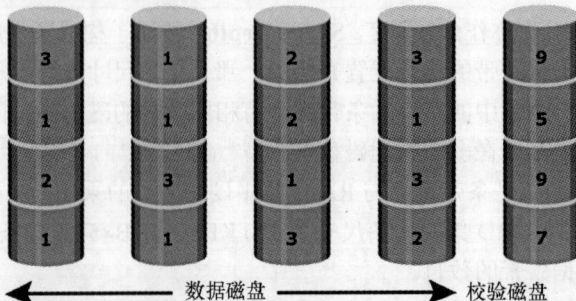

图 3-4　校验 RAID

为了简单起见，我们在图 3-4 中将校验值表示为数据值的算术和，而真实的校验值计算采用的是**位异或**（**Bitwise XOR**）操作。

XOR 异或操作

按位异或操作取两个等长的位模式，对每一位及其相应位置进行逻辑异或操作。如果两个位不同，那结果为 1，如果两个位相同，那么得到结果为 0。下面显示的是异或运算的运算表（A 列和 B 列代表输入，C 列代表进行过异或运算后的输出）如果 A、B、C 列中的任何一个数据丢失，可通过对剩余的两列的相应位进行异或操作，重新得到丢失的值。例如，一个包含所有 A 列数据的磁盘出现故障，那么可以通过对 B 和 C 列数值逐对进行异或运算重新生成 A 列数据。

A	B	C
0	0	0
0	1	1
1	0	1
1	1	0

与镜像相比，奇偶校验显著地降低了与数据保护相关的开销。对于一个 5 块磁盘组成的 RAID 系统，其中 4 块磁盘用于存储数据，第 5 块磁盘存储校验信息。与镜像技术 100% 的额外存储开销相比，奇偶校验所需的额外磁盘开销仅为 25%。当然，校验技术也有一些缺陷。由于校验信息是根据数据磁盘上的数据产生的，一旦数据改变，我们就要重新计算校验值。耗时的校验值计算将影响 RAID 控制器的性能。

对于校验 RAID，分条尺寸不包括校验条带（parity strip）。例如，对于一个由 4 个磁盘（4+1 方式）组成，条带大小为 64 KB 的 RAID 集，分条大小为 256 KB（64KB×4）。

3.4　RAID 级别

应用的性能、数据可用性需求以及成本是选择 RAID 级别时要考虑的要素。分条、镜像和校验技术是 RAID 级别的基础。有的 RAID 级别使用了一项技术，有的使用了多项。表 3-1 列出了最常用的 RAID 级别。

表 3-1　　　　　　　　　　　　　　　　RAID 级别

级别	简要描述
RAID 0	无容错性的分条阵列
RAID 1	磁盘镜像
嵌套的	多个 RAID 级别的组合，如 RAID 1 + RAID 0
RAID 3	带专用校验磁盘的并行访问分条阵列
RAID 4	带独立磁盘访问和专用校验磁盘的分条阵列
RAID 5	带独立磁盘访问和分布式校验的分条阵列
RAID 6	带独立磁盘访问和双重分布式校验的分条阵列

3.4.1　RAID 0

在 RAID 0 中，数据是分条存储在 RAID 集的各个硬盘上的，因此利用了全部的存储空间。读取数据时，控制器会将各条带数据重新组合起来。图 3-5 是一个包含 5 块磁盘的 RAID 0 存储阵列。随着阵列中磁盘数目的增加,它便能够并发地读写更多的数据,因而性能也随之提高。RAID 0 特别适用于那些对 I/O 带宽需求很大的应用程序。然而,如果这些应用同时要求高可用性,RAID 0 就无法提供数据保护功能及应对磁盘故障的高可用性。

3.4.2   RAID 1

RAID 1 基于镜像技术,通过数据镜像来提供容错性(如图 3-6 所示)。一个 RAID 1 组至少由两块硬盘构成。如前所述,每个写操作都是同时写在两块磁盘上。镜像对主机是完全透明的。发生磁盘故障时,RAID 1 的数据恢复代价是所有 RAID 级别中最小的。这是因为 RAID 控制器将利用镜像磁盘中的数据进行数据恢复。RAID 1 适用于那些对高可用性有需求且没有成本限制的应用。

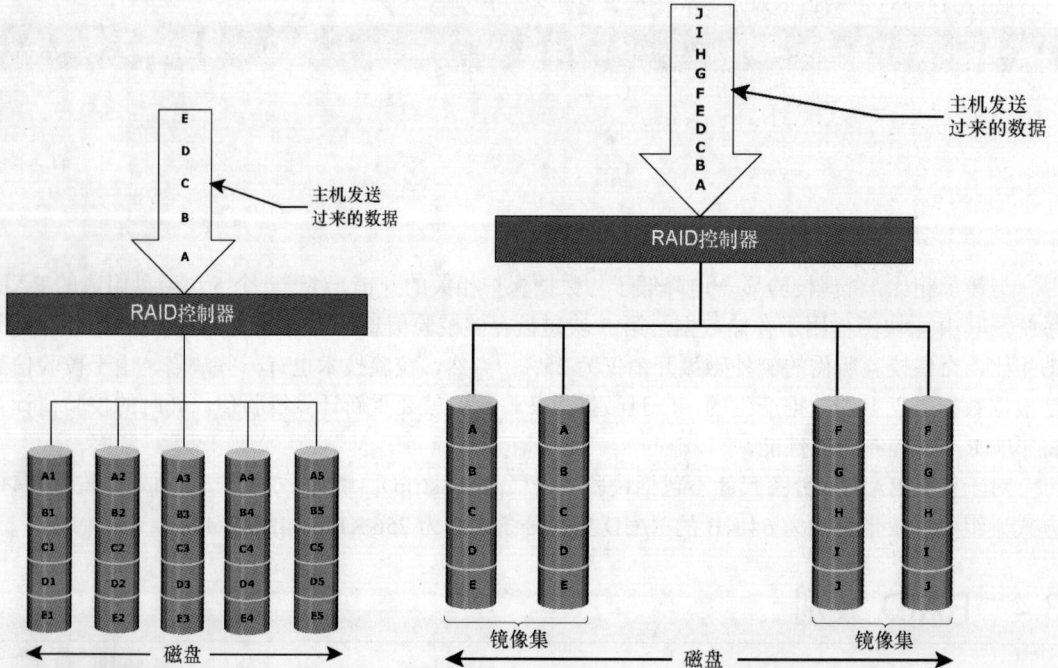

图 3-5   RAID 0

图 3-6   RAID 1

3.4.3   嵌套 RAID

许多数据中心对 RAID 阵列的数据冗余和性能都有需求。RAID 1+0 和 RAID0+1 集成了 RAID 0 的性能优势和 RAID 1 的冗余特征,将镜像和分带的优点组合起来。这类 RAID 需要由偶数数量的磁盘构建,且至少需要 4 块磁盘(如图 3-7 所示)。

RAID 1+0 也被称为 RAID 10 或 RAID 1/0。类似的,RAID 0+1 也被称为 RAID 01 或 RAID 0/1。RAID 1+0 适用于写密集、随机访问、数据量小的 I/O 负载,如以下这些应用:

- 高事务率的在线事务处理(Online Transaction Processing,OLTP)。
- 大型消息服务。
- 负载多为写密集和随机访问的数据库应用。

人们常常误认为 RAID 1+0 和 RAID 0+1 是相同的。在正常情况下,RAID 1+0 和 RAID 0+1 的特征确实很相似。但对于磁盘损坏时的数据重构,它们二者却存在差异。

RAID 1+0 通常被称做"分条的镜像"(Striped Mirror):RAID 1+0 的基本构成是镜像对。也就是说,数据是首先被镜像,然后再将两个副本分别分条存储在 RAID 集的多个硬盘上。当替换故障磁盘时,我们只需重建镜像。换句话说,阵列控制器利用镜像组中的幸存磁盘来完成数据恢

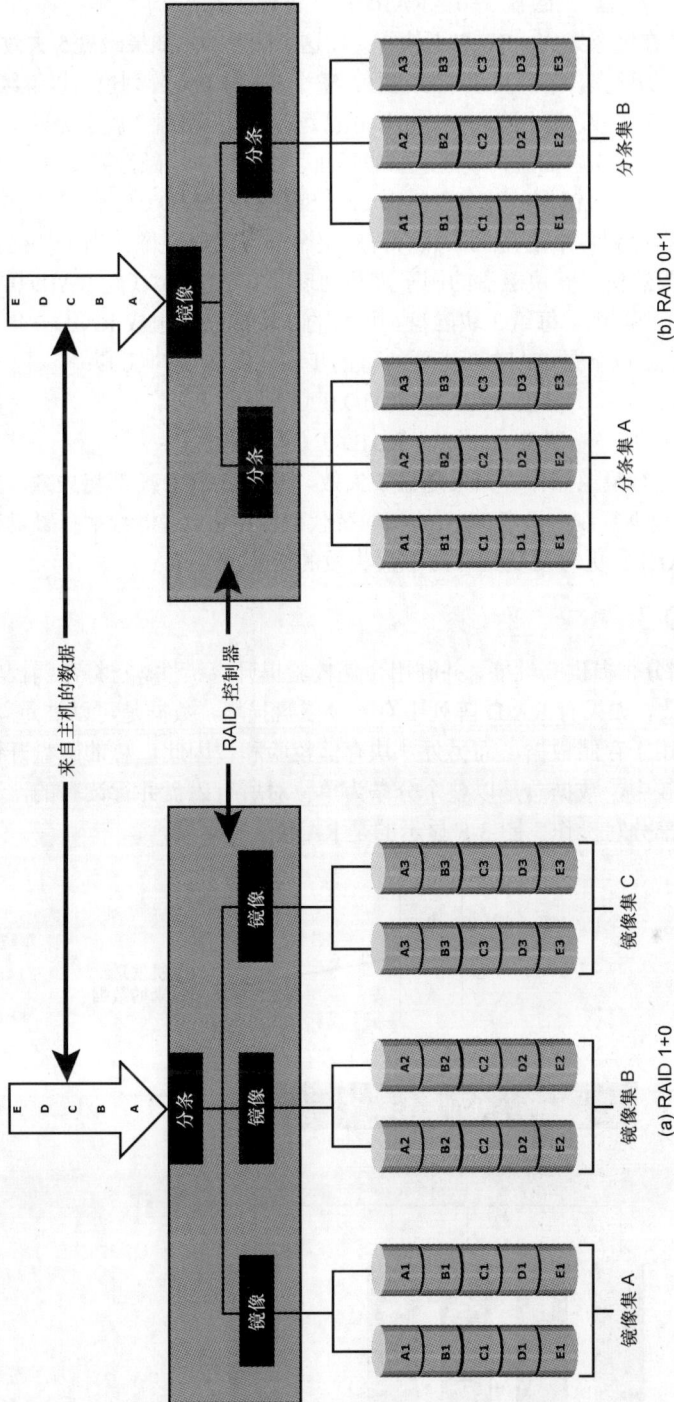

图 3-7　嵌套 RAID

复，并继续提供服务。幸存磁盘中的数据将被复制到新替换的磁盘上。

　　为了更好的理解 RAID 1+0 的工作原理，我们来看一下一个由六块磁盘组成的 RAID 1+0（先 RAID 1，后 RAID 0）的例子。六块磁盘分为三组，每组两块磁盘组成一个镜像对（RAID 1）。数据在这三组上分条（RAID 0）。以下是详细的工作过程（见图 3-7（a））：

　　　　　　磁盘　1+2 = RAID 1　（镜像集 A）

　　　　　　磁盘　3+4 = RAID 1　（镜像集 B）

磁盘 5+6 = RAID 1 （镜像集 C）

之后 RAID 0 分条在镜像集 A、B、C 上执行。在这个配置中，如果磁盘 5 失效，镜像集 C 会受到影响。因为有磁盘 6 的存在，工作可以继续进行，整个 RAID 1+0 阵列也可以继续运行。如果在更换磁盘 5 的过程中磁盘 3 失效，整个阵列依然可以正常运行，因为磁盘 3 属于另外一个镜像集。所以，在这个配置中，最多可以有 3 块磁盘失效而不影响阵列运行（这 3 块磁盘需要属于不同的镜像集）。

而 RAID 0+1 也被称作"镜像的分条"（Mirrored Stripe）：RAID 0+1 的基本构成是条带。这意味着数据将首先分条存储到各个磁盘上，然后再对整个分条生成镜像。当一块磁盘失效时，整个分条都将失效。我们依然使用 6 块磁盘的例子来帮助理解 RAID 0+1（先 RAID 0，后 RAID 1）的工作过程。6 块磁盘分为两组，每组 3 块磁盘。每组的 3 块磁盘先组成 RAID 0 集，之后两组再进行镜像组成 RAID 1 集。以下是 RAID 0+1 要执行的步骤（见图 3-7（b））：

磁盘 1+2+3 = RAID 0（分条集 A）

磁盘 4+5+6 = RAID 0（分条集 B）

然后两个分条集进行镜像操作。如果磁盘 3 失效，整个分条集 A 都将失效。重建过程会将分条集 B 中各个磁盘的数据复制到分条集 A 的相应替代磁盘中去。这将给幸存磁盘带来额外和不必要的 I/O 负载，使 RAID 集更容易受到二次磁盘失效的影响。

3.4.4 RAID 3

RAID 3 通过存储分带提供高性能，并利用奇偶校验提升容错性。它将奇偶校验信息存储在一个专用的磁盘上，因此，如果有 RAID 阵列中有一个磁盘损坏，数据是可以被重新构造的。例如，5 块磁盘中的 4 块将用于存储数据，而另外一块存储校验和。因此，总的磁盘开销将是数据磁盘的 1.25 倍。在 RAID 3 中，数据总是以整个分条为单位对所有磁盘并行读写的，不存在只更新同一分条中某些条带的部分写操作。图 3-8 显示的是 RAID 3 的实现。

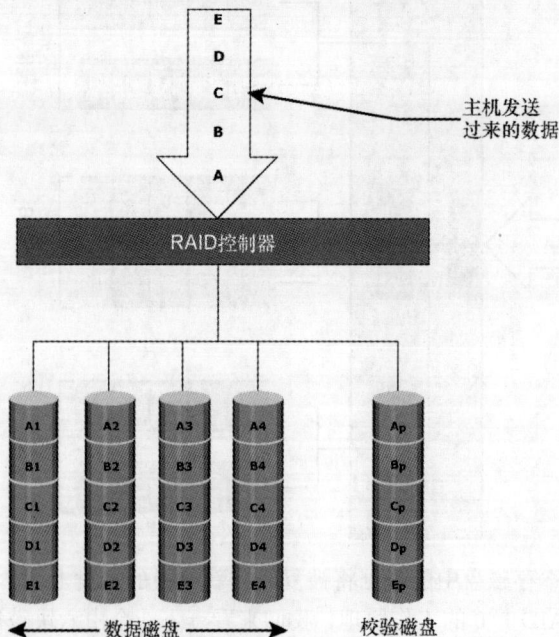

图 3-8 RAID 3

RAID 3 适用于数据备份及视频流服务等涉及大量顺序数据访问的应用，可以提供很好的性能。

3.4.5　RAID 4

与 RAID 3 类似，RAID 4 也通过存储分条提供高性能，并利用奇偶校验提升容错性。数据被分带存储在除了校验磁盘以外的其他磁盘上。奇偶校验信息存储在一个专用的磁盘上，以备磁盘损坏时重构数据。与 RAID 3 不同的是，RAID 4 的数据磁盘支持独立访问。因此某个数据单元可以从单块磁盘中读写，而无需访问整个分条。RAID 4 提供了很好的读吞吐率和可接受的（reasonable）写吞吐率。

3.4.6　RAID 5

RAID 5 是一种适用性很强的 RAID 实现，与 RAID 4 类似的地方在于它也采用了分条技术，磁盘（条带）可独立访问。二者的不同点在于它们存储校验值的位置。由于 RAID 4 将校验值存储在一个专用的磁盘上，这就使校验磁盘成为写性能瓶颈。在 RAID 5 中，校验值是分布存储在所有磁盘上的，这种方法克服了校验值写性能瓶颈的缺陷。图 3-9 显示的是 RAID 5 的实现。

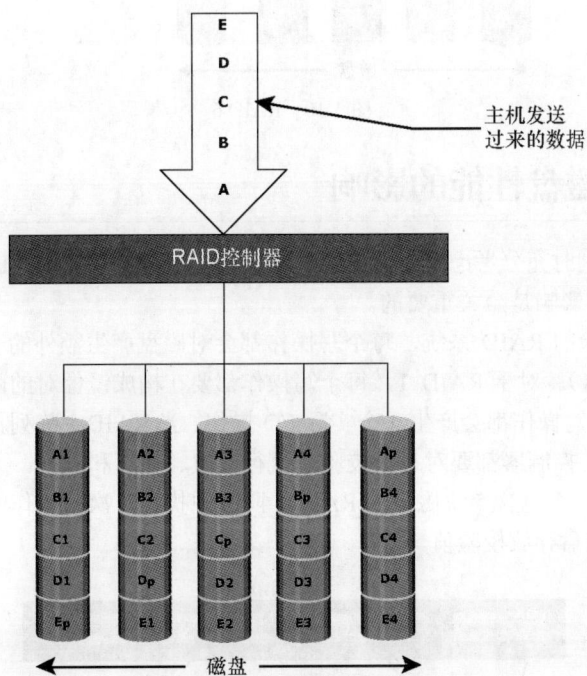

图 3-9　RAID 5

RAID 5 适用于较多随机读写及写密集型的应用，在消息系统、数据挖掘、中等性能的媒体服务器，以及数据库管理员（DBA）优化数据访问所用的关系数据库管理系统（RDBMS）中得到了广泛应用。

3.4.7　RAID 6

RAID 6 的工作模式和 RAID 5 基本相同。但它引入了第二个校验元素以应对 RAID 组中的两块磁盘同时失效的情况（如图 3-10 所示）。因此，RAID 6 至少需要 4 块磁盘。RAID 6 也将校验值分布在所有磁盘上。由于 RAID 6 的写代价要比 RAID 5 大，因此 RAID 5 的写性能要比 RAID 6 好。此外，由于 RAID 6 有两个校验集，因此它的重建操作要比 RAID 5 更耗时。

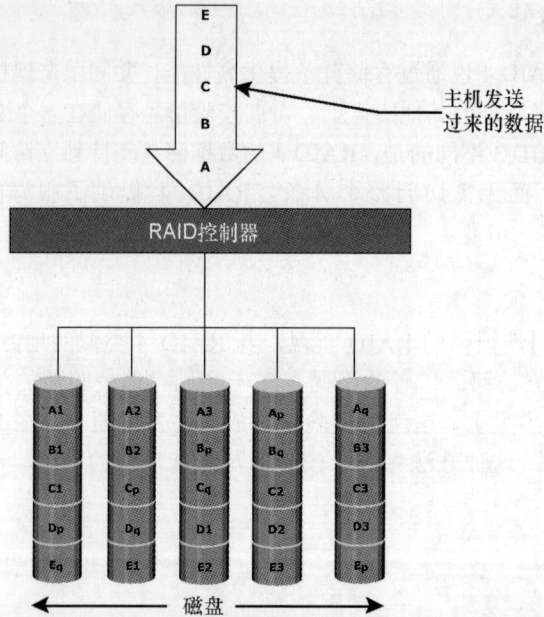

图 3-10　RAID 6

3.5　RAID 对磁盘性能的影响

在选择 RAID 级别时充分考虑它对磁盘性能和应用程序 I/O 吞吐率（Input/Output Operations Per Second，IOPS）的影响是至关重要的。

对基于镜像和校验的 RAID 系统，每个写操作都会对磁盘产生额外的 I/O 开销，我们称之为**写代价（Write Penalty）**。对于 RAID 1，每个写操作都要在构成镜像对的两块磁盘上同时进行；而在 RAID 5 中，每个写操作都会产生 4 个实际 I/O 操作。当 RAID 5 阵列执行大量琐碎的写操作时，对于每次写操作，控制器都要对每个校验段执行读取、计算和回写。

图 3-11 显示了在一个包含 5 块磁盘的 RAID 5 阵列中执行一次写操作的流程。其中 4 块磁盘用于存放数据，1 块磁盘存放校验值。

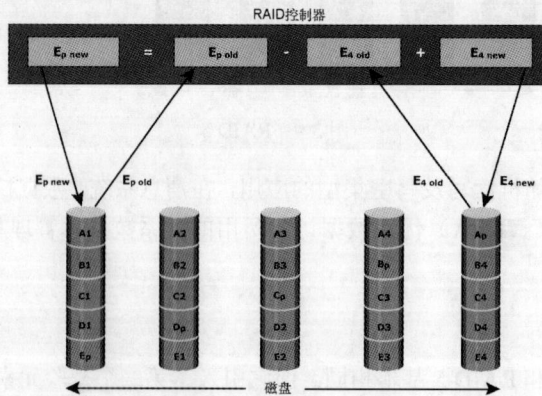

图 3-11　RAID 5 的写代价

控制器计算校验值（P）的公式是：

$$E_p = E_1 + E_2 + E_3 + E_4 \quad （\text{"+" 为异或运算}）$$

　　每当控制器执行一个写操作，都必须先从磁盘读取旧校验值（$E_{p\,old}$）和旧数据（$E_{4\,old}$），才能计算新的校验值。这意味着有 2 次额外的读操作。新校验值的计算公式如下：

$$E_{p\,new}=E_{p\,old} - E_{4\,old} + E_{4\,new}\quad（"+"、"-" 为异或运算）$$

　　新校验值计算完成后，控制器分别将新数据和新校验值写入磁盘，来完成一次写操作，这其实包含了 2 次实际的写操作。这样，对于每次写操作，控制器实际上总共执行了 2 次读、2 次写操作，因而 RAID 5 的写代价为 4。

　　由于在 RAID 6 中维护了 2 个校验值，一次磁盘写操作实际上需要先完成 3 次读操作：2 次读取校验值，1 次读取数据。在计算出新校验值后，控制器将执行 3 次写操作。因此，在 RAID 6 中，控制器要为每次写操作实际执行 6 次 I/O 操作，其写代价为 6。

3.5.1　应用程序的 IOPS 与 RAID 配置

　　在决策一个应用程序所需的磁盘数目时，我们应着重从应用程序所产生的 I/O 吞吐量（IOPS）来考虑 RAID 对性能的影响。总的磁盘负载可通过 RAID 级别以及主机所发请求中的读写比例计算出来。

　　下面的例子说明了在不同级别的 RAID 下计算磁盘负载的方法。

　　假设一个应用程序的 I/O 吞吐量为 5 200 IOPS，其中 60%为读访问。

　　则 RAID 5 中磁盘负载可按如下方式计算：

　　RAID 5 磁盘负载（读+写）=0.6×5 200+**4**×（0.4×5 200）（因为 RAID 5 的写代价是 4）

　　=3 120 + 4 × 2 080

　　= 3 120 + 8 320

　　= 11 440 IOPS

　　而 RAID 1 中磁盘负载的计算如下：

　　RAID 1 磁盘负载=0.6×5 200+**2**×（0.4 × 5 200）（因为 RAID 1 的每个写操作将导致两次磁盘写）

　　= 3 120 + 2 × 2 080

　　= 3 120 + 4 160

　　=7 280 IOPS

　　求出的磁盘负载将决定应用程序所需的磁盘个数。假设上例中的应用程序所使用的硬盘的最大 I/O 吞吐量为 180 IOPS，则在不同 RAID 配置下能满足该负载所需的磁盘数分别为：

- RAID 5：11 440/180 = 64 块磁盘。
- RAID 1：7 280/180 = 42 块磁盘（舍入到最接近的偶数）。

3.6　各种 RAID 的比较

　　表 3-2 比较了各种不同级别的 RAID。

表 3-2　　　　　　　　　　　　　各种不同级别 RAID 的比较

RAID	最少磁盘数	存储利用率%	开销	读性能	写性能	写代价	数据保护
0	2	100	低	随机与顺序读都很好	很好	无	无保护
1	2	50	高	较好。比单个磁盘高	较好，比单个磁盘略慢，因为每次写操作都需提交给所有磁盘	中	镜像保护

续表

RAID	最少磁盘数	存储利用率%	开销	读性能	写性能	写代价	数据保护
3	3	$(n\text{-}1)\times100/n,n$ 为磁盘数	中	对随机读较好,对顺序读很好	对琐碎的随机写不太好。对大型连续写较好	高	可以应对单磁盘失效的校验保护
4	3	$(n\text{-}1)\times100/n,n$ 为磁盘数	中	随机和顺序读都很好	随机和顺序写都较好	高	可以应对单磁盘失效的校验保护
5	3	$(n\text{-}1)\times100/n,n$ 为磁盘数	中	对随机读和顺序读都很好	对随机和顺序写都较好	高	可以应对单磁盘失效的校验保护
6	4	$(n\text{-}2)\times100/n,n$ 为磁盘数	中,比RAID5 略高	对随机读和顺序读都很好	对随机和顺序写都较好	非常高	可以应对双磁盘失效的校验保护
1+0 和 0+1	4	50	高	很好	较好	中	镜像保护

3.7   热备用

热备用(**Hot Spare**)指的是 RAID 阵列中用于临时替代 RAID 阵列中故障硬盘的备用硬盘。不同的 RAID 实现将执行如下之一的数据恢复方法。

- 如果采用校验 RAID,则按照 RAID 集中的校验值和幸存硬盘上的数据重建数据到热备用上。
- 如果采用镜像 RAID,则从存活镜像上复制数据到热备用上。

将新硬盘加入存储系统后,应将热备用上的数据复制到新硬盘上。热备用回归闲置状态,准备替换下一个故障硬盘。另外一种方式是热备用永久地替换了故障硬盘,这意味着它不再是一块热备用硬盘,需要配置新的热备用硬盘。

热备用硬盘必须有足够大的容量来容纳故障硬盘上的数据。有些系统配备了多个热备用硬盘以提升数据的可用性。

根据发生磁盘故障时使用方法的不同,热备用可以配置为**自动的**(Automatic)或**用户发起的**(User Initiated)。对于自动热备用,当某个磁盘的可修复错误率(Recoverable Error Rate)超过一个预定的阈值时,磁盘子系统会自动将数据从即将损坏的磁盘复制到热备用磁盘中。如果整个过程在磁盘完全失效前完成,则磁盘子系统就会切换到热备用磁盘,并将原先的磁盘标记为不可用。否则,它将利用校验或镜像磁盘来恢复数据。对于用户发起的热备用,管理员能够控制整个重构流程。例如,数据重构可以在夜间进行,以避免系统性能的下降。但是,在热备用磁盘不可用的时候,系统很容易受到二次失效的影响。

小结

单一的磁盘很容易发生故障,给数据可用性带来了严重威胁。RAID 通过数据镜像和奇偶校验等技术解决了人们对于数据可用性的需求。基于分条的 RAID 技术通过将数据分散存储在多块硬盘上提升了 I/O 性能,同时也带来了冗余存储的优势。

本章详细讲述了分条、数据镜像和奇偶校验的基本原理，它们构成了各种 RAID 级别的基础。RAID 级别的选取需要基于应用程序对性能、成本和数据保护的需求。

RAID 是许多先进存储技术的基石。我们将在下一章讲述的智能存储系统，将 RAID 技术和专用操作环境结合，可以带来高性能和高可用性。

练习

1. 为什么 RAID 1 不能替代备份？

2. 调研 RAID 6 及其第二校验位的计算。

3. 请描述 RAID 5 中发生磁盘损坏时恢复数据的流程。

4. 在备份应用中采用 RAID 3 有哪些优势？

5. 请讨论不同 RAID 配置对随机和顺序 I/O 的影响。

6. 一个应用程序有 1 000 个高负荷用户（每个用户的吞吐量峰值为 2 IOPS）以及 2 000 个典型用户（其吞吐量峰值为 1 IOPS）。所有用户的读写比例都是 2:1。假设该应用还有 20% 的性能开销用于处理其他负载，请分别计算 RAID 1/0、RAID 5 和 RAID 6 下的 IOPS 需求。

7. 针对问题 6 的情况，假设我们采用转速为 10 k rpm、吞吐率为 130 IOPS 的磁盘，试计算在不同 RAID 环境下该应用分别所需的磁盘数目。

8. 一个由 5 块硬盘组成的 RAID 5 集，条带尺寸为 32 KB，那么分条尺寸为多少？条带大小相同的 5 块硬盘组成的 RAID 0 阵列的分条尺寸是多少？

第 4 章
智能存储系统

关 键性的业务应用对性能、可用性、安全性以及可扩展性都有很高的要求。硬盘驱动器是存储的核心组成部分,它决定了存储系统的性能。一些旧有的磁盘阵列技术因为硬盘及其机械部件的限制而无法突破其性能瓶颈。RAID 技术的出现使存储系统的性能和可靠性有了很大的提升,但即使应用了 RAID,单靠硬盘也没有办法满足当前的应用需求。

技术的进步催生出一种新的存储解决方案,它就是智能存储系统。本章详细描述的智能存储系统是一种功能丰富的 RAID 阵列,它提供了高度优化的 I/O 处理能力。这些存储系统配置了大容量的内存(称为缓存)和多条 I/O 通路,采用了复杂的算法来满足那些性能需求高的应用的 I/O 需求。这些阵列拥有能够智能且最优化处理存储资源的管理、分配和利用的操作环境。对于闪存盘和其他较新技术(例如虚拟存储部署和自动存储分层)的支持更加提高了存储系统的性能、扩展性和可用性。

本章将讲述智能存储系统的组件和存储资源的部署。

核 心 概 念
智能存储系统
缓存镜像和缓存保管
逻辑设备编号(LUN)
LUN 屏蔽
Meta Lun
虚拟存储部署
高端存储系统
中档存储系统

4.1 智能存储系统的组成部分

一个智能存储系统由四部分组成:前端、缓存、后端和物理磁盘。图 4-1 显示了这些组件和它们之间的连接关系。一个来自主机的 I/O 请求首先到达前端端口,然后经过缓存和后端的处理,最终在物理磁盘上存储或获取数据。如果被请求的数据已经保存在缓存中,那么读请求可以直接在缓存中完成。在最新的智能系统中,前端、缓存和后端一般是集成在一块板上的,称作存储处理器(storage processor)或存储控制器(storage controller)。

4.1.1 前端

前端提供了存储系统与主机之间的接口,它由两部分组成:前端端口和前端控制器。通常前端会提供冗余控制器,以保证高可用性。每个控制器拥有多个端口,能够将大量主机连接到智能存储系统。每一个前端端口都拥有相应传输协议的处理逻辑,这些传输协议包括光纤通道、iSCSI、FICON 和 FCoE 等。前端控制器通过内部数据总线把数据传入缓存或从缓存传出数据。当缓存收到写入的数据后,控制器向主机发出一个应答消息。

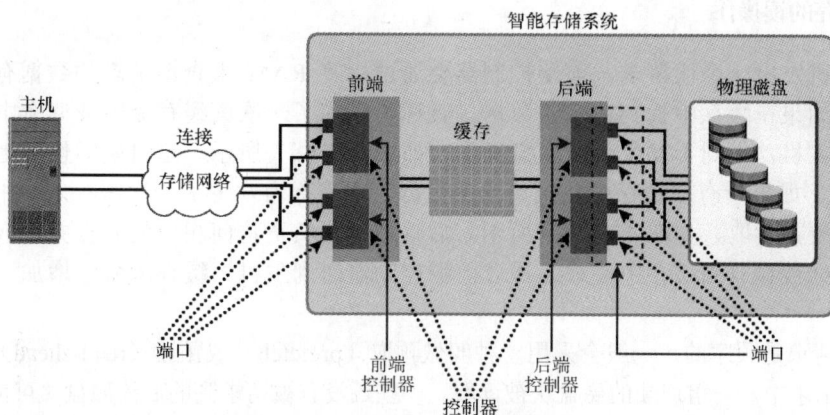

图 4-1　智能存储系统的组成部分

4.1.2　高速缓存

缓存是半导体存储器，为了减少完成主机 I/O 请求所需的时间，数据被暂存在缓存中。

物理磁盘是智能存储系统中最慢的组件，缓存可以将主机与磁盘的机械延迟隔离开，以此来提升系统的性能。因为寻道时间与旋转延迟，从物理磁盘中访问数据通常需要几毫秒。而从缓存访问数据只需要不到 1 ms。在智能阵列中，写入的数据先被存入缓存随后才会被写入到磁盘中。

缓存的结构

缓存的最小分配单位是页或槽，缓存就是由这些页或槽组织起来的。缓存页的大小是根据应用 I/O 的大小决定的。缓存由数据存储和标签 RAM 两部分组成。数据存储部分保存数据，标签 RAM 负责记录数据在数据存储中（见图 4-2）和在磁盘中的位置。

标签 RAM 中的每个条目都记录着数据保存在缓存中的哪个部分以及数据属于磁盘中的哪个位置。标签 RAM 中有一个"脏"标志位，它记录了缓存中的数据是否已经保存到了磁盘中。标签 RAM 中还保存了时间信息，比如最后访问时间，最后访问时间可以用来判断缓存中哪些数据很久没被访问，这些数据可以被淘汰出缓存。

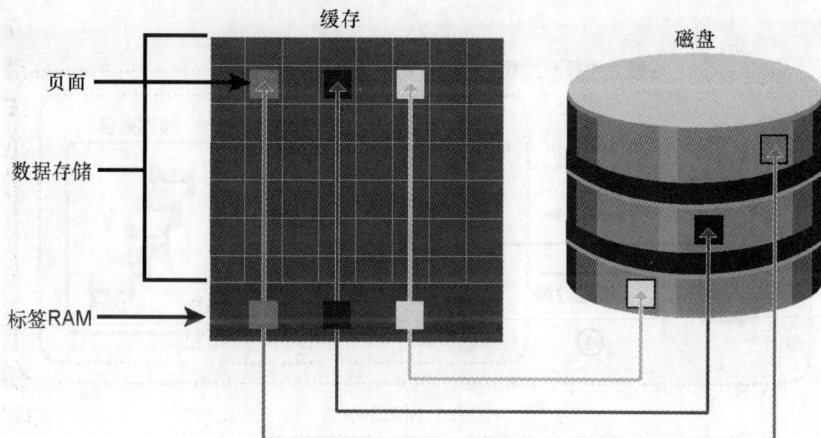

图 4-2　缓存结构

带有缓存的读操作

每当主机发出一个读请求，前端控制器会通过标签 RAM 来查询请求的数据有没有保存在缓存中。如果在缓存中找到请求的数据，就称为发生了一次读缓存命中或读命中，数据可被直接送到主机，中间不发生任何磁盘操作，如图 4-3（a）所示。这时能够快速地响应主机（大约 1 ms）。如果没有在缓存中找到请求的数据，就被称为发生了一次缓存未命中，这时数据就必须从硬盘读取，如图 4-3（b）所示。后端控制器负责访问相应的磁盘并读取请求的数据。随后数据被存放到缓存中并最终通过前端控制器送到主机。缓存未命中增加了 I/O 响应时间。

如果读请求是顺序的，一般会采用一种叫做预取（prefetch）或预读（read-ahead）的算法。在顺序的读请求中，一组连续的磁盘块被读取。一些还没有被请求到的后续磁盘块可被提前从磁盘读取到缓存中。当主机顺序地访问这些块时，读操作将会读命中。这一过程显著地减少了对主机的响应时间。智能存储系统提供了固定的和可变的预读长度。在固定长度的预读中，智能存储系统预读固定数量的数据。当 I/O 大小统一的时候这种策略最合适。在可变长度预读中，存储系统预读数倍于主机请求长度的数据。最大预读值用于限制预读数据块的数量，这样可以防止预读占用大量磁盘操作而影响其他 I/O 操作。

读性能可以用读取命中率来衡量。命中率是读命中的数量与总请求数的比值，通常用百分比来表示。读命中率的提高会带来性能上的提升。

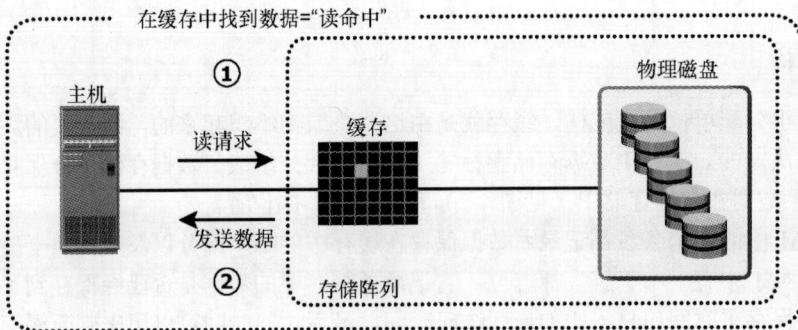

(a) 读命中

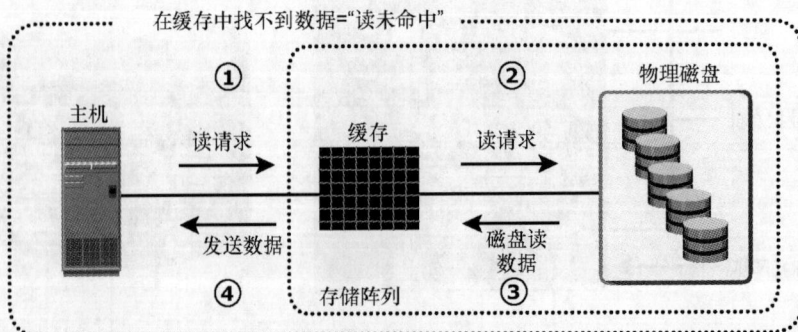

(b) 读未命中

图 4-3　读命中和读未命中

带有缓存的写操作

带有缓存的写操作提供了比直接写磁盘更好的性能。从主机的角度来看，一个 I/O 被写入缓存并得到响应比直接写入磁盘所用的时间要少得多。同时，因为多个小的顺序写操作可以被合并成大的写入操作，所以在有缓存的情况下我们有机会对顺序写操作做优化。

带有缓存的写操作的实现可以有如下几种方法。

- 回写（write-back）缓存：数据被存入缓存，主机立刻得到响应。一段时间后，多个写操作的数据被一起提交到磁盘。写响应时间加快，因为写操作和磁盘的机械延迟被分开了。然而，如果缓存遇到故障，未被提交的数据有丢失的风险。
- 透写（write-through）缓存：数据被存入缓存并立即写到磁盘中，然后响应被送到主机。因为数据在收到时就被写入到磁盘，数据丢失的危险性很小，但是因为需要磁盘操作，写响应时间会比较长。

在特定的情况下缓存可以被跳过，比如说当我们要写入极大量的数据时。在这种实现中，如果一个 I/O 请求的大小超过了一个预先定义的值，也被称为写旁入大小（write aside size），写入操作被直接发送到磁盘以防止这些写入占用大量的缓存区域。有些时候缓存的大小受到限制，有限的缓存需要被用在小的、随机的 I/O 访问中，在这种情况下上述策略就十分有用。

缓存实现

缓存可以实现成专用缓存或是全局缓存。专用缓存中读操作和写操作分别使用单独的内存。在全局缓存中，读写操作都可以使用任意空闲的内存。全局缓存的管理更有效率，因为只有一组全局的地址需要管理。

全局缓存可以允许用户在缓存管理中指定读缓存和写缓存的比例。一般来说，读缓存比较小，但是如果应用以读操作为主，就应该增大读缓存的大小。在某些全局缓存实现中，读可用缓存与写可用缓存的比例可根据工作负载动态调整。

缓存管理

缓存是有限、昂贵的资源，因此需要合适的管理。就算智能存储系统配置了大容量的缓存，也会有缓存页被占满的情况，这时有些页面就必须被释放，以便存放新数据，避免性能下降。为了能够在系统中总是保留一部分可用的页面以及可以在需要时被释放的页面，很多缓存管理算法被应用到智能存储系统中。

- 最近最少使用算法（Least Recently Used，LRU）：这种算法连续地监测数据访问，识别出长时间没有被访问到的页面。LRU 直接释放掉这些页面或者标记它们为可重用。这种算法基于这样一种假设：如果一个页面已经很久没有被访问，那么很可能以后它也不会被访问。然而，如果一个页面包含还没有写回到磁盘上的数据，数据就必须在页面被重用前写回磁盘。
- 最近使用算法（Most Recently Used，MRU）：这种算法与 LRU 相反。在 MRU 算法中，最近被使用的页面将被释放或标记为可重用。这种算法基于的假设是：如果一个页面已经被访问过了，那么在之后的一段时间内它可能不会再被访问。

当缓存中写入数据时，存储系统必须将脏页面（数据已经被写入页面，但是还没有写入磁盘）刷清以保证可用性。刷清操作就是将数据从缓存提交到磁盘的过程。根据 I/O 访问频率和模式，高水位线、低水位线被用来控制刷清操作。当高水位线（High watermark，HWM）达到时存储系统开始高速刷出缓存；当低水位线（Low watermark，LWM）达到时，存储系统停止高速刷清或强制刷清操作，并回到闲置刷清状态。缓存的利用水平（见图 4-4）驱动着所使用的刷清模式。

- **闲置刷清**：当缓存利用水平在高、低水位线中间时以适当的速率连续刷清。
- **高水位刷清**：当缓存控制级别到达高水位时被激活。存储系统专门分配一些额外资源来刷清。这种刷清模式会对 I/O 处理产生影响。
- **强制刷清**：当 I/O 操作爆发式的出现时发生强制刷清，此时缓存的容量被 100%占用，这会显著地影响 I/O 响应时间。在强制刷清中，系统会分配更多资源优先执行刷清操作。

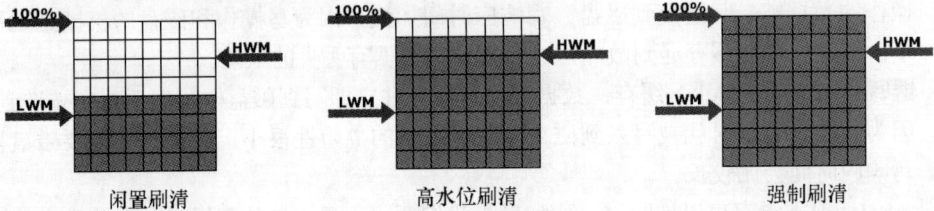

图 4-4　刷清类型

缓存数据保护

缓存是易失性存储器，所以电源故障或者其他缓存故障会使得还没来得及保存到磁盘上的数据丢失。缓存镜像和缓存保管技术可以降低缓存中未提交数据丢失的风险。

- **缓存镜像**：每次写入缓存的数据都被保存在互相独立的内存条的不同的位置上。当发生缓存故障时，保存在镜像位置上的数据仍然是安全的，并能够被提交到磁盘。读操作原本是先从磁盘到缓存，因此，当发生缓存故障时，数据仍然能够直接从磁盘中读取。所以只有写操作会被镜像，这种方法能够更好地利用缓存。
  缓存镜像的方法引入了保持缓存一致性的问题。缓存一致性是指同一数据在不同位置的副本在任何时间都必须一致。存储阵列的操作环境负责保证一致性。
- **缓存保管**（cache vaulting）：缓存随时面对着因为电源故障而丢失数据的风险。有多种方式可以解决此问题，比如说在电源恢复前利用电池给缓存供电，或者利用电池供电将缓存中的数据保存到磁盘。但是在智能存储系统中可能会有大量的数据要写回到难以计数的磁盘中去，如果碰到长时间的停电，电池可能不足以支撑全部的数据都能写入到对应的磁盘中。因此，存储制造商提供了一组物理磁盘用于在停电时转储缓存中的数据，这就叫做缓存保管。用来转储的磁盘被称作保管驱动器（vault drive）。当供电恢复时，数据会被从这些磁盘上重新读回缓存，再写回对应的磁盘中。

服务器闪存缓存（Flash-Caching）技术

服务器闪存缓存（Flash-Caching）技术利用了主机上的智能缓存软件和 PCIe 闪存卡。该技术可以降低延迟，极大提升应用性能，以及提高吞吐量。服务器闪存缓存技术可应用于物理环境及虚拟环境下，对于读密集型负载的性能提升明显。该技术将闪存管理工作转移到 PCIe 卡上，服务器只需要消耗极小的 cpu 和内存资源。该技术智能地确定最适合放入服务器端 PCIe 闪存、应用需快速访问的数据。这避免了通过网络访问存储阵列的 I/O 延迟。通过应用此技术，可将应用程序最常访问的数据处理任务从后端存储转移到 PCIe 卡中。存储阵列可将节省出来的处理能力应用到其他应用程序中。

4.1.3　后端

后端提供了缓存和物理磁盘之间的接口，它由两部分组成：后端端口和后端控制器。后端控制缓存与物理磁盘之间的数据传输。数据从缓存中被传到后端，然后被导引至目标磁盘。物理磁盘连接到后端的端口上。后端控制器在做读写操作时与磁盘进行交流，同时也提供有限的、临时的数据存储。在后端实现的算法和 RAID 一起提供了错误检测和纠正功能。

为了良好的数据保护和高可用性，存储系统上配备了双控制器以及多个端口。这种配备在发生控制器及端口故障时能够提供访问磁盘的备选路径。如果磁盘上提供了两个端口，就进一步增强了可靠性。在这种情况下，每个磁盘端口都连接到一个单独的控制器上。多个控制器同时也提供了负载平衡的能力。

4.1.4　物理磁盘

物理磁盘连接到后端存储控制器上，可以永久地保存数据。较新的智能存储支持不同速度或不同类型的驱动器（如光纤通道、SATA、SAS 和闪存盘）。也支持同一阵列中闪存盘、光纤通道硬盘和 SATA 硬盘等多种类型驱动器的混用。

4.2　存储资源配给

存储配给是为主机分配存储资源的过程。分配基于主机上运行的应用对于性能、可用性和性能的需求。存储的配给有两种形式：传统式（传统卷）和虚拟式（精简卷）。虚拟式存储配给（virtual provisioning）利用虚拟化技术为应用提供存储资源。本章将会详述这两种方式。

4.2.1　传统式存储配给

传统式存储配给将物理磁盘进行逻辑组合，并应用需要的 RAID 级别，得到 RAID 集。RAID 集中的磁盘数目和 RAID 级别决定了 RAID 集的可用性、容量和性能。强烈建议 RAID 集使用同一类型、速度和容量的磁盘，这样才能保证有最大的可用容量、较好的可靠性和稳定的性能。如果一个 RAID 集中使用了容量不同的磁盘，每个磁盘将使用最小容量磁盘的容量来组成 RAID 集容量。容量较大磁盘的剩余容量得不到利用。同样的，将高转速磁盘与低转速磁盘混用将会降低 RAID 集的整体性能。

RAID 集因为将多个磁盘组合，通常容量较大。可将 RAID 集的可用容量划分为较小的单元，称为逻辑单元（logical unit），然后根据主机的存储需求将逻辑单元分配给主机。

逻辑单元分布在 RAID 集的所有物理磁盘上。每个逻辑单元都会被分配一个唯一的标识，即逻辑单元编号（logical unit number，LUN）。逻辑单元编号向主机隐藏了 RAID 集的组织和构成。使用传统式存储部署创建的 LUN 设备通常被称为传统 LUN 设备，以区别于使用虚拟存储部署方式创建的精简 LUN 设备。在之后的讨论中，LUN 设备简称为 LUN。

如图 4-5 所示，一个 RAID 组包括了 5 个物理磁盘，被分成了两个 LUN：LUN 0 和 LON1。它们之后分别被分配给主机 1 和主机 2。

配置好 LUN 并分配给一个非虚拟主机后，需要进行总线扫描，以确定该 LUN 的身份。对于主机操作系统来说，该 LUN 表现为一个未格式化的磁盘。需要使用文件系统对其进行格式化并装载文件系统后，才可以使用。

在虚拟主机环境中，LUN 会分配给 Hypervisor。Hypervisor 会将其识别为一个未格式化磁盘。

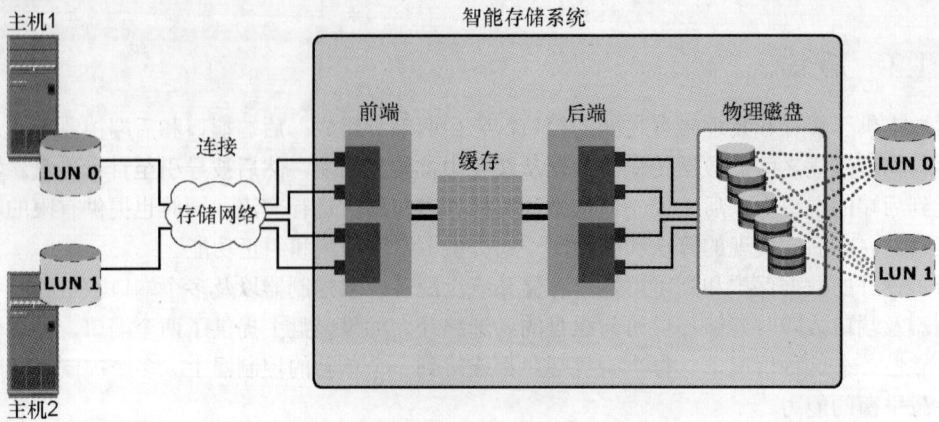

图 4-5 逻辑设备编号

在 Hypervisor 的文件系统对其进行配置之后，会在 LUN 上创建虚拟磁盘。虚拟磁盘（virtual disk）是 Hypervisor 文件系统上的文件。虚拟磁盘之后会分配给虚拟机，显示为未格式化磁盘。需要对这些磁盘执行非虚拟化环境下类似的操作，这些磁盘才能使用。LUN 空间可以在多个虚拟机之间共享，并可以同时访问。

虚拟机也可以直接访问存储系统上的 LUN。这种方法需要将整个 LUN 只分配给一个虚拟机，它适用于虚拟机上的应用对于响应时间要求较高的情况。和其他虚拟机共享存储会影响响应时间。适用直接访问的另外一个情况是，虚拟机与一台物理机建立了集群关系，虚拟机需要访问该物理机所访问的 LUN。

LUN 扩展：MetaLUN

MetaLUN 是对 LUN 进行扩展，以扩大容量或提高性能的方法。创建 MetaLUN 需要合并两个或两个以上的 LUN。一个 MetaLUN 通常包括一个基础（base）LUN 以及一个或多个组件（component）LUN。MetaLUN 有串联（concatenated）和分条（striped）两种实现方式。

串联扩展的方式直接将额外容量添加到基础 LUN 上。组件 LUN 不必与基础 LUN 的容量相同。串联 MetaLUN 中所有的 LUN 必须同时有数据保护（校验或镜像），或者同时无数据保护（RAID 0）。MetaLUN 中可以有多个级别的 RAID 并存。例如，RAID 1/0 的 LUN 可以串联到 RAID 5 的 LUN 上。但是 RAID 0 的 LUN 只能串联到另外一个 RAID 0 的 LUN 上。

串联扩展可以快速实现，但是不会带来性能提升（见图 4-6）。

分条扩展将基础 LUN 中的数据在所有 LUN（基础 LUN 和组件 LUN）中重新分条。在分条扩展中，所有 LUN 必须容量相同，且使用同一 RAID 等级。因为参与分条的磁盘数增加，分条扩展带来了性能上的提升（见图 4-7）。

串联扩展和分条扩展的所有 LUN 都必须使用相同类型的磁盘，可以都是光纤通道盘，也可以都是 ATA 磁盘。

4.2.2 虚拟式存储配给

虚拟式存储配给（virtual provisioning），指的是让一个 LUN 的容量大于它的物理容量的技术。使用该技术创建的 LUN 叫做精简（thin）LUN，以与传统 LUN 区分。

在创建精简 LUN 并将它呈现给主机时并不需要将物理空间都分配给它。物理存储是按需从一个物理存储共享池中分配给主机的。共享池由若干物理磁盘组成，与 RAID 组类似，共享池支持单个 RAID 级别。RAID 组也是由若干磁盘组成，并且也可以创建 LUN。共享池与 RAID 组的不

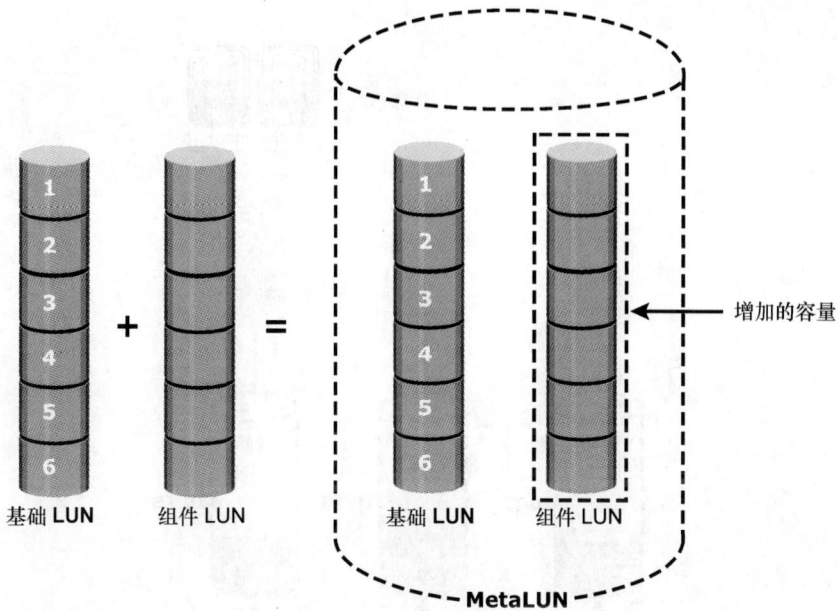

图 4-6 串联 MetaLUN

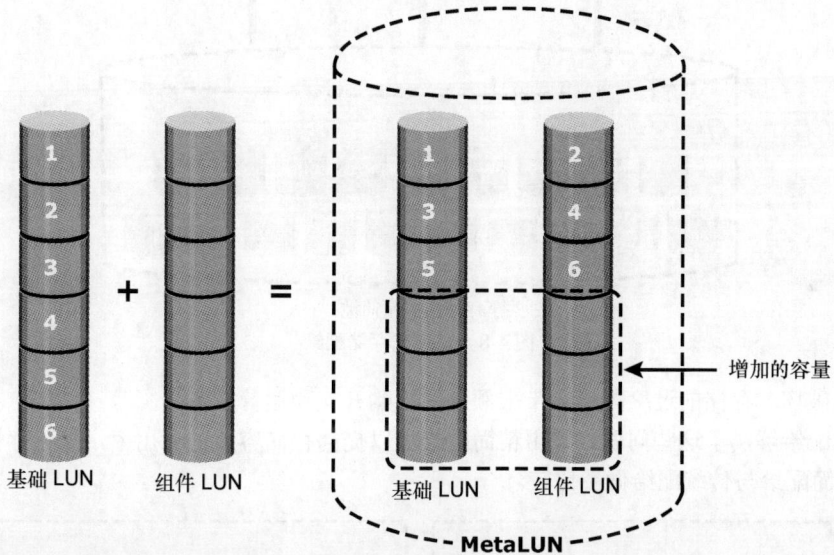

图 4-7 分条 MetaLUN

同在于，共享池可以包含大量的磁盘。磁盘可以是同质的（磁盘类型相同），也可以是异质的（多种磁盘类型混用，如闪存盘、光纤盘、SAS 盘和 SATA 盘）。

精简配给能实现主机更高效的存储分配。精简配给的一个特点是超额订阅（oversubscription），即呈现给主机的容量大于存储阵列的可用容量。随着主机的存储需求增长，共享池和精简 LUN 都可以进行不中断扩容。一个存储阵列中可有多个共享池，一个共享池可以被多个精简 LUN 共享。图 4-8 显示了精简 LUN 的部署。

自动精简配给与传统配给的比较

管理员一般是基于预期的存储需求来分配容量的。这很容易导致容量的过度配给，从而提高成本，降低利用率。超额配给的原因有避免因为 LUN 容量耗尽而频繁配给，以及减少对应用程

计算系统

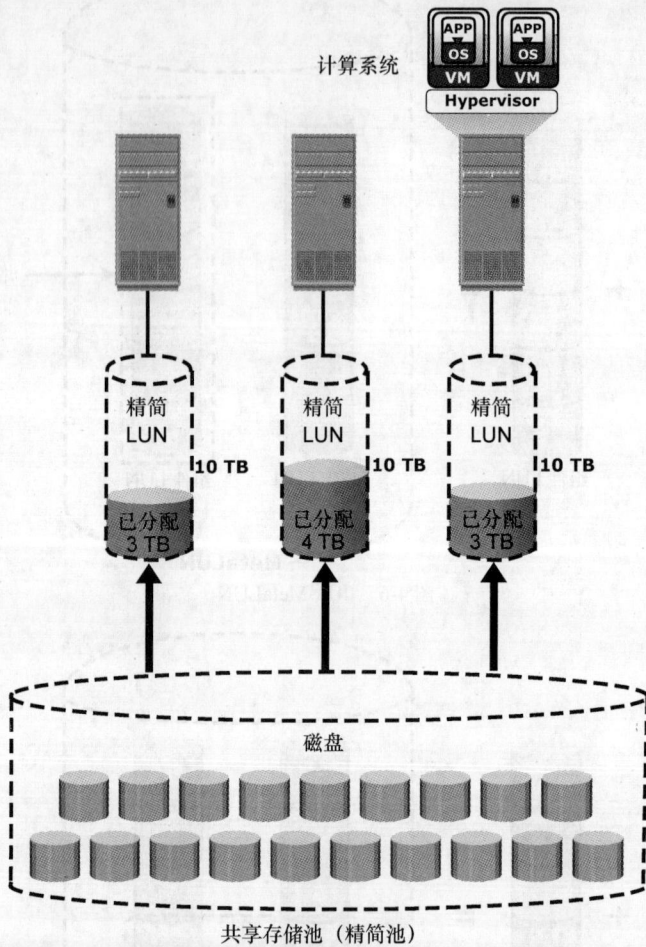

共享存储池（精简池）

图 4-8　虚拟式存储配给

序可用性的破坏。存储的过度配给会带来额外的采购开支和运营成本。

　　而精简配给解决了这些问题。采用精简配给可以提高存储容量的利用率，简化存储的管理。图 4-9 将精简配给与传统配给做了比较。

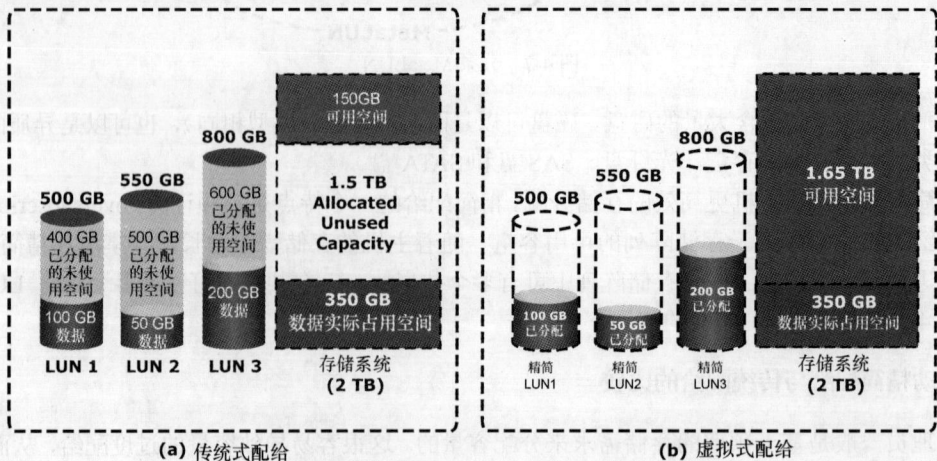

(a) 传统式配给　　　　(b) 虚拟式配给

图 4-9　传统式与虚拟式存储配给的对比

使用传统配给方法创建了 3 个 LUN 并提供给一个或多个主机使用，如图 4-9（a）所示。存储系统的总容量为 2 TB。LUN 1 的容量为 500 GB，其中 100 GB 已用，剩下的 400 GB 未用。LUN 2 的容量为 550 GB，其中 50 GB 已用，500 GB 未用。LUN 3 的容量为 800 GB，其中 200 GB 已用，600 GB 未用。该存储系统总计有 350 GB 的数据，1.5 TB 的空间已分配但未使用。只有 150 GB 剩余空间可以提供给其他应用。

现在来看容量同样是 2 TB 的使用精简配给（精简卷）的存储系统，如图 4-9（b）所示。这个存储系统中创建了 3 个容量相同的精简 LUN。整个系统不存在已分配但未用的容量。同样是 350 GB 的数据，精简配给的系统剩余可用容量达 1.65 TB，而传统式配给的系统的剩余可用容量只有 150 GB。

传统 LUN 和精简 LUN 的使用案例

虽然在某些场合传统 LUN 更适合应用的需求，多数情况下精简配给和精简 LUN 更有优势。精简 LUN 适合那些能容忍性能波动的应用，这得益于对共享池中大量磁盘的分条处理，使用精简 LUN 后性能有可能提升。然而，当多个精简 LUN 争夺同一池中的共享存储资源时，以及当利用率较高时，性能会下降。使用精简 LUN 能提升存储空间的效率，适合那些空间消耗难以预测的应用。使用精简 LUN 能帮助企业降低能耗和采购成本，简化存储管理。

传统 LUN 则适合那些要求性能可控的应用。在传统 LUN 中，可以对数据的存储位置精确控制。当发生负载竞争时，可在不同 RAID 组上创建 LUN。不太关心存储空间效率的商业组织依然可以使用传统 LUN。

传统 LUN 和精简 LUN 可在同一存储阵列中共存。管理员可根据需求在两者之间迁移数据。

4.2.3 LUN 屏蔽

LUN 屏蔽是一种数据访问控制，它决定一个主机可以访问哪些 LUN。LUN 屏蔽功能一般在存储阵列上实现。LUN 屏蔽保证了服务器的卷访问得到适当的控制，防止在共享的环境中的未授权访问和意外访问。

考虑这样的例子，一个存储阵列中有两个 LUN，分别用来存储销售部门和财务部门的数据。如果没有 LUN 屏蔽，两个部门都可以轻易地查看和修改对方的数据，这对数据完整性和安全性带来很大的风险。有了 LUN 屏蔽，一个 LUN 只能被相应的部门访问。

4.3 智能存储系统的类型

智能存储阵列可分为两种类型：

- 高端存储阵列；
- 中档存储阵列。

传统上，高端存储系统用活动—活动式（active-active）阵列实现，而一般中小型企业的中档存储系统则采用活动—被动式（active-passive）阵列实现。目前，这两种实现之间的区别正变得越来越不明显。

4.3.1 高端存储阵列

高端存储阵列，也被称作活动-活动式阵列，主要针对大型企业应用。这些阵列配备了大量的控制器和缓存内存。在活动、活动式阵列中，主机可以利用任何可用的路径去访问它的 LUN，如图 4-10 所示。

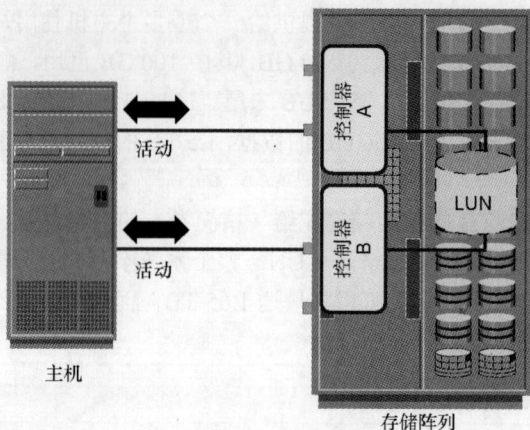

图 4-10   活动-活动式配置

为了满足企业存储需求，这些阵列提供了如下能力：

■ 大存储容量；
■ 大量的缓存以优化主机 I/O 性能；
■ 容错的体系结构来改善数据的可用性；
■ 可与大型主机和开放系统主机连接；
■ 具有多种前端端口和接口协议，可以向大量的主机提供服务；
■ 具有多个后端控制器来管理磁盘操作；
■ 提供了扩展性，能够升级以提供更高的连接性、性能以及更大的容量；
■ 能够支持若干服务器、应用的大量并发访问；
■ 支持基于阵列的本地、远程备份。

除此之外，高端阵列还具有企业中关键任务应用所需要的一些独特的特性和功能。

4.3.2   中档存储阵列

中档存储阵列也被称为活动—被动式阵列，特别适合中小企业的应用。在较低成本下实现了很好的性能。在活动—被动式阵列中，主机要访问一个 LUN，只能通过拥有该 LUN 的控制器进行访问。如图 4-11 所示，主机只能够经由通向控制器 A 的路径来执行对 LUN 的读写操作，因为该 LUN

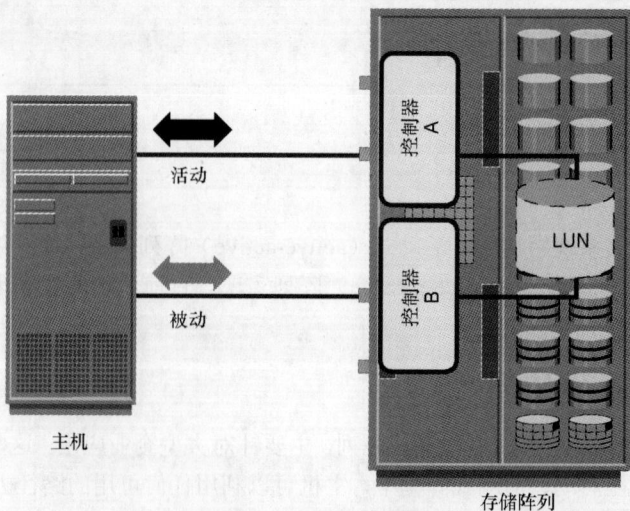

图 4-11   活动—被动式配量

属于控制器 A 所有。通向控制器 B 的路径保持非活跃状态，没有任何 I/O 操作通过这个路径。

典型的中档存储系统配备两个控制器，每一个都包含主机接口、缓存、RAID 控制器和磁盘接口。

中档存储阵列针对中小企业的需求设计，因此相对于高端存储阵列，其拥有较小的存储容量和缓存，前端端口也较少。然而，在可预测负载的应用中，中档存储阵列也能保证高冗余和高性能。中档存储阵列同样支持基于阵列的本地和远程备份。

4.4　概念实践：EMC Symmetrix 和 VNX

为了更好地说明本章讨论的概念，这一节会讲述 EMC 实现的智能存储阵列。

EMC Symmetrix 网络存储阵列是一种活动—活动阵列。有些客户需要毫不妥协的服务和性能，以及最先进的业务连续性方案，以支持大量的不可预知的工作负载，EMC Symmetrix 就是面向这些客户的解决方案。Symmetrix 同时提供了很多内置的、高安全等级的特性，也提供了高效率的供电和冷却系统，以支持企业级的数据存储需求。

EMC VNX 存储阵列是主动-被动式阵列。它属于 EMC 的中端存储产品，提供了企业级的特性和功能。EMC VNX 属于统一存储平台，在同一阵列中可提供对块、文件和基于对象的数据的存储。它适用于工作量可预测、吞吐量中等或较多的应用。我们将在第 8 章对统一存储和 EMC VNX 进行详细讲述。

想了解更多 Symmetrix 和 VNX 的信息，请访问 www.emc.com。

4.4.1　Symmetrix 存储阵列

EMC Symmetrix 为企业信息存储解决方案的性能和容量设定了最高的标准，被认为是业界最受信任的平台。Symmetrix 提供了最高等级的扩展性和性能，能够从容应对不可预测的 I/O 负载需求。Symmetrix VMAX 系列是 EMC Symmetrix 产品线中的重点。

EMC Symmetrix VMAX 系列是一个创新平台，基于可扩展的虚拟矩阵（Virtual Matrix）架构，能满足虚拟 IT 环境下的长期存储需求。图 4-12 显示了 Symmetrix VMAX 存储阵列。Symmetrix VMAX 主要特性如下：

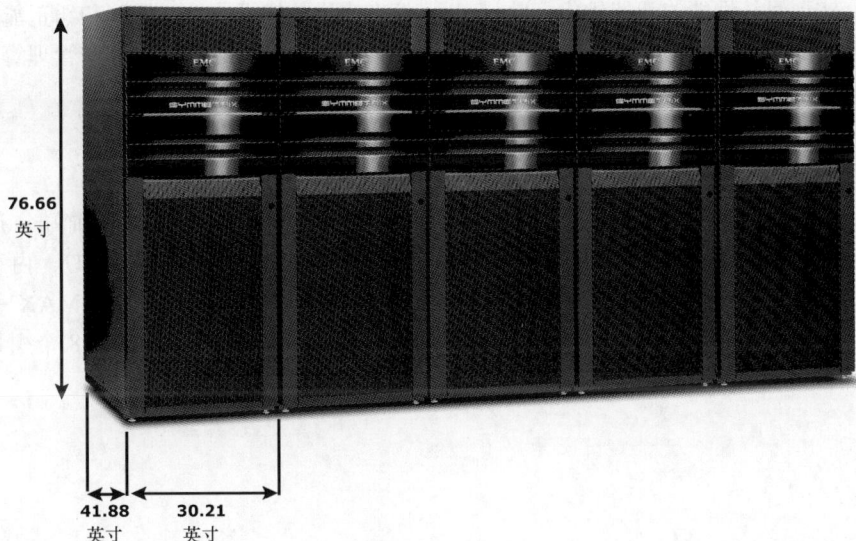

图 4-12　EMC Symmetrix VMAX

- 可增量扩展至 2400 个磁盘;
- 最多支持 8 个 VMAX 引擎(每个 VMAX 引擎包含一对控制器);
- 支持闪存驱动器,全自动存储分层(fully automated storage tiering, FAST),虚拟部署和云计算;
- 支持高达 1TB 的全局缓存;
- 支持光纤通道、iSCSI、GigE 和 FICON 等多种与主机的连接界面;
- 支持 RAID 1, 1+0, 5, 6;
- 通过 EMC TimeFinder 和 EMC SRDF 实现支持基于存储的数据复制;
- 具有高度容错性的设计,能够进行非中断性(nondisruptive)升级(即在线升级),所有组件配备冗余能够进行热置换。

4.4.2   EMC Symmetrix VMAX 组件

EMC Symmetrix VMAX 由一个系统机柜和最多十个存储机柜构成。每个存储机柜最多可容纳 16 个 DAE,每个 DAE 可容纳 15 个磁盘。系统组件,如 VMAX 引擎、MIBE、SPS 模块和服务处理器等,放在系统机柜中。

- VMAX 引擎:由一对控制器(director)组成,每个控制器包括 4 个 4 核 Intel 处理器,高达 128 GB 内存,最多 16 个前端端口,用于主机访问或者作为 SRDF 通道。
- MIBE:由两个独立的 matrix 开关组成,提供控制器之间的点到点通讯。每个控制器与 MIBE 之间有两条连接通路。通过 MIBE,每个控制器与其他任何一个控制器都有两条物理通路,这保证了可用性,避免了单点失效(single point of failure)。这种设计避免了为数据、控制、消息传递以及环境和系统测试设置专门的连接设备。一个高度可用的设备足以实现控制器之间的各种通信,大大降低了复杂性。
- 服务处理器:是用于系统配置和管理的控制台。也提供通知功能,允许支持人员在本地或远程访问系统。一旦探测到部件失效或者环境违规,服务处理器会自动通知客户的客户服务中心。
- Symmetrix Enginuity:Enginuity 是 EMC Symmetrix 的操作系统,它负责管理并优化信息在系统各部件之间的流动,保证信息的完整性。它管理着 Symmetrix 的所有操作和系统资源,实现系统性能的智能优化。Enginuity 拥有先进的错误监控、探测和纠正能力,保证了系统的可用性,支持并发维护和服务,是灾难恢复、业务连续性和存储管理等软件运行的基础。

4.4.3   Symmetrix VMAX 架构

每个 VMAX 引擎包含一部分全局内存和两个控制器,可以同时管理与前端、后端和远程系统的连接。VMAX 引擎连接到虚拟矩阵(Virtual Matrix)上,包括 CPU、内存、磁盘和主机接口在内的所有系统资源,都可以通过主机动态访问和共享。添加 VMAX 引擎可在线进行,实现了系统资源的高效扩展。虚拟矩阵架构支持一个系统中最多有 8 个引擎(见图 4-13)。

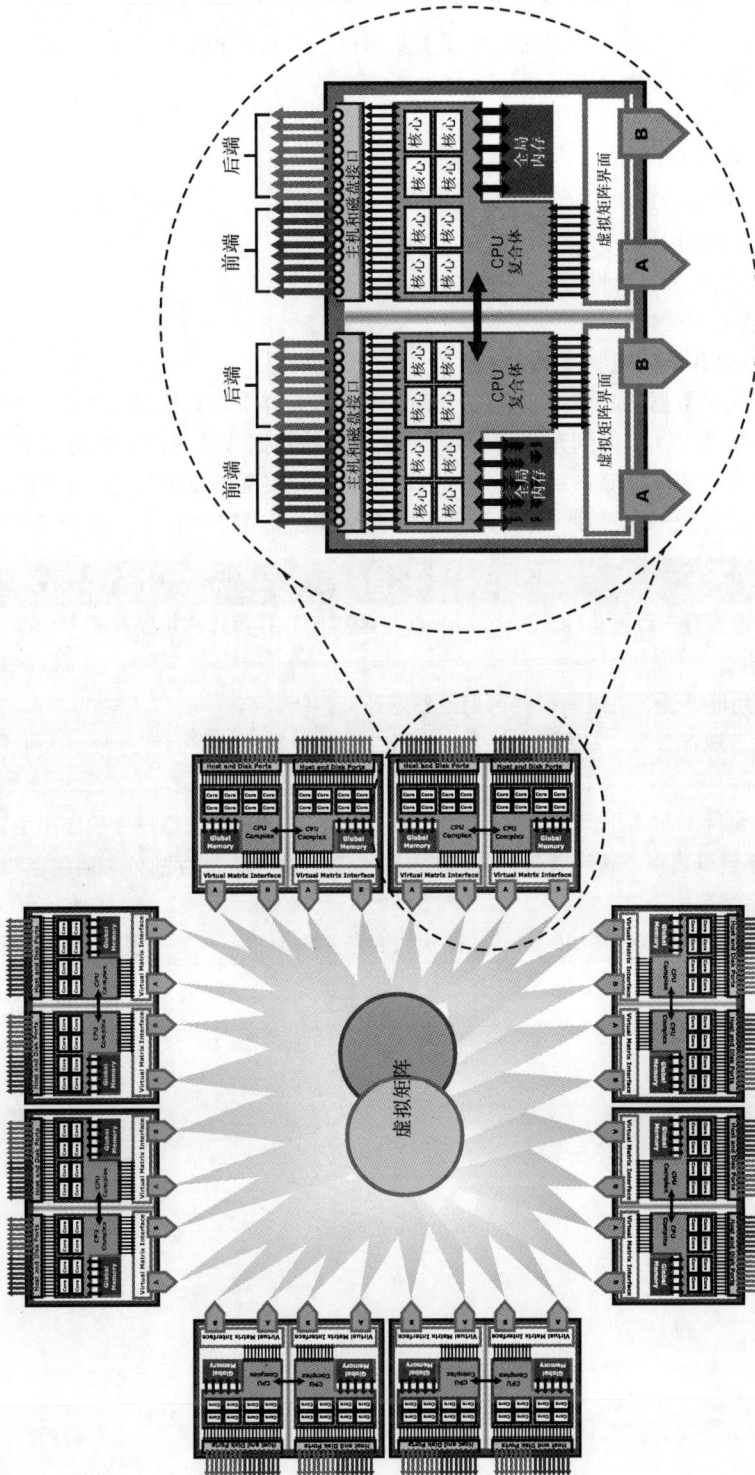

图 4-13　VMAX 架构

小结

本章详述了现代智能存储系统的特性和主要组件，对高端和中端存储系统以及他们的特点做了介绍。智能存储系统能为企业带来以下好处：

- 更大的存储容量
- 更好的 I/O 性能
- 更简易的存储管理
- 更高的数据可用性
- 更好的扩展性和灵活性
- 更好的业务连续性
- 更好的安全和访问控制特性

智能存储系统是数据中心不可或缺的一部分。因其大容量和高性能的特点，智能存储系统有必要在多个主机间共享（以得到充分利用）。企业内部的数据共享变得简单而安全。

网络存储扩大了智能存储系统的使用范围，是一种较灵活的以信息为中心的策略。它有助于企业对信息资产进行统一地管理、分享和保护。网络存储将在本书的下一部分介绍。

练习

1. 研究高速缓存一致性（cache coherency）的机制，并解释该机制在有多个共享缓存的环境下是如何工作的？

2. 何种应用能够通过跳过写缓存得到最多好处？为什么？

3. 研究一下缓存参数：缓存页大小、读缓存和写缓存的分配、缓存预取大小和旁路写缓存大小。

4. 一个 Oracle 数据库采用 4KB 的块大小进行 I/O 操作。使用该数据库的应用主要进行顺序读操作。为这个系统确定以下缓存参数并解释原因：缓存页大小、缓存划分（读缓存和写缓存），预取方式和旁路写缓存大小。

5. 调研并准备一个关于 EMC VMAX 架构的演示文档。

2

存储网络技术

第 5 章
光纤通道存储区域网络

许多组织正在经历一场爆炸式的信息膨胀。这些信息需要被存储、保护、优化并有效管理。数据中心管理员的负担越来越重，提供低廉、高性能的信息管理解决方案成为一种挑战。一个高效的信息管理解决方案必须提供如下功能。

■ **即时提供信息给商业用户**：信息对于商业用户来说必须随时可用。24×7 的数据可用性已成为对于存储架构最关键的需求之一。在线存储的爆炸式增长、新服务器和应用程序的猛增、关键业务数据在全企业范围内的传播加大了实现高可用性的难度。

■ **信息基础设施与业务流程集成**：存储基础设施应该被集成到各种业务运营模式中，而且安全性和完整性不应有所下降。

■ **灵活易变的存储体系结构**：存储体系结构必须提供灵活性和弹性，以应对不断改变的商业需求。存储系统需要在不降低应用程序性能需求的情况下进行扩展，同时管理信息的总费用必须保持低廉。

直连存储（Direct-Attached Storage，DAS）常常被称为是一种孤立的（stovepiped）存储环境。主机拥有存储设备，但这些孤立存储设备上的信息很难管理和共享。为了将这些分散的数据组织起来，存储区域网（Storage Area Network，SAN）应运而生。SAN 是一个高速的、专用的服务器网络以及共享存储设备，它实现了存储资源的整合和数据的集中管理。SAN 的规模效益更好地满足了存储需求，同时提供了高效的管理机制和数据保护能力。虚拟 SAN 和块存储的虚拟化提高了分散存储资源的利用率，实现了彼此之间更好的协作。将虚拟化技术应用到 SAN 中提升了工作效率、资源利用率以及可管理性。

SAN 的主要实现形式有光纤通道 SAN 和 IP SAN。光纤信道 SAN 使用光纤信道协议在服务器（或主机）和存储设备之间传输数据、命令和状态信息。IP SAN 使用 IP 协议进行通讯。

本章将会详细介绍光纤通道技术，还会涉及光纤通道 SAN 的组成、拓扑结构以及块存储虚拟化。

核 心 概 念
光纤通道（FC）结构
光纤通道协议栈
光纤通道 SAN 端口
光纤通道寻址
全球唯一名称
分区
光纤通道 SAN 拓扑
块级存储虚拟化
虚拟 SAN

5.1 光纤通道：概览

FC 架构是 FC SAN 的基本组成元素。光纤通道是一种高速网络技术，运行在高速的光纤线缆和串行铜缆上。FC 技术主要用于满足日益增长的服务器和大容量数据系统之间的高速数据传输需求。尽管 FC 网络在 1988 年才被引入，但 FC 的标准化进程，早在美国国家标准委员会（ANSI）成立光纤通道工作组（Fibre Channel Working Group，FCWG）时就已经开始。1994 年，新的计算机高速互连标准被制定出来，光纤通道委员会（Fibre Channel Association，FCA）由 70 个创始成员公司组成。隶属于国际信息技术标准委员会（International Committee for Information Technology, INCITS）的技术委员会 Technical Committee T11，负责光纤通道接口标准的制定。更高的数据传输速度是 FC 网络技术的重要特征。最初的实现提供了 100MB/s 的吞吐率（即原始比特 1Gbit/s 的流量），远大于用于 DAS 环境中的 Ultra SCSI（20MB/s）的速度。与 Ultra-SCSI 对比，FC 是存储网络上一个明显的技术飞跃。最新的 16 GFC（光纤通道）提供了 3 200MB/s 的吞吐率（原始比特率 16Gbit/s），而 Ultra640 SCSI 的可用吞吐率也只是 640 MB/s。FC 架构是高度可扩展的，理论上一个 FC 网络可以容纳大约 1 500 万个设备。

5.2 SAN 及其演化

存储区域网（Storage Area Network，SAN）通过光纤通道网络（见图 5-1）在服务器（或者称为主机）和存储设备之间交换数据。SAN 实现了存储整合，允许多个服务器共享存储设备。与直连存储架构相比，SAN 提高了存储资源的利用率，减少了需要购买和管理的存储设备数量。经过整合后，存储资源可集中管理，简单易行，进一步降低了信息的管理成本。用户可利用 SAN 连接分布在不同地方的服务器和存储设备。

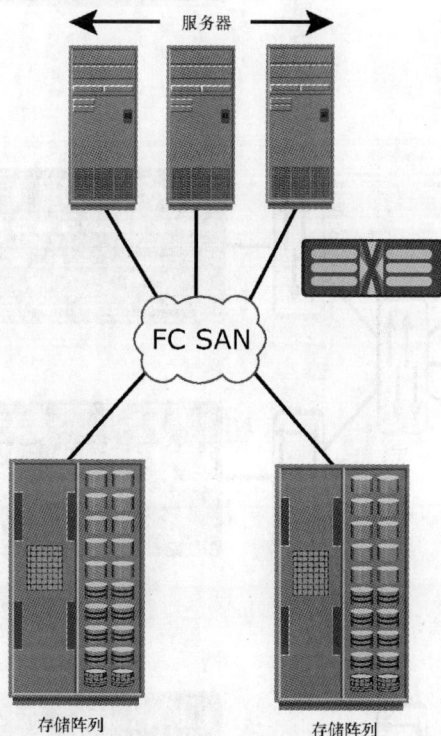

图 5-1 FC SAN 实现

在早期的实现版本中，SAN 只是将主机和存储设备通过集线器简单地组合起来。这种 FC SAN 配置被称作光纤通道仲裁环（Fibre Channel Arbitrated Loop，FC-AL）。集线器的使用最终导致孤立的 FC-AL SAN 资源，因为集线器只能提供有限的连接性和带宽。

集线器固有的局限性使其让位于高性能的 FC 交换机。使用 FC 交换机提升了连接性和性能，使得 SAN 拥有更好的可扩展性，同时也增强了应用程序跨企业访问数据的能力。FC-AL 因其局限性被取代，但它仍然用作后端与磁盘驱动器的连接方案。图 5-2 展示了 FC SAN 的演化（从 FC-AL 到企业级 SAN）。

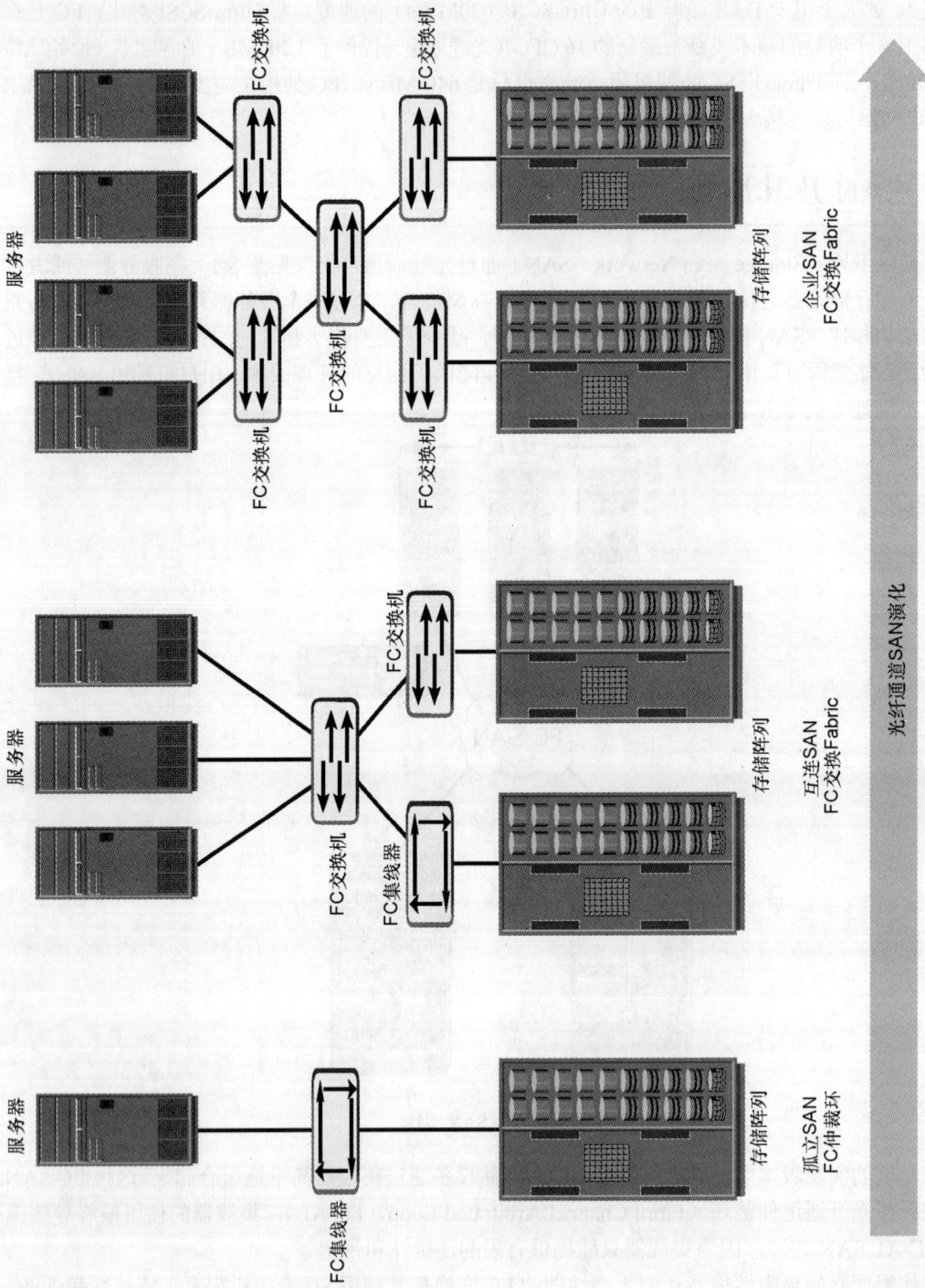

图 5-2 FC SAN 演化

5.3 FC SAN 组件

FC SAN 是由服务器和共享存储设备组成的网络。服务器和存储是 SAN 中的末端设备（称为节点）。FC SAN 由节点端口、线缆、连接器、互连设备（例如 FC 交换机或者集线器）以及 SAN 管理软件组成。

5.3.1 节点端口

在光纤通道网络中，末端设备诸如主机、存储阵列和磁带库都被称作节点。每个节点就是一个信息源或目标。每个节点需要一个或多个端口来提供物理接口，用于与其它节点进行通信。这些端口是主机适配器（如 HBA）和存储器前端控制器或适配器的一个组成部件。FC 环境下的每个端口都是在全双工传输模式下工作，拥有一个发送（Transmit，Tx）链路和一个接收（Receive，Rx）链路（见图 5-3）。

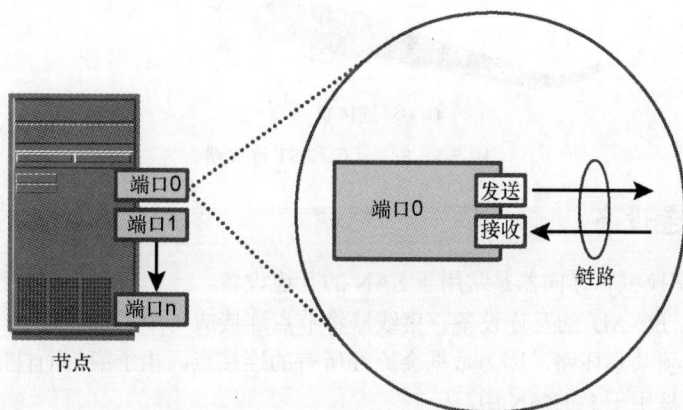

图 5-3 节点、端口和链路

5.3.2 线缆与连接器

SAN 的实现使用光纤进行布线。铜缆可以用于短距离的后端连接，因为它在 30 米距离内才能提供更好的信噪比。光纤线缆用光信号来携带数据。光纤分为两种：多模和单模。

多模光纤（MultiMode Fiber，MMF）线缆可携带多个光束，以不同的折射角度同时在线缆核心内传输，如图 5-4（a）所示。根据带宽的不同，多模光纤被分为 OM1（62.5 微米）、OM2（50 微米）和激光器优化的 OM3（50 微米）。在 MMF 传输中，多条光束在线缆里穿越，容易发生色散和碰撞。这些碰撞会导致信号在长距离传输后强度减弱——这也被称作模间色散（Modal Dispersion）。由于模间色散效应，MMF 线缆通常被用于短距离的数据传输。

单模光纤（Single-Mode Fiber，SMF）携带单个激光束，在线缆芯线中央折射传输，如图 5-4（b）所示。这些线缆的直径有 7 到 11 微米的规格，最常用的是 9 微米。在 SMF 传输中，单条光束在光纤的线芯正中直线穿越。极细的线缆线芯和单束光波，都减少了模间色散。在所有类型的光纤线缆中，单模光纤提供了最小的信号衰减和最大的传输距离（长达 10 千米）。单模光纤被用于长距离的线缆传输，只受发射端的激光功率和接收端的灵敏度的限制。

MMF 一般用于数据中心的短距离传输，SMF 则用于长距离传输。

连接器是接在线缆末端，方便线缆到端口的连接和断开。SC 连接器（Standard Connector）（见图 5-5（a））和 LC 连接器（Lucent Connector）（见图 5-5（b））是两种常用的光纤连接器。ST 连接器（Straight Tip）是另外一种光纤连接器，主要用于光纤通道接插面板。

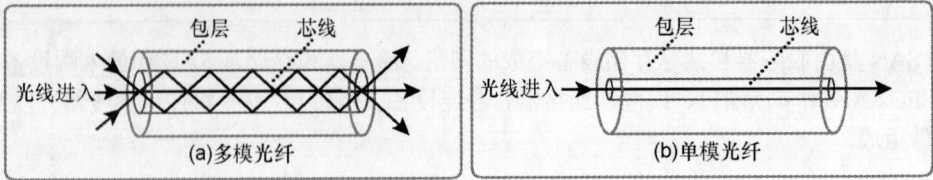

图 5-4　多模光纤和单模光纤

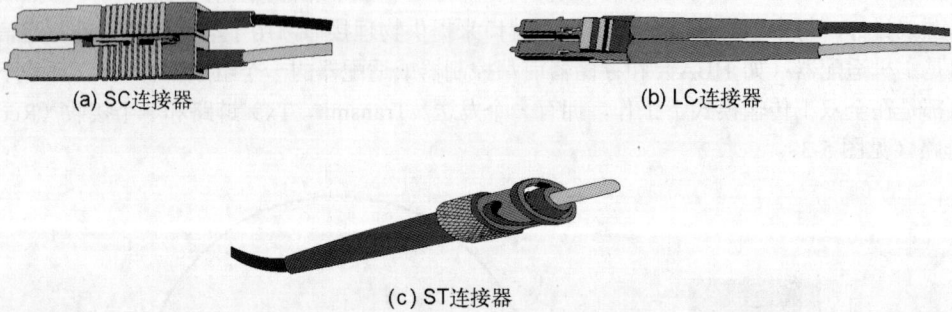

(a) SC连接器　　　(b) LC连接器

(c) ST连接器

图 5-5　SC、LC 和 ST 连接器

5.3.3　互连设备

FC 集线器、交换机和导向器是常用于 SAN 的互连设备。

集线器是用于 FC-AL 的互连设备。集线器将节点连接成一个逻辑环或者一个星型的物理拓扑。所有节点都必须共享环路，因为数据会流经所有的连接点。由于廉价而性能较高的交换机的出现，集线器不再被用于 FC SAN 中。

交换机比集线器更加智能，将数据从一个物理端口直接发送到另一个端口。所以，节点不再共享带宽。每个节点都有一个专用的通信路径。

导向器可看作是高端交换机，拥有更多的端口和更好的容错能力。

有的交换机有固定数量的端口，有的交换机是模块化设计，端口数量可增加。模块式交换机通过安装端口卡的方式增加端口数量。导向器都是模块化架构。向控制器底座内插入线卡或刀片即可增加端口。高端交换机和控制器都包含冗余部件以确保可用性。交换机和导向器都有管理端口（以太网或串行接口），用来连接 SAN 管理服务器。

端口卡或刀片上通常有多个端口来连接节点或其它 FC 交换机。一般来说，每个端口槽都有一个 FC 收发器，提供发送和接收链路。收发器中的发送链路和接收链路使用同一电路。端口卡上的收发器与专用集成电路（也称端口 ASIC）连接。导向器的刀片通常有不止一个 ASIC，以实现较高的吞吐量。

5.3.4　SAN 管理软件

SAN 管理软件管理主机、互连设备以及存储阵列之间的接口。它提供了 SAN 环境的一个可视化视图，并且可以在一个中心控制台进行多种资源的集中管理。

它提供了关键的管理功能，包括存储设备、交换机和服务器的映射，监控新设备并在发现新设备时产生警告，还包括对 SAN 进行逻辑划分，称为分区（zoning）。

> **FC 交换机与 FC 集线器的对比**
>
> 可扩展性和性能是体现交换机和集线器差异的两个主要方面。交换机的寻址支持超过 1 500 万个节点设备，但集线器实现的 FC-AL 只支持最多 126 个节点。
>
> Fabric 交换机在多对端口间通过 fabric 提供全带宽，于是成为了一个可扩展性很强的结构，可同时支持多点间的通信。
>
> 集线器提供共享带宽，在同一时刻只可以支持单个通信。集线器提供的是低廉的连接扩展解决方案。交换机则是用于建立动态的、高性能的 fabric，可以支持多点同时通信。但交换机却比集线器要昂贵许多。

5.4 FC 连接

FC 结构支持三种可选的基本互连方案：点对点、仲裁环（FC-AL）和光纤通道交换机 fabric。

5.4.1 点对点

点对点是最简单的 FC 配置方案——两个设备直接相连，如图 5-6 所示。这种方案为每对节点间的数据传输提供专用的连接。但是，点对点配置方案只能提供有限的互连能力，在同一时间只能两个设备间相互通信。而且，它不能容纳大量的网络设备。标准的 DAS 就使用点对点连接。

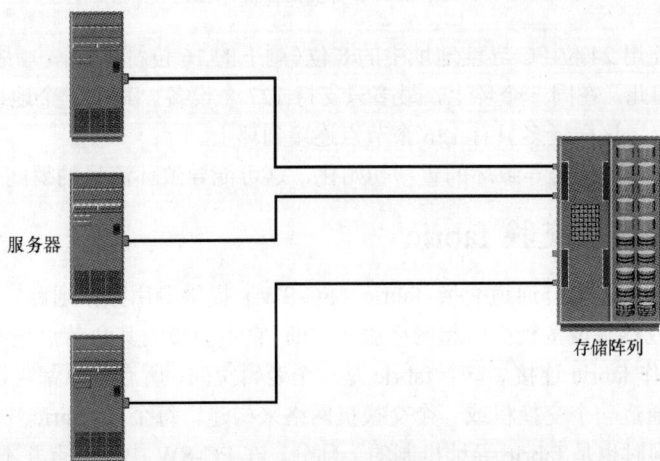

图 5-6　点对点连接

5.4.2 光纤通道仲裁环

在 FC-AL 的配置里，设备连接到一个共享的环路。FC-AL 拥有令牌环拓扑和星型物理拓扑的特性。在 FC-AL 里，每个设备都与其它设备争用信道以进行 I/O 操作。在环上的设备必须被仲裁才能获得环的控制权。在某个给定的时间点，只有一个设备可以在环路上进行 I/O 操作（见图 5-7）。

作为一个环路配置方案，FC-AL 可以抛开任何互连设备来实现，设备与设备通过线缆直接相连，构成环状结构即可。

但是，FC-AL 实现也有可能使用集线器，尤其是在仲裁环的物理连接采用星型拓扑的时候。FC-AL 配置方案在扩展性上有以下局限。

■ FC-AL 在环内共享环路。一个时刻只能有一个设备进行 I/O 操作。因为每个环路上的设备都必须排队等待 I/O 请求的处理，所以在 FC-AL 拓扑里数据传输的速率会变得很低。

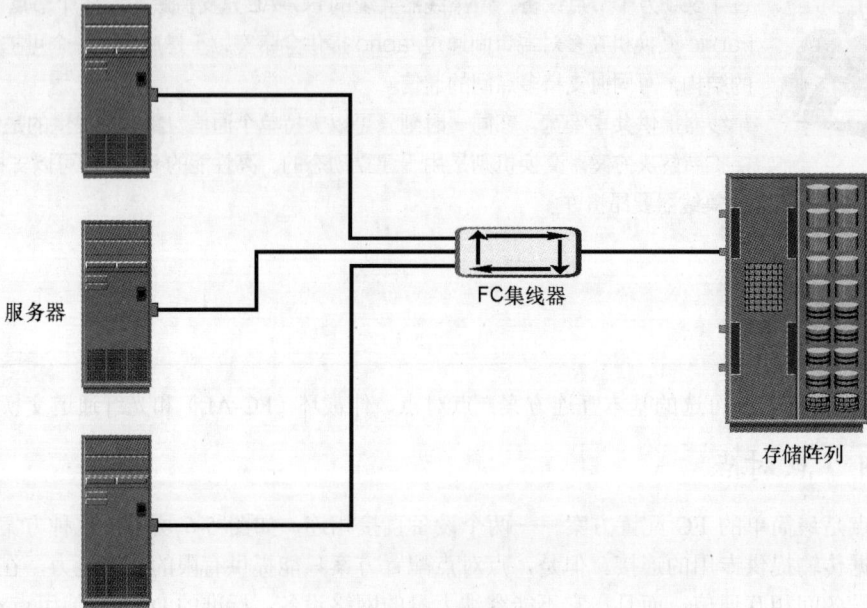

图 5-7　光纤通道仲裁环

■ FC-AL 只使用 24 位 FC 寻址地址中的 8 位（剩下的 16 位都被屏蔽），最多为端口分配 127 个地址。因此，在同一个环上，最多只支持 127 个设备。其中一个地址会预留给连接 FC 交换机端口。这样最多只有 126 个节点连接到环上。

■ 增加和移除设备都会导致环的重新初始化，这可能导致环流量的瞬间中断。

5.4.3　光纤通道交换 fabric

与环配置方案不同，光纤通道交换 fabric（FC-SW）提供专用数据通路，具有可扩展性。在一个交换网里增加或移除设备极少引起网络服务中断，它不会影响其它节点正在传输的数据流量。

FC-SW 也被称作 fabric 连接。一个 fabric 是一个逻辑空间，所有节点都可以在其中互相通信。这个虚拟空间可以通过一个交换机或一个交换机网络来构建。每个在 fabric 中的交换机包含一个唯一的域标识符，同时也是 fabric 寻址机制的一部分。在 FC-SW 中，节点并不共享一个环路；相反，数据是通过一个专用的路径在节点间进行传输。每个 fabric 上的端口都有一个唯一的 24 比特的光纤信道地址用于通信。图 5-8 展示了 FC-SW 的一个例子。

在交换 fabric 中，任意两个交换机之间的链路叫做交换机间链路（interswitch link, ISL）。通过 ISL，交换机可以互联组成一个更大的 fabric。ISL 用于在交换机之间传输主机给存储的数据和 fabric 管理流量。利用 ISL，一个交换 fabric 可以扩展，实现大量节点的互联。

一个 fabric 可以用其包含的层数目来描述。一个 fabric 的层的数量取决于相距最远的两个节点所穿越的交换机的数量。但是，注意这个数字完全由 fabric 决定，与存储器和服务器如何通过交换机连接没有关系。

当 fabric 的层数增加时，fabric 管理信息到达每个交换机所必须穿越的距离也会增大。距离上的增大会造成 fabric 重设置事件（例如新交换机加入，或一个区域设置传播事件）传播和完成的时间增大。图 5-9 分别展示的是两层和三层的 fabric 结构。

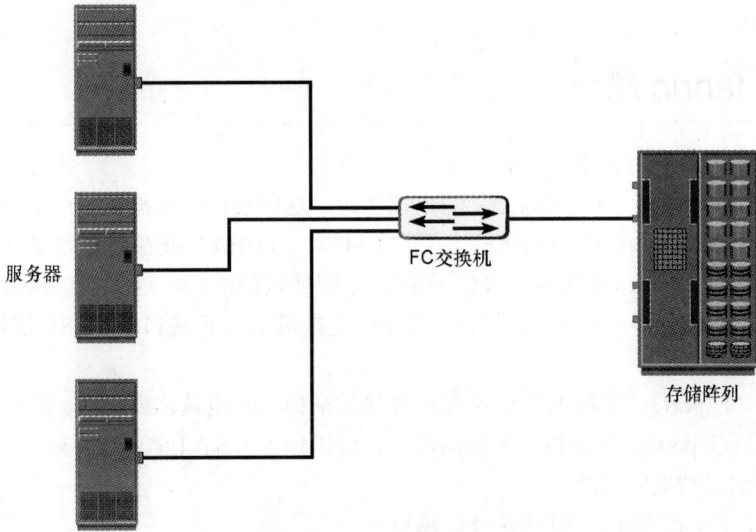

图 5-8　光纤通道交换 fabric

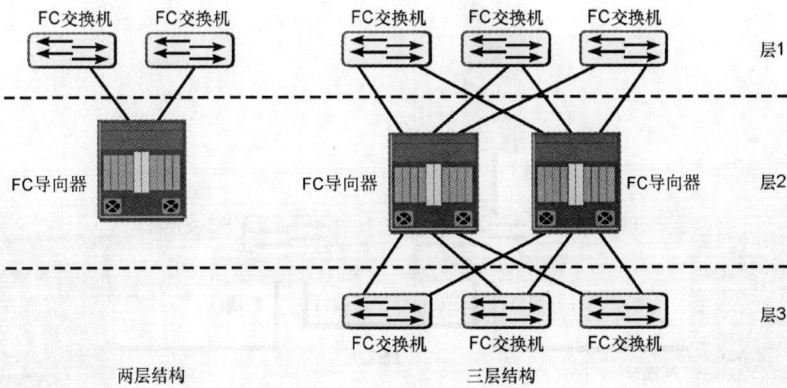

图 5-9　FC-SW 的层结构

FC–SW 传输

FC-SW 使用交换机通过交换机端口在节点间交换数据流量，Fabric 所做的就是在源和目标之间进行帧的路由转发。

就如图 5-10 所示，如果节点 B 需要与节点 D 通信，节点首先应该单独地登录，然后通过 FC-SW 发送数据。这条链路被看作一条发起方和目标方之间专用的连接。

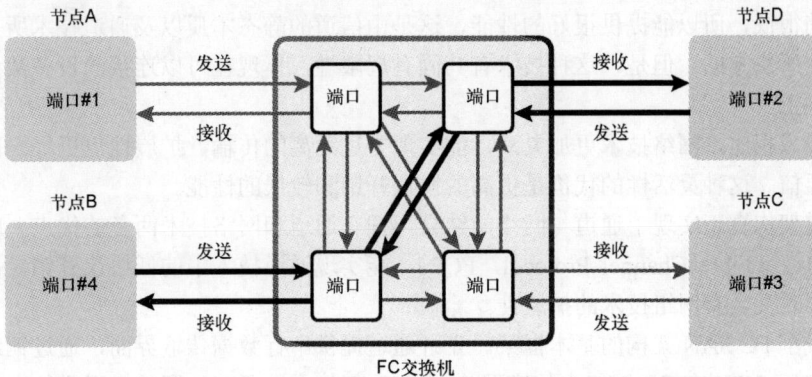

图 5-10　FC-SW 上的数据传输

5.5   交换 fabric 端口

交换 fabric 中的端口分为以下几种类型：

- N 端口（N_port）：一种 fabric 上的末端端口。这种端口也被称作节点端口（node port）。通常是与交换 fabric 中的交换机连接的主机端口（HBA）或存储阵列端口。
- E 端口（E_port）：实现两个 FC 交换机之间连接的端口。这种端口也被称作扩展端口（expansion port）。在 fabric 里，一个 FC 交换机上的 E 端口通过 ISL 连接到另一个 FC 交换机的 E 端口。
- F 端口（F_port）：交换机上与 N 端口连接的端口，它也被称为 fabric 端口。
- G 端口（G_port）：交换机上的通用端口，可以作为 E 端口或 F 端口来用，并且可以在初始化时自动决定其功能。

图 5-11 展示了交换 fabric 中的几种 FC 端口。

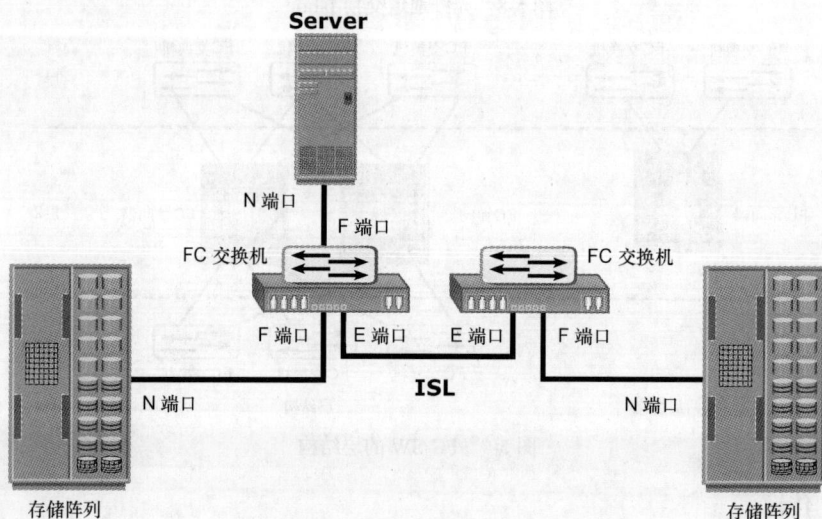

图 5-11   交换 fabric 端口

5.6   光纤通道架构

传统上，主机操作系统与周边设备的通信通过 ESCON 和 SCSI 等通道连接来实现。通道技术由于协议开销很低，所以能提供很好的性能，这是由信道的静态本质以及通道技术所采用的高度集成的软硬件所决定的。但是，这种技术有其固有局限性，体现在可以连接的设备数量以及设备间的距离限制上。

与通道技术相比，网络技术更加灵活，能实现更远距离的传输，扩展性也更好。网络技术使用共享带宽通信。这种灵活性的代价是更高的协议开销和较低的性能。

光纤信道架构真正实现了通道与网络的结合，拥有通道和网络技术两者的优点。FC SAN 使用光纤通道协议（Fibre Channel Protocol，FCP），能实现通道技术中的低协议开销，高速数据传输的优点，同时又具有网络技术的扩展性。

FCP 构成了 FC SAN 架构的基本框架。光纤通道提供串行数据传输界面，通过铜线或光纤传输。FCP 是串行 SCSI 在 FC 网络上的实现。在 FCP 架构中，所有外置的和远程的存储设备都连接到 SAN 上, 对于主机操作系统来说就像本地设备一样。FCP 的关键优势有以下几点。

- 在较长距离上保持较高传输带宽。
- 支持网络上大量的可寻址设备。理论上来说, FC 可以在一个网络上支持超过 1 500 万个设备地址。
- 最高支持 16Gbps 的传输速率 (16 GFC)。

5.6.1 光纤通道协议栈

将一个通信协议看成是独立层次结构会更容易理解。FCP 定义了 5 层通信协议: FC-0 到 FC-4 (FC-3 层没有实现)。在一个分层通信模型中, 每个节点的对等层都会通过已定义的协议进行互相对话。图 5-12 展示了光纤通道协议栈。

FC-4 层

FC-4 在 FCP 协议栈中位于最高的一层。这一层定义了应用程序接口和高层协议 (Upper Layer Protocols, ULP) 映像到低层 FC 协议层的方式。FC 标准定义了几种可以在 FC-4 层操作的协议 (见图 5-12)。其中包括 SCSI、高性能并行接口组帧协议 (HIPPI Framing Protocol)、企业存储连接 (Enterprise Storage Connectivity, ESCON)、异步传输模式 (Asynchronous Transfer Mode, ATM) 和 IP 等。

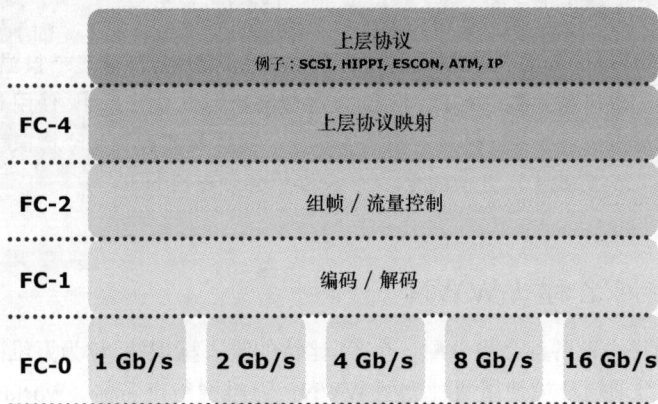

图 5-12 光纤通道协议栈

FC-2 层

FC-2 层提供了光纤通道编址、结构和数据组织形式 (帧、序列和交换)。它也定义了 fabric 服务、服务类、流量控制以及路由等。

FC-1 层

FC-1 层负责在传输之前对数据编码, 在接收到数据后对其解码。在发起节点, 一个 8 比特的字符被编码成 10 比特的传输字符, 然后这些 10 比特字符被发送到接收节点。在接收节点, 这个 10 比特的字符被转到 FC-1 层, 解码为原来的 8 比特字符。速度为 10 Gbps 或更高的 FC 链路使用 64 位或者 66 位编码算法。FC-1 层同时定义了传输字, 例如 FC 帧分离符 (标示帧的开始和结束, 以及代表发起端端口事件的原语信号)。除此之外, FC-1 层还负责链路的初始化和错误恢复。

FC-0 层

FC-0 是 FCP 协议栈的最底层。这一层定义了物理接口、媒介和原始比特的传输规则。FC-0 指定了包括线缆、连接器以及不同数据率下的光学和电气等参数。FC 传输协议使用电子媒介和光学媒介。

5.6.2   光纤通道编址

当一个端口接入到 fabric 上时，FC 地址是动态分配的。图 5-13 显示的是一个 FC 地址。编址机制是与使用交换机作为互联设备的 fabric 相适应的。N 端口的 FC 地址的第一字段包含了交换机的域 ID。域 ID 是提供给 fabric 中每个交换机的唯一号码。这是一个 8 比特的字段。在 256 个可能的域 ID 中，只有 239 个可用，剩下的 17 个地址是作为特殊用途而保留的。例如 FFFFFC 保留作为名字服务器，而 FFFFFE 则保留作为 fabric 登录服务。分区 ID 是用于节点连接的一组交换机端口的标识。交换机上的端口卡就是使用同一分区 ID 的一组端口的例子。最后一个字段是端口 ID，用于标识端口组内的端口。

因此，在一个交换 fabric 中的端口最多为：

$$239 \text{ 个域} \times 256 \text{ 个分区} \times 256 \text{ 个端口} = 15\,663\,104。$$

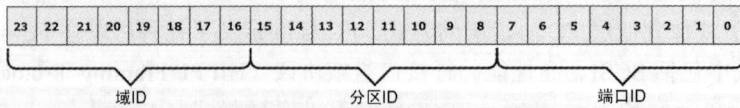

23	22	21	20	19	18	17	16	15	14	13	12	11	10	9	8	7	6	5	4	3	2	1	0

域 ID   分区 ID   端口 ID

图 5-13   24 比特的 N 端口 FC 地址

N 端口 ID 虚拟化（NPIV）

NPIV 是一个光纤信道配置，同一个物理 N 端口可以有多个 N 端口 ID。NPIV 最常用于虚拟服务器环境中，将 SAN 存储部署到虚拟机上时。使用 NPIV，主机上的几个虚拟机可以共同使用主机上的同一个物理 N 端口，每个虚拟机使用自己的 N 端口 ID。想要实现这个功能，FC 交换机必须支持 NPIV。

5.6.3   万维网名称（WWN）

在 FC 环境中的每个设备都会被分配一个 64 比特的唯一标识符，称为万维网名称（World Wide Name，WWN）。光纤通道环境使用两种类型 WWN：万维网节点名称（World Wide Node Name，WWNN）和万维网端口名称（World Wide Port Name，WWPN）。与动态分配的 FC 地址不同，WWN 是每个 FC 网络上的设备的一个静态名称。WWN 与使用在 IP 网络中的媒介访问控制（Media Access Control，MAC）地址很相似。WWN 被烧录进硬件中或通过软件分配。几种 SAN 上的配置定义都使用 WWN 作为存储设备和 HBA 的标识。FC 环境中的名字服务器保存着 WWN 和动态创建的节点 FC 地址之间的关联。图 5-14 展示了用于阵列和 HBA 的 WWN 的结构。

万维网名称-阵列															
5	0	0	6	0	1	6	0	0	0	6	0	0	1	B	2
0101	0000	0000	0110	0000	0001	0110	0000	0000	0000	0110	0000	0000	0001	1011	0010

公司 ID 24 bits   端口   模型种子 32 bits

万维网名称-HBA															
1	0	0	0	0	0	0	0	c	9	2	0	d	c	4	0

保留 12 bits   公司 ID 24 bits   公司指定 24 bits

图 5-14   万维网名称

5.6.4 FC 帧

一个 FC 帧（如图 5-15 所示）由 5 个部分组成：帧起始（start of frame，SOF）、帧头（frame header）、数据段（data field）、循环冗余校验（cyclic redundancy check，CRC）和帧结尾（end of frame，EOF）。

SOF 和 EOF 扮演着分隔符的角色。除了这个功能，SOF 也是一个标记，标识一个帧是否为一个帧序列的第一帧。

帧头为 24 字节长，包含帧的地址信息。具体包括以下信息：源 ID（Source ID，S_ID）、目标 ID（Destination ID，D_ID）、序列 ID（Sequence ID，SEQ_ID）、序列计数（Sequence Count，SEQ_CNT）、始发交换 ID（Originating Exchange ID，OX_ID）以及应答交换 ID（Responder Exchange ID，RX_ID），另外还有一些控制字段。

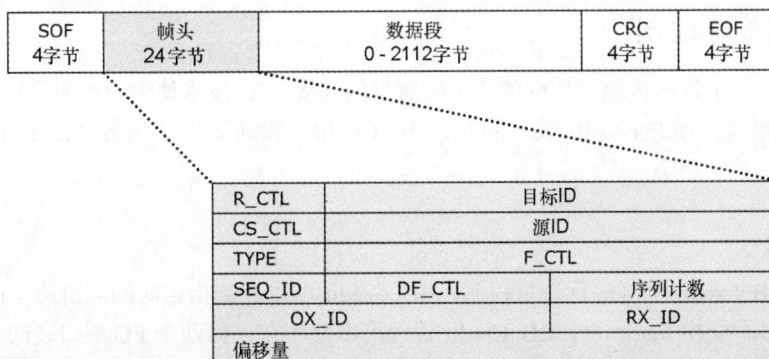

SOF 4字节	帧头 24字节	数据段 0 - 2112字节	CRC 4字节	EOF 4字节

R_CTL	目标ID	
CS_CTL	源ID	
TYPE	F_CTL	
SEQ_ID	DF_CTL	序列计数
OX_ID		RX_ID
偏移量		

图 5-15 FC 帧

S_ID 和 D_ID 是标准的 FC 地址，分别用于源端口和目标端口，SEQ_ID 和 OX_ID 分别用于标识一个帧为一个特定序列或一个特定交换的一部分。

帧头还定义了以下字段。

- **路由控制（Routing Control，R_CTL）**：这个字段指明了一个帧是链路控制帧还是数据帧。链路控制帧是非数据帧，不携带任何用户数据。这些帧被用作设置和发送信息。相反，数据帧会携带用户数据，用于传输数据。
- **特定类别控制（Class Specific Control，CS_CTL）**：这个字段指定了 Class 1 和 Class 4 的数据传输的链路速率。（5.6.7 节"服务类"中对服务类有详细介绍）。
- **类型（TYPE）**：这个字段描述了如果一个帧是数据帧，其需要携带的上层协议（Upper-Layer Protocol，ULP）。如果它是一个链路控制帧，这个字段就被用作一个事件的信号，诸如"fabric 繁忙"。例如，如果类型字段为 08，并且这是一个数据帧，那么它就表示在 FC 上这个帧会携带 SCSI 协议。
- **数据段控制（Data Field Control，DF_CTL）**：这是一个 1 字节的字段，指明了任何已存在的，在数据有效载荷里开始的可选头部。这是一种在有效载荷里面扩展头部信息的机制。
- **帧控制（Frame Control，F_CTL）**：这是一个 3 字节的字段，包含了与帧内容相关的控制信息。例如，字段的其中一个比特指明了这个帧是否是一个交换的起始帧。

FC 帧的最大可能的有效载荷可以包含 2 112 字节的数据，另外还有 36 字节的固定开销。CRC 校验和(checksum)实现了帧内容的错误检测。校验和可以检验数据的完整性，通过检查帧内容是否被正确接收来检验。CRC 校验码由发送者在进入 FC-1 层编码前进行计算。类似地，又由接收者在 FC-1 层解码后再次进行计算。

5.6.5　FC 数据的结构和组织

在一个 FC 网络里，数据传输与两个人进行交谈是类似的，一个帧就代表一个词，一个序列就代表一个句子，一个交换就代表一次谈话。

- **交换**：一个交换操作使得两个 N 端口可以识别和管理一组信息单元。每个上层协议都有协议特有信息，必须发送到另外一个端口才可以执行某些操作。这些协议特有信息称为信息单元。信息单元的结构在 FC-4 层中定义。这些单元映射到一个序列上。一个交换由一个或多个序列组成。
- **序列**：一个序列是指一组连续的帧，从一个端口发向另一个端口。一个序列关联到一个信息单元，这是由 ULP 所定义的。
- **帧**：帧是第二层上的数据传输的基本单元。每个帧可以包含最多 2 112 字节的有效载荷。

5.6.6　流量控制

流量控制定义了数据传输过程中的数据帧流量的速度。FC 技术使用两种流量控制机制：缓冲区到缓冲区信用数（Buffer-to-Buffer credit，BB_Credit）和端到端信用数（End-to-End credit，EE_Credit）。

BB_Credit

FC 使用 BB_Credit 机制进行流量控制。BB_Credit 可以控制指定时间点链路上的最大可通过的帧数量。在一个交换 fabric 里，BB_Credit 管理可以发生在任何两个 FC 端口之间。发送端口保持着接收方缓存的空余空间的计数值，只要这个计数值大于 0，发送方就连续地发送帧。BB_Credit 机制通过 Receiver Ready（R_RDY）原语表明发送 R_RDY 的端口缓存已被清空。

EE_Credit

端到端信用数（也被称作 EE_Credit）的功能与 BB_Credit 是相似的。当一个发起方和一个目标方建立节点间的通信时，它们就会交换 EE_Credit 参数（端口登录的一部分）。

EE_Credit 机制只用于 Class 1 和 Class 2 的流量控制。

5.6.7　服务类

FC 标准定义了不同服务类来满足不同应用程序的需求。下表列出了 3 种服务类和它们的特点，如表 5-1 所示。

表 5-1　　　　　　　　　　　　　　　　　　FC 服务类

	Class 1	Class 2	Class 3
通信类型	专用连接	非专用连接	非专用连接
流量控制	EE_Credit	EE_Credit 和 BB_Credit	BB_Credit
帧传输	顺序传输	不保证顺序	不保证顺序
帧确认	确认	确认	不确认
复用	不能	能	能
带宽利用	低	中	高

另一个服务类是 Class F，用于 fabric 管理。Class F 与 Class 2 相似，并且提供未传输帧的提示。

5.7 Fabric 服务

所有的 FC 交换机,不管制造商是哪家,都会提供光纤通道标准中定义的一组通用服务。这些服务可以通过特定的预定义地址来获得。Fabric 登录服务器(Login Server)、Fabric 控制器、名称服务器、以及管理服务器都属于通用服务(见图 5-16)。

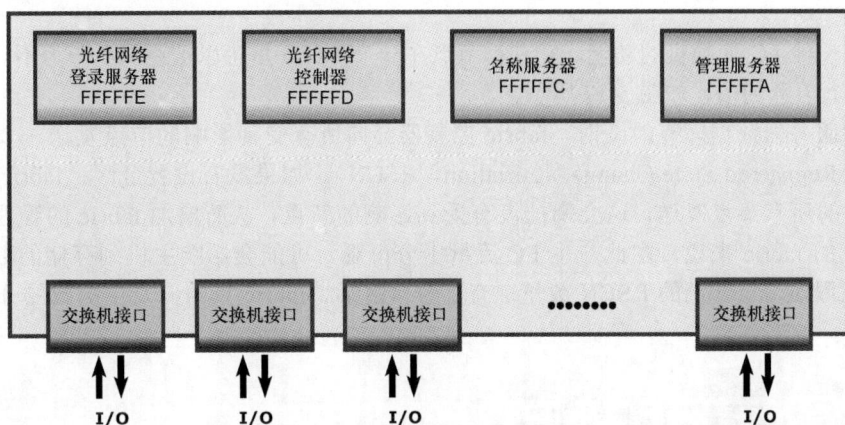

图 5-16 FC 交换机提供的 fabric 服务

Fabric 登录服务器的预定义地址为 FFFFFE,节点的 fabric 登录过程的开始阶段要用到 Fabric 登录服务器。

名称服务器(全称为分布式名称服务器)的预定义地址为 FFFFFC,负责名称注册和对节点端口的管理。每个交换机都与 fabric 中的其他交换机互换名称服务器信息,以确保名称服务的同步性和分布性。

每个交换机都有一个 Fabric 控制器,其预定义地址为 FFFFFD。Fabric 控制器同时为节点端口和其他交换机提供服务,负责管理注册状态改变通知(RSCN)、将 RSCN 发送给在 Fabric 控制器上注册的节点端口。如果 fabric 发生更改,RSCN 会由交换机发送给连接的节点端口。Fabric 控制器也为 fabric 中的其他域(交换机)生成交换机注册状态变更通知(SW-RSCN)。RSCN 确保 fabric 中所有交换机的名称服务器都处于最新状态。

FFFFFA 是管理服务器的 FC 地址。Fabric 中的每台交换机都有管理服务器。FC SAN 管理软件可通过管理服务器获取信息、管理 fabric。

5.8 光纤通道登录类型

Fabric 服务定义了 3 种登录类型。

- Fabric 登录(Fabric Login,FLOGI)在一个 N 端口和一个 F 端口之间进行。要登录 fabric,设备发送一个 FLOGI 帧,包含万维网节点名称(World Wide Node Name,WWNN)和万维网端口名称(World Wide Port Name,WWPN)作为参数,通过预定义的 FC 地址 FFFFFE(Fabric 登录服务器)发送给登录服务。然后,交换机接受登录并且返回一个 Accept(ACC)帧,其中包含一个分配好的 FC 地址给该设备。完成 FLOGI 之后,N 端口将自己注册到交换机的本地名称服务器上,指明其 WWNN、WWPN、端口类型、服务类和分配的 FC 地址。N 端口登录后会在名称服务器数据中查询其它已经登录的端口。
- 端口登录(Port Login,PLOGI)在两个 N 端口之间建立一个会话。发起方的 N 端口发送一个 PLOGI 请求帧到目标方 N 端口,然后目标方 N 端口接收,并返回一个 ACC 给发起方 N 端口。接下来 N 端口就会进行会话相关的服务参数的交换。

- 程序注册（Process Login，PRLI）也在两个 N 端口之间进行。这种登录是与 FC-4 高层协议（如 SCSI）相关的。如果高层协议是 SCSI，N 端口交换的是与 SCSI 相关的服务参数。

5.9　分区

分区是一种 FC 交换机的功能，它使得节点在一个 fabric 里可以被逻辑上分为不同的组，并且在组间进行互相通信，如图 5-17 所示。

当名字服务器数据库有改变时，fabric 控制器会向所有受到影响的节点发送一个注册状态变更通知（Registered State Change Notification，RSCN）。如果没有设置分区，fabric 控制器会向 fabric 中的所有节点发送。这会牵扯没有受到影响的节点，从而增加 fabric 的管理流量。对于一个较大的 fabric 来说，由此产生 FC 流量十分可观，可能会影响主机到存储的数据流量。分区则可以限制 fabric 上的 RSCN 数量。有了分区之后，fabric 只需向发生更改的分区的节点发送 RSCN。

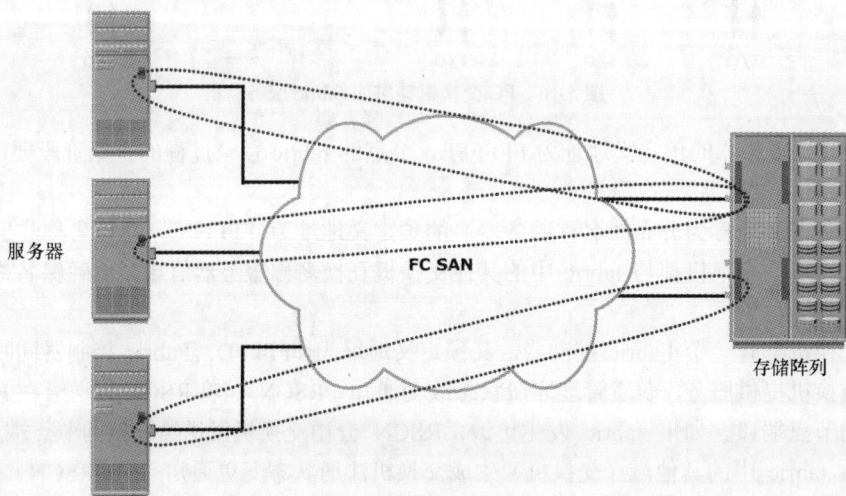

图 5-17　分区

分区成员、分区和分区集组成了层次结构，由分区过程定义（如图 5-18 所示）。分区集由一组分区组成，这些分区可作为一个实体同时被激活或解除激活。一个 fabric 中可定义多个分区集，但是在任何时候都只能有一个活动分区集。成员是 SAN 内可被添加到分区内的节点。交换机端口、

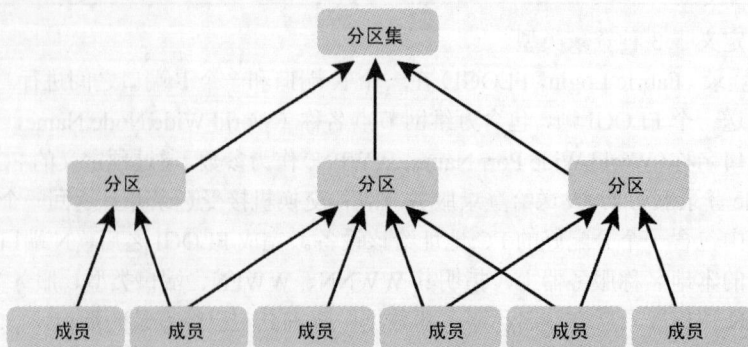

图 5-18　成员、分区、分区集

HBA 端口和存储设备端口都可以作为分区成员。一个端口或节点可以同时属于多个分区。在不同交换机之间分布的节点也可以划入一个分区。分区集也被称为分区配置。

分区实现了更好的通信控制，因为只有同属一个分区的成员才可以互相通信。

5.9.1　分区类型

分区可以被分类为 3 种类型。

- **端口分区**：使用交换机端口的物理地址来定义分区。在端口分区里，对于节点的访问由与节点连接的物理交换机端口决定。连接 HBA 和目标（存储设备）的端口标识符属于分区成员如果节点转移到 fabric 中另外一个交换机端口上，那么分区必须做出相应修改，以保证此节点在新端口依然能够加入原分区。然而，如果 HBA 或者它的目标（存储设备）失效，管理员只需更换失效设备即可，无需手动更改分区设置。
- **WWN 分区**：它使用万维网名称来定义分区。分区成员为 HBA 及其目标（存储设备）的唯一万维网名称地址。WWN 分区的一个主要的优点就是灵活性。节点更换交换机端口后依然可与原来的分区伙伴通信，并不需要重新配置分区信息。这是因为 WWN 相对于分区端口来说是静态的。
- **混合分区**：它结合了 WWN 分区和端口分区的优点。使用混合分区时的一个特定的端口可以绑定到一个节点的 WWN 上。

图 5-19 展示了 FC 网络上的 3 种分区类型。

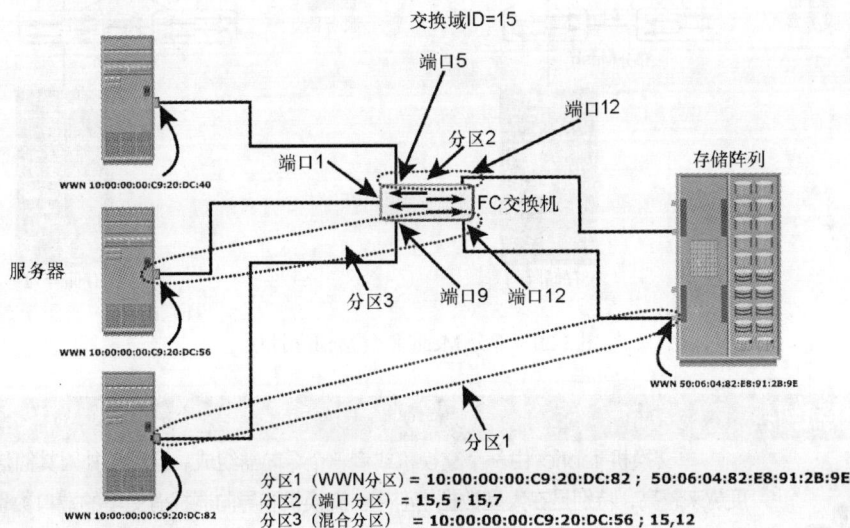

分区1（WWN分区）= 10:00:00:00:C9:20:DC:82 ; 50:06:04:82:E8:91:2B:9E
分区2（端口分区）= 15,5 ; 15,7
分区3（混合分区） = 10:00:00:00:C9:20:DC:56 ; 15,12

图 5-19　分区类型

分区与 LUN 掩码结合，用于控制服务器对存储器的访问。但是，两者是不同的过程。分区工作在 fabric 层，LUN 掩码工作在阵列层。

单一 HBA 分区

单一 HBA 分区被认为是配置分区集的最佳实践。一个单一 HBA 分区由一个 HBA 端口以及一个或多个存储设备端口构成。单一 HBA 分区消除了不必要的主机间交互，减少了 RSCN 数量。在一个较大的 fabric 中，实行单一 HBA 分区意味着需要配置大量的分区，进行较多的管理操作。但是，这种方式可以提高 FC SAN 的性能，减少了与 FC SAN 相关的问题处理所需的时间。

5.10   FC SAN 拓扑

Fabric 设计是根据标准的拓扑来连接设备的。核心—边缘 fabric 是其中一种流行的拓扑设计。核心—边缘 fabric 和网状拓扑的各种变化形式是最常用于 FC SAN 上的实现方案。

5.10.1   Mesh 拓扑

Mesh 拓扑包括两种类型：全 Mesh 或部分 Mesh。在全 Mesh 中，拓扑中所有交换机相互连接。全 Mesh 拓扑比较适用于涉及的交换机数很小的情况。一种典型的部署可以包括 4 个交换机或导向器，其中的每一个都为主机到存储器的高度局部化的流量而服务。在一个全 Mesh 拓扑中，主机到存储器的流量最多只需要一个 ISL 或者一跳（hop）。随着交换机数量的增加，用于 ISL 的端口也会增加。相应的，可用于节点连接的交换机端口就少了。

在一个部分 Mesh 拓扑中，流量到达其目的地可能需要经过几跳或几个 ISL。部分 Mesh 拓扑比全 Mesh 拓扑有更好的扩展性。但是，如果主机和存储设备的位置不当，部分 Mesh 的 fabric 的流量管理会更复杂。而且由于过量的流量聚集，ISL 可能会过载。图 5-20 描述了部分 Mesh 和全 Mesh 两种拓扑。

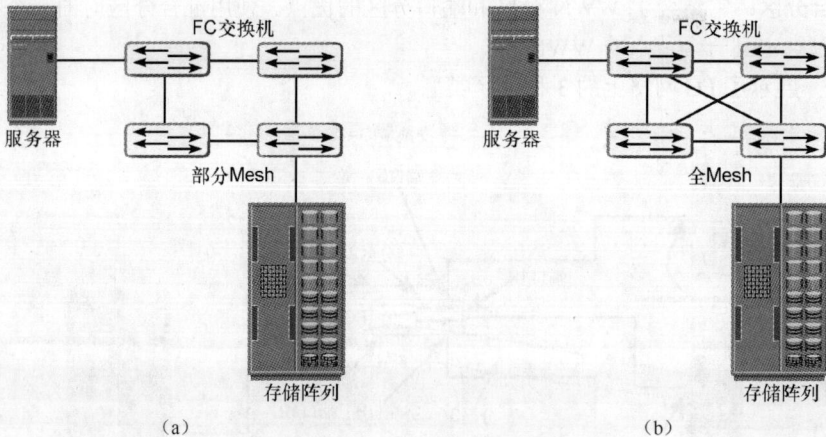

图 5-20   部分 Mesh 和全 Mesh 拓扑

单交换机拓扑

单交换机 fabric 由一个交换机或者一个导向器组成。这种拓扑因其简洁性，接受度越来越高，特别是在大型数据中心中。交换机和导向器拥有更多的端口数量，其模块化可扩展的架构使得在一个较小的 SAN 需要扩大时，只需要在交换机中逐渐增加端口卡或刀片，而不是增加新的交换机。

5.10.2   核心—边缘 Fabric

在核心—边缘 fabric 拓扑中有两种类型的交换机层。边缘层通常由多个交换机组成，提供一种廉价的添加更多主机到 fabric 中的方案。边缘层的的交换机通过 ISL 与核心层的交换机连接。核心层通常由企业级导向器组成，以保证 fabric 的高可用性。另外，所有流量都必须流经或者流至核心层。在这种两层的配置方案里，所有存储设备都连接到核心层，这样主机到存储的流量只需经过一个 ISL。用于关键任务应用程序的主机可以直接连接到核心层，从而避免了 ISL 延迟。

在核心-边缘拓扑中，边缘层的交换机彼此之间并无连接。核心—边缘 fabric 拓扑增加了 SAN 内部的连接性，同时保证了总体的端口利用率。如果需要扩展，可将更多的边缘交换机连接到核心。根据核心层交换机数量的多少，这种拓扑可以有不同的变种，如单核心拓扑（见图 5-21）和双核心拓扑（见图 5-22）。若想将一个单核心拓扑转换为双核心，需要增加 ISL 将所有边缘层交换机连接到新增的核心层交换机上。

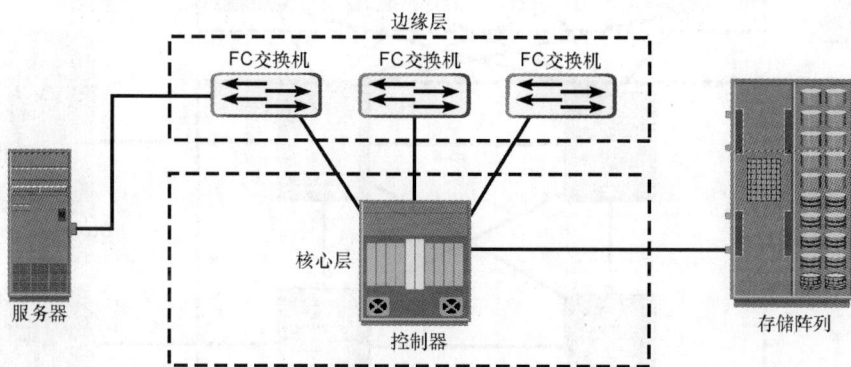

图 5-21　单核心拓扑

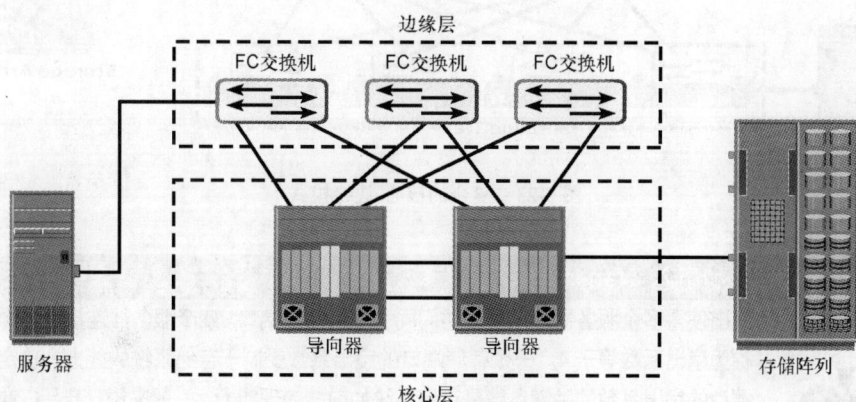

图 5-22　双核心拓扑

核心–边缘 Fabric 的优点和局限性

核心-边缘 fabric 提供了单跳的存储访问，遍及系统中的所有存储器。因为流量是以一种确定的模式传输（从边缘到核心或从核心到边缘），核心—边缘拓扑提供了更简单的 ISL 负载计算和流量模式。因为每个层上的交换机端口不是连接存储就是连接主机，所以很容易识别出哪种网络资源将达到其处理能力的上限，使其更容易建立一套规则用于增减或分配资源。

核心-边缘 fabric 可被扩展为更大型的环境，这可通过包括连接核心交换机、增加更多的核心交换机或增加更多的边缘交换机等方式实现。这种方法可以用于扩展已有的简单的核心-边缘模型，或者扩展 fabric 为复合的或复杂的核心—边缘模型。

但是，核心-边缘 fabric 可能会导致一些性能相关的问题，因为扩展一个核心-边缘拓扑将会增加 fabric 中的跳数（hop count）。而跳数代表了一个包从起点到终点所要经过的 ISL 数量。一个常用的最佳实践是保持主机到存储器的跳数不改变，在核心-边缘拓扑中这个跳数为 1。通常一个大的跳数意味着数据从源传输到目的地需要更大的传输延迟。

随着核心数的增加，无论在每个核心还是每个边缘交换机上继续维护 ISL，都有可能变得难以承受。当这个情况发生时，Fabric 设计可以更改成复合的或者复杂的核心—边缘模式（见图 5-23）。

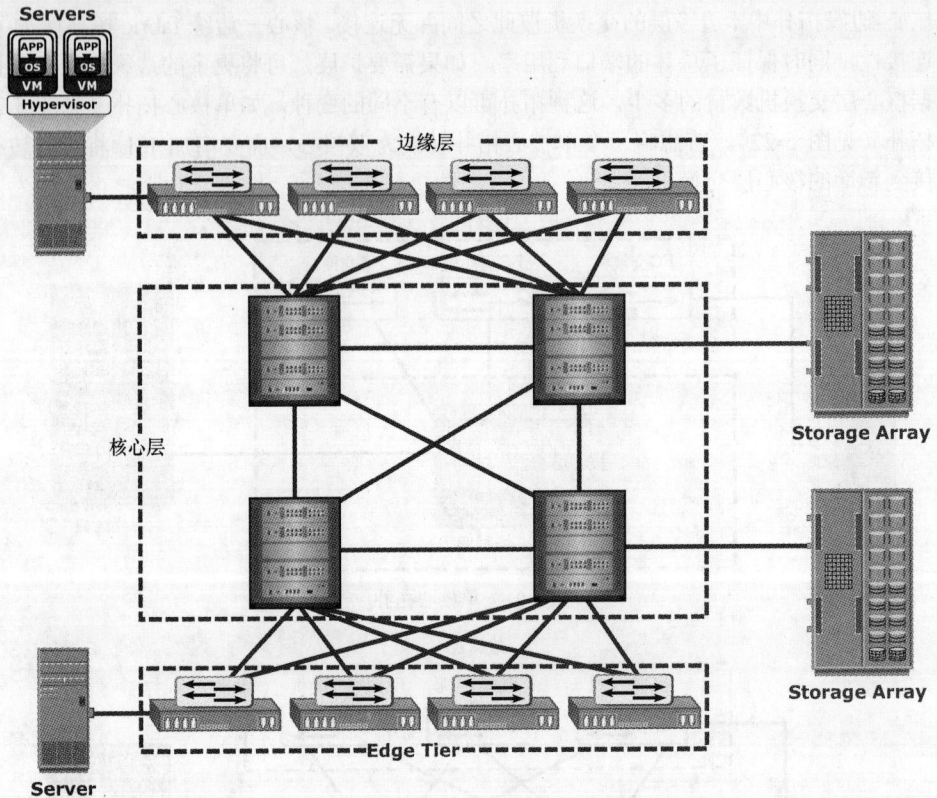

图 5-23　复合的核心-边缘模式

扇出（fan-out）和扇入（fan-in）

扇出使得多个服务器端口可以访问同一个存储器端口。四个服务器连接到一个存储端口称为扇出系数等于 4。一个存储端口的扇出系数受制于存储系统的能力。决定一个存储端口的扇出系数的关键参数是存储系统的前端处理能力。一般来说，产品厂商会表明存储系统的扇出系数。

扇入指一个服务器端口可以使用的存储端口的数量。与扇出类似，扇入也受制于主机总线适配器的能力。

5.11　SAN 环境下的虚拟化

本节将详细介绍两种 SAN 环境下基于网络的虚拟化技术：块级存储虚拟化和虚拟 SAN（VSAN）。

5.11.1　块级存储虚拟化

块级存储虚拟化技术将块存储设备（LUN）进行集合，实现了独立于底层物理存储的虚拟存储卷配给。SAN 中的虚拟层对物理存储设备做抽象化处理，创建了一个容纳不同存储设备资源的存储池。虚拟卷从存储池中创建，然后分配给主机。资源地址不再指向存储阵列中的某些物理卷，而是指向虚拟层中的虚拟卷。对于主机和存储阵列，虚拟层的身份分别是目标设备和发起设备。虚拟层将虚拟卷与存储阵列中的 LUN 进行映射。映射操作对于主机是透明的。主机以访问物理卷的方式访问虚拟卷。

一般来说，虚拟层通过一个专用的虚拟化设备进行管理，它与主机和存储阵列都是连接的。

图 5-24 显示的是一个虚拟化环境。图中有两个物理服务器，每一个都分配了一个虚拟卷。虚拟卷由服务器使用。虚拟卷映射到存储阵列中的 LUN 上。当有 I/O 发送到虚拟卷时，该 I/O 会通过存储网络中的虚拟层复位向到映射的 LUN 上。根据虚拟化设备的能力，该架构可实现阵列 LUN 和虚拟卷更复杂的映像方式。

块级存储虚拟化可以实现存储卷在线的扩展，解决了应用系统对于存储空间增长的需求，整合了异构的存储阵列，并实现了不同卷的透明访问。

它还提供不中断的数据迁移。在传统的 SAN 环境中，LUN 从一个阵列迁移到另一个阵列是一项离线的活动，因为主机需要更新新阵列的有关配置。在一些情况下，需要占用大量主机 CPU 资源来将数据从一个阵列迁移到其他阵列，尤其是在多厂商的环境下。当部署了一个块级虚拟化解决方案时，后端的数据迁移由虚拟层来处理，从而使得数据在迁移时 LUN 保持同时在线并可以被访问。由于主机仍然指向相同的虚拟化设备的虚拟目标 LUN，因此不需要关心任何物理结构的改变。然而，虚拟层的映射信息是应当更改的。更改可动态执行，对于最终用户是透明的。

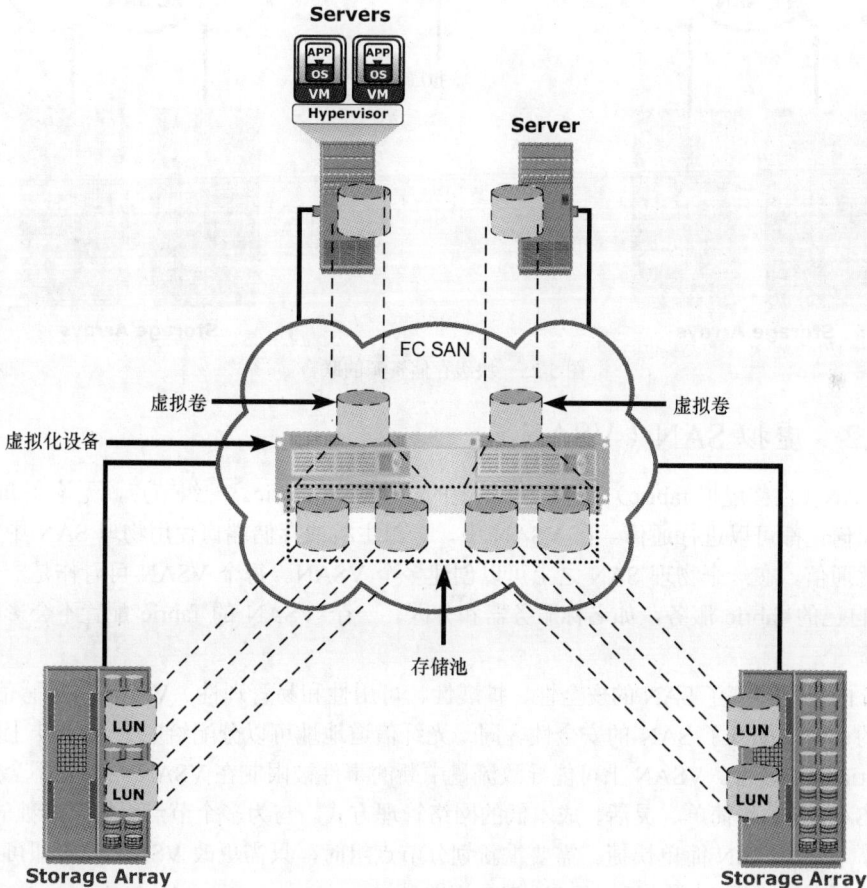

图 5-24　块级存储虚拟化（需新建）

以往块级存储虚拟化只能实现数据中心内部的无中断数据迁移。新一代块级存储虚拟化技术让无中断数据迁移也可以在数据中心之间进行。多个数据中心都可以连接虚拟层。被连接的虚拟层集中管理，显示为一个跨越多个数据中心的单体虚拟层（见图 5-25）。这实现了数据中心内部以及多个数据中心之间的块级存储资源的联合。虚拟卷可在联合的存储资源上创建。

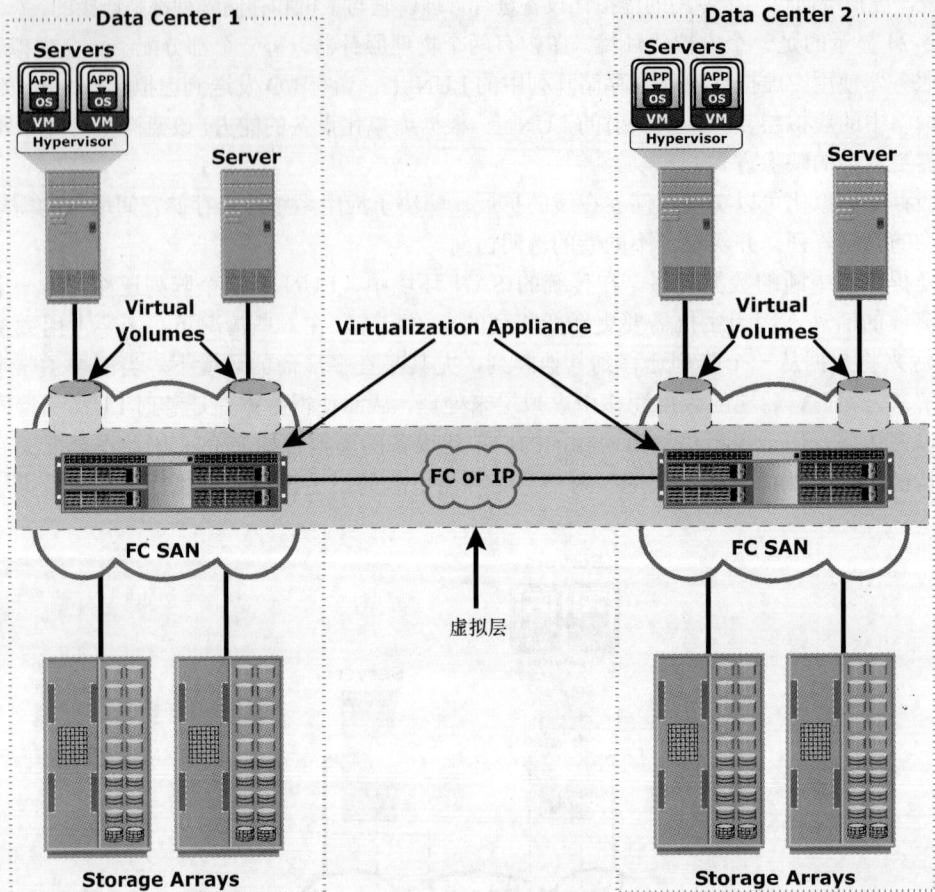

图 5-25　块级存储资源的联合

5.11.2　虚拟 SAN（VSAN）

虚拟 SAN（也称虚拟 fabric）是 FC SAN 上的一个逻辑 fabric。一组节点，无论在 fabric 中的物理位置如何，都可以进行通信。在 VSAN 中，一组主机或存储端口使用物理 SAN 中定义的虚拟拓扑彼此通信。在一个物理 SAN 之上可以创建多个 VSAN。每个 VSAN 可看作是一个独立的 fabric，有自己的 fabric 服务，如名称服务器和分区。一个 VSAN 的 fabric 配置不会影响另一个 VSAN 的流量。

VSAN 的出现提高了 SAN 的安全性、扩展性、可用性和易管理性。VSAN 将敏感信息孤立，限制对其的访问，提升了 SAN 的安全性。同一光纤信道地址可以分配给多个 VSAN 上的节点，增加了 fabric 的扩展性。VSAN 上可能导致流量中断的事件被限制在 VSAN 内部，不会影响其它 VSAN。VSAN 是一种简单、灵活、成本低的网络管理方式。与为多个节点组构建单独的物理 FC SAN 相比，配置 VSAN 简单快捷。需要重新划分节点组时，只需更改 VSAN 设置即可，无需移动节点和重新布线。第 14 章将对 VSAN 进行详细探讨。

5.12　概念实践：EMC Connectrix 和 EMC VPLEX

EMC Connectrix 产品家族代表了业界覆盖范围最广的网络存储连接产品组合。Connectrix 将高速 FC 连接、高韧性交换技术、可选智能 IP 存储网络、I/O 整合和 FCoE 应用到产品中。

　　EMC VPLEX 是下一代的块级虚拟化和数据移动解决方案，实现了数据中心内部和数据中心之间的数据移动。EMC VPLEX 将位于一个数据中心内部或者不同数据中心的存储阵列进行整合，实现了存储资源的联合。VPLEX 也可用作云计算环境下的数据移动方案。

　　想了解 Connectrix 连接产品和 VPLEX 的最新消息，请访问:www.emc.com。

5.12.1　EMC Connectrix

　　EMC 公司提供以下的 Connectrix 品牌的连接产品（见图 5-26）：

- 企业级导向器。
- 部门级交换机。
- 多用途交换机。

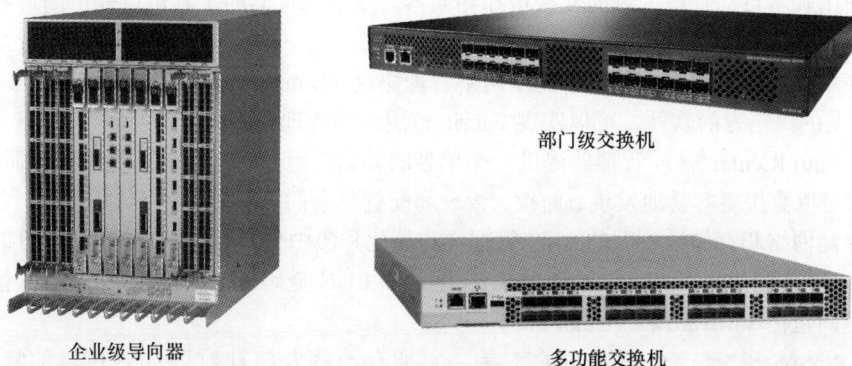

图 5-26　EMC Connectrix

　　企业级导向器是大型企业网络连接的最佳选择。它们提供了高端口密度和高部件冗余。企业导向器被部署在高可用性或大规模的环境中。Connectrix 导向器为每个域提供几百个端口。部门级交换机最适合于工作组和中型环境。多用途交换机支持 iSCSI，FCIP，FCoE，FICON 和 FC 协议。

　　除了 FC 端口，Connectrix 交换机和导向器还拥有以太网端口和串口，用于通信和交换机管理等功能。Connectrix 管理软件用于配置、监控和管理 Conncetrix 交换机。

Connectrix 交换机

　　EMC 公司提供的 B 系列和 MDS 系列组成了 Connectrix 交换机家族。这些交换机被设计成可以满足工作组级、部门级和企业级的不同需求。它们拥有非阻塞（nonblocking）架构，可以在一个异构的环境中工作。非阻塞架构指交换机能同时处理多个包，因为有足够的内部资源，可以应对所有端口以最高速率的数据传输。不间断的软件升级、端口升级、冗余部件和热更换部件等特性能够保证这些交换机具有非常高的可用性。这些交换机可以通过 CLI、HTTP 和独立界面应用来管理。

Connetrix 导向器

　　EMC 公司提供高端的 Connectrix 系列的导向器。它们的模块化结构设计提供了高达 500 多个端口的扩展能力。它们适合将服务器和存储器跨企业整合。这些导向器拥有满足高可用性需求的冗余部件，并且为大型机和开放式系统环境提供多协议的连接能力。Connectrix 导向器提供高速率（高达 16Gbit/s），支持 ISL 聚合（ISL Aggregation）。就像交换机那样，导向器可以通过 CLI 或其他 GUI 工具进行管理。

Connectrix 多用途交换机

多用途交换机支持多种协议，如 FC，FCIP，iSCSI，FCoE 和 FICON。可在两个不同网络（如 FC 和 IP）之间进行协议转换和帧路由。支持多种协议有诸多优势，包括可进行长距离 SAN 扩展，更大范围的资源共享和简化的管理。Connectrix 多用户交换机包括 FCoE 交换机、FCIP 路由器、iSCSI 网关等。

Connectrix 管理工具

在 Fabric 中有好几种方式可以监控和管理 FC 交换机。使用 CLI 或浏览器工具来完成。

命令行工具如 Telnet 和 SSH，可以通过 IP 网络登录到交换机上，执行 CLI 命令。CLI 的主要目的就是使用脚本自动管理大量的交换机和导向器。基于浏览器的工具可以提供图形界面，也可以显示拓扑图。

通过使用厂商特定的工具和基于简单网络管理协议（Simple Network Management Protocol，SNMP）开发的第三方的软件，可以实现 Fabric 范围内的管理和监控。

EMC ControlCenter SAN 管理器提供一个单独的界面，用于管理存储区域网络。通过 SAN 管理器，人们可以更快更容易地发现、监控、管理和配置复杂的多种多样的 SAN 环境。它将多个不同厂家的存储网络和存储设备间的 SAN 管理操作简化和集中化。它使得存储管理员可以在多个不同厂家的 SAN 阵列和交换机上统一管理 SAN 区域和 LUN 掩码。EMC 控制中心 SAN 管理器也支持虚拟环境，包括 VMware 和 Virtual SAN。

EMC ProSphere 是一个新发布的工具，它拥有一些专门针对云计算环境的特性。EMC ProSphere 的未来版本将会包含 EMC ControlCenter 的所有功能。

5.12.2　EMC VPLEX

EMC VPLEX 提供了一个虚拟存储架构，能够实现数据中心内或跨数据中心的异质存储资源的联合。VPLEX 设备位于服务器和异质存储设备之间。它构建了一个分布式块存储资源池，可在该资源池上创建虚拟卷。这些虚拟卷之后被分配给服务器。对于服务器来说，虚拟存储到物理存储的映射关系是不可见的。

VPLEX 实现了不同物理存储设备之间的不中断数据移动，能够平衡应用负载，实现本地和远程数据访问。管理员可动态更改虚拟卷与物理卷之间的映射。一个在不同存储阵列间移动的虚拟卷可一直保持在线。

VPLEX 使用独特的集群架构和分布式缓存一致性技术，多个位于不同地点的主机可访问同一数据副本。这避免了本来用于不同地址位置间复制和发布数据所需的运营开销和时间。VPLEX 还提供了为一个虚拟卷在相同或不同位置创建镜像的功能。位于不同数据中心的主机可以访问同一虚拟卷的缓存一致性副本。这个功能可实现多个数据中心间的数据移动、负载均衡和高可用性。

为避免数据中心故障造成应用下线，负载应快速转移至另外一个数据中心。应用继续访问相同的虚拟卷，没有受到数据移动的影响。

VPLEX 产品家族

VPLEX 家族包括 3 个产品：VPLEX Local，VPLEX Metro 和 VPLEX Geo。

EMC VPLEX Local 应用本地联合，实现了精简的管理功能和数据中心内部不同阵列间的不中断数据移动。EMC VPLEX Metro 应用分布式联合，实现了同步距离内（往返延迟小于 5 毫秒）

的两个 VPLEX 集群间的数据访问和移动。EMC VPLEX Geo 实现了异步距离内（往返延迟不超过50 毫秒）的数据访问和移动。

小结

　　FC SAN 整合了存储，降低了存储的服务交付成本，更有利于组织管理。FC SAN 减少了总的运营开销和失效时间。存储和存储网络的虚拟化进一步降低了资源管理的复杂性和成本。随着硬件价格的降低，FC SAN 的应用越来越广泛，这促进了存储网络标准的成熟。

　　这一章详细描述了 FC SAN 的组件和拓扑，以及作为 FC SAN 基础的 FC 技术。FC 满足了现今对可靠性、高性能和低开销应用的需求。本章还介绍了 SAN 环境下的虚拟化。

　　对比早期的 SAN 部署，不同厂商之间的 FC 交换机的互通性已经显着加强了。T11 的工作组发布了 FC SAN 路由的标准，不同的厂商提供了新的产品，这一切都在革新 FC SAN 部署和操作的方式。

　　尽管 SAN 消除了"存储孤岛"，但他们的实现需要在企业内部添加额外的设备和架构。iSCSI和 FCIP 技术（在第 6 章介绍）的出现，推动了 FC SAN 与 IP 技术的聚合。企业可利用已有的 IP架构进行网络存储，节省成本。

练习

　　1. 什么是分区？讨论以下场景：

　　（1）什么时候 WWN 分区比端口分区更好？

　　（2）什么时候端口分区比 WWN 分区更好？

　　2. 描述当节点第一次登录到网络时，分配 FC 地址给节点的过程。

　　3. 17 个交换机，每个有 16 个端口，连接成一个完全 mesh 拓扑。对于主机和存储设备的连接来说，有多少个端口是可用的？

　　4. 讨论 FC-SW 中名称服务器和 fabric 控制器扮演的角色。

　　5. FC 网络中的流量控制是如何进行的？

　　6. 解释如何利用块级存储虚拟化进行存储迁移。将此迁移过程与使用传统方法的迁移过程相比较。

　　7. VSAN 是如何提升了 FC SAN 的易管理性的？

第 6 章
IP SAN 和 FCoE

传统的 SAN 环境中，数据是以块 I/O 的形式在光纤通道上进行传输的，SAN 具备较好的性能和扩展性。发挥 FC SAN 的这些优势需要额外的成本用于购买 FC 组件（如 FC HBA 和交换机）。企业通常已有一个基于 IP 网络的架构，可用来进行网络存储。技术的进步实现了块 I/O 在 IP 网络上的传输。通过 IP 网络传输块 I/O 的技术称为 IP SAN。

IP 是一个十分成熟的技术，将 IP 用于网络存储有几个优势。使用 IP 网络传输块 I/O，现有的网络基础设施可以被复用，这远比投资一个新的 SAN 硬件和软件环境更加经济。此外，IP 网络现在有很多成熟可靠的安全方案可供选择。许多远程、容灾（DR）解决方案正在利用 IP 网络。借此技术，用户还可以扩展其存储基础设施的地理范围。

iSCSI（Internet SCSI）和 FCIP（Fibre Channel over IP）是现行的两种主要的基于 IP 传输网络的 IP SAN 协议。iSCSI 协议实现了将 SCSI I/O 封装在 IP 报文中。FCIP 协议允许 FCIP 实体（如 FCIP 网关）在 IP 网络上实现 FC 交换。在 FCIP 中，FC 帧封装为 IP 载荷。FCIP 可通过 IP 网路将多个互联的 fabric 合并为一个 fabric。通常，只有一小部分两端节点需要跨越 fabric 的连接。因此，多数 FCIP 实现利用了 VSAN 内部路由（Inter-VSAN Routing, IVR）或光纤通道路由服务（Fibre Channel Routing Services）等交换机功能来创建通道。这种方式下，流量可在相应节点之间转送，而不必真正合并 fabric。

本章将会详细介绍 iSCSI 和 FCIP 协议、组件和拓扑结构。本章还将介绍一种较新的协议 FCoE（Fiber Channel over Ethernet）。FCoE 将以太网和光纤通道的流量合并在同一物理链路上，降低了数据中心管理两种网络的复杂度。

6.1 iSCSI

iSCSI 是一种基于 IP 的协议，它在 IP 网络上建立和管理主机和存储设备之间的连接（见图 6-1）。iSCSI 将 SCSI 命令和数据封装为 IP 包，通过 TCP/IP 传输。iSCSI 因其相对成本较低且易于实施（特别是在没有 FC SAN 的环境中），广泛用于服务器和存储之间的连接。

6.1.1 iSCSI 组件

发起方（一般是主机）、目标方（一般是存储系统或 iSCSI 网关）和 IP 网络是 iSCSI 存储环境的主要组件。例如部署一个支持 iSCSI 的存储阵列，主机本身可以作为一个 iSCSI 发起方，并直接通过 IP 网络与存储设备通信。如果要将已有的 FC 阵列加入 iSCSI 通信，那么要使用 iSCSI 网关。iSCSI 网关将完成 IP 数据包和 FC 数据包之间的互相转换，并由此来实现 IP 和 FC 环境的桥接。

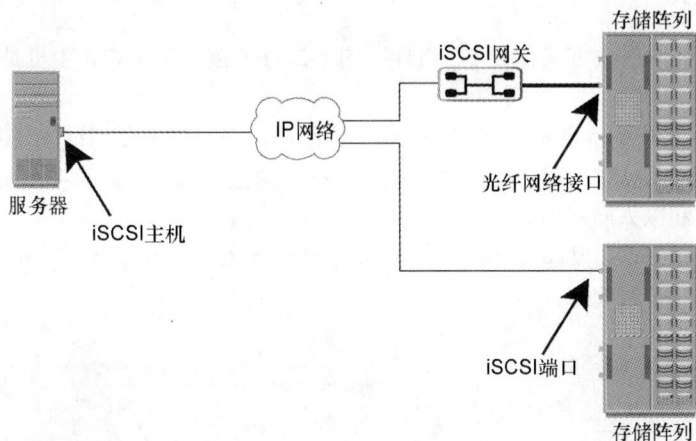

图 6-1   iSCSI 实现

6.1.2   iSCSI 主机连接

拥有软件 iSCSI 发起者的标准 NIC、拥有软件 iSCSI 发起者的 TCP 卸载引擎(TOE, NIC 和 iSCSI HBA 是三种可选的 iSCSI 主机连接方案。iSCSI 发起方的功能是将 SCSI 命令转发到 IP 网络上。

标准 NIC 配合 iSCSI 发起方软件是最简单和最便宜的连接方案。因为大多数的服务器至少有一个, 在许多情况下有两个内置标准 NIC, 只要加载一个 iSCSI 发起方软件即可实现 iSCSI 功能。然而, 由于标准网卡只提供标准的 IP 功能, 因此它需要主机 CPU 来执行 SCSI 到 IP 的封装与逆向解封装, 这对主机 CPU 来说是一种额外开销。

如果标准 NIC 用于大量 I/O 负载的场景下, 主机 CPU 可能成为瓶颈。而 TOE NIC 可以帮助减轻这一负担。TOE NIC 自己可以完成 TCP 的管理, 而仅将 iSCSI 功能交给主机 CPU 来实现。主机将 iSCSI 数据发送给 TOE 卡, 然后 TOE 卡使用 TCP/IP 协议将数据发送到目的地。虽然这种解决方案可以提高性能, iSCSI 的功能仍然是由 iSCSI 发起方软件来完成, 也就是说, 仍然需要占用部分主机的 CPU 资源。

iSCSI HBA 则可以提供性能上的优势, 因为它独自承担整个 iSCSI 功能和 TCP / IP 处理。使用 iSCSI HBA 也是实现主机通过 iSCSI 从 SAN 环境中引导启动的最简单的方法。如果没有 iSCSI HBA 卡, 必须对已有操作系统做出额外修改后才能从存储设备上启动主机, 因为 NIC 需要操作系统加载之前获取一个 IP 地址。iSCSI HBA 的功能与 FC HBA 的功能非常相似。

6.1.3   iSCSI 的连接拓扑

iSCSI 的拓扑结构可分为两类: 原生模式和桥接模式。原生模式的拓扑结构中没有任何的 FC 组件。iSCSI 发起方可以直接连接到到目的方或通过 IP 网络连接到目的方。桥接模式通过提供 iSCSI 到 FC 的桥接功能以实现 FC 与 IP 共存。例如, iSCSI 发起方可以在 IP 环境中, 而存储设备仍然留在 FC SAN 环境中。

iSCSI 原生模式

对于一个支持 iSCSI 的存储阵列, 实现 iSCSI 连接不需要任何 FC 组件。如图 6-2 (a) 所示, 阵列有一个或多个 iSCSI 端口配置了 IP 地址, 连到标准以太网交互机上。发起方登录到网络后, 可以访问存储阵列中的可用 LUN。单一阵列端口只要有足够的存储流量处理能力, 就可以同时服务多个主机或 iSCSI 发起方。

iSCSI 桥接模式

iSCSI 桥接模式的解决方案需要 FC 组件。图 6-2（b）展示了 iSCSI 主机是如何与现有的 FC 存储阵列连接的。

在这个例子中，阵列本身不具有 iSCSI 端口。因此，必须使用外部设备（例如，网关或多协议路由器）来协助实现 iSCSI 主机到 FC 阵列的连接。这些桥接设备用来实现 IP 帧与 FC 帧之间的转换，带有 FC 和以太网端口。

在桥接模式中，iSCSI 发起方将桥接器的 IP 地址配置为目标方存储。另外一端，桥接器也被配置为存储阵列的 FC 发起方。

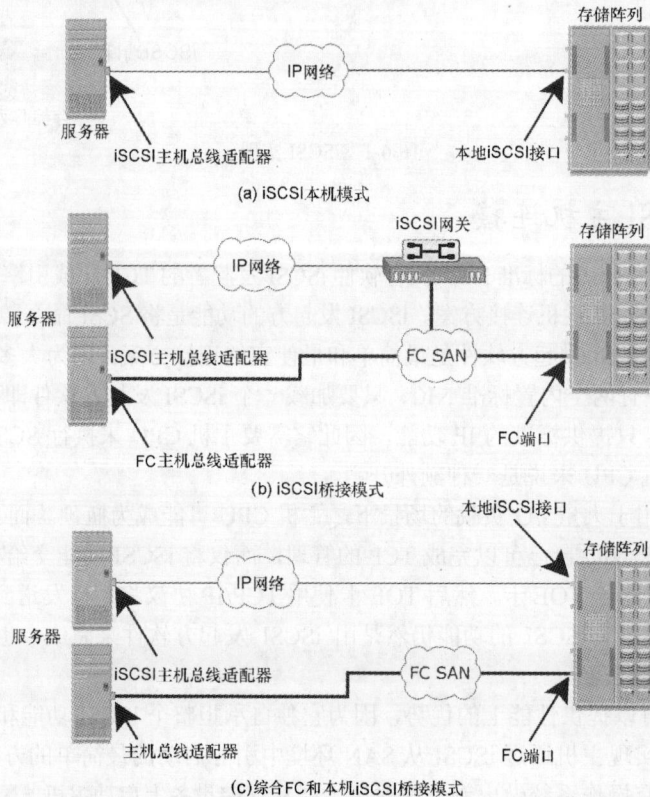

(a) iSCSI 本机模式

(b) iSCSI 桥接模式

(c) 综合 FC 和本机 iSCSI 桥接模式

图 6-2　iSCSI 拓扑

FC 与原生 iSCSI 的融合模式

实际应用中最常见的是将 FC 和 iSCSI 原生模式相结合。存储阵列通常同时配备 FC 和 iSCSI 端口，可以在相同环境下同时实现 iSCSI 和 FC 的连接（见图 6-2（c））。

6.1.4　iSCSI 协议栈

图 6-3 显示了 iSCSI 协议层模型并描述了 SCSI 命令通过物理载体进行传送时的封装顺序。

SCSI 是工作在 OSI 模型的应用层的命令型协议。发起方/主机和目标方使用 SCSI 命令和应答来互相通信。SCSI 命令描述块、数据和状态信息被封装入 TCP / IP 数据包，然后通过网络在发起方/主机和目标方之间传输。

iSCSI 是一种会话层协议，它启动了可以识别 SCSI 命令和 TCP / IP 的设备之间的可靠会话。iSCSI 会话层接口负责处理登录、验证、目标发现和会话管理。TCP 可以为 iSCSI 在传输层上提供可靠的传输服务。

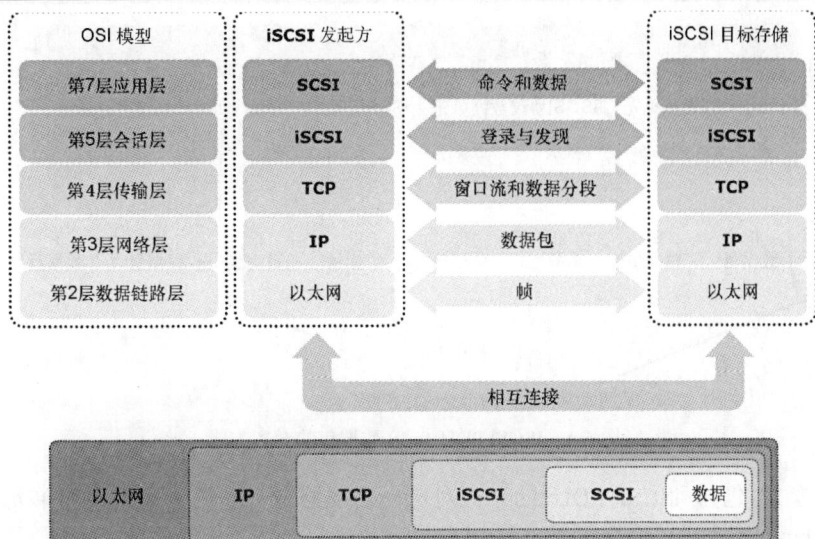

图 6-3　iSCSI 协议栈

TCP 被用来控制消息流、窗口、错误恢复和重发功能。它依赖于 OSI 模型的网络层提供全局寻址和连接。此模型数据链路层的 2 层协议能够实现物理网络上节点到节点的通信。

6.1.5　iSCSI PDU

协议数据单元（protocol data unit，PDU）是 iSCSI 环境下的基本数据单元。iSCSI 发起方/主机和目标方使用 iSCSI PDU 进行通信。通信过程通常包括建立 iSCSI 连接和 iSCSI 会话、进行 iSCSI 发现、发送 SCSI 命令和数据以及接收 SCSI 状态。组成所有的 iSCSI PDU 都包含一个或多个报头部分，其后可以没有数据段或有多个数据段。PDU 被封装进 IP 数据包以便传送。

一个 PDU 包含如图 6-4 所示的组件。IP 报头提供数据包在网络上传输的路由信息。TCP 报头包含的信息可以保证数据包被传送到目标。iSCSI 报头（基本报头分段）描述目标方如何提取 SCSI 命令和数据。除了 TCP 校验和(checksum)以及以太网 CRC 校验，iSCSI 还增加了一个可选的 CRC，称为数据摘要，以确保数据报文的完整性。报头和数据摘要在 PDU 中是可选的，它们用于验证完整性和数据的位置。

如图 6-5 所示，iSCSI PDU 和 IP 包不是一一对应的。一个 ISCSI PDU 可以跨多个 IP 报文或与其他 iSCSI PDU 共存在同一个 IP 报文中，不过这取决于其大小。

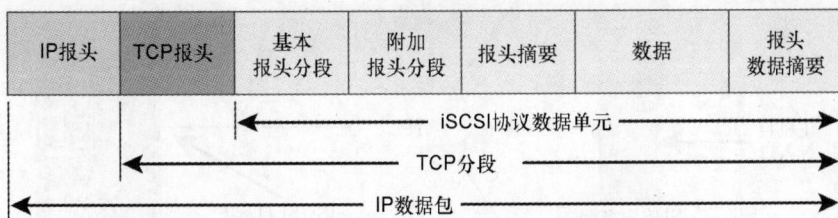

图 6-4　iSCSI PDU 在 IP 数据包的封装

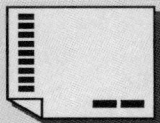

一条消息会分成若干个数据包，然后在网络上传输。如果有必要，每个数据包可使用不同的网络路径。数据包的到达次序可与发送次序不同。IP 只负责发送，TCP 负责将它们恢复到和发送相同的次序。目标方再根据 iSCSI 报头里包含的信息提取 SCSI 命令和数据。

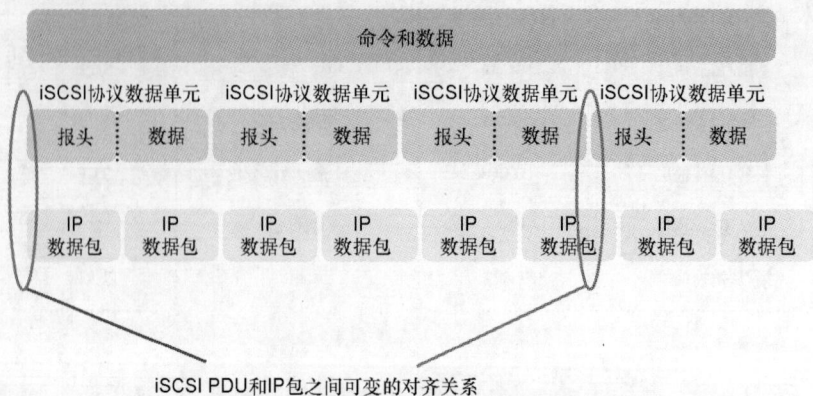

图 6-5   iSCSI PDU 与 IP 数据包的对齐方式

为了实现 IP 包与 iSCSI PDU 的一一对应，需要修改 IP 包的最大传输单元（maximum transmission unit）的大小。这样可以避免 IP 包的碎片化，提高了传输的效率。

6.1.6   iSCSI 发现

发起方/主机在与可用目标建立会话之前必须发现可用目标在网络上的位置以及目标的名字。这种发现可以有两种方式来实现：发送目标发现（SendTargets discovery）和网络存储名称服务（internet Storage Name Service，iSNS）。

在发送目标发现中，发起方需要手动配置目标方的 iSCSI 端口的网络信息，它用来与目标的 iSCSI 服务建立发现会话。发起方发出发送目标的命令，目标方会以发现方（该主机）可用目标的名称和地址来响应。

iSNS 协议（见图 6-6）能自动发现 IP 网络上的 iSCSI 设备。发起方和目标方可以配置为在 iSNS 服务器上自动登记。每当发起方想知道它可以访问的目标方时，它可以查询 iSNS 服务器来获取可用目标方列表。

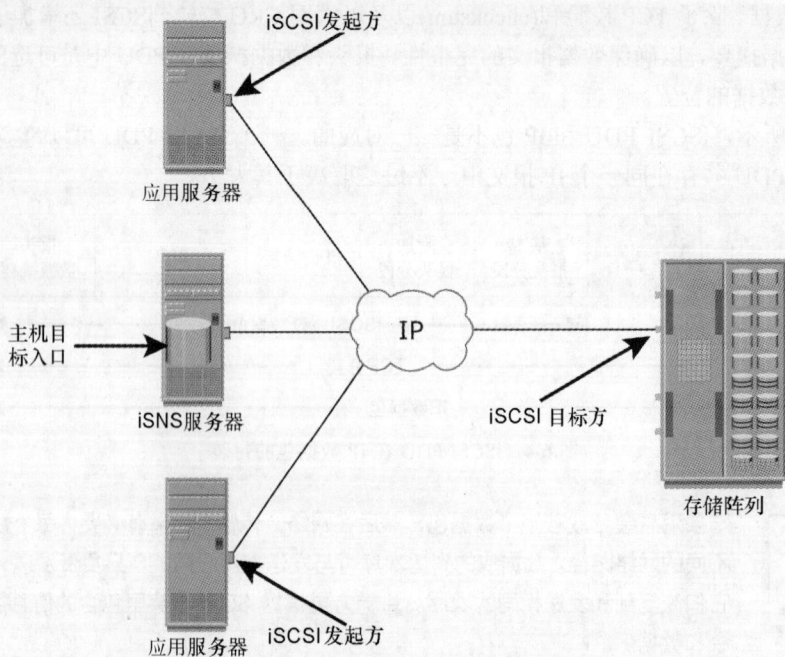

图 6-6   使用 iSNS 进行发现

发现也可以通过服务定位协议（SLP）来实现。然而，相比发送目标发现和 iSNS 来说，这种方式比较少见。

6.1.7　iSCSI 名称

iSCSI 名称是全球唯一的 iSCSI 设备的标识符，用来标识 iSCSI 网络内的发起方和目标方，以方便它们之间的通信。这种唯一标识符可以用来识别和管理设备，它可以是部门名称、应用名称、制造商名称、序列号、资产编号的组合，也可以是任何标记。以下是两种常用的 iSCSI 名称：

- **iSCSI 认证名称（IQN）**：组织必须拥有一个注册域名，以便生成 iSCSI IQN。此域名不需要映射到激活的或可解析的地址，它只是保留下来以防止其他组织使用相同的域名来产生 iSCSI 名称。名称中包含日期，以避免转让域名所造成的潜在冲突，该组织必须在该日期内拥有该域名。IQN 的例子是iqn.2008-02.com.example:optional_string。optionai_string 可以是序列号、资产编号或任何存储设备标识符。通过 iSCSI 认证名称，存储管理员可为 iSCSI 设备分配有意义的名称，让设备管理更加方便。
- **扩展的唯一标识符（EUI）**：EUI 是基于 IEEE EUI-64 命名标准的全局唯一标识符。扩展唯一标识符包括 EUI 前缀和后续 16 个十六进制字符名字，例如，eui.0300732A32598D26。两种名称允许使用的特殊字符是相同的，包括点（.）、折号（—）和空格（　）。

> **网络地址授权（Network Address Authority）**
>
> 网络地址授权（NAA）是一种额外的 iSCSI 节点名字类型，是由国际信息技术标准光纤通道（FC）协议委员会（INCITS）T11 所制定的全球命名格式，它应用于串行连接 SCSI（SAS）中。这种格式允许同时配备了 iSCSI 端口和 SAS 端口的 SCSI 存储设备使用相同的 NAA SCSI 设备名称。这个格式的定义可参考 T11 的文档（编号 RFC3980，文档名为"T11 用于 iSCSI 节点名称的 NAA 名称格式"）。

6.1.8　iSCSI 会话

iSCSI 会话是在发起方和目标方之间建立的（如图 6-7 所示）。会话 ID（SSID）标识一个会话，它包括部分发起方 ID（ISID）和目标方 ID（TSID）。会话的目的通常为以下两者之一：

- 发起方发现可用的目标方以及指定目标方在网络中的位置。
- iSCSI 的正常操作（发起方和目标方之间的数据传输）。

每个对话可以有一个或多个 TCP 连接。会话中的每个 TCP 连接都有一个唯一的连接 ID（CID）。

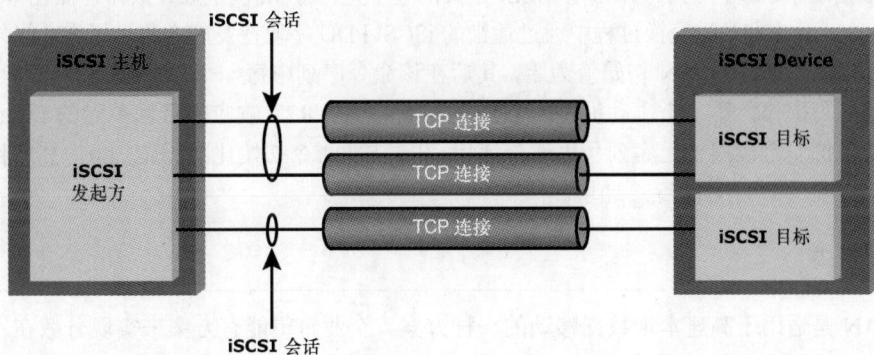

图 6-7　iSCSI 会话

iSCSI 会话的建立通过 iSCSI 登录过程实现。当发起方与特定的目标方通过端口 3260（或者别的端口）建立 TCP 连接时，登录过程就开始了。在登录阶段，发起方和目标方互相认证，并就各种参数进行约定。

登录过程完成后，iSCSI 会话进入正常功能阶段，开始执行 SCSI 操作。在这个阶段，发起方将 SCSI 命令和数据封装在 iSCSI PDU 中，通过已建立的 TCP 连接，发送到目标方的 LUN 上。

iSCSI 会话的最后一个阶段是连接终止阶段，也就是注销的过程。发起方负责发起注销过程，但是目标方也可以通过发送内部错误信息的方式，终止会话。在发起方发出注销申请并被目标方接受后，该连接不能再用于发送需求和回应。

6.1.9 iSCSI 命令排序

发起方/主机和目标方之间的 iSCSI 通信是基于请求—应答的命令序列来进行的。一个命令序列可能会生成多个 PDU。一个 iSCSI 会话中的命令序列号（CmdSN）是用来给会话中的发起方/主机到目标方的命令 PDU 进行编号的。这个编号用来确保每个命令的到达顺序和发送顺序相同，而与会话中的 TCP 连接无关。

命令编序从第一个登录命令开始，其后每一个命令的 CmdSN 是递增加 1 的。iSCSI 目标协议层负责按 CmdSN 定义的顺序将命令传送到 SCSI 协议层。这样即使发起方和使用端口组的目标方之间存在多个 TCP 连接，也能保证目标接收到的数据和命令有正确的顺序。

类似于命令编号，状态序列号（StatSN）用于对状态应答进行顺序编号，如图 6-8 所示。这些唯一的编号是在相应的 TCP 连接级别上建立的。

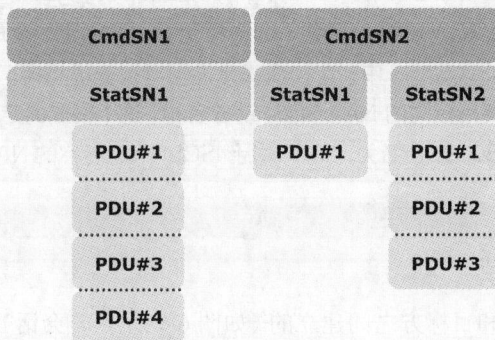

图 6-8　命令和状态序列号

当目标方准备好接收数据时，会向发起方发出请求传送（request-to-transfer, R2T）PDU。数据序列号（DataSN）确保在同一命令内为数据提供正确的传送顺序。DataSN 和 R2T 序列号分别为 PDU 和 R2T 的数据编序。每个序列号作为由 iSCSI 定义的一个无符号 32 位整数计数器存储在本地。这些序列号在命令、状态和数据交换过程中通过适当的 iSCSI PDU 字段在发起方和目标方之间传输。

在进行读操作时，DataSN 初始值为零，其后在该命令序列中每一个数据单元的序列号将逐一递增。如果是写操作，第一个主动提供的数据单元或第一个 R2T 响应的数据单元的 DataSN 初始值为零，其后每一个数据单元序列号也逐一递增。R2TSN 命令初始化时设定为 0，其后目标方每发送一个 R2T 命令，序号就逐一递增。

6.2　FCIP

FC SAN 是适用于高速本地数据移动的一种方案。企业希望能有方案来实现分散在不同地理位置的多个 SAN 之间的长距离数据传输。实现这一目标的比较好的方法是，通过可靠的高速连接实现地理上分散的 SAN 的互连。这种方法需要使用现有的 IP 基础设施进行 FC 块数据传送。FCIP 是一种隧道协议，使分散的 FC SAN 孤岛通过现有的 IP 网络进行互联。

　　FCIP 标准作为一个可管理、能发挥成本效益的方案迅速获得接受，它结合了 FC SAN 和成熟并广泛部署的 IP 基础设施二者的优势。FCIP 的出现，让企业有了一个更好的方式来利用现有的投资和技术进行数据的保护、存储和迁移。FCIP 广泛应用在对数据进行远程复制的容灾实现中。

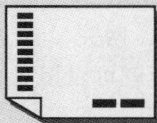

> 当数据复制和备份时，FCIP 可能需要较高的网络带宽。FCIP 自己不进行限速或流控，这些都是由光纤网络中的 FC 交换机和其他设备来完成的。

6.2.1　FCIP 协议栈

　　图 6-9 显示的是 FCIP 协议栈。应用产生的 SCSI 命令和数据由协议栈中的各层进行处理。

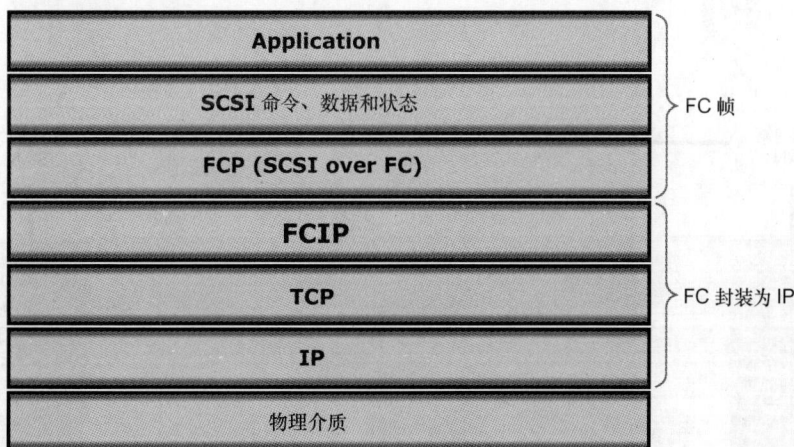

图 6-9　协议栈

　　较上层的协议层 SCSI 包含执行读写命令的 SCSI 驱动程序。在 SCSI 层之下是光纤通道协议（FCP）层，它实质上是一个 SCSI 载荷的 FC 帧。FCP 层在 FC 传输层之上，FC 帧就可以在运行本地的 SAN fabric 环境下。此外，FC 可以封装在 IP 包中，通过 IP 发送给远程的 SAN。FCIP 层将 FC 帧封装成 IP 有效载荷，然后将其传递给 TCP 层（见图 6-10）。封装的信息使用 TCP/IP 协议通过支持 TCP/IP 流量的以太网、无线网或其他媒介传送。

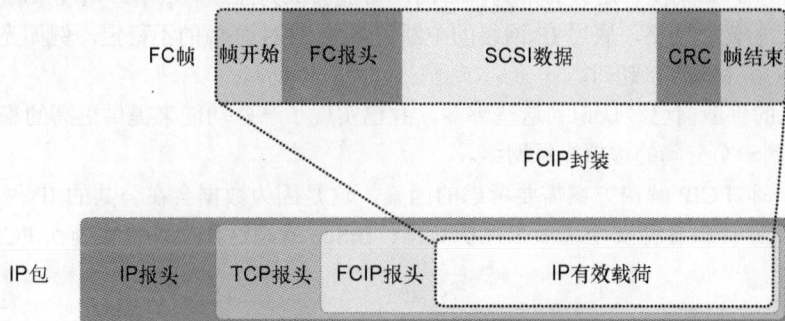

图 6-10　FCIP 封装

　　如果数据链路不支持 IP 包的最大传输单位（MTU）的体积，将 FC 帧封装成 IP 包可能导致

IP 包的分割。如果 IP 包被分割，所有分割片段都必须复制报头信息。如果 TCP 包被分割，将使用常规 TCP 操作接收数据和对数据重新排序，然后再将数据传递给设备的 FC 处理部分。

6.2.2　FCIP 拓扑

在 FCIP 环境中，FCIP 网关通过标准的 FC 连接和每一个光纤网络相连（如图 6-11 所示）。IP 网络一端的 FCIP 网关将 FC 帧封装成 IP 包。另外一端的 FCIP 网关除去 IP 包装，将 FC 数据发送给第二层光纤网络。光纤网络将这些网关当作第二层的光纤网络交换机。网关与 IP 网络连接，为网关端口分配了 IP 地址。在 IP 连接建立之后，两个光纤网络的节点就可以相互通信了。

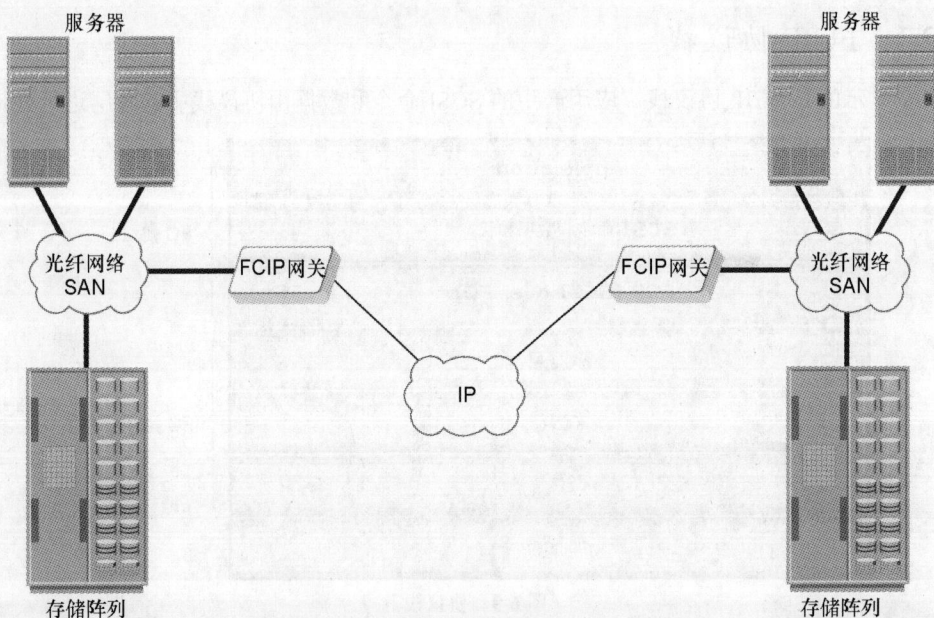

图 6-11　FCIP 拓扑

6.2.3　FCIP 的性能和安全

性能、可靠性和安全性是设计存储方案时必须考虑的因素，FCIP 方案也不例外。

从性能的角度来说，在 FCIP 网关之间设计多路径连接可以消除单点失效，并提供更高带宽。在长距离的情况下，如果没有足够的带宽，IP 网络可能会成为瓶颈。从用户角度来看，由于 FCIP 创建了一个统一的光纤网络，底层 IP 网络的中断可导致 SAN 环境的不稳定，例如光纤网络被分割，过多 RSCN 和主机连接超时。

FC 交换机的供应商已经认识到这些弊端，并已实现了一些功能来提供更高的稳定性，如将 FCIP 流量分流到一个分隔的虚拟光纤网络。

安全是另一个 FCIP 解决方案需要考虑的因素，这是因为数据会在公共的 IP 网络上进行传输。不同的路由器提供各种安全选项来保护数据。IPSec 就是这样一种可实施在 FCIP 环境中的安全措施。

6.3　FCoE

数据中心一般都配置不止一种类型的网络来处理不同类型的 I/O 流量。例如，TCP/IP 通信通过以太网传输，FC 通信则通过 FC 网络传输。TCP/IP 通常用于客户机-服务器之间的通信、数据备份、基础架构管理通信等。FC 主要用于在存储和服务器之间传输块级数据。为了支持多种网络类型，数据中心的服务器通常需要配备多个冗余的物理网络接口（如多个以太网和 FC 卡/适配器）。另外，为了实现通信，还需要各种网络交换机和物理布线设备。同时需要两套网络基础设施，增加了数据中心运营的成本和复杂程度。

以太网光纤通道（Fibre Channel over Ethernet, FCoE）协议将 LAN 和 SAN 流量整合到一种物理接口架构中。FCoE 帮助企业解决了同时拥有两种彼此独立的网络基础设施的种种问题。FCoE 使用聚合增强型以太网（CEE）链路通过万兆以太网发送 FC 帧。

6.3.1　FCoE 的 I/O 合并

FCoE 最大的优势是实现了 I/O 的合并。图 6-12 显示的是在使用 FCoE 之前的架构。在这个架构中，服务器使用 HBA 访问存储资源，通过网络接口卡访问 IP 网络的资源。通常来说，数据中心的服务器都会配备 2～4 个网卡和冗余的 HBA 卡。如果数据中心有上百个服务器，那么就需要大量的适配器、线缆和交换机。这会让环境变得复杂，难于管理和扩展。电力、制冷和地板空间的成本都是要面对的问题。

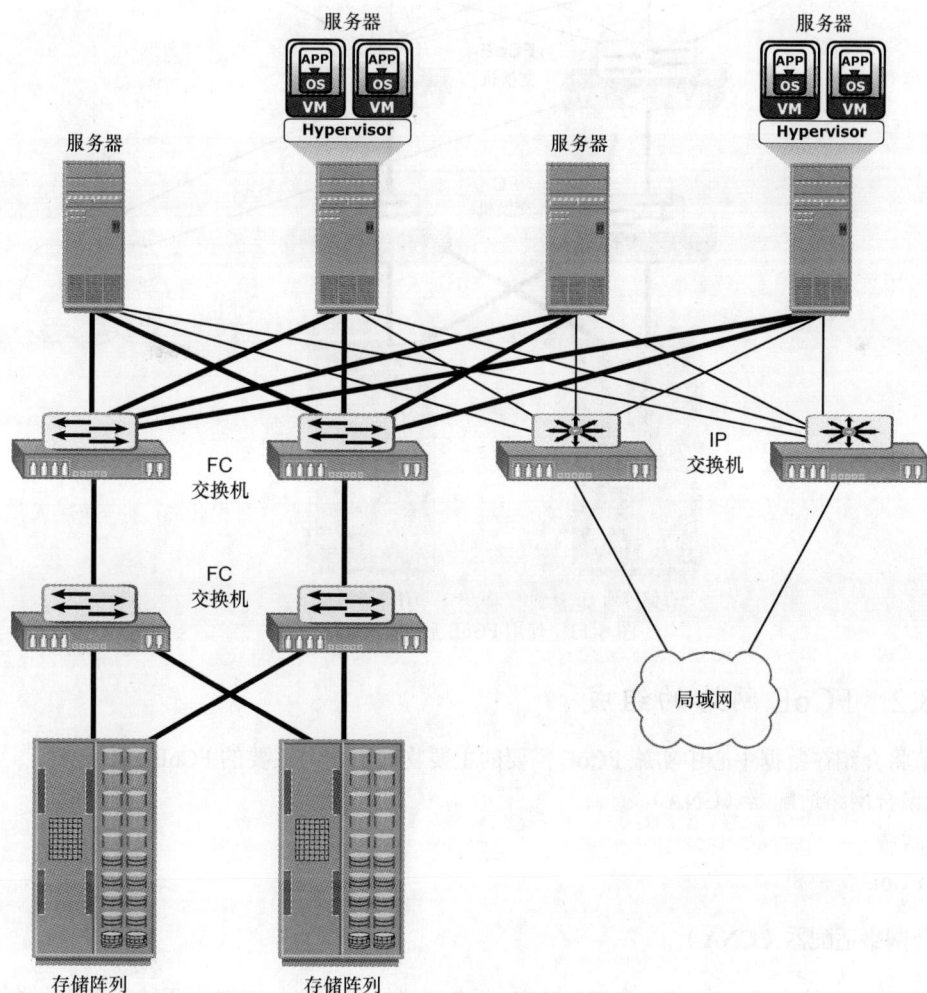

图 6-12　使用 FCoE 前的基础设施

图 6-13 显示的是使用 FCoE 通过 FCoE 交换机和聚合网络适配器（Converged Network Adapters，CNA）来实现 I/O 合并的情况。聚合网络适配器（将在"聚合网络适配器"一节中介绍）替代了服务器中的 HBA 和 NIC，将 IP 流量和 FC 流量合并。服务器不再需要多种网络适配器连接多个独立网络。使用 FCoE 减少了对于适配器、线缆和交换机的需求。极大地降低了成本和管理开销。

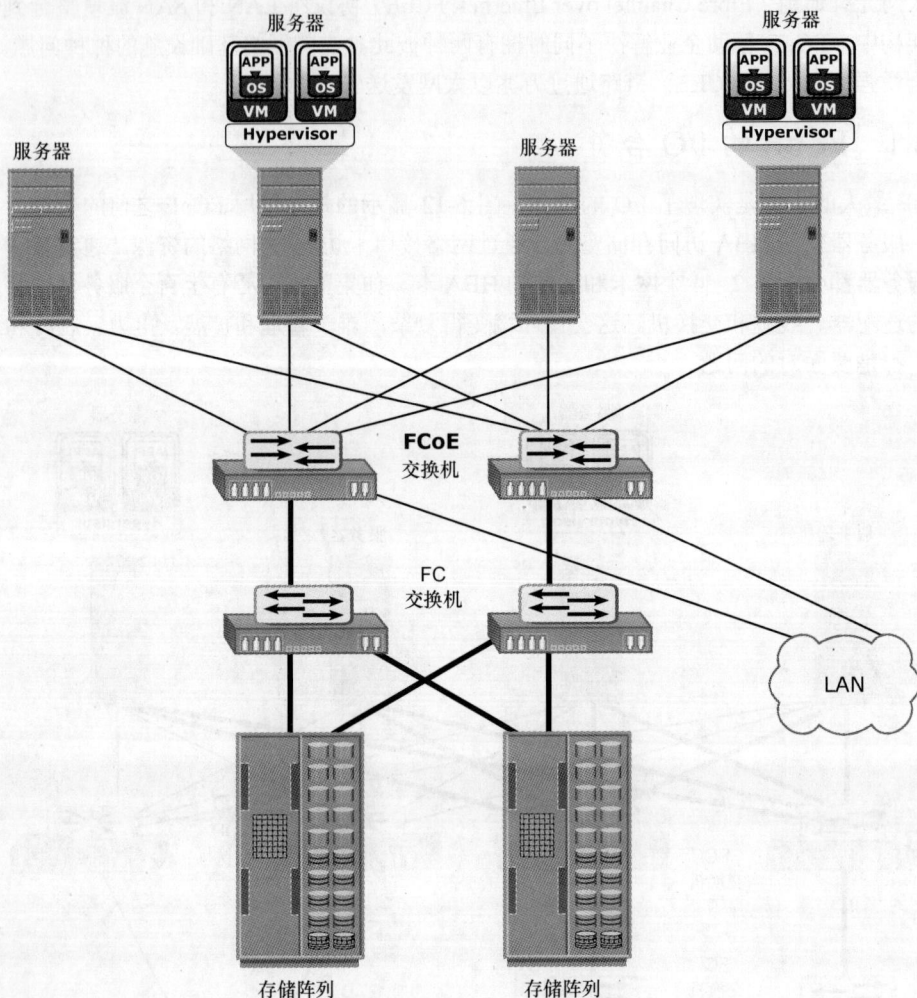

图 6-13　使用 FCoE 后的基础设施

6.3.2　FCoE 网络的组成

本节将介绍在数据中心中实施 FCoE 需要的主要物理部件。主要的 FCoE 部件包括：

- 聚合网络适配器（CNA）
- 线缆
- FCoE 交换机

聚合网络适配器（CNA）

CNA 是一个结合了标准 NIC 和 FC HBA 两者功能的适配器，实现了两种流量的合并。有了 CNA 就不必配置两种适配器，它和线缆分别用于 FC 和以太网通信，减少了所需的服务器插槽数和交换机端口数。CNA 承担 FCoE 协议处理的任务，将服务器解放出来，使其专注于应用处理。如图 6-14 所示，CNA 包含独立的 10 Gb 以太网、FC 和 FCoE ASIC 模块。FCoE ASIC 将 FC 帧封装为以太网帧。ASIC 的一端与 10GbE 和 FC ASIC 相连，用于与服务器的通信。另一端提供一个 10GbE 的接口，用于与 FCoE 交换机的连接。

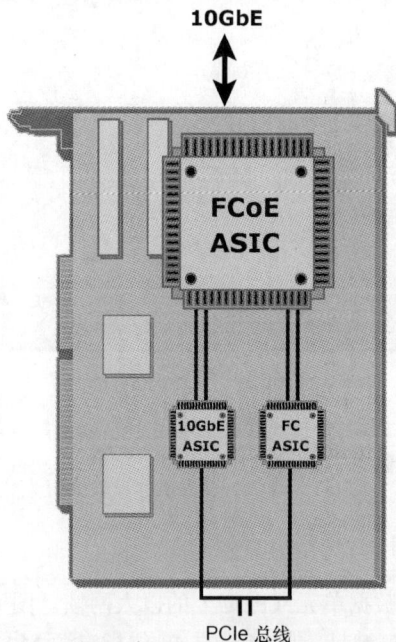

图 6-14　聚合网络适配器

线缆

　　FCoE 的布线有两种选择：铜质双绞线或标准光纤线缆。双绞线内有两对铜线，外部屏蔽封装。双绞线能在 10 米内达到最高 10 Gb/s 的传输速度。与光纤线缆相比，双绞线消耗的电力较少，成本也更低。SFP+接头是 FCoE 连接中最常用的接头，双绞线和光纤都可以使用。

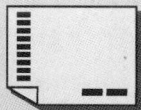

> FCoE 配置中较常用的做法是在机架顶部实现，即将 FCoE 交换机安装在服务器的机架顶部。与服务器的 FC 和 IP 连接通过成本较低的双绞线来实现。因为距离较短，双绞线完全可以支持。从机架顶部的交换机到主干 SAN 和 LAN 网络设施（即机架之间的连接）则使用光纤，因为光纤能够支持较长的距离。

FCoE 交换机

　　FCoE 交换机同时具有以太网交换机和 FC 交换机的功能。FCoE 包含 FC 转发器（FCF）、以太网桥、若干以太网端口和可选的 FC 端口（如图 6-15 所示）。FCF 的作用是将 FC 端口接口接收的 FC 帧封装成 FCoE 帧，同时也将从以太网桥接收的 FCoE 帧解封装为 FC 帧。

　　在接收到流量后，FCoE 交换机会查看进入帧的以太位（用于标识以太网帧的有效载荷中封装的是哪种协议）的信息，并使用该信息确定发送目标。如果帧的以太位是 FCoE，交换机识别出帧中包含 FC 载荷，会将它转发给 FCF。FCF 从 FCoE 帧中解析出 FC 帧，然后通过 FC 端口传送到 FC SAN。如果以太位不是 FCoE，交换机将按普通以太网流量处理，即将它转发给以太网端口。

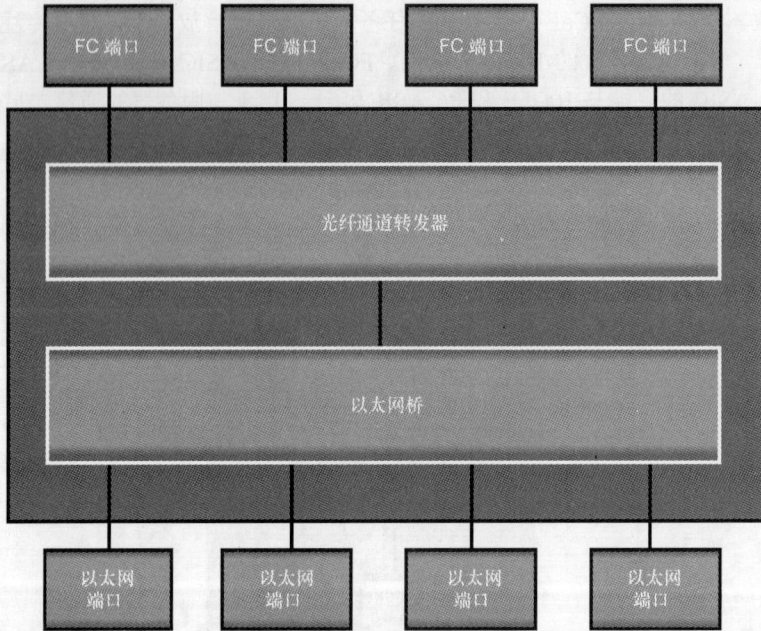

图 6-15　FCoE 交换机的一般架构

6.3.3　FCoE 帧结构

FCoE 帧是包含 FCoE 协议数据单元（PDU）的以太网帧。图 6-16 显示了 FCoE 的帧结构。帧的前 48 位用于指定目标 MAC 地址，紧接着的 48 位指定源 MAC 地址。接下来的 32 位 IEEE 802.1Q 标签支持在一个物理架构之上创建多个虚拟网络（VLAN）。之后的 16 位是 FCoE 专属的以太位。之后是 4 位的版本字段。接下来的 100 位是预留的，再之后的 8 位是帧起始（SOF）。然后便是真正的帧内容。8 位的帧末尾（EOF）之后是 24 位的预留位。帧最后的 32 位专用于帧检查序列（Frame Check Sequence，FCS），对以太网帧进行错误探测。

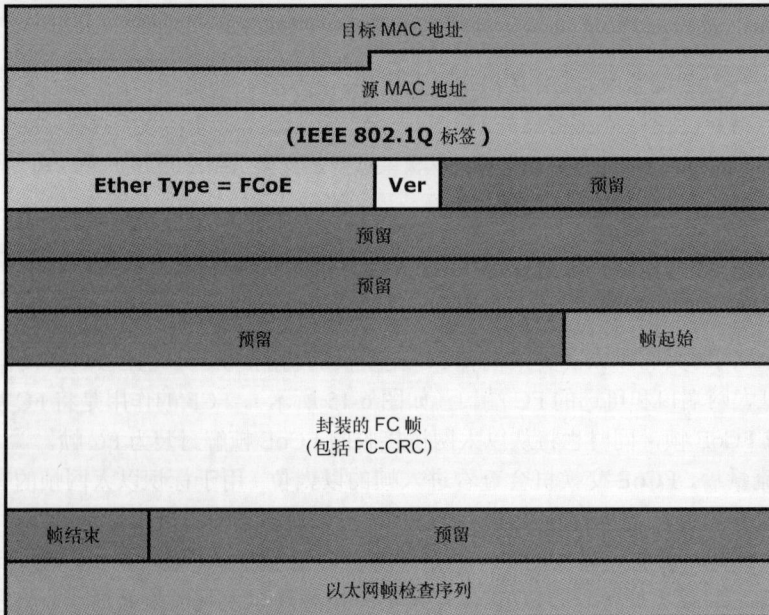

图 6-16　FCoE 帧结构

封装的 FC 帧包括原始的 24 位的 FC 报头和传输数据（包括 FC CRC）。FC 帧的这种结构允许在传统 FC SAN 与 FCoE 交换机连接时，FCoE 帧能解封装为 FC 帧，之后无缝传输到 FC SAN。这一功能使得 FCoE 能与现有的 FC SAN 即时融合，无需网关。

帧大小也是 FCoE 中的一个重要元素。通常 FC 数据帧包括 2 112 字节的载荷，1 个 24 字节的报头和帧检查序列 FCS。而一个标准的以太网帧的默认载荷容量为 1 500 字节。为了保证较高的性能，FCoE 必须使用巨型（jumbo）帧，以避免一个 FC 帧被分割为两个以太网帧。下一章将会详细讨论巨型帧。FCoE 需要 CEE，因为它能支持无损以太网和巨型帧。

FCoE 帧映射

对于 FC 帧的封装通过将 FC 帧映射到以太网上来实现（见图 6-17）。FC 和传统网络有分层的协议栈，栈中的每一层代表了一系列功能。FC 栈由 5 层组成：FC-0 到 FC-4。以太网则通常被看作是一组协议，运行于 7 层 OSI 栈中的物理层和数据链路层。FCoE 协议将 FC 栈中的 FC-0 和 FC-1 层用以太网代替。这样 FC-2 到 FC-4 层就可以通过以太网层传输了。

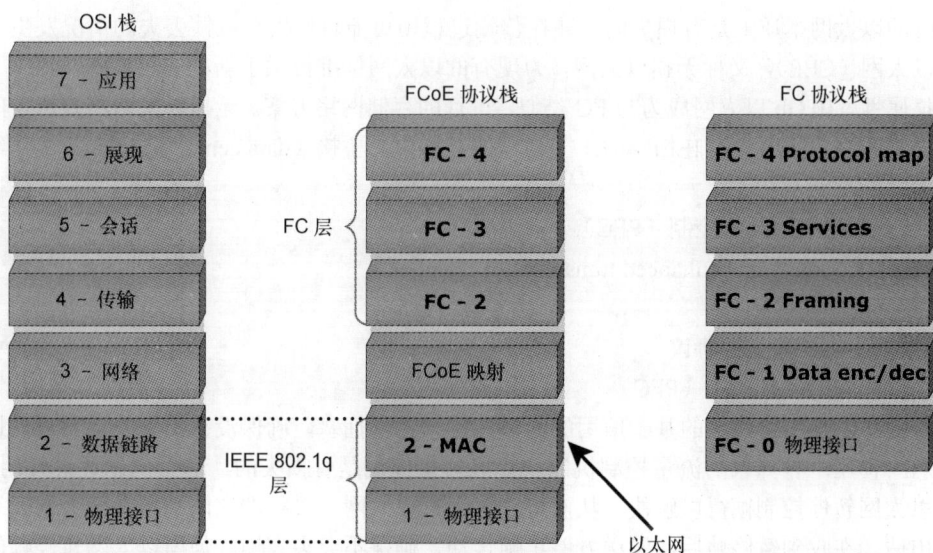

图 6-17 FCoE 帧映射

FCoE 端口

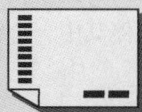

为了传输 FC 帧，FCoE 端口需要模拟 FC 端口的行为，成为虚拟 FC 端口。FCoE 使用与 FC 相似的术语定义网络中的不同端口。FCoE 有以下端口类型（见此列表下面的图）：

VN 端口（虚拟 N 端口）：加强以太网（Enhanced Ethernet）节点（或称 E 节点）的端口，为聚合网络适配器（CNA）的末端节点。

VF 端口（虚拟 F 端口）：FCoE 交换机上的虚拟光纤网络端口

VE 端口（虚拟 E 端口）：FCoE 交换机上用于 ISL 的虚拟扩展端口

FCoE 链路末端节点（Link End Points, LEP）位于 MAC 和虚拟端口之间。LEP 负责 FC 帧的封装和解封装，也用于通过虚拟端口传送和接收封装的帧。

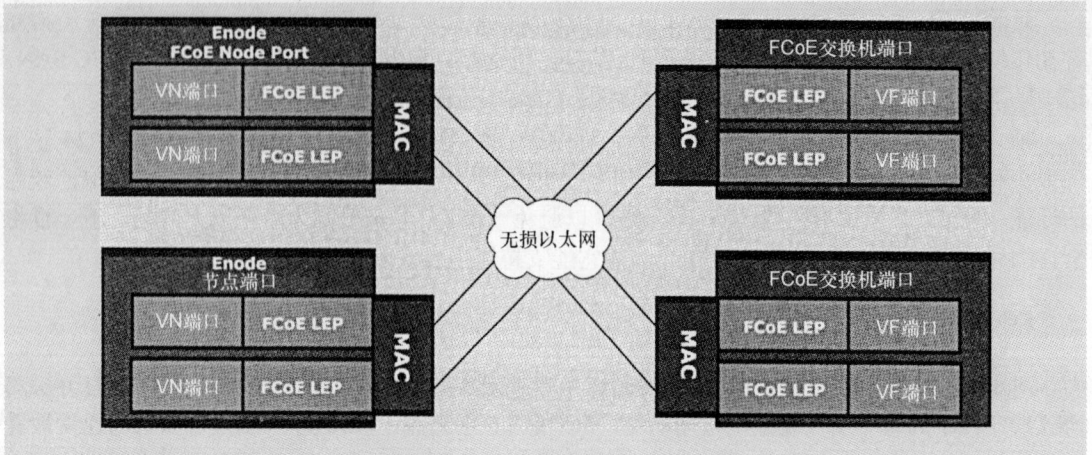

6.3.4　FCoE 的实现技术

传统的以太网本质上是有损失的，即在传输过程中可能有帧丢弃或帧丢失的情况发生。聚合增强型以太网（CEE），又称无损以太网，为现有的以太网标准提供了新的实现规格，消除了以太网的有损属性。10 Gb 以太网成为与 FC 类似、可行的存储网络方案。无损以太网需要特定的功能作为前提。这些功能由隶属 IEEE 802.1 工作组的数据中心桥接（data center bridging）工作组定义和维护。它们是：

- 基于优先级的流量控制（PFC）
- 优化的传输选择（enhanced transmission selection）
- 拥塞通知功能
- 数据中心桥接交换协议

基于优先级的流量控制（PFC）

传统的 FC 使用链路级的基于信用的流量控制来管理拥塞，确保没有帧丢失。常规的以太网与 TCP/IP 使用一种弃包的流量控制机制。弃包流量控制是有损失的，这个问题通过使用 IEEE 802.3x 以太网暂停控制帧得以解决，从而得到了无损以太网。接收端在队列填满时会向发送方提出暂停申请。在收到暂停帧后，发送方停止帧传输，确保不会丢失帧。使用以太网暂停帧的弊端在于它在整个链路上操作，链路上可能同时有多个流量流在传输。

PFC 提供了链路级的流量控制机制。它在一条物理链路上创建了 8 条独立的虚拟链路，可单独控制任何一条链路暂停或重启。PFC 的暂停机制是基于用户的优先级或者服务类别，在这一机制基础上可创建流量（如 FCoE 流量）无损链路。暂停机制用于 FCoE，常规的 TCP/IP 流量依然使用弃包（弃帧）机制。图 6-18 显示的是 1 个物理链路被分为 8 个虚拟链路，在暂停其中一个链路时不会影响其他链路的流量。

增强传输选择（Enhanced Transmission Selection，ETS）

增强传输选择提供了一个通用的管理框架，可将带宽分配给不同的流量类，如 LAN、SAN 和进程间通信（IPC）。当某一个流量类不能用完分配带宽时，ETS 会让其他类使用可用的带宽。

拥塞通告（Congestion Notification，CN）

拥塞通告为自身不具备拥塞控制机制的协议（如 FCoE）提供了端到端的拥塞管理。链路级拥塞通告提供了一个机制，用来探测拥塞并通知源头尽量不使用拥塞的链路。链路级拥塞通告能

传输队列   以太网链路   接收缓冲

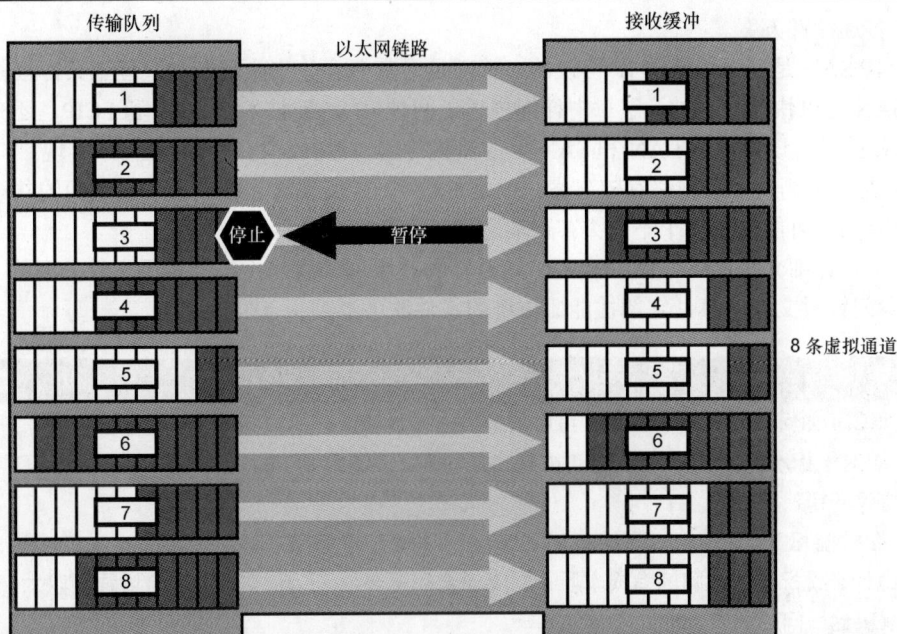

8 条虚拟通道

图 6-18 基于优先级的流量控制

让交换机发送信号给其他端口，使其停止传输或降速传输。图 6-19 显示的是在节点 A（发送方）和节点 B（接收方）之间的通信过程中的拥塞通告过程及其管理。如果拥塞发生在接收端，交换机上的相应算法会向发送节点（节点 A）生成一个拥塞通告信息。发送方收到信息后，会限制数据的传输速率。

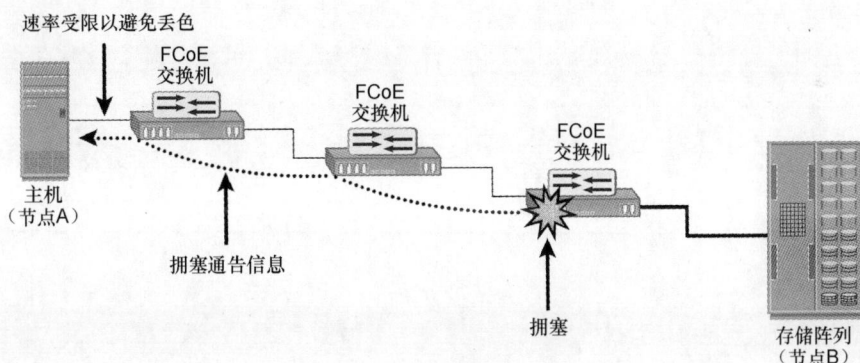

图 6-19 拥塞通告

数据中心桥接交换协议（DCBX）

DCBX 协议是一个发现和能力交换协议，帮助聚合增强型以太网（CEE）设备针对同一网络内的其他 CEE 设备呈现和配置能力参数。DCBX 用于交换机和适配器之间的能力协商。它允许交换机将配置参数发送给所有连接的适配器，这有助于保证整个网络的配置一致。

小结

IP SAN 使 IT 组织在合理的花费下获得存储网络架构带来的便利。通过 IP SAN 技术，企业可将存储网络分散在不同的地区，从而提高整个企业的存储利用率。FCIP 已成为企业中一种跨数据中心的业务连续性方案。

　　由于 IP SAN 是基于标准的 IP 协议的，管理员对其概念、安全机制和管理工具都很熟悉。这使得 IP SAN 可以快速被采纳。这章中详细描述了两种 IP SAN 技术：iSCSI 和 FCIP。还介绍了较新的 FCoE 技术，该技术使 LAN 和 SAN 上的流量传输通过同一物理网络架构来实现。

　　SAN 是一种高性能的网络存储方案。但是 SAN 不能实现数据在多个主机之间的共享。企业出于协作目的，可能需要多个不同类客户端之间共享数据或文件。

　　下一章将详细介绍网络存储（NAS），这是一种在不同类客户主机间实现文件共享的方案。因为 NAS 专门针对文件共享，它的性能比传统的文件服务器高。

> **练习**
>
> 　　1. iSCSI 如何处理认证过程？对可用的选项进行调查。
>
> 　　2. 相对于标准的 IP 帧，当 iSCSI 配置为使用 MTU 值为 9 000 字节的巨型帧时，可减少多少比例的协议开销？
>
> 　　3. 在桥接 iSCSI 环境中，为什么 MTU 值至少为 2 500 字节？
>
> 　　4. 为什么说标准以太网的有损本质让它不适合用于分层 FCoE 实现？聚合增强型以太网（CEE）是如何解决这一问题的？
>
> 　　5. 试比较几种使用以太网作为传输存储流量的物理媒介的数据中心协议。

第7章
网络连接存储

文件共享指的是在多个用户间共享文件。传统的文件共享方式包括将文件复制到移动媒体（如软盘、CD、DVD 或 USB 磁盘）中，然后交给其他用户。这种方法并不适合企业环境下，因为企业环境下需要共享文的用户数量大，且分布在不同的地点。

基于网络的文件共享比较灵活，文件可在大量用户之间实现远距离共享。文件服务器使用客户端-服务器模式实现网络文件共享。为了处理企业环境下急速增长的数据量，企业配置了大量的文件服务器。这些服务器有的是采用直连存储（DAS），有的是与存储区域网络（SAN）连接。这导致了过度利用和利用率不足的文件服务器和存储孤岛的出现。此外，这种环境的扩展性较差，管理成本和复杂性都较高。网络连接式存储（network-attached storage，NAS）的出现为解决这些问题提供了方案。

NAS 是专用的高性能文件共享和存储设备。使用 NAS 的用户可以通过 IP 网络共享文件。NAS 实现了服务器的整合，企业不必再配置多个文件服务器。它将用户使用的存储资源整合

核 心 概 念
NAS 设备
网络文件共享
统一、网关和横向扩展（Scale-out）NAS
NAS 连接和协议
NAS 性能
MTU 和巨型帧
TCP 窗口和链路合并
文件级虚拟化

到一个系统中，使存储资源更易于管理。NAS 通过网络和文件共享协议将文件数据提供给用户访问。使用的协议包括用于数据传输的 TCP/IP，以及用于网络文件服务的 CIFS 和 NFS 协议。NAS 可让使用 UNIX 和 Windows 的用户无缝共享数据。

一个 NAS 设备使用它自带的操作系统和集成硬件、软件组件，满足特定的文件服务需求。它的操作系统为文件 I/O 作了特定优化，所以在进行文件 I/O 时上比通用型的服务器要优胜很多。因此，一个 NAS 设备比传统的文件服务器可以服务更多的客户，提供服务器整合的优势。

基于网络的文件共享环境由多个文件服务器或者 NAS 设备组成。它可能出于成本或性能的考虑将文件从一个设备移动到另外一个设备上。文件共享环境中实施的文件级虚拟化提供了一个简单无中断的文件移动方案。文件可在不同 NAS 设备间移动，即使文件正在被访问也不受影响。

本章将会描述 NAS 的组成、不同类型的 NAS 实现，以及 NAS 实现中常用的文件共享协议。本章还将介绍影响 NAS 性能的因素，以及文件级虚拟化。

7.1 通用服务器与 NAS 设备的对比

NAS 设备是专为文件服务功能进行优化的设备，例如存储、检索以及为应用程序和客户端提供文件存取功能等。如图 7-1 所示，通用服务器可以运行任何应用程序，因为它使用的是通用操作系统。与通用服务器不同，NAS 设备是专用于文件服务的。NAS 设备操作系统专门用于提供文

件服务，使用业界标准协议。一些 NAS 厂商的产品支持高可用的本地集群等特性。

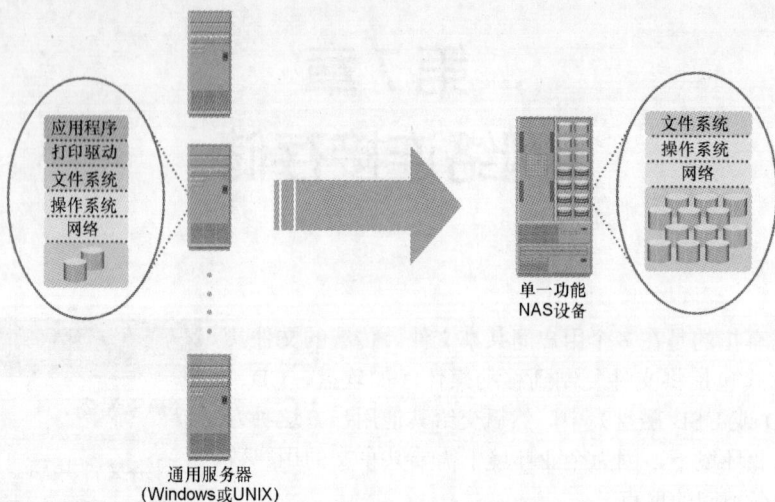

图 7-1　通用服务器与 NAS 设备的对比

7.2　NAS 的优势

NAS 拥有以下优势：
- **支持全面信息存取**：使得文件共享更加高效，支持 NAS 设备和客户端的多对一和一对多的配置方案。多对一配置使得 NAS 设备可以同时服务多个客户。一对多配置使得一个客户可以同时连接多个 NAS 设备。
- **较高的效率**：因为 NAS 使用的是为文件服务特制的操作系统，NAS 的性能比通用型文件服务器高。
- **较好的灵活性**：通过使用工业标准协议，NAS 同时兼容 UNIX 和 Windows 平台的客户端。NAS 的灵活性使其能够在同一源端为使用不同类型客户端的请求提供服务。
- **集中式存储**：集中式数据存储将客户工作站上的数据重复降低到最小，确保了更强的数据保护能力。
- **管理简化**：提供一个集中化的控制台，使得文件系统的管理更加高效。
- **可扩展性**：NAS 的高性能和低延迟设计，使得它能够针对不同的使用环境和商业应用类型进行部署，具有良好的可扩展性。
- **高可用性**：提供高效的备份和恢复选项，使得数据具有更高的可用性。NAS 使用冗余网络组件，提供最大连接能力。NAS 设备可以使用集群技术来进行故障切换。
- **安全性**：使用达到业界标准的安全方案实现安全性、用户认证和文件锁定。
- **低成本**：NAS 使用常见且成本较低的以太网组件。
- **易于配置**：客户端所需的配置可以忽略不计，因为客户端大多都已内置所需的 NAS 连接软件。

7.3　文件系统和网络文件共享

文件系统是一个结构化的数据文件存储和组织形式。许多文件系统都会维护一个文件访问表，用于简化查找和存取文件等操作。

7.3.1　文件系统访问

一个文件系统必须被挂载后才能使用。在大多数情况下，操作系统在启动过程中就会挂载本地文件系统。挂载的过程会创建一个文件系统和操作系统之间的链接。当挂载一个文件系统时，操作系统将文件和目录组织成一个树状结构，并且授予用户访问的权限。这棵树的根就是一个挂载点，这是按操作系统的约定来命名的。用户和应用程序可以从根到叶子节点来遍历整棵树。文件被放置在叶子节点，目录和子目录就放置在中间节点。用户和文件系统的关联在文件系统被卸载后即解除。图 7-2 展示了 UNIX 操作系统环境下的 UNIX 目录结构的一个例子。

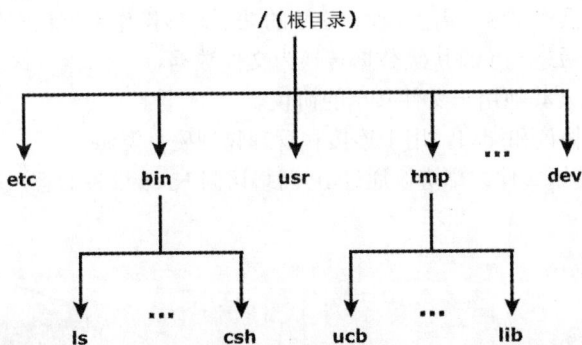

图 7-2　UNIX 目录结构

7.3.2　网络文件共享

文件共享是指在网络上进行文件存储和访问。在一个文件共享环境中，创建文件的用户（文件创建者或文件所有者）决定了其他用户可使用的操作类型（读、写、执行、附加和删除等），并且控制着对文件的修改。当多个用户尝试同时访问一个共享文件时，就需要一个保护机制来维护数据的完整性，使得这种共享是可行的。

文件传输协议（File Transfer Protocol，FTP）、分布式文件系统和使用文件共享协议（如 NFS、CIFS 以及 P2P）的客户/服务器模型，都是文件共享环境的一些具体的实现例子。

FTP 是一个通过网络来传输数据的客户/服务器协议。一个 FTP 服务器和一个 FTP 客户端使用 TCP 作为传输协议来进行相互间的通信。FTP（就像标准中定义的那样）并不是一个安全的数据传输方法，因为它在网络上使用未加密的数据传输方式。基于 Secure Shell（SSH）的 FTP 则给原来的 FTP 协议增加了安全性。基于 SSH 的 FTP 又被称为安全 FTP（SFTP）。

分布式文件系统（Distributed File System，DFS）是一个分布于不同主机上的文件系统。DFS 提供了主机直接访问整个文件系统的能力，同时保证了管理的高效性和数据的安全性。标准的客户/服务器文件共享协议，比如 NFS 和 CIFS，让文件所有者可为某一特定用户或用户组设置访问权限（如只读或可读写）。使用这种协议，客户端可挂载专用文件服务器上的远程文件系统。

名称服务（如域名系统 DNS）、目录服务（如 Microsoft Active Directory）以及网络信息服务（Network Information Service，NIS）可以帮助用户确定和访问网络上的特定资源。名称服务协议用于创建一个命名空间，以保存每个网络资源的唯一名字，以此识别网络上的各种资源。

P2P（peer-to-peer，个人对个人）文件共享模式使用 P2P 网络。客户端之间可以直接进行文件共享。客户端使用的文件共享软件可搜索其他客户端。这不同于客户/服务器模式。客户/服务器模式中，文件都存储在文件服务器上。

7.4　NAS 组件

NAS 设备的主要组件有两个：NAS 头和存储（见图 7-3）。在有些 NAS 实现中，存储可能在 NAS 设备外部，与其他主机共享。NAS 头包含以下组件：

- CPU 和内存。
- 一个或多个网络接口卡（NIC）提供网络连接，其中包括千兆以太网、快速以太网、ATM 和光纤分布式数据接口（FDDI）等类型。
- 一个优化过的操作系统，用于管理 NAS 的功能。该操作系统将文件级的需求转换为块级存储需求，然后进一步将块级数据转换为文件数据。
- NFS、CIFS 以及其他用于文件共享的协议。
- 业界标准存储协议和端口，用于连接和管理物理磁盘资源。

NAS 环境还包括使用文件共享协议通过 IP 网络访问 NAS 设备的客户端。

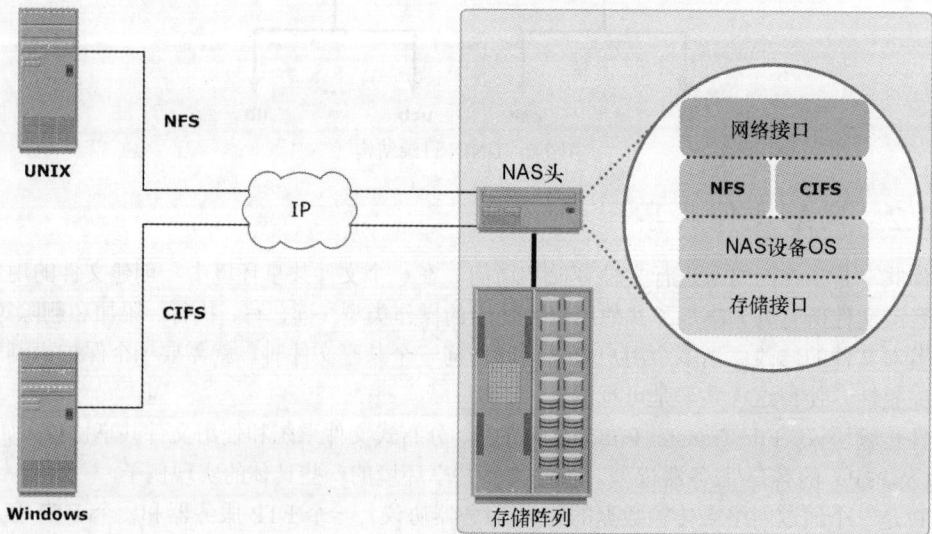

图 7-3　NAS 组件

7.5　NAS I/O 操作

NAS 提供了面向客户端的文件级数据访问。文件 I/O 是一个指明了访问文件的高等级请求。例如，一个客户端可以通过指明文件名、位置或其他属性来访问这个文件。NAS 操作系统记录文件在磁盘中的位置，然后将客户端的文件 I/O 转换为块级 I/O 以获取数据。NAS 环境下处理 I/O 的流程如下：

1. 发起方（客户端）将 I/O 请求使用 TCP/IP 打包，并通过网络栈转发。NAS 设备通过网络收到这一请求。

2. NAS 设备将 I/O 请求转换为合适的物理存储请求。这个请求是块级 I/O，然后在物理存储上执行操作。

3. NAS 设备收到来自存储的数据，经过处理后，将数据以合适的文件协议打包作为回应。

4. NAS 设备再将此数据封装成 ICP/IP 网络数据包，然后通过网络转发给客户端。

图 7-4 显示了整个过程。

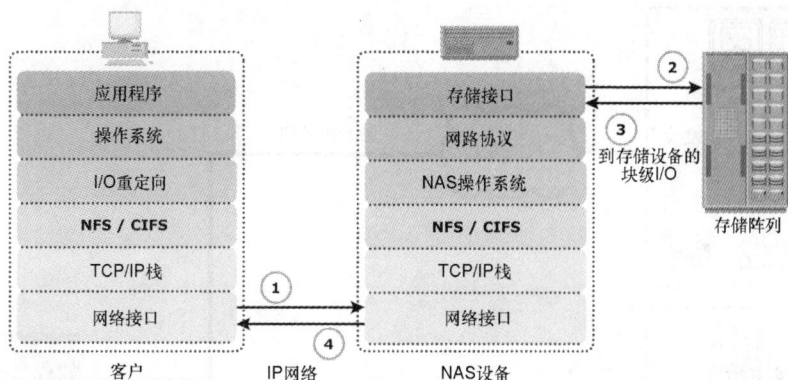

图 7-4 NAS 的 I/O 操作

7.6 NAS 实现

NAS 主要有三种类型的实现：统一式、网关式和向外扩展式。统一 NAS 使用统一的存储平台将基于 NAS 和基于 SAN 的数据访问合并。提供了可以同时管理两种环境的统一管理界面。

在网关 NAS 实现中，NAS 设备使用外部存储来存取数据。与统一存储不同，对于 NAS 设备和存储的管理操作是分开的。

7.6.1 统一 NAS

统一 NAS 提供文件服务，同时负责存储文件数据，并提供块级数据访问。它支持用于文件访问的 CIFS 和 NFS 协议，以及用于块级访问的；SCSI 和 FC 协议。因为将基于 NAS 和基于 SAN 的访问合并到同一个存储平台，统一 NAS 降低了企业的基础设施成本和管理成本。

统一 NAS 的一个系统中包括了一个或多个 NAS 头以及存储。NAS 头与存储控制器连接，提供到存储的访问。存储控制器提供了与 iSCSI 和 FC 主机的连接。存储可使用不同的磁盘类型（例如 SAS、ATA、FC 和闪存盘），以满足不同的负载需求。

7.6.2 统一 NAS 的连接

统一 NAS 的每个 NAS 头都有前端以太网端口，用于连接 IP 网络。前端端口用于连接客户端，为文件 I/O 请求提供服务。每个 NAS 头都有后端端口，用于连接存储控制器。

主机通过存储控制器上的 iSCSI 和 FC 端口可直接或通过存储网络进行块级数据访问。图 7-5 显示的是一个统一 NAS 连接的例子。

7.6.3 网关式 NAS

网关式 NAS 设备包含一个或多个 NAS 头，使用外部存储或者独立管理的存储。与统一 NAS 相似，存储是与其他使用块级 I/O 的应用共享的。这种解决方案的管理功能比统一环境复杂，因为 NAS 头和存储器的管理任务是分开的。网关式解决方案可以利用 FC 基础设施，例如交换机、导向器等，访问 SAN 存储阵列或者直接式存储阵列。

网关式 NAS 的扩展性比统一 NAS 好，因为 NAS 头和存储阵列可以独立地根据需求进行扩展升级。例如，可以通过增加 NAS 头的方式提升 NAS 设备的性能。当存储容量到达上限时，网关 NAS 设备可以独立于 NAS 头对 SAN 进行扩展，增加存储容量。网关式 NAS 通过在 SAN 环境中进行存储共享，提高了存储资源的利用率。

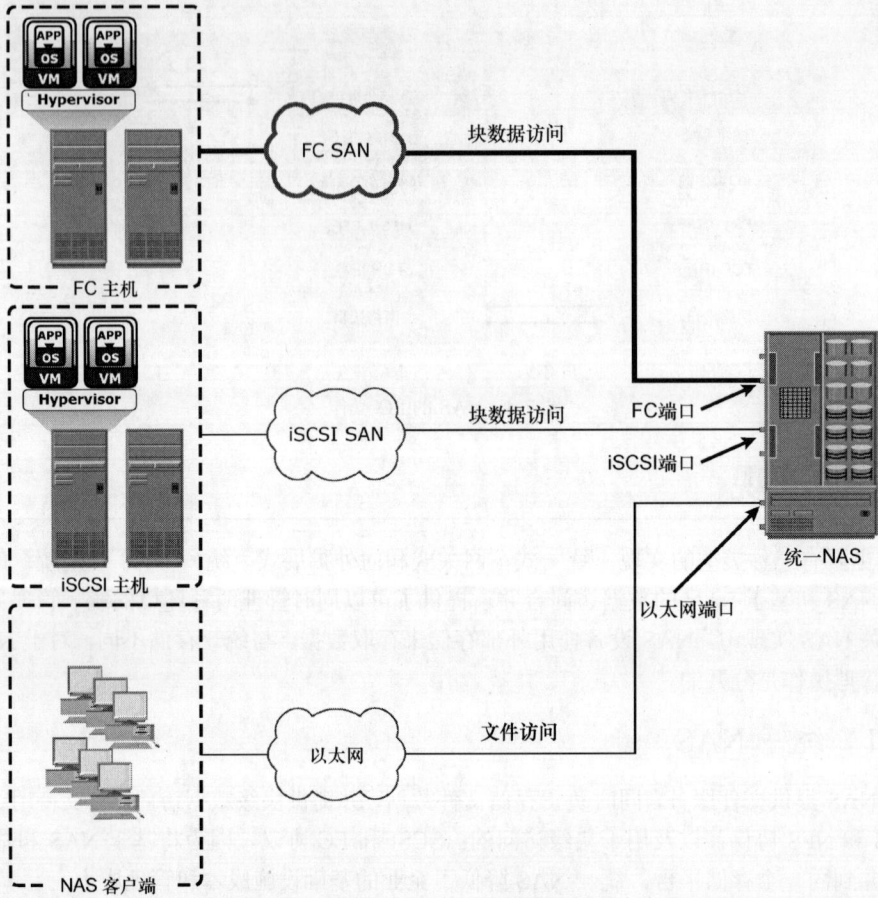

图 7-5　统一 NAS 的连接

7.6.4　网关式 NAS 连接

网关式解决方案的前端连接方式与统一式解决方案是类似的。在网关式解决方案中，NAS 网关和存储系统间通过传统的 FC SAN 进行通信。部署网关 NAS 解决方案时，必须考虑多路径数据访问、冗余架构以及负载分配等因素。图 7-6 展示了一个网关式 NAS 连接的例子。

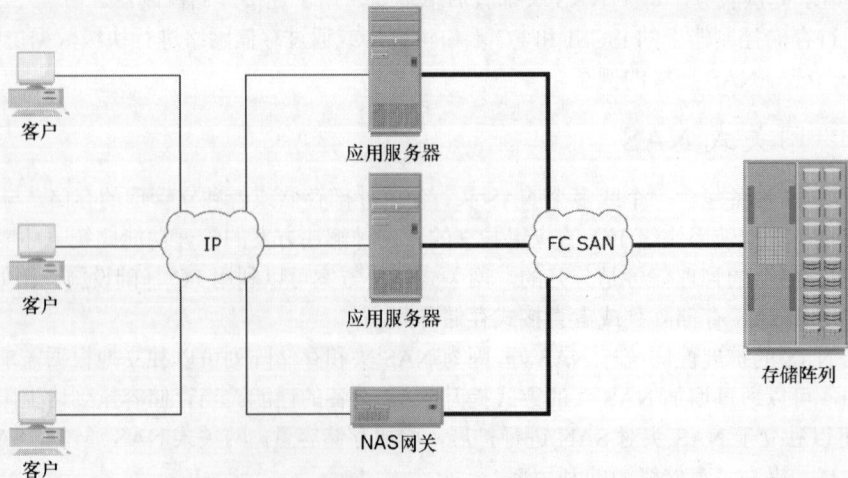

图 7-6　网关式 NAS 连接

统一 NAS 和网关式 NAS 的实现都需要对 SAN 环境进行分析。分析需要确定将 SAN 工作负荷与 NAS 工作负荷合并的可行性。对 SAN 环境的分析应确定当前的负荷主要是读还是写、是随机的还是连续的，以及主要的 I/O 大小等。典型的 NAS 工作负荷是随机性小数据 I/O。将随机性工作负荷引入连续性工作负荷可能会对连续性工作负荷造成破坏性影响。因此，一般建议将 NAS 和 SAN 所使用的磁盘分开。此外，还需要判定存储系统的配置缓存能够实现较满意的 NAS 工作负荷。

7.6.5 横向扩展式（Scale-out）NAS

统一 NAS 和网关式 NAS 实现都提供了一定的扩展性能，可以在数据增长和性能需求提高时对资源进行扩展。对 NAS 设备进行扩展主要涉及增加 CPU、内存和存储容量。扩展性受制于 NAS 设备对后续增加 NAS 头和存储容量的支持能力。

横向扩展式（Scale-out）NAS（又称集群 NAS）可组合多个节点，形成一个集群 NAS 系统。只需要向集群 NAS 架构中添加节点即可实现资源的扩展。整个集群可看作是一个 NAS 设备，资源是集中管理的。在需要扩大容量或提高性能的时候，可向集群中添加节点，这不会造成停机下线的情况。横向扩展 NAS 可以集合许多性能和可用性中等的节点，形成集群系统拥有更好的总体性能和可用性。它还有易使用、成本低以及理论上可无限扩展的优势。

集群 NAS 在集群中的所有节点上创建了一个单一文件系统。节点的所有信息都可以彼此共享，因此连接到任何节点的客户端都可以访问整个文件系统。集群 NAS 将数据在所有节点间分条，同时使用镜像或校验方式进行数据保护。数据从客户端发送到集群时，数据被分割，并行分配给不同节点。当客户端发送文件读取请求时，集群 NAS 从多个节点获取相应的块，将他们组合成文件，然后将文件发给客户端。随着节点的增加，文件系统实现动态扩展，数据在节点之间均衡分布。每个增加的节点都增加了整个集群的存储、内存、CPU 和网络能力。因此，整个集群的性能也得到提升。

集群 NAS 适合解决企业和客户当前面临的大数据问题。它统一管理和存储高速增长的数据，同时又十分灵活，能满足各种性能需求。

7.6.6 横向扩展式 NAS 连接

横向扩展式 NAS 集群使用独立的内外部网络分别用于后端和前端的连接。内部网络为集群内部通信提供连接，外部网络连接用于客户端访问和共享文件数据。集群中的每个节点都连接在内部网络上。内部网络具有高吞吐量和低延迟的优点，使用 InfiniBand 或吉比特以太网。节点连接到外部以太网后才能被客户端访问。为了实现高可用性，可为内外网配置冗余组件。图 7-7 显示的是一个 scale-out NAS 的连接的例子。

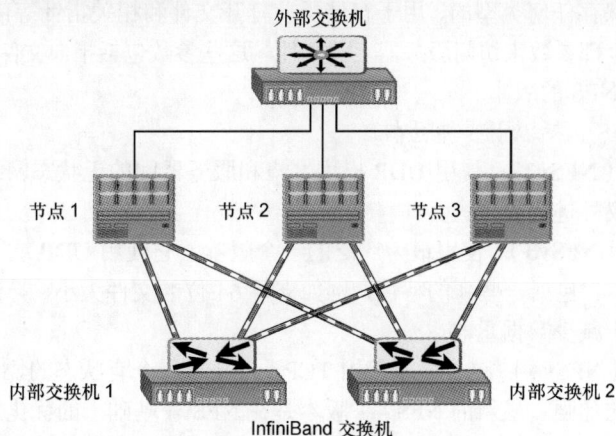

图 7-7　配置双路内网和单路外网的横向扩展 NAS 连接

> **INFINIBAND**
>
> InfiniBand 是一项网络技术，用于在主机和周边设备之间建立低延迟、高带宽的通信。它提供的是串行连接，常用于高性能计算环境下的服务器之间的通信。
>
> InfiniBand 支持远程直接内存访问（ remote direct memeory access, RDMA ）技术。RDMA 允许一个设备（主机或周边）直接访问一个远程设备的内存中的数据。
>
> InfiniBand 利用多播技术，可实现一条物理链路上同时负载多路数据。InfiniBand 网络基础设施包括主机通道适配器（HCA）、目标通道适配器（TCA）和 InfiniBand 交换机。HCA 在主机内部，它提供了主机的 CPU 和内存与 InfiniBand 网络的连接机制。与此类似，TCA 实现了存储和其他周边设备与 InfiniBand 网络的连接。InfiniBand 交换机则提供了 HCA 和 TCA 之间的连接。

7.7　NAS 文件共享协议

大多数 NAS 设备支持多种文件访问协议，用于处理对远程文件系统的文件 I/O 请求。就像之前所提到的，NFS 和 CIFS 是文件共享的通用协议。

这些文件共享协议使得用户能够跨越不同的操作环境来共享文件数据，并且为用户提供了一种方法以实现从一个操作系统到另一个操作系统的透明数据迁移。

7.7.1　NFS

NFS 是 UNIX 系统中使用最广泛的一种用于文件共享的客户/服务器协议。NFS 最初是基于无连接用户数据报协议（User Datagram Protocol，UDP）的。它使用一种与机器无关的模型来描述用户数据，使用远程过程调用（Remote Procedure Call，RPC）作为两台计算机的进程间通信方法。NFS 协议提供一套 RPC 方法用于访问远程文件系统，支持以下几种操作：

- 查找文件和目录；
- 打开、读取、写入和关闭文件；
- 修改文件属性；
- 修改文件链接和目录。

NFS 建立客户和远程系统之间的连接，在两者之间传输文件。NFS（NFSv3 和更早的版本）是无状态协议，即不保存任何类型的、用于存储当前打开文件和相关指针等信息的数据表。因此，每次调用都必须提供全部参数来访问服务器上的文件。这些参数包括指向文件的句柄和文件位置、指定的读写位置以及 NFS 的版本。

目前所使用的 NFS 包括以下 3 种版本。

- **NFS 第 2 版（NFSv2）**：使用 UDP 提供客户和服务器间的无状态网络连接。类似文件锁等特性在协议外进行处理。
- **NFS 第 3 版（NFSv3）**：使用最为广泛的一个版本，它使用 UDP 或 TCP，是基于无状态的协议设计。它包括一些新的特性，例如支持 64 位的文件大小、异步写以及新增的一些文件属性用于减少数据重取。
- **NFS 第 4 版（NFSv4）**：这个版本使用 TCP，是基于一个有状态的协议设计。它在安全性方面有一定的加强。最新的 NFS 4.1 版本是在 NFSv4 基础上的优化加强，包含了如会话模型、并行 NFS（pNFS）和数据保留（data retention）等特性。

PNFS 和 MPFS

pNFS 是随 NFSv4.1 发布的新特性。它将文件系统协议的处理分为两个部分：元数据处理和数据处理。元数据是关于一个文件系统对象的信息，如名称、在命名空间内的位置、所有者、访问控制列表（ACL）以及其他属性。pNFS 服务器也被称为元数据服务器，它负责处理元数据，被排除在数据通路之外。pNFS 客户端向 pNFS 服务器发送元数据信息。pNFS 客户端通过多种并行数据通路直接访问存储设备，使用存储网络协议（如 iSCSI 和 FC）执行到存储设备的 I/O 操作。pNFS 客户端从元数据服务器获取存储设备的信息。因为 pNFS 服务器不必参与数据处理，且 pNFS 客户端可以通过并行通路直接访问存储设备，pNFS 机制极大地提升了 pNFS 客户端的性能。

多路文件系统（Multi–Path File System, MPFS）协议是 EMC 公司拥有专利的协议，它的工作方式与 pNFS 类似。MPFS 驱动程序软件安装在 NAS 客户端，负责通过 IP 网络发送文件元数据到 NAS 设备（MPFS 服务器）。MPFS 驱动程序通过 IP 网络从 NAS 设备获取数据的位置信息。在得到数据的位置后，MPFS 驱动程序与存储设备直接通信，使 NAS 客户端可以通过 SAN 获取数据。下图显示了使用分离通路传输文件元数据和数据的 MPFS 架构。

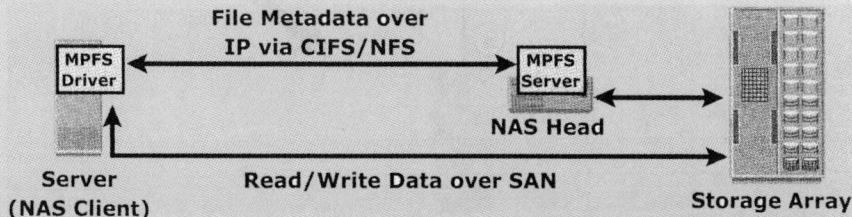

7.7.2　CIFS

CIFS 是一种客户/服务器应用协议，支持客户程序通过 TCP/IP 对处于远程计算机上的文件和服务发起请求。它是一种公共的、开放的协议，由服务器消息块（Server Message Block，SMB）协议变化而来。

CIFS 协议使得远程客户能够访问服务器上的文件。CIFS 通过特殊的锁机制使多个客户可以共享文件。CIFS 上的文件名使用 unicode 字符集进行编码。CIFS 提供以下的特性来确保数据的完整性：

- 使用文件锁和记录锁，来避免用户覆盖另一个用户正在访问的文件或记录；
- 支持容错，并且可以自动恢复连接，重新打开中断之前已经打开的文件。CIFS 的容错特性取决于上层应用程序是否是基于这些特性来进行编写的。此外，CIFS 是一种有状态协议，CIFS 服务器保存着每个已连接客户的连接信息。当网络失效或 CIFS 服务器失效时，客户会接收到连接断开的通知。如果上层应用程序能够智能地恢复连接，用户的损失会降到最低。但是，如果没有类似智能，用户就只能按部就班地重新建立 CIFS 连接。

用户采用一种简单易用的文件命名模式来命名远程文件系统：

"\\server\share" 或者 "\\servername.domain.suffix\share"。

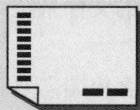

NFS 环境中的文件命名规则为：

Server:/export 或 Server.domain.suffix:/export。

7.8 影响 NAS 性能的因素

由于 NAS 使用了 IP 网络，IP 带来的带宽和延迟等问题会影响 NAS 的性能。在 NAS 环境里，网络拥塞是其中最明显的延迟来源（见图 7-8）。

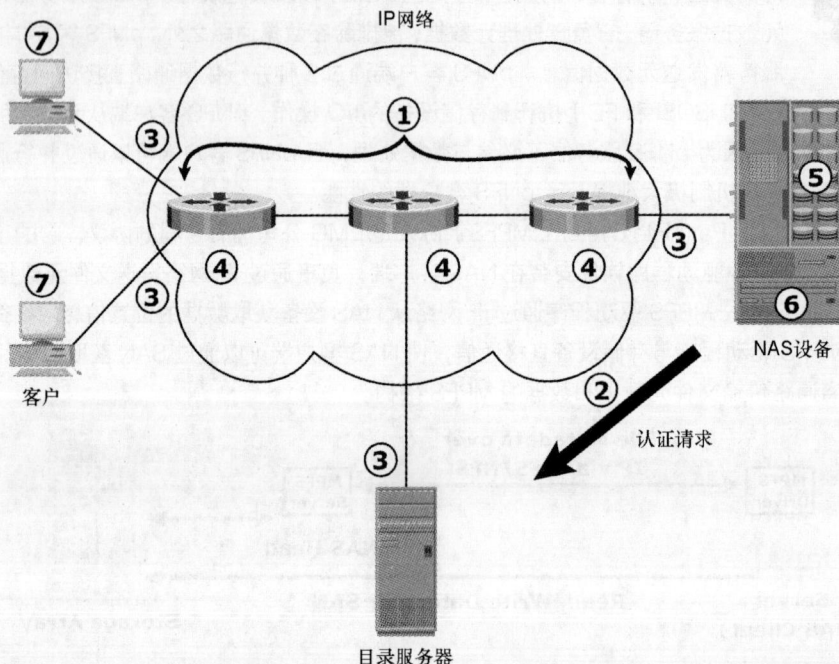

图 7-8 延迟的原因

其他不同程度地影响 NAS 性能的因素有以下几点。

1. **跳转次数**：大量的网络包跳转会增加延迟，因为每一次跳转都需要进行 IP 处理，这就会增加路由器的延迟。

2. **目录服务的认证，例如活动目录或 NIS**：认证服务是网络上必须的服务，而且必须拥有充足的带宽和足够的资源来支持认证过程产生的负载。否则，大量的认证请求发向服务器会增加延迟。

3. **重传**：链路错误和缓冲区溢出都会导致重传。这会导致未到达指定目的地的报文被重新发送。在配置网络设备的速率参数、双工通信参数以及 NAS 头参数时要注意使它们彼此匹配。不恰当的配置会导致错误和重传，增加延迟。

4. **过载的路由器和交换机**：在网络中，一个过载的设备所需要的响应时间总是比优化状态下使用的或低负载使用的设备所需要的响应时间要长。网络管理员可以查看厂商特定的统计值，来确定网络中的路由器和交换机的利用率。如果当前设备过载，则需要增加额外的设备。

5. **文件系统查找和元数据请求**：NAS 客户访问 NAS 设备上的文件时，在找到相应的文件或目录之前所需的查找过程也会产生一定的延迟。有时延迟是由于目录的层次比较深而造成的，这个可以通过平面化目录结构来解决。拙劣的文件系统布局和过载的磁盘系统也会降低性能。

6. **过载的 NAS 设备**：客户访问多个文件可能造成 NAS 设备上的使用强度较高，这可以通过查看利用率统计数据来确定。内存、CPU 和磁盘子系统的高利用率强度可能由拙劣的文件系统结构或存储子系统资源不足造成。

7. **过载的客户端**：客户端访问 CIFS 或 NFS 数据时也会产生过载。一个过载的客户端需要更长时间去处理从服务器接收到的响应，而这也会增加延迟。不同的操作系统都有其特定的性能监控工具，可以帮助确定客户端资源的利用率。

　　配置 VLAN、设置合适的最大传输单元（Maximum Transmission Unit，MTU）和 TCP 窗口大小可以改进 NAS 的性能。链路聚合和冗余网络配置可以确保 NAS 的高可用性。

　　虚拟局域网（VLAN）是一个从逻辑上进行划分的交换网络，或者是一组末端设备的逻辑组合。末端设备可以是客户端，也可以是 NAS 设备。划分或组合的依据可以是功能、项目团队或应用程序等。VLAN 是第二层（数据链路层）的结构，与物理 LAN 的工作方式相似。一个网络交换机可以划分为多个 VLAN，这样可以更好地利用交换机，降低总的网络基础设施的部署开销。

　　一个 VLAN 上的广播流量不会传到这个 VLAN 之外，这就可以充分降低广播开销，使得网络带宽可以被更多的应用程序使用，增强了网络对广播风暴的抵抗力。

　　VLAN 能够限制个人用户接入，识别网络入侵，控制广播域的组成和大小，因此具有较好的安全性。

　　MTU 的设定决定了可以不分段传输的最大报文尺寸。"路径最大传输单元探测"过程用于发现在网络中传输而不需分段的最大报文尺寸。以太网卡默认的 MTU 设置是 1 500 字节。有一种帧技术称为巨型（jumbo）帧，可以用来发送和接收超过 1 500 字节 MTU 的以太网帧。实际部署中最常用的巨型帧的 MTU 为 9 000 字节。但是厂商并不都使用相同的巨型帧大小。在网络流量繁重的情况下，服务器发送和接收大帧比小帧的效率更高。巨型帧能够提升效率是因为它使用更少而更大的帧来传输与现存以太网帧同样多的数据。在同样的有效载荷情况下，更大的帧降低了原始网络带宽的消耗，同时能够平滑突发的 I/O 流量。

　　TCP 窗口大小是指任何时候网络上一个连接能承载的最大的数据量。例如，一对主机通过 TCP 窗口大小为 64KB 的 TCP 连接进行对话，则发送者每次只可以发送 64KB 的数据，然后必须等待接收者的确认才能继续发送数据。当接收者确认接收到所有发送的数据后，发送者才可以发送另外 64KB 的数据。如果发送者接收到一个接收者发回的确认，表明只有 32KB 的数据被接收到，也就是说另外 32KB 数据还在发送中或者丢失了，那么发送者就只能发送另外的 32KB 数据，因为传输中不能有超过 64KB 的未确认数据。

　　理论上，TCP 窗口大小应该被设置成可用网络带宽以及数据在网络上发送的往返时间两者的乘积。例如，如果一个网络拥有 100Mbit/s 的带宽，数据往返时间为 5ms，那么 TCP 窗口大小计算应该如下：

$$100\text{Mbit/s} \times 0.005\text{s} = 524\,288\text{bit 或 }65\,536\text{Byte}$$

所以用于控制数据流量的 TCP 窗口字段应该在 2 字节到 65 535 字节之间取值。

　　链路聚合（link aggregation）过程将两个或多个网络接口合并为一个逻辑网络接口，从而实现高吞吐率、负载共享或负载均衡、透明的路径失效切换以及可扩展性等。通过链路聚合，多个连接到同一交换机上的活跃以太网连接可以组合成一个链路。如果聚合中的一个连接或一个端口丢失了，所有在那条链路上的网络流量就会被重新分配到其他剩余的活动连接上。聚合的主要目的就是实现高可用性。

7.9　文件级虚拟化

　　文件级虚拟化消除了 NAS 环境中的文件数据和物理存储位置之间的依赖关系。文件级虚拟化是 NAS 或文件服务器环境中很常见的实现，它实现了不间断文件移动，提升了存储利用率。

　　在虚拟化之前，每个主机都确切地知道它拥有的共享文件位置。因为文件是与特定的 NAS 设备或文件服务器绑定的，这种机制会造成存储资源的利用率较低的情况，容量方面也会出现问题。由于性能或文件服务器已满等问题，文件需要从一个服务器移动到另外一个服务器。在这种环境下移动文件并非易事，而且在文件移动过程中不能被访问。此外，主机和应用程序必须重新配置新的访问路径。因此存储管理员很难在提高存储效率的同时保持服务水平。

文件级虚拟化简化了文件的移动。它使得用户或应用程序的文件独立于实际的存储位置。文件级虚拟化通常先创建一个逻辑存储池，让用户使用一个逻辑路径（而非物理路径）存取文件。文件级虚拟化方便了文件在不同的在线文件服务器或 NAS 设备之间的移动。这就是说文件被移动时，客户依然可以不中断地访问他们的文件。客户还可以从旧位置读取他们的文件，然后写回到新的位置，在这个过程中文件的物理位置对于客户端是透明的。多个客户端可以同时连接到多台服务器执行在线的文件转移，从而优化利用其资源。全局的命名空间可用于文件的逻辑路径和物理路径的映射。

图 7-9 中显示的是在实施文件级虚拟化之前和之后的文件服务环境对比。

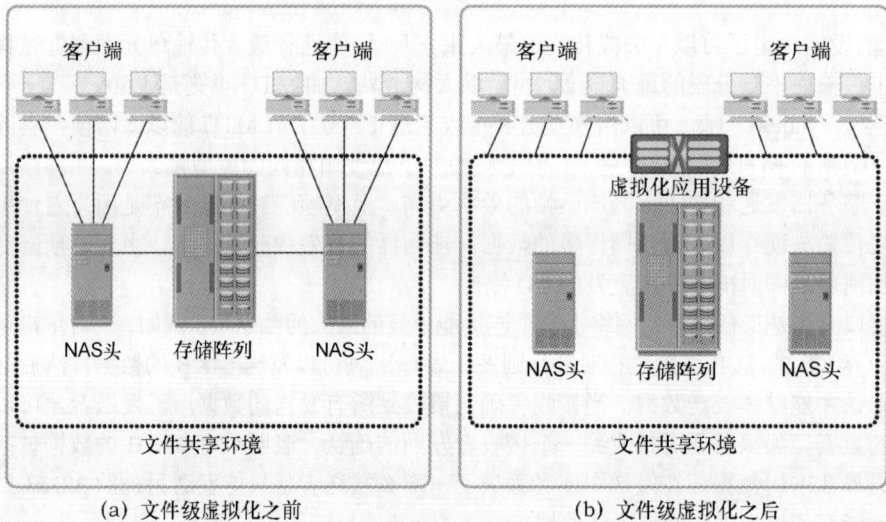

(a) 文件级虚拟化之前   (b) 文件级虚拟化之后

图 7-9　NAS 文件级虚拟化环境实现之前和之后的区别

7.10　概念实践：EMC Isilon 和 EMC VNX Gateway

EMC Isilon 是一个 scale-out NAS 方案。它能够实现性能和存储容量的高度扩展。能应对大数据带来的很多挑战。

VNX Gateway 属于 EMC VNX 产品家族。它是一个网关式 NAS 解决方案，具有多协议文件访问、文件系统动态扩展、高可用性和高性能等特性。

欲了解更多 EMC Isilon 和 VNX Gateway 的信息，请访问:www.emc.com。

7.10.1　EMC Isilon

Isilon 有一个专有的操作系统，叫做 OneFS。这个操作系统实现了 scale-out 架构。OneFS 将传统存储架构的 3 个分层——文件系统、卷管理器和 RAID 合并为一个统一的软件层，创建了一个跨越 Isilon 集群中所有节点的单一文件系统。OneFS 具有数据保护和自动负载均衡的功能。能实现存储容量和其他资源的无缝添加，不需要系统下线。在 OneFS 中，随着节点的增加，吞吐量是线性扩展的。

通过 OneFS 中的 SmartPools 应用软件，不同的节点类型在统一集群中可以混用。SmartPools 支持配置单一的文件系统，跨越性能属性和容量都不同的多个节点。Isilon 支持的节点类型包括 X 系列、S 系列、NL 系列和加速器。这些节点的价格、性能和存储容量都不同。每一种都是针对某一类的工作负载进行优化。

在 OneFS 中，存储系统管理员可以标明单个文件或者单个目录的访问特点（如随机、同步或顺序）。这个独特的功能使得 OneFS 可以调整数据布局，制定最合适的缓存留用策略和数据预取策略，优化各个工作流的性能。

OneFS 持续监控集群内所有文件和磁盘的健康状况。如果有部件可能出现问题，文件系统会将出问题的部件标出以更换，并将问题部件上的文件后台复制到更换的部件上。如果文件系统在写操作过程中出现意外的错误，OneFS 也能保证数据的完整性。

当添加新的存储节点时，OneFS 的 Autobalance 功能会通过基于 Infiniband 的内部网络自动将数据移动到新添加的节点上。这个自动的重新平衡过程确保了新的节点不会成为存储新数据的热点。Autobalance 功能对于用户是不可见的，可以调整以减小对于高性能负载的影响。

OneFS 用于数据保护的核心技术叫做 FlexProtect。FlexProtect 在节点或者每个分条的磁盘最多出现 4 个故障时依然能够实现数据保护。在故障发生时，FlexProtect 极大地缩小了数据重建的时间。FlexProtect 实现了文件级的保护机制。不同的文件、目录或部分文件系统可以应用不同的保护等级。保护等级与数据和工作流的重要性相匹配。

7.10.2　EMC VNX Gateway

VNX Gateway 由一个或多个 NAS 头组成。VNX Gateway 中的 NAS 头叫做 X 刀片（X-Blades），通过 SAN 访问外部存储阵列，如 Symmetrix，基于块的 VNX，或 CLARiiON 存储阵列。X 刀片上运行的 VNX 操作系统，是为了实现高性能和多协议网络文件系统访问而做了特定优化。每个 X 刀片包含处理器、冗余数据通路、电力供应、吉比特以太网和 10 Gigb 以太网光纤端口。VNX 网关系统中的所有 X 刀片都通过控制站（Control Station）管理。Control Station 是 VNX Gateway 的唯一配置入口。VNX Gateway 支持 pNFS 和 EMC 公司拥有专利的多路文件系统（MPFS）协议，进一步提升了 VNX Gateway 的性能。

VNX Gateway 有两个型号：VG2 和 VG8。VG8 最多支持 8 个 X 刀片，而 VG2 最多支持两个。X 刀片有主要和备用两种模式可选。主要的 X 刀片是工作的 NAS 头，备用刀片是在主要刀片出现故障时进入工作状态。Control Station 控制 X 刀片的故障切换（failover）。Control Station 还提供了其他可用性特性，如出错监控、出错报告、呼叫支持中心以及远程诊断等。

小结

在存储基础设施的决策中，基本原则是维持成本和性能之间的平衡。机构在寻找既有 SAN 的高性能和可扩展性，又兼具 NAS 的简易性和低总拥有成本的解决方案。在企业中，SAN 和 NAS 都具有各自的优势。IP 技术的进步扩展了 NAS 解决方案，使其可以满足对性能敏感的应用的需求。由于存储网络技术的不断发展，SAN 和 NAS 已逐渐融合到一个平台上。

虽然 NAS 避免不了高昂的协议开销，但是 NAS 应用程序更趋向于在文件共享任务上呈现最高的效率。随着 MPFS 和 pNFS 协议的出现，NAS 的性能得到很大提升。这两个协议利用 SAN 的速度提供对文件数据的访问。还把 NAS 设备从文件数据处理的任务中解脱出来。NAS 可向客户提供文件级的访问控制。企业可为数据库系统配置 NAS 方案。横向扩展（scale-out）NAS 满足了大数据对于性能和容量的需求。使用单一可扩展的文件系统有利于对产生大数据的应用进行优化，同时也更易于管理。文件级的虚拟化提高了灵活性，可以在 NAS 设备之间移动文件，而不会中断对数据的访问。文件级的基于网络的锁机制提供了高级别的并发访问保护。

NAS 设备在进行文件 I/O 和块 I/O 之间的相互转换时，会对客户流量造成延迟。另外，嵌套目录结构和对单独文件或目录的权限管理进一步增加了性能开销。随着 NAS 文件系统使用空间的增长，开销也会增大。因此 NAS 客户端受制于 NAS 设备的性能。虽然 pNFS 和 MPFS 能大幅提升 NAS 的性能，它们也带来了一些安全问题。将在下一章讲述的基于对象的存储，解决了文件服务环境下的性能和安全难题。同样会在下一章介绍的统一存储，提供了同时访问文件、块和对象的单一存储平台。统一存储易于管理，避免了配置单独系统分别存储文件级、块级和对象数据所带来的高额开支。

练习

1. SAN 被配置成一个磁盘环境的备份，并且该存储配置仍有额外的容量是可用的。你能否使用这个 SAN 做一个 NAS 网关的存储配置呢？讨论与 NAS 一起共享的此 SAN 环境的含义。

2. 解释在发送者和接收者的 TCP 窗口大小不同步的情况下，NAS 的性能会受到什么样的影响。

3. 研究巨型帧的使用以及它是如何影响 NAS 的性能的。

4. 研究 pNFS 协议的文件访问和共享特性。

5. 一个 NAS 实现在 NAS 头上配置了 MTU 为 9 000 的巨型帧。但是，实施者并没有看到任何性能上的提升，而且性能实际上还下降了。这是什么原因造成的呢？研究一下网络中支持端到端巨型帧的需求。

6. 文件级的虚拟化是如何保证不中断的文件移动的？

第 8 章
基于对象的存储和统一存储

有研究表明超过 90%的数据都是非结构化数据。非结构化数据的增长为 IT 管理员和存储部门经理带来了挑战。作为存储非结构化数据的主要方案的传统 NAS，其效率已经不能满足增长的非结构化数据的需求。数据增长给 NAS 带来了很大的开销，主要体现在管理大量访问许可和嵌套目录上。在企业环境下，NAS 还需要管理由主机、存储系统和应用生成的大量的元数据。通常元数据是作为文件的一部分存储的，分布在整个环境当中。这增加了搜索和获取文件的复杂性和延迟。要解决这些问题，需要有一个针对非结构化数据的智能方案，以数据内容为依据管理数据，而不是以元数据（如文件名和位置等）作为依据。基于对象的存储（object-based storage）以内容和其他属性（而不是名称和位置）作为依据，以对象的形式存储文件数据。

核 心 概 念
基于对象的存储
内容寻址存储
统一存储

因为应用程序的需求各不相同，企业在数据中心中部署了 SAN、NAS 以及基于对象的存储（object-based storage devices，OSD）等多种类型的设备。部署多种存储方案增加了管理的复杂性和成本，以及环境开销。如果能有一个综合方案，能同时支持块、文件和对象级别访问，那是最理想的。统一存储就是这样的一种方案，它提供了一个统一平台，同时支持块、文件和基于对象的数据访问。它支持多种数据访问协议，可以使用单一管理界面进行管理。

本章将详细介绍基于对象的存储，它的组件和操作。本章还将详细介绍内容寻址存储（content addressed storage，CAS），是 OSD 的一种特别实现形式。另外，本章还会涉及统一存储的组件以及数据访问方式。

8.1 基于对象的存储设备

基于对象的存储（OSD）以对象的形式来组织和存储电影、办公文档和图像等非结构化数据。基于对象的存储提供了一个可扩展、自我管理、受保护和可共享的存储方案。OSD 以对象的形式存储数据。它使用扁平地址空间（flat address space）来存储数据。这种地址空间中没有目录和文件的分层。得益于此，OSD 系统可存储大量的对象（见图 8-1）。

如图 8-2 所示，一个对象可以包括用户数据、相关的元数据（如大小、日期、所有者等），以及数据的其他属性（如留用、访问特点等）。系统中存储的每个对象都是用唯一 ID 标识，这个唯一 ID 称为对象 ID。对象 ID 使用专用算法（如数据的哈希值）生成，保证每个对象的 ID 是唯一的。

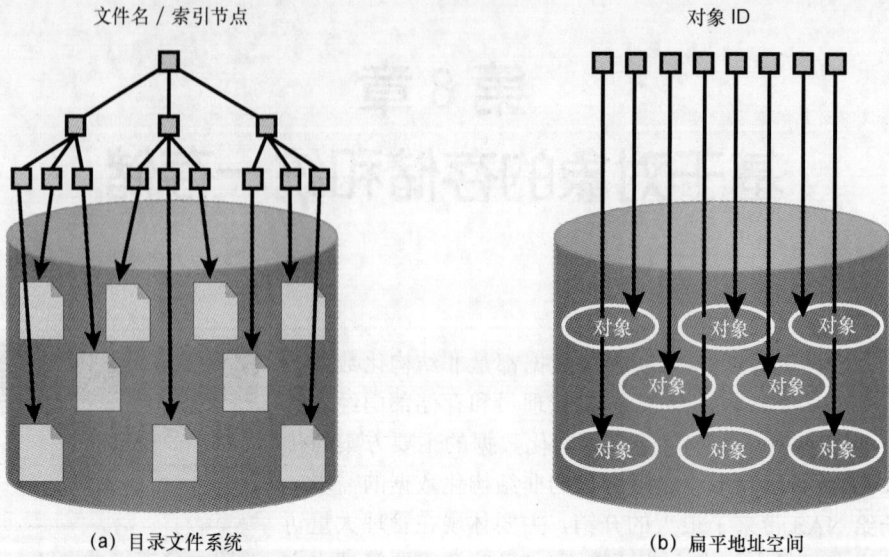

文件名 / 索引节点

对象 ID

（a）目录文件系统

（b）扁平地址空间

图 8-1 目录文件系统和扁平地址空间的对比

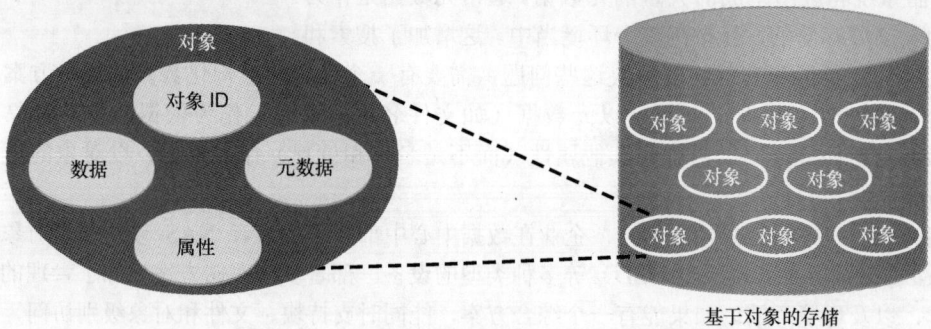

对象

对象 ID

数据

元数据

属性

基于对象的存储

图 8-2 对象结构

8.1.1 基于对象存储的架构

在传统块访问形式中，I/O 需要穿过 I/O 路径的不同层。由应用生成的 I/O 需要经过文件系统、通道或网络，然后到达磁盘。在接收到来自应用的 I/O 后，文件系统将这一 I/O 与磁盘中的块映射。块接口用于将 I/O 通过通道或网络送达存储系统。此 I/O 之后被写入磁盘上分配的块中。图 8-3（a）显示了块级访问的过程。

文件系统有两部分组成：用户组件和存储组件。文件系统的用户组件负责分层管理、命名和用户访问控制等。而存储组件负责将文件映射到磁盘上的某个物理位置。

某应用要访问存储在 OSD 中的数据时，请求会被发送给文件系统的用户组件。用户组件与 OSD 接口通信，OSD 接口再将请求发送给存储设备。存储设备上有 OSD 存储组件，负责管理对于存储设备上数据的访问。图 8-3（b）显示的是对象级访问的过程。对象存储完毕后，OSD 会向文件服务器发送确认。OSD 存储组件管理着所有底层存储和空间管理功能。它还负责管理对象的安全和访问控制功能。

8.1.2 OSD 的组件

OSD 系统通常由三个主要组件组成：节点、私有网络和存储。图 8-4 显示了 OSD 的组件。

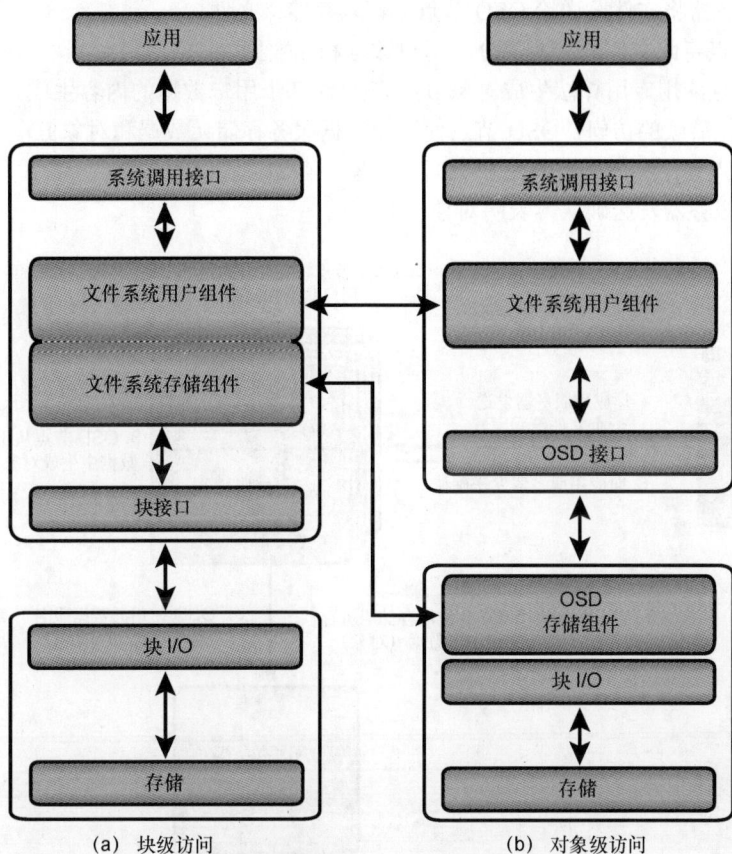

图 8-3　块级访问与对象级访问的对比

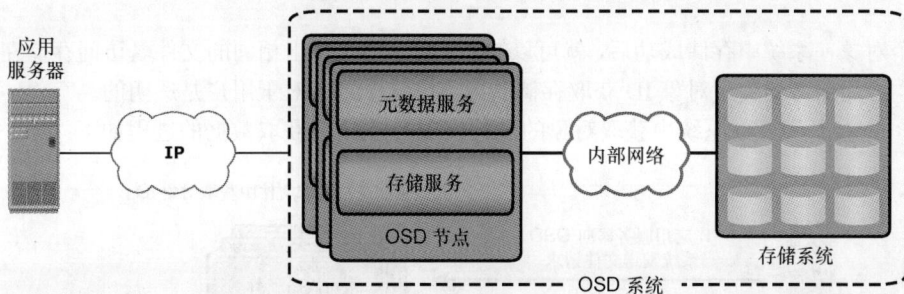

图 8-4　OSD 组件

　　OSD 系统中可包括一个或多个节点。一个节点就是一台运行 OSD 操作系统、提供数据存储、获取和管理服务的服务器。OSD 节点有两个主要服务：元数据服务和存储服务。它还负责维护对象 ID 与文件系统名称空间的映射。存储服务管理存储用户数据的一组磁盘。OSD 节点通过内部网络与存储连接。内部网络提供节点到节点和节点到存储的连接。应用服务器通过外部网络访问节点以存储和获取数据。在一些实现（如 CAS）中，元数据服务通常位于应用服务器或一个专门的服务器上。

　　OSD 通常使用成本低且高密度的磁盘来存储对象。在需要更大容量时，可向系统中增加更多磁盘。

8.1.3　OSD 系统中对象的存储和获取

　　图 8-5 显示的是 OSD 中存储对象的过程。OSD 系统中数据存储的过程如下：

1. 应用服务器将文件发送给 OSD 节点，请求存储该文件。

2. OSD 节点将此文件分成两部分：用户数据和元数据。

3. OSD 节点应用专用算法生成对象 ID。该算法基于用户数据的内容生成一个独特的 ID。

4. 为了方便后续的访问，OSD 节点使用元数据服务存储元数据和对象 ID。

5. OSD 节点使用存储服务将用户数据（对象）存储在存储设备中。

6. 向应用服务器发送确认，表明对象已经存储。

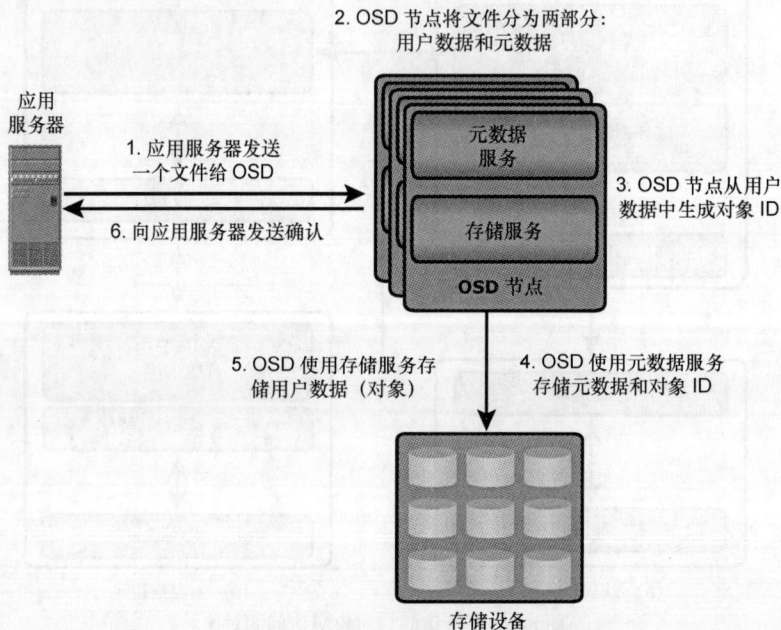

图 8-5　OSD 存储对象的过程

一个对象在系统中存储成功后，就可以被访问了。用户使用相同的文件名访问存储在 OSD 中的数据。应用服务器使用对象 ID 获取存储的内容。这个过程对于用户是透明的。

图 8-6 显示了 OSD 系统中获取对象的过程。OSD 系统中获取数据的过程如下：

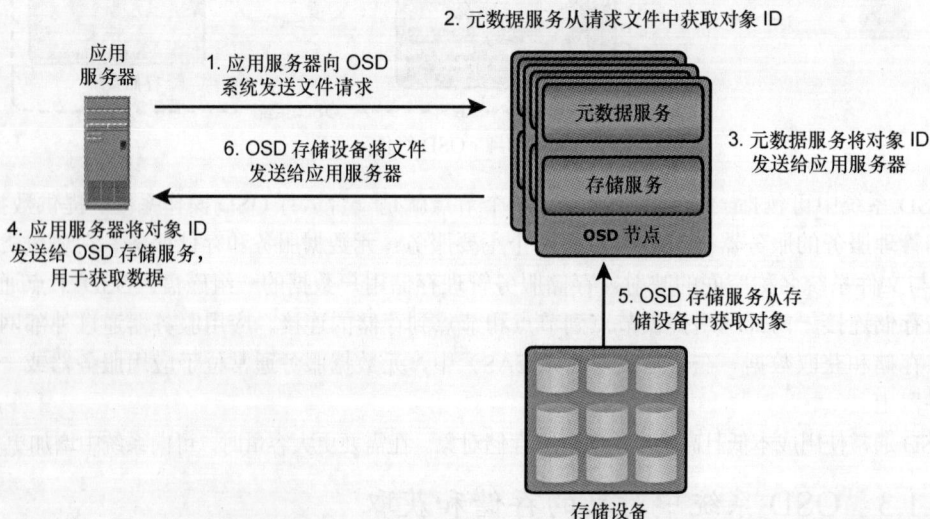

图 8-6　从 OSD 系统获取对象的过程

1. 应用服务器向 OSD 系统发送读取请求。
2. 元数据服务取出被请求的文件的对象 ID。
3. 元数据服务将对象 ID 发送给应用服务器。
4. 应用服务器将对象 ID 发送给 OSD 存储服务，用于获取数据。
5. OSD 存储服务从存储设备中获取对象。
6. OSD 存储设备将文件发送给应用服务器。

8.1.4　基于对象存储的优势

在应对非结构化数据方面，基于对象存储设备与传统存储方案相比有很多优势。理想的存储架构能够提供性能、扩展性、安全和数据的多平台共享。传统的存储方案，如 SAN 和 NAS，并不能在单个方案中提供所有这些特性。对象存储则结合了 SAN 和 NAS 两者的优势。它提供了平台无关性和位置无关性，同时也提供了扩展性、安全和数据共享特性。OSD 的主要优势如下：

- **安全性和可靠性**：数据一致性和内容真实性是 OSD 设备的主要特性。OSD 使用特别的算法生成具有很好加密属性的对象。OSD 中的请求验证是在存储设备中进行的，而不是通过外部的验证机制实现的。
- **平台无关性**：对象是抽象的数据（包括元数据和其他属性）容器。这一属性使得对象可以在本地或远程的异质平台间共享。这种平台无关性让 OSD 成为云计算环境下的最佳选择。
- **扩展性**：因为使用了扁平地址空间，基于对象存储能够在不影响性能的情况下存储大量的数据。存储和 OSD 节点都可以在性能和容量两个维度上单独扩展。
- **易管理性**：OSD 拥有管理和保护对象的智能。它保护和复制对象的能力是可以自愈的。OSD 中基于策略的管理方式能够自动执行常规任务。

8.1.5　基于对象存储的常见用例

数据归档是 OSD 极具前景的一项应用。数据归档方案中最重要的需求是保证数据的完整性和安全。传统的归档方案，如 CD 和 DVD-ROM，不具有扩展性和性能优势。OSD 以对象的形式存储数据，为它们分配一个唯一的对象 ID，能够保证高度的数据完整性。这些特点让 OSD 成为固定内容长期数据归档的可行的方案。内容寻址存储（content addressed storage，CAS）是一种特定形式的基于对象的存储设备，专用于存储固定内容。CAS 将在接下来的部分中介绍。

另外一个应用 OSD 的地方是云存储。OSD 使用网络界面访问存储资源。OSD 具有安全性、扩展性和自动数据管理的特性。它支持数据在异质平台和租客之间共享，能够保证数据的完整性。这些特性让 OSD 成为云存储的优选方案。云服务提供商可将 OSD 应用在存储即服务（storage-as-a-service）平台中。

OSD 支持通过表述性状态转移（representational state transfer，REST）和简单对象访问协议（simple object access protocol，SOAP）进行网络服务访问。REST 和 SOAP 应用程序接口可方便地与通过网络访问 OSD 的业务应用结合。

REST 和 SOAP

REST 是面向现代网络应用的架构风格。REST 提供了用于访问资源（如文档、博客等）的轻量网络服务。可以对这些资源做一些简单的操作，如获取、修改、创建和删除资源。REST 风格网络服务是面向资源的服务。通过通用资源标识符（URI）可以找到或标识唯一的资源。使用 HTTP 标准可以对这些资源进行一些操作。例如，如果用户使用 REST 通过一个唯一标识符访问一个博客，请求会以特定的格式

（XML 或 HTML）返回这个博客的内容。

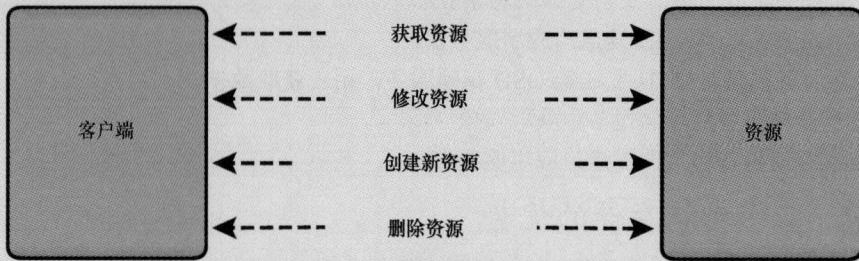

(a) REST

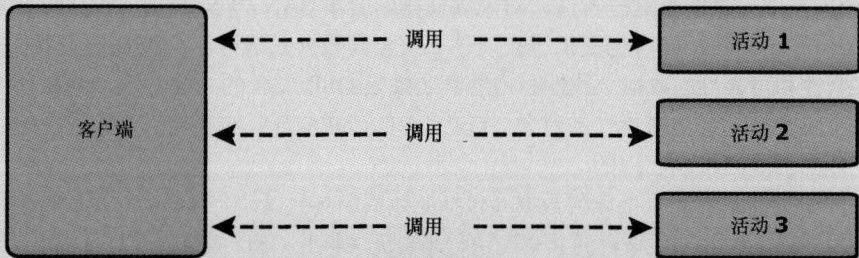

(b) SOAP

SOAP 是一个基于 XML 的协议，用于在运行不同操作系统、基于不同编程语言的网络应用之间相互通信。SOAP 提供了对 HTTP 表头和 XML 文件进行编码的流程，借助这个流程，不同的计算机之间可以互传信息。

8.2　内容寻址存储

CAS 是一种基于对象的存储系统，专用于固定内容的安全存储和获取。CAS 将用户数据及其相关属性作为独立的对象来存储。存储对象被分配了一个全局唯一的地址，即 CAS 中的内容地址。该地址来源于对象的二进制表示。CAS 提供了一个优化的并利于集中管理的存储解决方案。CAS 中的数据访问不同于其他 OSD 设备。在 CAS 中，应用服务器只通过服务器上运行的 CAS API 访问 CAS 设备。但是 CAS 存储数据的方式与其他 OSD 系统类似。

CAS 提供了存储固定内容所需的所有特性。CAS 的主要特性如下：

- **内容真实性**：CAS 保证了存储内容的真实性。它为存储对象创建一个全局唯一的内容地址并且不断检查计算存储内容的内容地址。因为分配给每一个固定内容的地址就好像是指纹一样独一无二，这就保证了存储内容的真实性。每当读入一个对象的时候，CAS 都会使用哈希算法重新计算它的内容地址并与其原始的内容地址作对比。如果验证失败，就会从使用镜像或校验等数据保护方式重建对象。
- **数据完整性**：完整性即确保存储内容未被改动。在 CAS 系统里，使用哈希算法确保了内容的真实性和完整性。如果固定内容被修改了，那么 CAS 会为其分配一个新的内容地址，而不会覆盖原有的固定内容。
- **位置无关性**：CAS 使用全局唯一的内容地址来检索数据，而不是使用目录路径或 URL 链接。使用内容地址来访问固定内容，使得所存储数据的物理地址与请求读取的应用程序相互独立，因此对于应用程序来说，从那里访问数据是透明的。
- **单实例存储（Single-instance storage，SIS）**：CAS 使用唯一的内容地址保证一个对象只保存一个实例。在写入一个对象的时候，CAS 系统会查看是否存在一个相同内容地址的对象。如果对象已经存在系统上，那么它不会再一次被存储，而只是创建一个指针指向该对象。

- **强制保留期**：保护和保留数据对象是一个归档系统的核心需求。在一个对象存储到 CAS 系统并且保留策略已经定义了之后，CAS 不会允许删除此数据，直到该策略过期。
- **数据保护**：CAS 能够保证即使在磁盘或节点出现故障时，存储在系统中的内容依然是可用的。CAS 为存储在系统上的数据对象提供了本地和远程保护。在本地保护中，CAS 对数据对象创建镜像或引入校验位。数据对象的两个副本被分别存储在一个集群中的两个节点上。这会减少 50% 的可用容量。采用校验位则是将数据对象分为几个部分，并为其生成校验位。数据的各个部分和校验位存储在不同的节点上。这种方法相对来说消耗的存储容量较少，但是如果发生数据损坏，重建数据需要的时间稍长一些。

针对远程复制，数据对象会被复制到远程的另外一个 CAS 系统。这样，即使本地 CAS 出现故障，依然可以从远程 CAS 系统访问数据。

- **快速记录检索**：CAS 将所有对象存储在硬盘上，与磁带或光盘相比，能提供更快的对象访问。
- **负载平衡**：CAS 将对象均衡分布在很多节点中，提高了吞吐量和可用性。
- **扩展性**：CAS 支持向集群中添加更多节点。这个过程不会造成数据访问中断，管理开销也微乎其微。
- **事件通知**：CAS 持续监控系统状态，对于需要管理员注意的任何事件，都会发出警报。事件通知通过简单网络管理协议（SNMP）、简单邮件传输协议（SMTP）或电子邮件发送给管理员。
- **自我诊断和修复**：CAS 能够自动探测和修复损坏的对象，还能向管理员报告可能出现的问题。在经过配置后，CAS 系统可以向远程的支持团队发送警报，由远程团队来对系统问题进行诊断和修复。
- **审计跟踪（Audit trails）**：CAS 保留着管理活动和对数据的访问和处理。审计跟踪是出于合规的需求。

8.3 CAS 应用实例

企业已经通过使用 CAS 方案解决了一些商业问题。下面的章节详细地描述了两个解决方案。

8.3.1 医疗保健行业解决方案：病历存储

一个大型的医疗保健中心每天检查数百个病人，由此产生大量的医疗记录。每一个记录也许由一张或多张图片组成，这些图片大小不等，有约 15MB 的标准的 X 光照片，也有超过 1GB 的肿瘤研究图片。病人的记录需要被在线存储一段时间，主要用于主治医生实时参考。即使病人的记录已经不再需要了，但有规定要求病人记录要以原始格式保存至少几年的时间。

医疗影像解决方案提供商使得医院能够在可接受的反应时间内查看具有不错分辨率的医疗记录（如 X 光照片），以进行快速病情诊断。图 8-7 显示了在这种情况下的 CAS 系统的使用。在 60～90 天后，病人的记录从主要存储系统转移到 CAS 系统。这样使得长期存储很便利，同时，通过访问 CAS 系统，记录可以被实时访问。

8.3.2 金融行业解决方案：财务数据存储

在一个典型的银行环境里，会产生大量的大小约为 25KB 的支票影像并通过 IP 网络传送到归

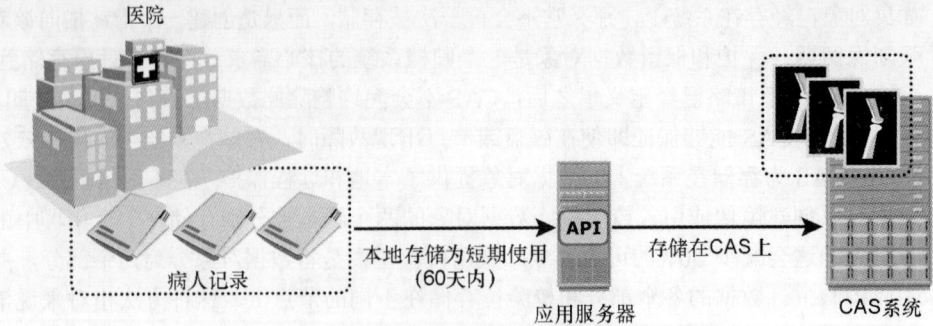

图 8-7　在 CAS 系统上存储病历信息

档服务器。一个支票影像服务提供商每个月大概要处理 9 000 万张影像。通常情况下，这些支票影像在一个交易系统中的活跃期是 5 天。

在接下来的 60 天，支票影像可能会因银行或个人核查而被访问。60 天后，访问会急剧下降。图 8-8 显示了在这种场景中 CAS 的使用。在 60 天后，支票影像会被存放在 CAS 系统中，存放时间由保留策略决定。

在金融服务应用中，存储支票影像只是众多 CAS 系统的用处之一。客户通过电子邮件发起的交易、合同和安全交易记录可能需要在线保持 30 年，在这种情况下，CAS 是一个首选的存储方案。

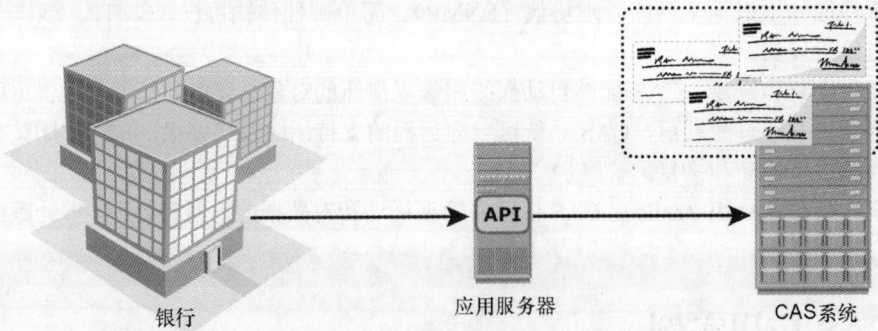

图 8-8　在 CAS 系统中存储金融记录

8.4　统一存储

统一存储是同时支持块、文件、对象访问的存储技术。它同时支持多种协议，如 CIFS、NFS、iSCSI、FC、FCoE、REST（表述性状态转移），以及 SOAP（简单对象访问协议）。

8.4.1　统一存储的组件

一个统一存储系统包括以下主要部件：存储控制器、NAS 头、OSD 节点和存储。图 8-9 显示的是一个统一存储平台。

存储控制器通过 iSCSI、FC 或 FCoE 为应用服务器提供块级访问。它包含了 iSCSI、FC 和 FCoE 前端端口，用于直接进行块访问。存储控制器还负责管理存储系统中的后端存储池。控制器配置 LUN，然后将 LUN 提供给应用服务器、NAS 头和 OSD 节点使用。提供给应用服务器使用的 LUN 表现为本地磁盘。在这些 LUN 上配置了文件系统，提供给应用程序，用于存储数据。

NAS 头是一个专用的文件服务器，负责为 NAS 客户端提供文件访问。NAS 头通常通过 FC 或 FCoE 连接经由存储控制器与存储连接。系统通常有至少两个 NAS 头，以确保冗余。提供给 NAS 头使用的 LUN 也是表现为本地磁盘。NAS 头在这些磁盘上配置文件系统，创建使用 NFS、CIFS 或者混合系统的区块，并将其输出给 NAS 客户端。

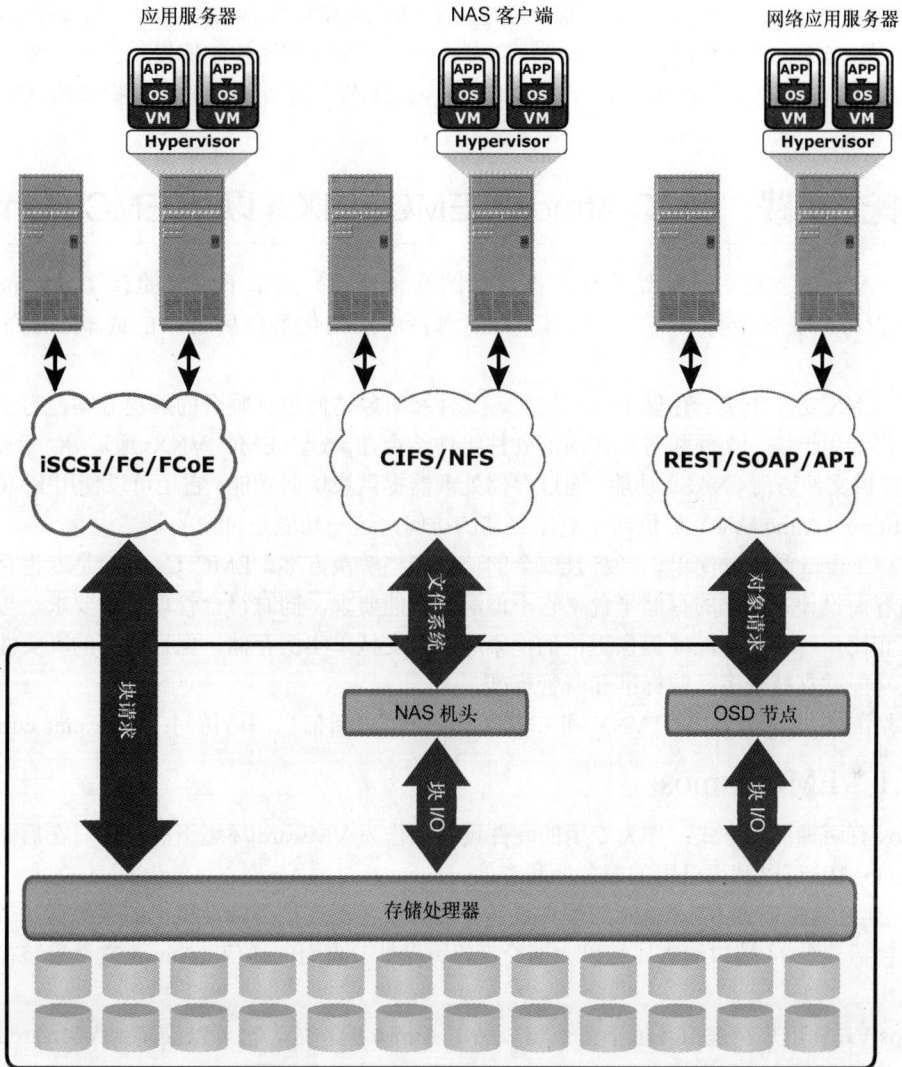

图 8-9　统一存储平台

OSD 节点使用 FC 或 FCoE 连接、通过存储控制器访问存储。分配给 OSD 节点的 LUN 表现为本地磁盘。这些磁盘由 OSD 节点配置，之后可以存储来自网络应用服务器的数据。

统一存储中的数据访问

在统一存储系统中，对于块、文件和对象的请求所经由的 I/O 路径是不同的。图 8-9 显示了块、文件、对象访问所经过的不同的 I/O 路径。

- 块 I/O 请求：应用服务器与存储控制器上的 FC、iSCSI 或 FCoE 端口连接。服务器通过这些连接发送块请求。存储处理器（storage processor）处理这些请求，并对应用服务器作出回应。

- 文件 I/O 请求：NAS 客户端（用于挂载或映射 NAS 共享）使用 NFS 或 CIFS 协议向 NAS 头发出文件请求。NAS 头接收此请求，将其转化为块请求，然后转发给存储控制器。在接到来自存储控制器的块数据后，NAS 头再一次将块请求转换成文件请求，将其发送到客户端。

- 对象 I/O 请求：网络应用服务器一般使用 REST 或 SOAP 协议发送一个对象请求到 OSD 节点。OSD 节点接收请求，将其转换为块请求，通过存储控制器发给磁盘。控制器对块请求进行处理，并将其发送给 OSD 节点。OSD 节点将所请求的对象提供给网络应用服务器。

8.5　概念实践：EMC Atmos，EMC VNX，以及 EMC Centera

EMC Atmos 支持对于非结构化数据（如图像和视频）的基于对象的存储。Atmos 集巨大扩展能力与专业智能与一身，专门用于应对海量非结构化数据所带来的成本、分布和管理问题。

EMC VNX 是一个统一存储平台，将块、文件和对象访问进行整合的解决方案。它使用模块化设计，将专用于块、文件和对象访问的硬件组件结合在一起。EMC VNX 通过 X 刀片（Data Movers）提供文件访问（NAS）功能，通过存储处理器提供块访问功能。它还可以使用 EMC Atmos Virtual Edition（Atmos VE）提供对于对象存储的访问，这一功能是可选的。

EMC Centera 是一种简单、经济且安全的信息归档解决方案。EMC Centera 是专为存储和检索固定内容而设计并优化的存储平台，它不但满足性能要求，同时符合管理法规要求。与传统的归档方案相比，EMC Centera 提供更快的检索速度、支持单实例存储、保证内容的真实性、具备自我修复功能并支持众多行业标准和监管标准。

欲了解 EMC Atmos、EMC VNX 和 EMC Centera 的最新信息，请访问：www.emc.com。

8.5.1　EMC Atmos

Atmos 有两种部署方式：作为专用的硬件设备或作为 VMware 环境下的软件。在后面一种情况中，Atmos VE 可以利用已用的服务器和存储。

图 8-10 显示的是 EMC Atmos 的硬件设备。硬件设备由连接到标准机柜的服务器（节点）组成。机柜包括一个 24 端口的吉比特以太网交换机，提供节点间的通信。Atmos 软件安装在每个节点上面。

Atmos VE 让用户在虚拟环境下依然可以利用 Atmos 的功能。它可以安装到 VMware ESXi 主机上的虚拟机中，经过配置后与 VMware 认证的后端存储配合使用。

以下是 EMC Atmos 的主要特性：

- **基于策略的管理**：EMC Atmos 可以根据业务策略自动对内容进行分布，提升了操作效率。策略由管理员定义，决定信息存储的方式、时间和位置。

- **保护**：Atmos 提供了两种对象的保护选项：复制和 GEO Parity：

- 复制在指定冗余位置创建对象的冗余副本，确保内容随时可用且可访问。

- GEO Parity 将对象分为多个段，并引入校验段，将它们分布在一个或多个指定位置，确保了内容随时可用且可访问。

- **数据服务**：EMC Atmos 提供了数据压缩和重复删除等数据服务。这是一个 Atmos 原生功能，可在策略中管理和访问。

- **网络服务和传统协议**：EMC Atmos 提供了面向网络应用的灵活的网络服务访问

（REST/SOAP），以及面向传统应用的文件访问（CIFS/NFS/可安装文件系统/Centera API）。

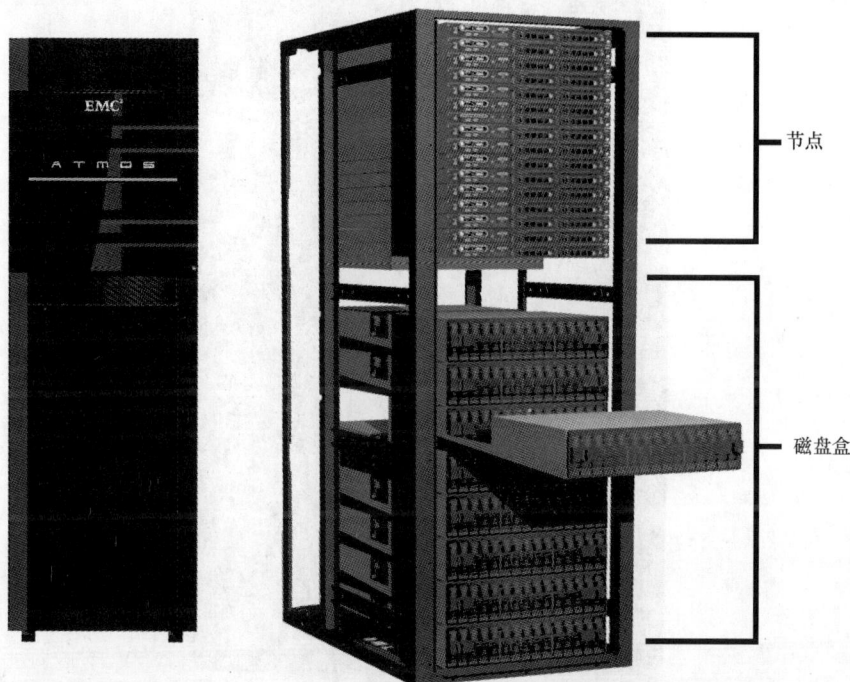

图 8-10　EMC Atmos 存储系统

- **自动系统管理**：EMC Atmos 提供了自动配置、自动管理和自动愈合功能，减少了管理介入和系统下线时间。
- **多租客**：EMC Atmos 允许同一架构可同时服务多个应用。每个应用都处于安全的隔间内，无法访问其他应用的数据。多租客设计非常适合服务提供商和计划提供云服务给多个客户或多个部门的大型企业（可实现同一架构下的逻辑安全分离）。
- **灵活的管理**：EMC Atmos 可通过图形用户界面或命令行界面（CLI）两种形式管理。

8.5.2　EMC VNX

VNX 是 EMC 公司的统一存储产品。图 8-11 显示的是 EMC VNX 存储阵列。

VNX 存储系统包括以下组件：

- 存储处理器（Storage Processor）支持使用 FC、iSCSI 和 FCoE 协议进行块 I/O 访问。
- X 刀片（X-Blades）从后端访问数据，支持主机使用 NFS、CIFS、MPFS、pNFS 和 FTP 协议访问。每个阵列的 X 刀片都是可以扩展的，并且提供了冗余，避免了单点故障的出现。
- 控制台（Control Station）提供了对于 X 刀片的管理功能。Control Station 还负责 X 刀片的失效转移（failover）。可为 Control Station 配置一个可选的匹配 Control Station，以实现 VNX 阵列中的冗余，避免单点故障的出现。
- Standby power supplies 为存储处理器和首个 DAE 提供足够电力，在发生电力故障时，确保还未执行写入的数据能够存储到跳跃区（vault area）。确保了不会出现写丢失。
- DAE 是阵列中磁盘的容器。有不同大小的 DAE 可选，分别可最多容纳 15、25 和 60 块硬盘。随着存储需求的增加，可以添加更多 DAE。

图 8-11　EMC VNX 存储系统

8.5.3　EMC Centera

EMC Centera 提供了 3 种不同的型号，以满足不同类型用户的需求。

- **EMC Centera Basic**：提供所有 Centera 的功能，但不能配置数据的保留期。
- **EMC Centera Governance Edition**：除了具有 EMC Centera Basic 模式的功能，该型号还允许企业对 CAS 存储的内容配置不同的保留期。使用 Governance Edition 可以强制执行相关组织和政策所规定的信息保留与处理条例。
- **EMC Centera Compliance Edition Plus**（**CE+**）：提供更全面的法规遵守能力。CE+旨在满足商业环境中对电子存储介质的最严格规范，如美国证券和交易委员会（SEC）或其他国家及国际监管组织的规定。

EMC Centera　架构

图 8-12 显示了 Centera 的架构。客户端通过局域网访问 Centera。客户端对于 Centera 的访问必须经过运行 Centera API（应用编程接口）的服务器。Centera API 负责为应用提供支持，以实现数据的存取。

Centera 使用的是冗余节点阵列（Redundant Array of Independent Nodes，RAIN）架构。它包括存储节点和访问节点，节点通过私有局域网连接成为一个集群。内部局域网在检测到配置改变（如增加存储节点或访问节点）时会自动重新配置。应用服务器通过外部局域网访问 Centera。

节点使用了低成本、大容量的 SATA 硬盘。在这些节点上运行着 CentraStar，即 Centera 的操作系统，提供 Centera 所需的所有特性和功能。

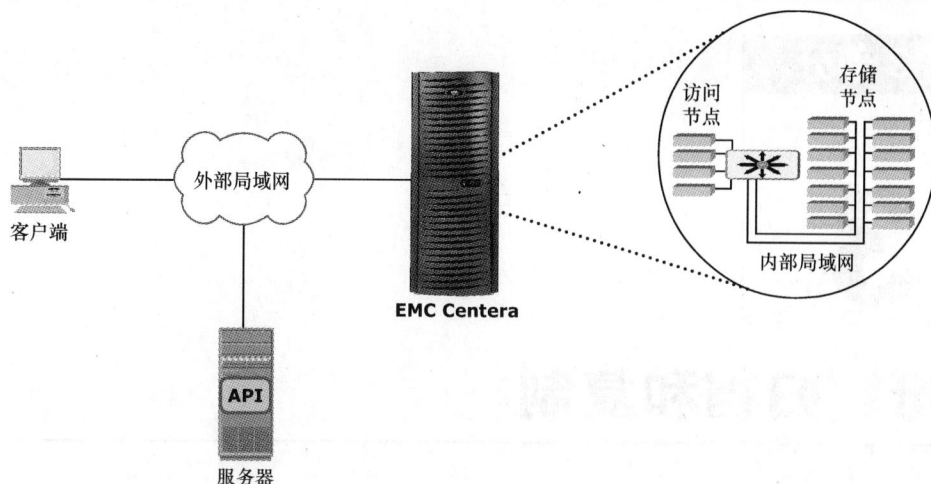

图 8-12　Centera 架构

在安装新节点时，会为其配置一个角色，这个角色定义了这个节点的功能。节点可以配置为存储节点、访问节点或双重角色节点。

存储节点用于存储和保护数据对象。有时它们也被称为后端节点。

访问节点提供了与应用服务器通过外部局域网的连接。访问节点与集群中的存储节点通过内部局域网连接。访问节点的数量取决于集群对于吞吐量的要求。如果一个节点的角色只是访问节点，那么它的磁盘空间不能用于存储数据对象。对于数据的存取请求通过外部局域网发送到访问节点。

双重角色节点同时具有存储节点和访问节点的功能。这种双重角色的配置比单一访问节点的设置更为普遍。

小结

基于对象的存储系统是一个有潜力的、适合存储持续增长的非结构化数据的方案。它还提供了满足合乎需求的长期数据保留功能。可利用对象的属性实现自动化的基于策略的数据管理。OSD的特性让其成为云环境下的优选方案。本章介绍了 OSD 的架构、组件、操作和内容寻址存储。

本章还介绍了统一存储。统一存储实现了对块、文件和对象的数据访问的整合。统一存储降低了整体拥有成本（TCO），可对多种应用提供存储访问。本章介绍了统一存储的组件和使用统一存储系统访问数据的过程。

较新的存储系统在性能、容量和保护方面都是有保障的。它们具备冗余，能避免因单点部件故障引起的中断。但是，资源和数据依然很难抵挡自然灾害和其他计划中或计划外的宕机对可用性的影响。下一章将会讲述业务连续性，以及能够保证高可用性和不间断业务操作的灾难恢复方案。

练习
1. 讨论 OSD 系统中对象的存储和获取过程。
2. 解释统一存储系统中块、文件和对象数据的存储和获取过程。
3. 研究并准备演示一个基于对象的存储优于 SAN 和 NAS 的场景。
4. 研究 REST、SOAP 以及它们的实现。
5. 在什么情况下统一存储适合数据中心？将统一存储与传统存储方案做比较，证明你的回答。

第 3 部分

3

备份、归档和复制

第 9 章
业务连续性概述

在今天的环境下，能持续访问数据是业务操作正常执行的必须满足的前提。发生信息不可用的事件的代价巨大，关键领域的故障带来的损失可达每小时数百万美元。对于信息可用性的威胁来自多个方面，诸如自然灾害、计划外的事件以及计划内的事件均能使信息不可用。为了克服这些危机，企业制定有效的策略将十分重要。业务连续性就是制定和实现这些策略的一个重要过程。

业务连续性（简称 BC）是一体化的企业级的过程，该过程包括了一个企业为了缓解已知和未知停机时间带来的影响所做的全部内部和外部的活动。BC 需要对由于系统中断带来的各种对业务操作的影响进行准备、响应和恢复。BC 涉及一些主动性的措施（例如，业务影响分析、风险评估和业务连续性技术方

关 键 概 念
业务连续性
信息可用性
灾难恢复
BC 规划
业务影响分析
多路径软件

案实施等）以及一些在故障发生时采取的补救措施（例如灾难恢复和重启动等）。业务连续性方案的目标就是确保那些至关重要的业务操作所要求的信息可用性。

在虚拟计算环境下，业务连续性技术方案需要同时保护物理资源和虚拟资源。虚拟化大幅简化了业务连续性策略和方案的实现。

本章将介绍影响信息可用性的主要因素，以及信息不可用带来的影响。还将解释 BC 策略的关键参数以及如何制定有效的 BC。

9.1 信息可用性

信息可用性（简称 IA）是指 IT 基础设施在特定操作时间能够以符合预期的方式运行的能力。信息可用性确保人们（雇员、客户、供应商以及合作伙伴）在任何需要的时候都能获取信息。信息可用性可以借助可获性、可靠性以及合时性来定义。

- **可获性**：信息能够在正确的位置提供给正确的用户。
- **可靠性**：信息应可靠且正确，应与存储时一致，没有更改或损坏。
- **合时性**：指定义信息可用的确切时刻或者时间窗（例如一天、一周、一月或者一年内特定的时间）。例如，如果某项应用的在线时间定义为每天上午 8：00 到晚上 10：00，那么在该时隙外任何数据可用性的中断将不认为会影响合时性。

9.1.1 信息不可用的因素

各种计划的或者未计划的事件都会导致数据不可用。**计划性中断**包括新硬件的安装、集成和维护，软件升级或补丁、进行备份、应用和数据的恢复、设备操作（修理和构建）以及对生产环

境测试的刷新和迁移。**非计划性中断**包括人为失误、数据库损坏以及物理或虚拟部件损坏引起的故障。

另外一种能够引起数据不可用的事件类型指自然或人为的灾难，例如洪水、火灾、地震和污染。如图 9-1 所示，大部分中断都是有计划的。计划的中断是可预期且可安排的，但是仍然会引起数据不可用。统计上，少于 1%的信息不可用事件很可能来自于不可预见的灾难。

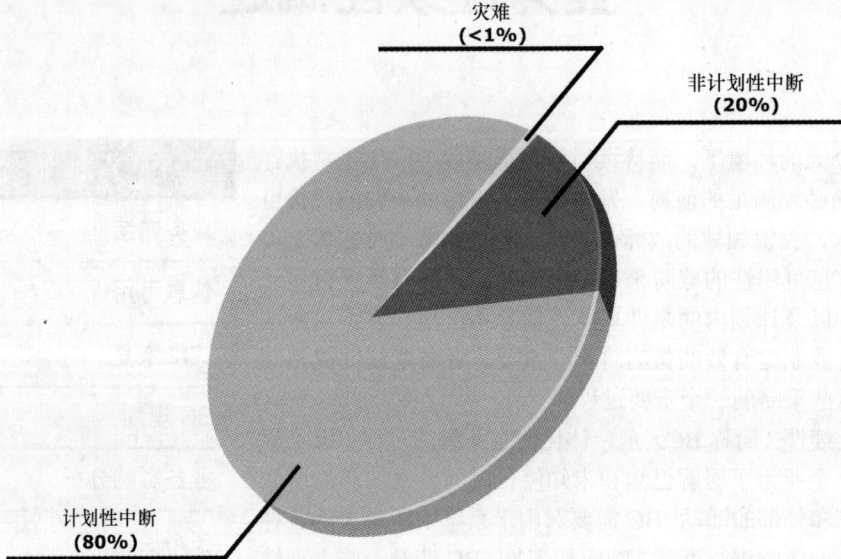

图 9-1   造成信息可用性中断的原因

9.1.2 停机时间的后果

数据不可用或者停机将导致生产能力损失、收入损失、财务表现下降、声誉受损。生产能力损失降低了单位劳动力、装备和资本的产出。收入损失包括直接损失、补偿性报酬、未来的收入损失、营业损失和投资损失。财务性能下降影响营收能力认可、现金流、贴现率、支付担保、信用评级以及股票价格。声誉受损将会导致客户、供应商、资金市场、银行和业务伙伴的信息丧失和信用降低。停机可造成的其他后果包括额外设备租金、加班和额外运输成本。

停机时间对业务的影响是所有特定中断带来的损失之和。在确定合适的 BC 方案时，每小时停机平均成本作为重要的度量方式来提供关键的评估。可以通过下面的方法计算：

每小时停机平均成本=每小时平均生产能力损失+每小时平均收入损失

每小时平均生产能力损失=（所有员工每周总工资和福利之和）/（每周平均工作小时数）

每小时平均收入损失=（该机构每周的总收入）/（该机构每周的营业小时数）

每小时停机平均成本也可以包括由于其他原因（比如声誉损害和维修系统的额外成本）带来的预期收入损失的估算。

9.1.3 信息可用性度量

信息可用性依赖于数据中心内硬件和软件部件的可用性。这些部件的故障能中断信息可用性。故障指某个部件提供所需功能的终止。部件的功能可以通过执行某种外部纠错操作予以恢复，例如手动重启动、修复或者替换故障部件。修复涉及通过某些过程和资源对部件的恢复，以使其在特定时间内处于能够执行所需功能的状态。作为 BC 计划过程一部分的主动风险分析需考虑部件故障率和平均修复时间，分别用 MTBF 和 MTTR 进行度量。

- MTBF（Mean Time Between Failure，平均故障间隔时间）指对一个系统或者部件在两次故障间运行其正常功能的平均时间。MTBF 是衡量系统或部件可靠性的指标，一般以小时计算。
- MTTR（Mean Time To Repair，平均修复时间）指修复一个故障部件的平均时间。当计算 MTTR 时，需假设引起故障的原因能准确找出，并且用于修复的时间和人力也是可获得的。故障指由于物理部件的问题而导致数据不可用。MTTR 包括以下几部分工作时间：检测故障、调动维护队伍、诊断故障、获取备用部件、修理、测试和恢复数据。图 9-2 显示了系统正常工作时间和停机时间的各种度量。

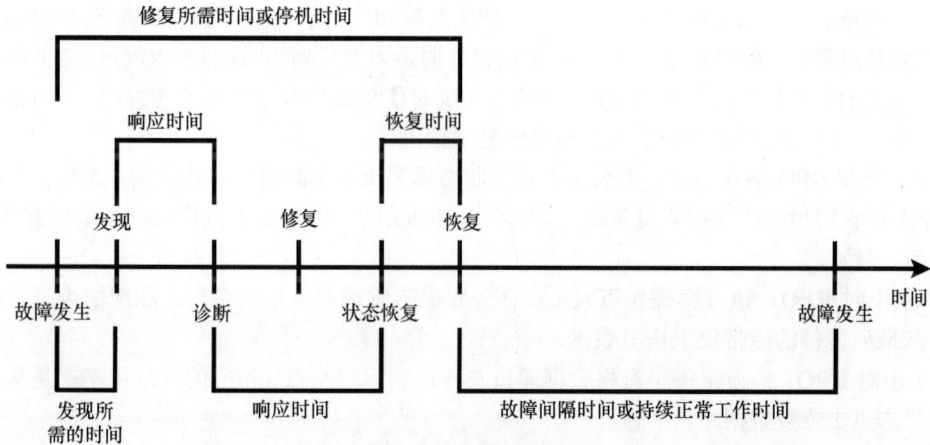

图 9-2　信息可用性的度量

IA 指一个系统处于按照需求实现其功能的这段时间。IA 可用系统正常工作时间和停机时间表达，也可用系统正常工作时间的总量或者比例进行衡量。

$$IA=系统正常工作时间/（系统正常工作时间+系统停机时间）$$

系统正常工作时间指的是系统处于可访问状态的时间。系统不能访问的时间属于停机时间。如果用 MTBF 和 MTTR，IA 可以表达为：

$$IA=MTBF/（MTBF+MTTR）$$

每年的正常工作时间是基于服务确切合时性需求的，对其的计算采用连续"9"来度量可用性。表 9-1 列出了对各级别可用服务要求的停机时间近似量。

例如，某服务具有 5 个 9 的可用性表示在一年中 99.999%的计划时间（24×365）内都能提供其功能服务。

表 9-1　　　　　　　　　　　　可用性百分比和允许的停机时间

正常工作时间比例（%）	停机时间比例（%）	每年停机时间	每周停机时间
98	2	7.3 天	3 小时 22 分
99	1	3.65 天	1 小时 41 分
99.8	0.2	17 小时 31 分	20 分 10 秒
99.9	0.1	8 小时 45 分	10 分 5 秒
99.99	0.01	52.5 分	1 分
99.999	0.001	5.25 分	6 秒
99.9999	0.0001	31.5 秒	0.6 秒

9.2   BC 术语

本节将介绍和定义与 BC 操作相关的通用术语，这些术语将在后面的章节中用来阐述更深入的概念。

- **灾难恢复**：指当灾难发生时为了支持重要的业务操作而进行的对系统、数据和基础架构的恢复等一系列的相互协调的过程。灾难恢复是对以前数据备份的恢复并且应用日志或其他必要方式将备份恢复到一个已知一致性位置的过程。一旦完成了全部恢复，为确保数据正确必须对其进行验证。
- **灾难重启动**：指利用基于镜像的、一致的数据和应用的备份重新启动业务操作的过程。
- **恢复点目标（RPO）**：指中断之后系统和数据必须恢复到的时间点。RPO 定义了业务能够承受的数据损失量。大的 RPO 意味着系统对信息损失有着较高的容忍度。在 RPO 的基础上，组织可以计划制定备份和复制最小频率。

例如，如果 RPO 是 6 小时，那么备份和复制必须至少 6 小时进行一次。图 9-3（a）说明了不同的 RPO 和它们相应的理想恢复策略。在对设定 RPO 的分析基础上机构可以制定出有效的 BC 技术方案。例如：

- **24 小时 RPO**：该方案确保每天午夜在外置磁带驱动器上生成备份。相应的恢复策略就是从最后备份的磁带集上恢复数据。
- **1 小时 RPO**：该方案每小时将数据库日志传送到远程站点。相应的恢复策略就是从最后的日志点上恢复数据库。
- **几分钟的 RPO**：建立一个远程的异步数据镜像。
- **零 RPO**：该方案将关键任务数据同步镜像到远程站点。

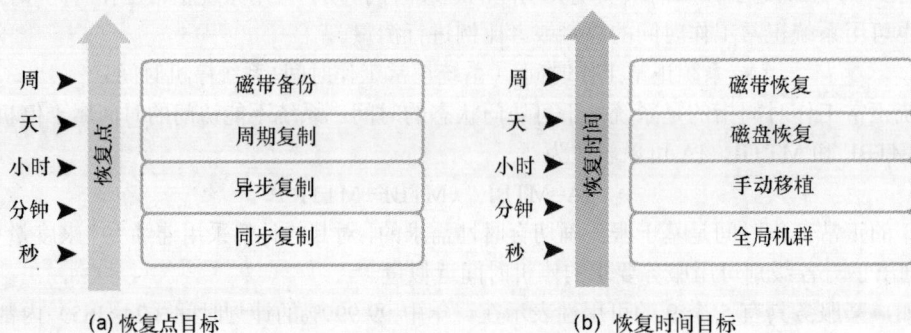

图 9-3   满足 RPO 和 RTO 的策略

- **恢复时间目标（RTO）**：指在中断后系统、应用和功能必须恢复的时间。RTO 定义了业务能够容忍和生存的停机时间。对一个特定的数据中心或者网络，业务可以在定义了 RTO 之后实现对灾难恢复计划的优化。例如，如果 RTO 是两个小时，那么可以采用恢复速度更快的磁盘备份而不使用磁带备份。但是，如果 RTO 是一周时间，那么磁带备份就可以满足要求了。下面给出了一些 RTO 实例和恢复策略（参考图 9-3（b））：
- **72 小时 RTO**：可以从位于冷站点的磁带备份中恢复。
- **12 小时 RTO**：可以从位于热站点的磁带备份中恢复。
- **几小时 RTO**：在热站点中使用**数据储备（Data Vault）**。
- **秒级 RTO**：采用具有双向镜像功能的集群生产服务器，使得应用可以同时在两个不同站点同时运行。

- **数据储备（Data Vault）**：在远程站点的一个容器，数据可以周期性或连续性复制（到磁带或者磁盘），确保在另一个站点总有一份数据拷贝。
- **热站点**：当灾难发生时企业业务可以转移到这个站点上。在该处具有所需的硬件、操作系统、应用以及网络以支持业务操作，并且任何时刻设备是可用并且可运转的。
- **冷站点**：当灾难发生时企业的操作可以转移的地方，但是该处仅具有最小的基础架构和环境设备，并且处于未激活状态。
- **服务器集群**：多个服务器和其他必要资源的组合，实现作为单一系统方式进行操作。集群能确保高可用性和负载平衡。在典型的故障转移（failover）集群中，一个服务器运行应用并更新数据，另一个服务器作为冗余在需要的时候可以完全接管整个系统。在更复杂的集群中，有多个服务器访问数据，一个服务器随时待命。服务器集群化将应用负载均衡地在集群中的多个服务器间分布，实现了负载的均衡。

9.3 BC 计划生命周期

BC 计划像任何其他的计划过程一样必须遵从严格的流程。目前各种组织都设置特定资源用于开发和维护 BC 计划。从 BC 计划的概念到实现，整个 BC 过程可定义为一个活动生命周期。BC 计划生命周期包括 5 个阶段（见图 9-4）。

1. 确定目标
2. 分析
3. 设计开发
4. 实现
5. 训练、测试、评估和维护

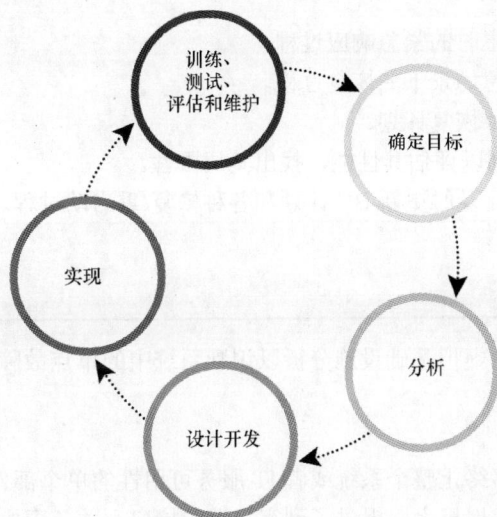

图 9-4　BC 计划生命周期

BC 计划生命周期的每一个阶段都有几个活动需要进行，包括下面的关键活动。

1. 确定目标
- 决定 BC 需求。
- 评估为达到这些需求所要求的范围和预算。
- 选择一个 BC 团队，其中必须有所有业务领域（无论内部或者外部）的专家。

- 创建 BC 政策。

2．分析

- 收集有关数据分布、业务过程、基础架构支持、依赖性和业务基础架构使用频率方面的信息。
- 进行业务影响分析。
- 找出关键业务流程，为其分配恢复优先级。
- 对关键功能进行风险分析，制定应对策略
- 基于应对策略对可选方案进行成本效用分析。
- 评估可选项。

3．设计开发

- 定义团队结构，分配个人角色和任务。例如，根据不同的活动需要组成不同的团队，比如紧急响应、损害评估以及基础架构和应用的恢复。
- 设计数据保护策略和开发基础架构。
- 制定应急方案。
- 制定紧急响应过程。
- 详细的恢复和重启动流程。

4．实现

- 实现风险管理和包括备份、复制、资源管理在内的缓解风险的措施。
- 准备好一旦灾难影响到主数据中心时可以使用的灾难恢复站点。
- 对数据中心的每种资源实现冗余以防止单点故障。

5．培训、测试、评估和维护

- 培训那些负责在正常业务或者当 BC 计划修改时对关键业务数据的备份和复制工作的员工。
- 培训员工当灾难发生时的紧急响应过程。
- 培训恢复团队在应急场景下的恢复过程。
- 进行损害评估并评审恢复计划。
- 经常性测试 BC 计划以评估其性能，找出其局限性。
- 根据数据中心的变化及时更新 BC 计划和各种恢复/重启动过程。

9.4　故障分析

故障分析涉及对物理及虚拟基础设施分析以识别系统中的单点故障，并实现容错性机制。

9.4.1　单点故障

单点故障是指那些能够终止整个系统或者 IT 服务可用性的单个部件的故障。图 9-5 显示了一种系统配置，应用运行在虚拟机上，提供了到客户端的接口，并负责执行 I/O 操作。客户端与服务器通过 IP 网络连接。服务器通过 FC 与存储阵列连接。

有一种系统配置，系统每个部件必须按要求工作以确保数据的可用性，单个部件的故障会引起整个数据中心或者应用的故障，结果导致业务操作的中断。例如，一个 Hypervisor 的故障可能影响所有运行的 VM，以及相应虚拟网络。在图 9-5 所示的配置中，我们可以找到多个单点故障点。VM、Hypervisor、服务器上的 HBA/NIC、物理服务器、IP 网络、FC 交换机、存储阵列端口，甚至存储阵列都是可能的单点故障点。

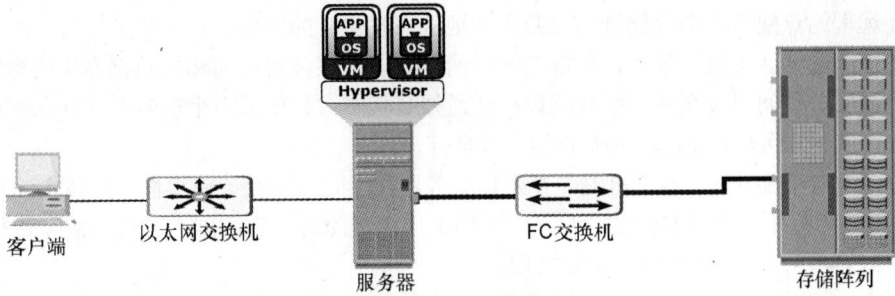

图 9-5 单点故障

9.4.2 解决单点故障

为了缓解单点故障，系统设计时应采用冗余方式。这样只有在所有冗余组部件都失效时系统才会失效，这样做确保了单点故障不会影响数据可用性。

数据中心遵从严格的容错指导，以实现无中断的信息可用性。为了消除每个单点故障，需进行仔细的分析。图 9-6 中显示的例子显示了所有可消除单点故障的措施：

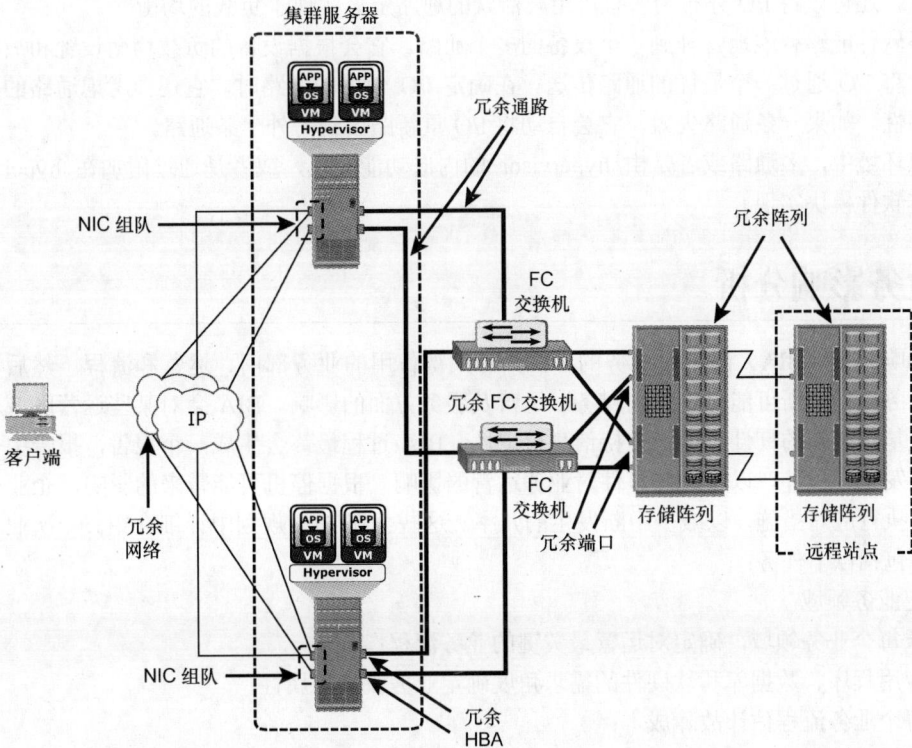

图 9-6 解决单点失效

- 服务器配置冗余 HBA 以消除单 HBA 故障。
- 在服务器中配置 NIC 组合（teaming），防止单物理 NIC 故障。这涉及将两个或两个以上的 NIC 组合，将其视为单个逻辑设备。如果其中一个 NIC 出现故障或者线缆断开时，流量可转移到团队中的另外一个 NIC 上。NIC 组合消除了由单一物理 NIC 引起的单点故障。
- 配置冗余交换机以解决单交换机故障。
- 采用多存储阵列端口，减少端口失效造成的影响。
- 配置 RAID 及热备盘，防止磁盘故障，保障连续操作。

- 在远程站点配备一个存储阵列以减少本地故障发生时的损失。
- 实现服务器（主机）集群，集群是一种两个或多个服务器访问相同数据卷集的容错机制。集群服务器间通过交换心跳数据以相互通知其状态。如果某一个服务器或 hypervisor 出故障，其他服务器或 hypervisor 将接管其全部工作。
- 配置 VM（虚拟机）容错机制，在发生服务器故障时确保业务连续性。此技术涉及在另外一个服务器上为每个 VM 创建副本。当一个 VM 出现故障时，它的副本可用于故障转移。两个 VM 彼此保持同步，以保证转移的成功实现。

9.4.3   多通路软件

配置多个通路提高了在通路故障转移时的数据可用性。如果服务器仅有一个 I/O 通路，那么一旦通路出现故障，将无法获取数据。冗余通路消除了通路成为单点故障的可能性。数据的多通路通过负载均衡也提升了 I/O 性能，并提高了服务器、存储和数据通路的利用率。

实践中，仅配置多个通路是不能满足要求的。即使在多路径情况下，如果出现单路径故障，除非系统意识到存在另外的通路，否则 I/O 是不会重新路由的。多通路软件能够识别并利用数据的其他通路，还可以将 I/O 分布到所有可用且活跃的通路上，实现了负载的均衡。

多通路软件能够智能地管理到一个设备的多个通路。它会根据设备的负载均衡设置和故障转移策略设置将 I/O 通过一个最优的通路传送。在确定 I/O 使用的通路时，它还会考虑通路的使用情况和可用性。如果一条通路失效，它会自动将 I/O 重新路由到另外一条通路。

在虚拟环境中，多通路或者是由 hypervisor 的内嵌功能实现，或者是通过附加在 hypervisor 上的第三方软件模块实现。

9.5   业务影响分析

业务影响分析（BIA）确定对业务的存亡具有关键作用的业务部门、运营和流程。然后评估这些关键业务流程中断可能会造成的财务、运营及服务方面的影响。BIA 会对某些运营区域进行评估，确定基础架构的韧性，能否支持信息可用性。BIA 过程最终会生成一个报告，报告中会详细分析可能发生的事件，以及这些事件对业务运营的影响。根据停机可能带来的影响，企业可以根据优先级执行应对措施，以减少中断发生的几率。这些会在 BIA 规划中详细介绍。一次业务影响分析通常包括以下任务：

- 确定业务领域；
- 对于每个业务领域，确定对运营最关键的业务流程；
- 从应用程序、数据库和软硬件的需求角度确定业务流程的属性；
- 为每个业务流程估计故障成本；
- 计算最大可容忍的停机时间，为每个业务流程定义 RTO 和 RPO；
- 确定业务流程运营所需的最少资源；
- 确定恢复策略和实施成本；
- 根据业务优先级优化备份和业务恢复策略；
- 分析业务连续性的现状，并对未来业务连续性规划进行优化。

9.6   BC 技术方案

在分析了中断可能造成的业务影响后，就应该制定合适的故障恢复方案。可使用下面的方法维护一个或多个数据副本，用于数据恢复和业务重启：

- **备份**：数据备份是确定数据可用性最主要的办法。备份的频率由 RPO、RTO 以及数据变化的频率决定；
- **本地复制**：数据能够复制到同一阵列的不同位置。副本可单独用于其他业务操作。发生数据损坏时，副本也可以用于重启业务操作；
- **远程复制**：数据可复制到远程的另外一个阵列中。如果因为灾难本地的存储阵列丢失，还可以使用远程存储阵列中的数据重启业务操作。

9.7　概念实例：EMC PowerPath

PowerPath 是一种能提供路径故障转移和负载平衡功能的基于主机的多路径软件。PowerPath 位于操作系统和设备驱动程序之间。EMC PowerPath/VE 软件将 PowerPath 的多通路功能应用到虚拟环境中，实现了对虚拟环境的优化。

欲了解最新信息，请访问：www.emc.com。

9.7.1　PowerPath 特性

PowerPath 有如下特性：

- **动态通路配置和管理**：PowerPath 可以灵活定义某些通路为活跃而另一些通路为备用。当所有的活跃通路都失效时，备用通路将被启用。通过设置通路为备用或者活跃模式可以动态添加或者删除通路。
- **多通路动态负载平衡**：PowerPath 在所有的可用通路间分布 I/O 请求。这样减少了瓶颈并提升了应用性能。
- **自动通路失效切换**：当某通路失效时，PowerPath 可以在不中断应用操作的情况下实现无缝的通路切换。PowerPath 重新分布 I/O 到最佳通路以获得最优的主机性能。
- **主动通路测试和自动通路发现**：PowerPath 采用自动探测和自动恢复功能主动测试失效和已恢复的路径。自动探测功能在发送 I/O 之前周期性检测并标识失效通路。这项功能使得 PowerPath 提前关闭某些通路，而应用程序不会发生由于在失效的通路上发送数据而带来的延时等待。PowerPath 的自动恢复功能每五分钟运行一次，以测试每个失效或关闭的通路并判断通路是否已经得到修复。
- **集群支持**：在服务器集群中部署 PowerPath 后，如果发生通路失效，不必再执行集群失效切换，只需进行通路失效切换即可。

9.7.2　动态负载平衡

在 I/O 负载不均衡的环境中，使用 PowerPath 可带来巨大的性能提升。对于每一次 I/O，PowerPath 过滤驱动器都会依据逻辑设备的负载平衡策略和失效转移设置选择通路。驱动器标识所有可用的通路并创建一个叫做卷通路集（volume path set）的路由表。PowerPath 支持用户指定以下的负载平衡策略。

- **循环策略**：I/O 请求以循环的方式分配给每一个可用路径。
- **最少 I/O 政策**：I/O 请求被路由到具有最少 I/O 请求队列的路径上，而不管总的 I/O 块数目。
- **最少块策略**：I/O 请求被路由到队列中 I/O 块最少的通路上，而不管总的 I/O 请求数目。
- **基于优先级策略**：基于读写、用户指定设备或者应用优先级等因素，将 I/O 请求在多通路间平衡。

无 PowerPath 的 I/O 操作

图 9-7 显示的是存储系统环境中没有 PowerPath 时的 I/O 操作过程。主机上的应用有四条通往存储阵列的路径。两条路径因为有较多的 I/O 流量所以负载很高，而另外两条则负载较轻。应用无法实现最佳性能。

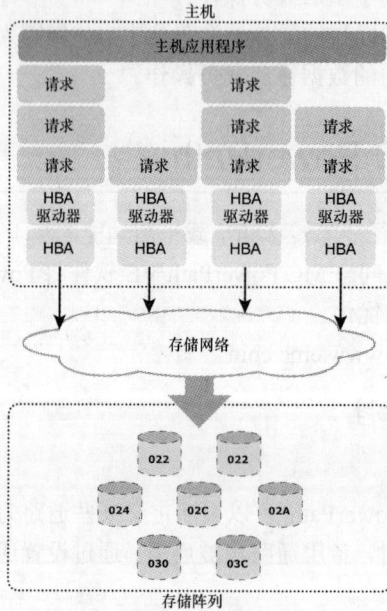

图 9-7　无 PowerPath 的 I/O 操作

使用 PowerPath 的 I/O 操作

图 9-8 显示的是在存储系统环境中使用 PowerPath 时的 I/O 操作过程。PowerPath 使用负载均衡算法，确保了通往存储的 4 条通路的 I/O 请求的平衡。这样，应用能有效地利用其资源，提升其性能。

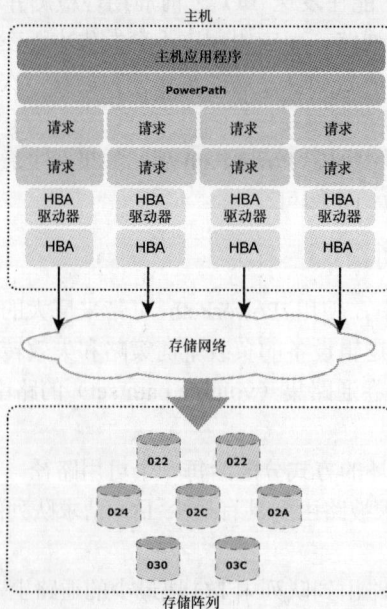

图 9-8　使用 PowerPath 的 I/O 操作

9.7.3 自动通路失效切换

接下来的两个例子说明了在主动-主动和主动-被动阵列配置情况下，发生路径失效时 PowerPath 实现通路失效转移操作的过程。

无 PowerPath 的通路失效

图 9-9 显示的是一个没有使用 PowerPath 的场景。因为单点故障（如 HBA 故障、存储阵列前端连接故障、交换机端口故障，或线缆故障）导致的通路丢失（在图中用"X"标识），会造成使用该通路的一个或多个应用的中断。

使用 PowerPath 的通路失效切换：主动-主动阵列

图 9-10 显示的主动-主动阵列配置的存储系统环境使用了 PowerPath 执行 I/O 操作。在主动-主动存储阵列中，如果到一个逻辑设备有多条通路，那么所有通路都是活跃的，且都可以通往该逻辑设备。如果一条通路失效，PowerPath 将应用 I/O 转移到另外的路径上，不会造成应用中断。

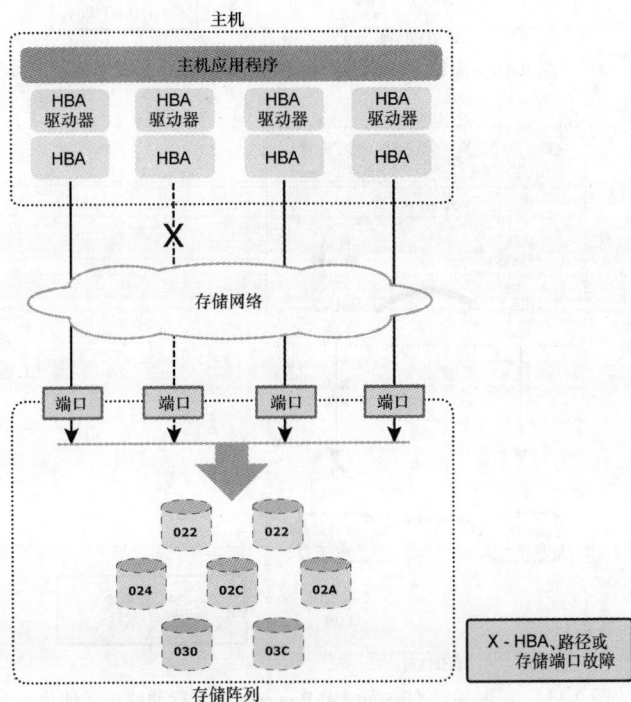

图 9-9 无 PowerPath 的通路失效

使用 PowerPath 的通路失效切换：主动-被动阵列

在图 9-11 显示的场景中，一个逻辑设备被分配给存储处理器 B（SP B）。所有 I/O 都将通过 SP B 到达设备。也可以通过 SP A 访问逻辑设备，但是只有在 SP B 失效、逻辑设备被重新分配给 SP A 的情况下才可以。

线路连接、HBA 或者存储处理器（SP）出现问题都可能导致通路失效。当发生通路失效时，主动-被动配置的存储阵列会使用 PowerPath 以下列方式执行通路失效切换操作。

■ 如果通过 HBA2 或 HBA 1 到 SP B 的 I/O 路径失效，PowerPath 会采用另外一条到 SP B 的可用路径。

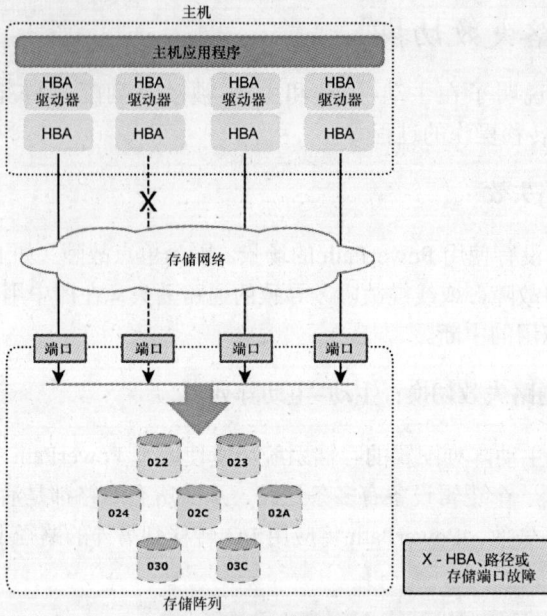

图 9-10　主动-主动型阵列配置实现通路失效转移

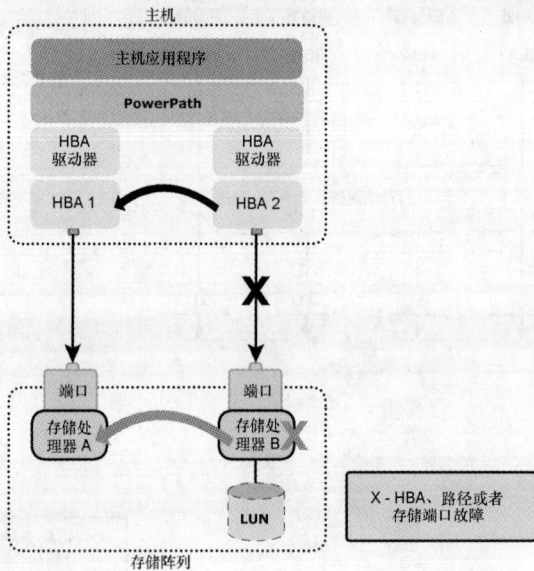

图 9-11　主动-被动型阵列使用 PowerPath 进行通路失效切换

- 如果 SP B 失效，PowerPath 停止所有到 SP B 的 I/O 请求并将设备转移传递（trespass）给
  SP A。所有的 I/O 都将发送给 SP A（之前备用的通路现在处于使用状态）。这一过程称为
  LUN 转移传递（LUN trespassing）。当 SP B 重新在线工作时，PowerPath 识别到 SP B 可用，
  并在将 LUN 转移传递回 SP B 之后，将 I/O 发送到 SP B。

小结

技术革新带来了一大批可用于业务连续性的存储设备和方案。任何业务连续性方案的目标都
是确定最合适的风险控制和风险避免流程，以避免失效。分析软硬件配置，找出单点故障，确定

他们对业务运营的影响，这一系列的步骤是非常重要的。业务影响分析（BIA）帮助企业制定合适的业务连续性方案，确保存储设施和服务能满足业务的需求。业务连续性为企业提供了一个框架，用于在物理或虚拟环境下，实施有效且成本效益高的灾难恢复和重启。在一个不断变化的业务环境中，业务连续性是一门高要求的营生。

接下来的三章将会讨论具体的 BC 技术方案、备份、复制和远程复制。

练习

1. 某系统有三个组件，要求三个组件在周一到周五每天 24 小时都可运行。组件 1 发生故障的情况如下：

- 周一：没有故障
- 周二：上午 5 点到 7 点
- 周三：没有故障
- 周四：下午 4 点到 8 点
- 周五：上午 8 点到 11 点

请计算组件 1 的 MTBF 和 MTTR。

2. 某系统有三个组件，三个组件在周一到周五的营业时间（上午 8 点到下午 5 点）内必须可以运行。组件 2 的故障情况如下：

- 周一：上午 8 点到 11 点
- 周二：没有失效
- 周三：下午 4 点到 7 点
- 周四：下午 5 点到 8 点
- 周五：下午 1 点到 2 点。

计算组件 2 的可用情况。

3. 银行的 IT 部门在每周一到周五上午 9 点至下午 4 点向用户提供货币兑换率表。IT 部门则在上午 8 点从主机系统中获得来源更新该表，更新过程需要 35 分钟完成。在某周四由于数据库损坏，兑换率表无法更新。在上午 9 点 5 分，发现了该表出现错误。接下来就是重新进行更新过程，在 9 点 45 分完成了表的重建。然后，用了 15 分钟进行验证后兑换率表对各银行分支可用。假设发生故障的该周没有其他情况发生，货币兑换率表在该周的可用性情况如何？

4. 调研数据中心运营中计划内和计划外的信息不可用的情况。

5. 调研用于数据中心的服务器集群技术。

6. 下图给出了存储配置情况。

对此配置做单点故障分析，并给出方案，消除所有单点故障。

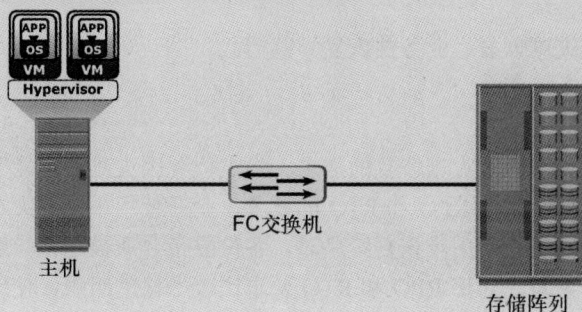

第 10 章
备份和归档

备份是生产数据的副本，创建和保存它的唯一目的是希望用它恢复被删除或损坏的数据。处于业务和法规的原因，企业对于数据存储、保留和可用性的要求日益提高，需要保存的数据量也不断增长。信息的增长、紧缩的 IT 预算以及没有足够时间进行备份让问题更加复杂。企业也需要一个更快的方法，恢复备份的数据，以满足服务水平协议（SLA）的要求。

要实现一个成功的备份恢复方案，需要对各种备份方法及其恢复过程和保留需求进行评估。

企业生成并维护着大量数据，大多数数据都是固定内容数据。一段时间之后，这些固定内容数据的访问几率大幅下降。但是法规要求这些数据依然需要继续保留几年。将这些数据存储在主存储系统增加了企业的存储成本，也增加需要备份的数据量，从而延长了备份所需的时间。

数据归档是将不再频繁使用的数据，从主存储系统转移到成本较低的次存储系统。数据在次存储系统中保留较长一段时间，以满足法规要求。将数据从主存储系统中移出，减少了需要备份的数据量，从而减少了备份数据所需的时间。

本章将会详细介绍备份的目的、备份和恢复需要考虑的问题、备份的方法、体系结构、拓扑，以及备份的目标。还会涉及使用重复数据删除技术对备份进行优化，以及虚拟环境下的备份。数据归档类型和归档方案的体系结构也会介绍。

关 键 概 念
备份粒度
备份体系结构
备份拓扑
虚拟带库
数据重复删除
虚拟机备份
数据归档

10.1 备份目的

备份有三个目的：灾难恢复、业务性恢复和归档。

10.1.1 灾难恢复

备份的一个目的是为了应对灾难恢复的需求。当主位置因灾难而不能工作时，备份的副本将用于在第二地点恢复数据。基于 RPO 和 RTO 的要求，企业使用不同的灾难恢复数据保护策略。当使用基于磁带的备份方法作为灾难恢复策略时，备份磁带介质被运往异地保存。这些磁带可以用于灾难恢复点的数据恢复。对于 RPO 和 RTO 要求比较严格的组织，使用远程复制技术复制数据到灾难恢复位置，这样使得组织能够在遇到灾难时以相对短的时间恢复生产系统。远程复制技术将在第 12 章中介绍。

10.1.2　业务性恢复

生产环境中的数据随着每一次业务和操作而变化。备份用于例行处理过程中发生数据丢失和逻辑损坏时的数据恢复。在大多数组织中多数恢复请求都属于这种形式。例如，如果用户意外删除了一封重要的电子邮件或者某个文件损坏，都可以使用备份数据进行恢复。

10.1.3　归档

进行数据备份也可能是出于归档的需要。虽然内容寻址存储（CAS）已成为最主要的归档方案（CAS 在第 8 章中进行介绍），依然有一些中小企业使用传统的备份方式来长期保存交易记录、电子邮件信息以及其他法律法规要求的商业记录。

备份窗口

　　　　源数据可用于数据备份的一段时期叫做备份窗口。进行备份有时需要暂停业务操作，因为被备份的数据已被备份过程锁定，不能访问。

10.2　备份考虑

能够承受的数据丢失量和停机时间（以 RPO 和 RTO 衡量）是选择和实现备份策略时需要考虑的最关键的问题。RPO 指的是数据必须恢复到的时间点，也是重启业务操作的时间点。RPO 决定了执行两次备份之间的间隔。也可以说，RPO 决定了备份的频率。例如，如果某个应用需要的 RPO 为一天，那么每天至少要备份一次。另外需要考虑的是保留期，指的是备份数据需要保留的时间。有些数据需要保留数年，有些则只需要保留几天。例如，用于归档的数据备份要保留的时间比用于业务性恢复的数据备份的时间长。

备份媒体类型或备份目标也是一个需要考虑的问题，它由 RTO 决定，会影响数据恢复的时间。启动和停止一个磁带备份系统会极大影响备份性能，特别是备份大量的小文件时。

企业还要考虑备份的粒度（将在 10.3 备份粒度中介绍）。指定备份策略时还必须确定执行备份的最佳时间，减少对业务操作的影响。备份位置、大小、文件数量和数据压缩也是需要考虑的问题。位置是数据备份中需要考虑的一个非常重要的问题。许多企业有多个异构平台，分布在本地或远程。假设有一个数据仓库环境，使用多种数据源的备份数据。备份的过程必须知道这些数据源的位置，确保交易和内容的完整性。这个过程必须在所有数据保存地点的所有平台协调进行。

文件大小和文件数量同样影响备份的过程。备份体积较大的文件（如 10 个 1 MB 的文件）花费的时间较短，而备份同样数据量、但是单个文件体积较小的文件（如 10 000 个 1 KB 的文件）花费的时间较长。

因为能够节省空间，数据压缩和重复数据删除（将在"10.11 备份重复数据删除"中详细介绍）广泛用于备份环境中。许多备份设备（例如磁带驱动器）内建基于硬件的数据压缩支持。某些数据（如应用代码）不能很好压缩，而文本数据适于压缩。

10.3 备份粒度

备份粒度依赖于业务需求和所需的 RTO/RPO。根据不同粒度，备份可分为全备份、增量备份和累积备份（差异备份）。大多数机构采用三种备份类型的组合以满足其备份和恢复要求。图 10-1 说明了备份粒度的分类。

全备份指对生产卷上的所有数据进行完整备份。全备份副本由复制生产卷上的数据到备份存储设备而得到。它的恢复较快，但是消耗空间较大，备份时间也较长。增量式备份复制自上次全备份或者增量式备份以来（取两者中较晚者）修改的数据。由于仅限于对修改的数据进行备份，这种备份非常快，但是恢复起来却很耗时。累积式（或称差分式）备份复制自最后一次全备份以来修改的数据。这种方式备份时间比增量式长，但恢复快。

> **综合全备份**
>
> 另外一种全备份的形式是综合（或构造）全备份。这种方法适用于生产卷无法提供足够的时间窗口用于执行全备份的情况。通常这种备份使用最近的全备份和之后进行的增量式备份创建。称其为综合的原因是，备份并非是直接通过生产卷创建的。综合全备份可以离线创建，不会影响生产卷的 I/O 操作。这也释放了备份过程中较多的网络资源，让这些资源能用于其他生产用途。

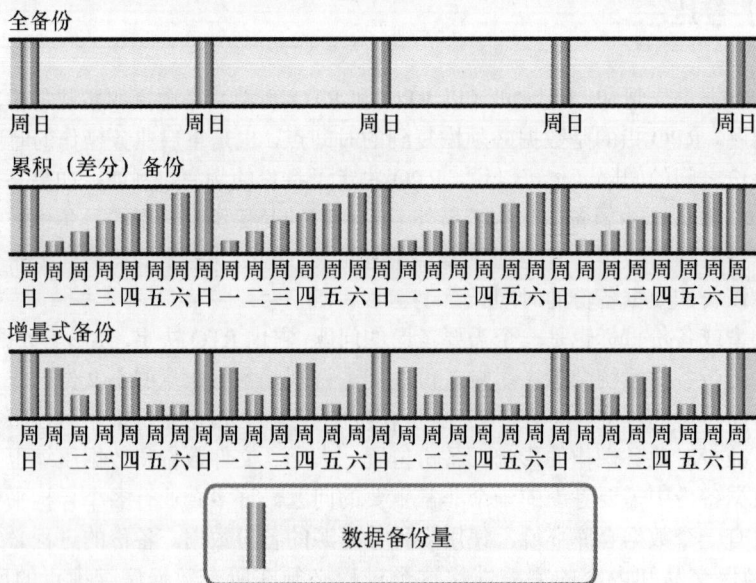

图 10-1 备份粒度级别

恢复操作因备份粒度不同而不同。全备份提供了单一的容器使得数据很容易恢复。增量式备份的恢复过程需要上次的全备份和截至恢复点的所有可用的增量式备份。累积式备份的恢复需要上次的全备份和最近的累积备份。图 10-2 说明了增量式备份和恢复的实例过程。

在本例中，全备份工作每周一傍晚进行，之后每天都要进行增量式备份。周二增加了新文件（图中的文件 4），其他文件没有改变。那么，在周二傍晚仅有文件 4 在增量式备份过程中被复制。周三没有新生成文件，但是文件 3 进行了修改。因此，周三傍晚对文件 3 进行备份即可。相似的，周四的增量式备份仅针对文件 5。周五早上发生了数据损坏，需要从备份中恢复。数据恢复的第

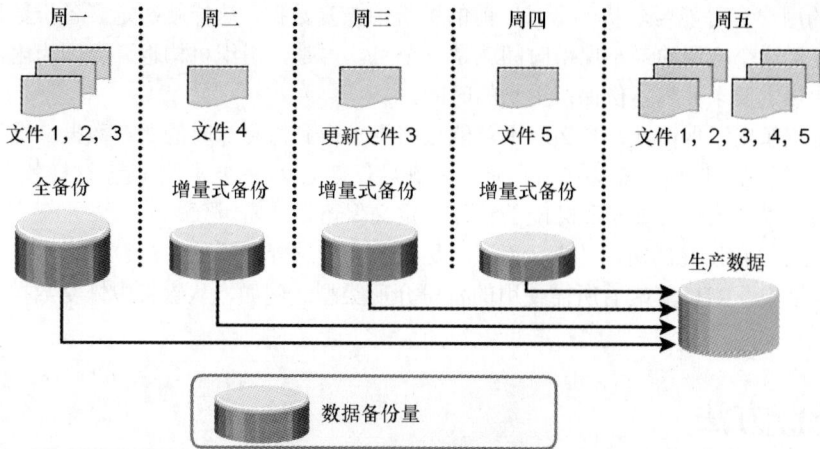

图 10-2　增量式备份恢复情况

一步就是从周一傍晚的备份中恢复所有数据。接下来是应用周二到周四的增量式备份。这种方式可以将数据恢复到周四傍晚的状态。

图 10-3 则显示了一个累积备份和恢复的实例。

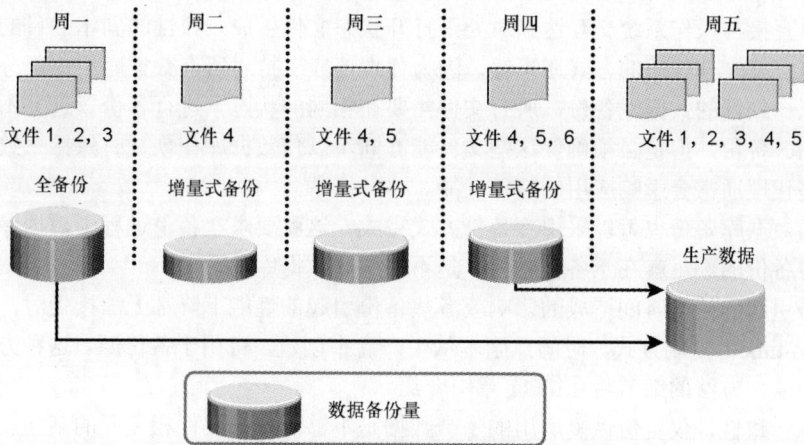

图 10-3　累积备份恢复

在该例中，周一傍晚进行对业务数据的全备份，之后每天都要进行累积备份。周二，文件 4 加入其他文件未改变。那么，周二傍晚的累积备份仅复制文件 4。周三，文件 5 加入。那么周三傍晚的备份将复制文件 4 和文件 5，这是因为自从上次全备份以来这些文件是被添加和改动的。相似的，文件 6 在周四加入。因此，周四傍晚的复制文件是文件 4、文件 5 和文件 6。

在周五早上发生了数据损坏，需要使用备份数据进行恢复。从累积备份恢复的第一步是恢复周一全备份的数据。接着仅恢复最近一次累积备份的数据，就是周四傍晚那次备份的数据。在这种方式下，数据恢复的速度更快，因为只需要两份数据——上一次的全备份数据和最近一次的累积备份数据。

10.4　恢复考虑

保留期是数据备份需要考虑的一个重要问题。对于备份的保留时间也可以从 RPO 中推得。例如，应用 A 的用户有可能要求从一个月以前的备份中恢复数据，这样就决定了备份数据的保留时间。因此，针对这个应用的最小保留时间就是一个月。可是，组织机构也许会因为内部政策或者外部因素（如规定要求）将备份保留更长的时间。

如果恢复点超出了保留期，那么就不可能按照要求得到恢复点时的所有数据。这样可以为备份定义更长的保留期，以使其能够在留存时间内满足任何 RPO 的要求。但是，这样就会提高成本。因此，根据所有以前的恢复要求和分配的预算来定义保留期非常重要。

RTO 与恢复过程所花的时间相关。为了满足 RTO，应选择合适的备份粒度以尽量缩短恢复时间。在备份环境中，RTO 影响着所需使用的备份介质类型。例如，从磁带中恢复数据要比从硬盘中恢复数据慢。

10.5　备份方法

备份有热备份和冷备份两种方式。这两种方式都基于备份执行时应用的状态。热备份时，应用仍处于运行状态，用户可以在备份时获取数据。这种方式又称为在线备份。冷备份时，应用处于停止状态。冷备份又称离线备份。

由于在线生产数据一直在使用，并且不停地改变，使得对其备份变得更加困难。一个由操作系统锁定的打开文件直到用户关闭时才能进行复制。这时可使用打开文件代理（open file agent）。这些代理可以直接与操作系统交互达到对处于打开状态文件生成一致性的副本的目的。在数据库环境中，采用打开文件代理的方式还不够，因为代理还应支持对所有数据库组成部分的一致性备份。为了确保一致性的数据库备份，所有文件需要在相同的状态下进行备份。这并不是意味着所有文件必须同时备份，但是必须确保这些文件能够同步以使数据库在恢复时保持一致。热备份的缺点在于这些代理通常会影响应用的整体性能。

一致性的数据库备份也可以采用冷备份方式完成。这就要求在备份过程中数据库处于停止状态。当然，冷备份的不足就在于备份时用户是不能访问数据库的。

当冷备份引起的停机时间造成的影响或者热备份引起的性能下降都无法接受时，可以采用时间点（point-in-time）复制方式。时间点副本从生产卷中创建，可用于备份源。这种方法减少了对于生产卷的影响。方法的细节将在第 11 章中介绍。

为了确保一致性，仅备份恢复所用的生产数据是不够的。与文件相关联的某些属性和特征，例如访问权限、拥有者以及其他元数据也需要进行备份。这些属性与数据本身同样重要，因此为了确保一致性也必须备份。

在灾难恢复环境中，裸机备份恢复（bare-metal recovery）是指所有元数据、系统信息和应用配置都适当地进行备份以确保全系统恢复。裸机备份恢复创建基础系统，包括分区、文件系统、操作系统、应用程序和所有相关配置。在开始恢复数据文件之前，裸机备份恢复首先恢复基础系统。某些裸机备份恢复技术，例如服务器配置备份（server configuration backup，SCB），可以实现在不同硬件上恢复服务器。

服务器配置备份

多数企业在保护应用数据花费了很多时间和金钱，但是对于保护服务器配置却不够重视。在灾难恢复中，只有重现了服务器配置之后，应用和数据才能被用户访问。这个系统恢复的过程首先重新安装操作系统和应用，再进行服务器设置，然后再恢复数据。一般数据备份操作不会备份用于系统恢复的服务器配置。服务器配置备份（server configuration backup，SCB）根据用户定义的日程创建并备份服务器配置概要文件。备份的概要文件用于生产服务器发生故障时配置恢复的数据库。SCB 能够将服务器恢复到不同的硬件系统上。

在服务器配置备份中，对应用服务器配置（包括系统和应用配置）进行快照式复制的过程叫做生成概要（profiling）。概要文件数据应包括操作系统配置、网络配置、安全配置、注册表设置、应用配置等。有了这些，概要文件能够将一个失效系统的配置恢复到一个新的服务器上，底层的硬件不同也没有关系。

在服务器配置备份环境中有两种概要文件：基础概要和全面概要。基础概要只包括恢复服务器所需的最关键的操作系统元素。而全面概要通常比基础概要大，它包含了重建应用环境的所有信息。

10.6　备份体系结构

备份系统采用客户端/服务器架构，有一个备份服务器和多个备份客户端。图 10-4 显示的是备份架构。备份服务器负责管理备份操作和维护包括备份配置和备份元数据信息的相关目录。备份配置包括何时进行备份、哪些客户数据需要备份等。备份元数据包括备份数据的信息。备份客户端负责收集需要备份的数据，并将这些数据发给存储节点。它还负责发送追踪信息给备份服务器。

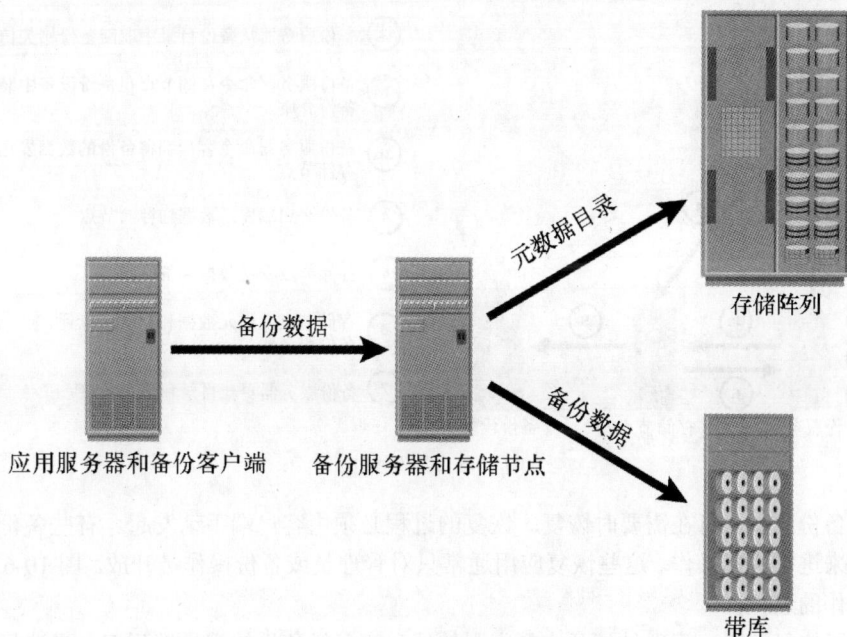

图 10-4　备份体系结构

存储节点负责向备份设备中写入数据（在备份环境中，存储节点是控制备份设备的主机）。存储节点会将追踪信息发给备份服务器。在很多情况下，存储节点与备份服务器集成在一起，并处于同一个物理平台。备份设备直接连接或通过网络连接到存储节点主机平台。因为存储节点负责管理存储设备，有的备份体系结构将存储节点称为媒体服务器。

备份软件也会根据备份目录和日志文件提供全面的报表。这些报表可以包括诸如备份的数据量、完成备份的数目、没有完成备份的数目以及出现的错误类型。根据所使用的特定备份软件，报告可以按要求定制。

10.7　备份和恢复操作

当备份过程启动后，在备份基础架构中不同的部件间将发生很大数据量的网络通信。备份操作一般由备份服务器发起，但是也可以由备份客户端发起。备份服务器根据设定的备份日程在不同的备份客户端上发起备份过程。例如，对一组客户端的备份过程可以安排到每天晚上 11 点开始。

备份服务器在备份环境的所有部件之间协调备份过程（见图 10-5）。备份服务器维护着还要备份的客户端和备份操作中使用的存储节点的信息。备份服务器从备份目录中获取备份相关的信息，然后根据信息指挥存储节点将相应的备份媒体装载到备份设备上。同时，它还会指挥备份客户端收集需要备份数据的信息，通过网络发送给存储节点。在备份数据发给存储节点后，客户端会发送备份元数据（文件数、文件名、存储节点细节等）给备份服务器。存储节点接收到客户端数据后，进行组织然后发送给备份设备。备份节点然后发送额外的备份元数据（如数据在备份设备上的位置、备份时间等）给备份服务器。备份服务器使用该信息更新备份目录。

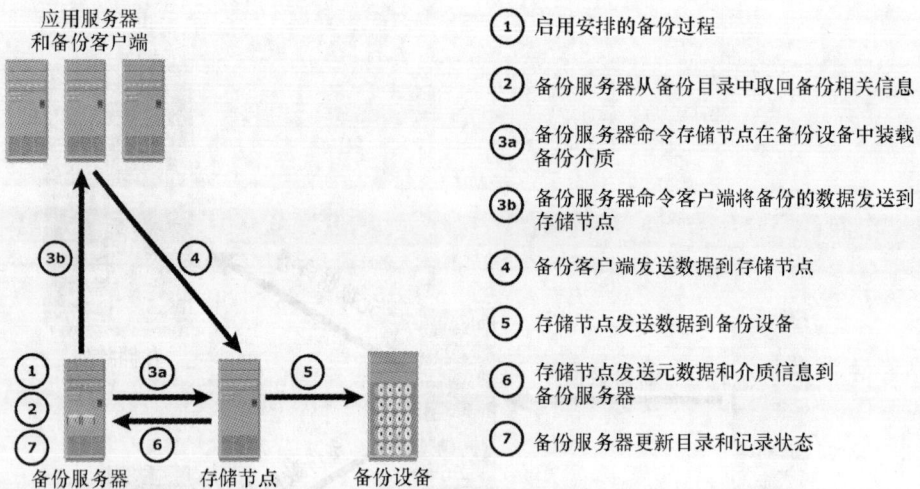

图 10-5　备份操作

数据在备份之后，可在需要时恢复。恢复的过程必须由客户端手动发起。有些备份软件使用另外的应用来进行恢复操作。这些恢复应用通常只对管理员或备份操作员开放。图 10-6 显示的是一个恢复操作的过程。

当接到了恢复请求，管理员打开恢复应用软件观察已经备份的客户端列表。当选择了要恢复的客户端时，管理员还需要明确将要接收恢复数据的客户端。

数据可以恢复到与请求一致的客户端上，也可以恢复到其他的客户端上。管理员接着选择将要恢复的数据和根据 RPO 要求的恢复时间点。需要注意所有的信息都来自于备份目录，因此，恢复应用也必须与备份服务器通信。

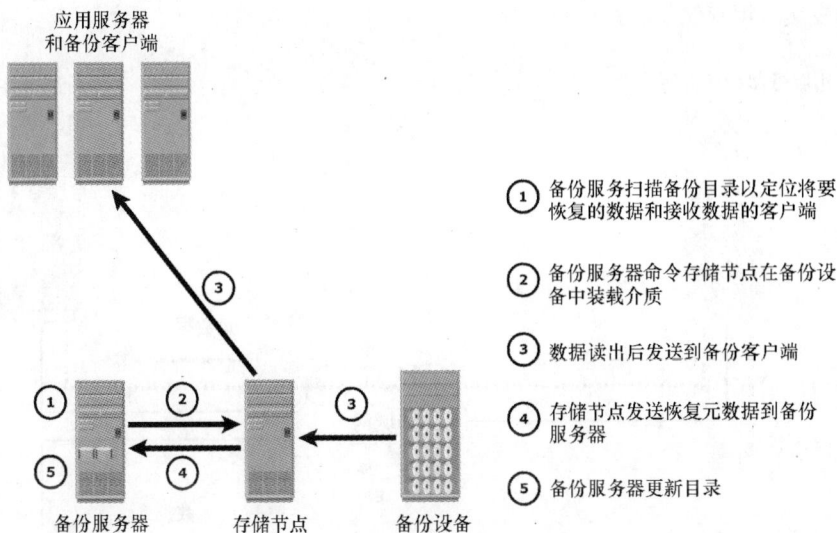

① 备份服务扫描备份目录以定位将要
　恢复的数据和接收数据的客户端

② 备份服务器命令存储节点在备份设
　备中装载介质

③ 数据读出后发送到备份客户端

④ 存储节点发送恢复元数据到备份
　服务器

⑤ 备份服务器更新目录

备份服务器　　　存储节点　　　备份设备

图 10-6　恢复操作

备份服务器指示相应的存储节点装载特定的备份媒体到备份设备上。数据进行读取，然后发送给指定要接收恢复数据的客户端。

有些恢复只需要恢复所需的生产数据。例如，对一个电子数据表的恢复过程在特定文件恢复之后就算完成。在数据库恢复过程中，诸如日志这样的额外数据必须和生产数据同时恢复。这样确保了恢复数据的应用一致性。在这些情况下，由于恢复操作的额外步骤延长了 RTO。

10.8　备份拓扑结构

在备份环境中采用三种基础的拓扑结构：直接连接备份、基于局域网备份、基于 SAN 备份。通过组合基于局域网备份和基于 SAN 备份也可以形成混合拓扑结构。

在直接连接备份中，存储节点配置在备份客户端上，备份设备直接连接到客户端。只有元数据通过局域网发送到备份服务器，这种配置使得局域网从备份的数据流中解脱。图 10-7 所示的例子中，备份设备直接连接到备份客户端，由备份客户端专用。然而，环境的不断变化产生了集中管理所有备份设备并共享资源及优化成本的需求。一种合适的方式就是在多个服务器间共享备份设备。基于网络的拓扑（基于 LAN 备份和 SAN 备份）能够优化备份设备的利用率。

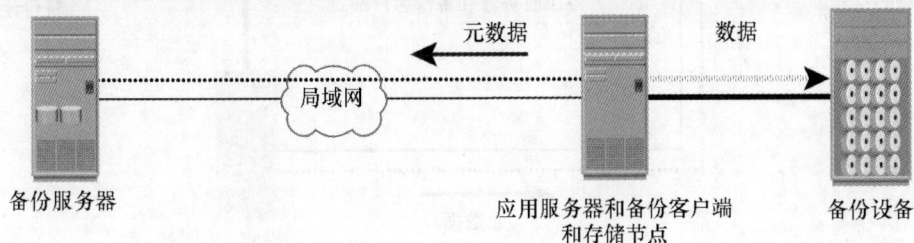

元数据　　　　　　数据

局域网

备份服务器　　　　　应用服务器和备份客户端　　　备份设备
　　　　　　　　　　和存储节点

图 10-7　直接连接的备份拓扑

在基于局域网备份中，客户端、备份服务器、备份节点和备份设备都连接到局域网上（见图 10-8）。要备份的数据将在局域网上从备份客户端（源）传送到备份设备（目的）。这种传送可能会影响网络性能。这种影响能通过采纳多种方法减至最低。例如为备份配置单独的网络和为某些应用服务器安装专用存储节点。

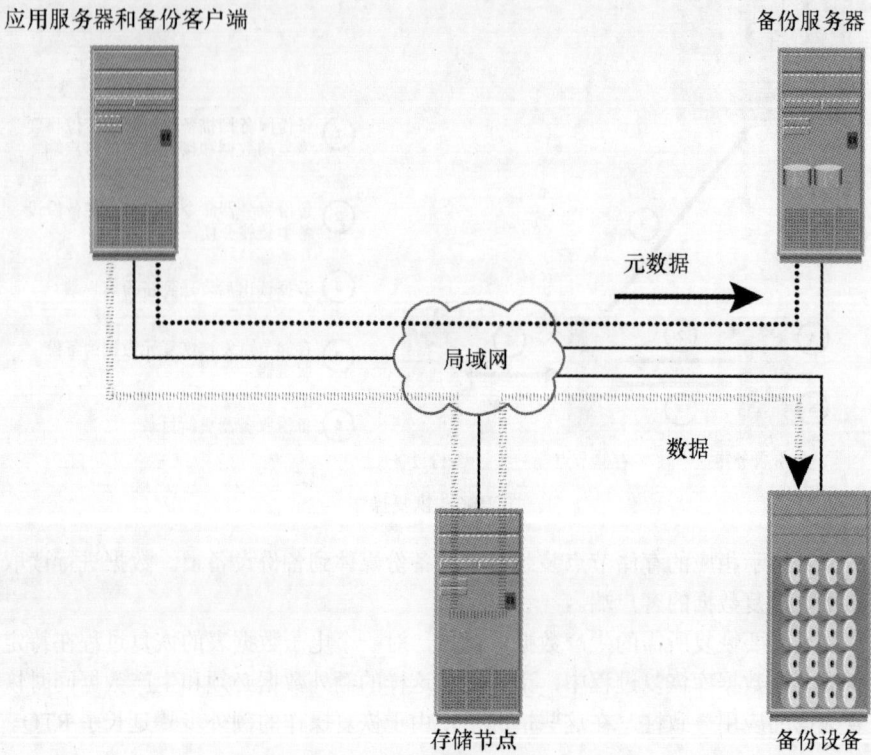

图 10-8　基于局域网的备份拓扑

　　基于 SAN 备份也称为无局域网备份。基于 SAN 备份最适用于多个客户端需要共享一个存储设备的情况。这种情况下备份设备和客户端都连接到 SAN 网络。图 10-9 显示的是基于 SAN 的备份拓扑结构。

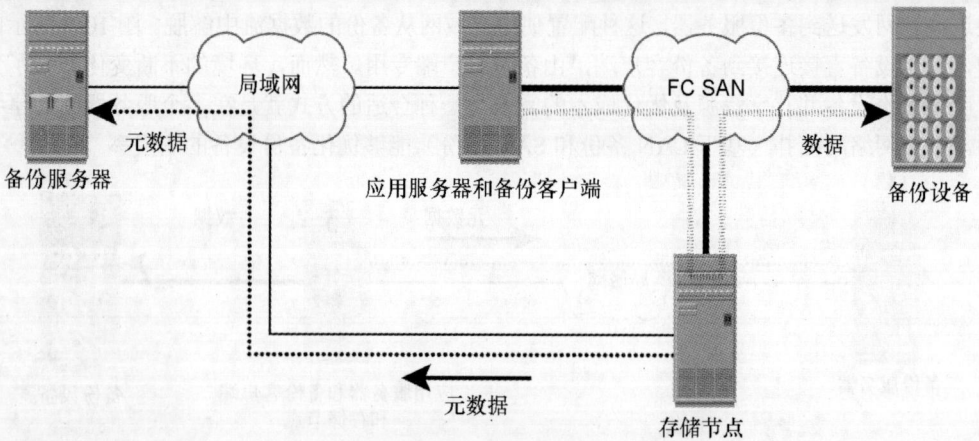

图 10-9　基于 SAN 的备份拓扑

　　在该例子中，客户端通过 SAN 将需要备份的数据发给备份设备。因此，备份数据通过 SAN 传输，而只有备份元数据需要通过 LAN 传输。元数据的数据量跟生产数据相比微不足道，因此 LAN 的性能不会受影响。作为备份介质的低成本磁盘的出现使磁盘阵列能够连接到 SAN 网络，并用作备份设备。这些存放在磁盘上的数据备份可以创建相应的磁带备份，并可为灾难恢复和长时间留存移送异地保存。

如图 10-10 所示，混合拓扑采用基于局域网和基于 SAN 网络的拓扑组合。实现这种拓扑的原因主要是成本、服务器位置、减少管理开销以及性能上的考虑。

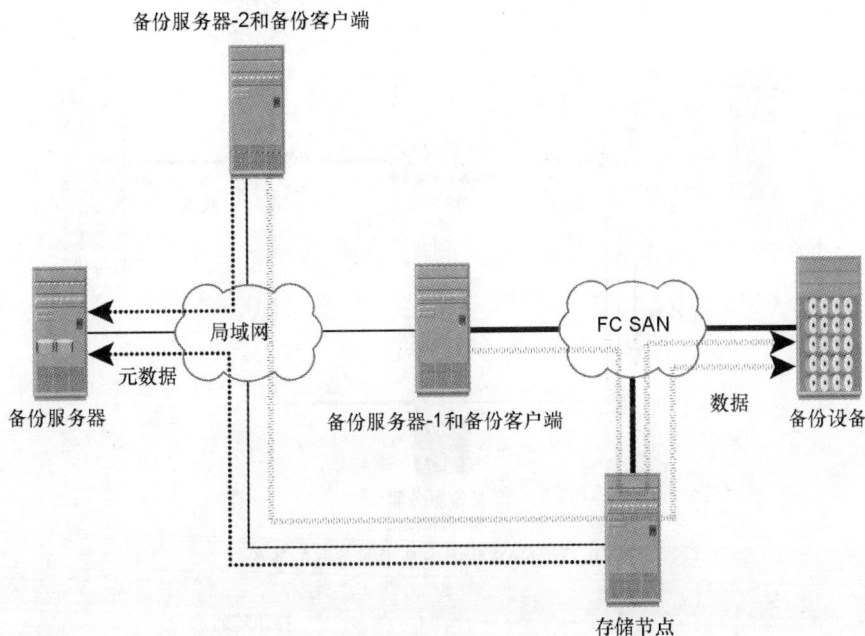

图 10-10　混合备份拓扑

10.9　NAS 环境的备份

NAS 头的应用使得在 NAS 环境中进行备份和恢复时需要考虑很多新问题。NAS 头使用专有的操作系统和文件系统结构以支持多文件共享协议。

在 NAS 环境中，备份可通过几种不同方式进行：基于服务器、无服务器、使用网络数据管理协议（NDMP），即 NDMP-双路或 NDMP-三路。

10.9.1　基于服务器备份和无服务器备份

在基于应用服务器备份中，NAS 头通过网络从存储设备中取回数据并传输到运行在应用服务器上的备份客户端上。备份客户端将数据发送到存储节点，由存储节点将数据写入备份设备。这种做法可能因备份数据过多造成网络负载过重，还使用了应用服务器资源来转移备份数据。图 10-11 说明的是在 NAS 环境中基于服务器的备份。

在无服务器备份中，网络共享将直接装载到存储节点上。这样在备份过程中避免了网络超载并且无需使用应用服务器资源。图 10-12 说明的是在 NAS 环境中无服务器的备份。在这种情况下，存储节点（同时也是备份客户端）读取来自 NAS 头的数据并写回备份设备而无需应用服务器的参与。与前面的方案相比较，这种方式消除了一次网络上的中转。

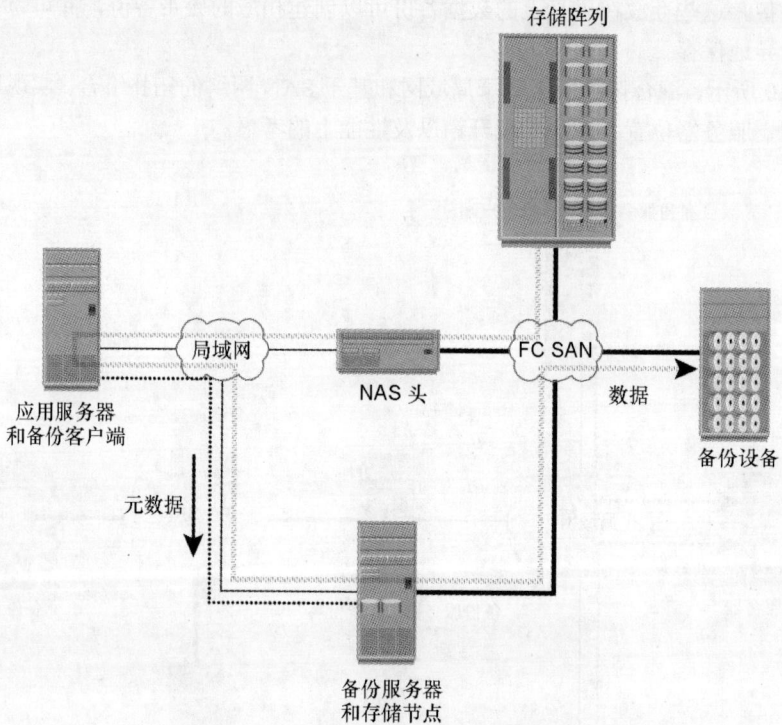

图 10-11   NAS 环境中基于服务器的备份

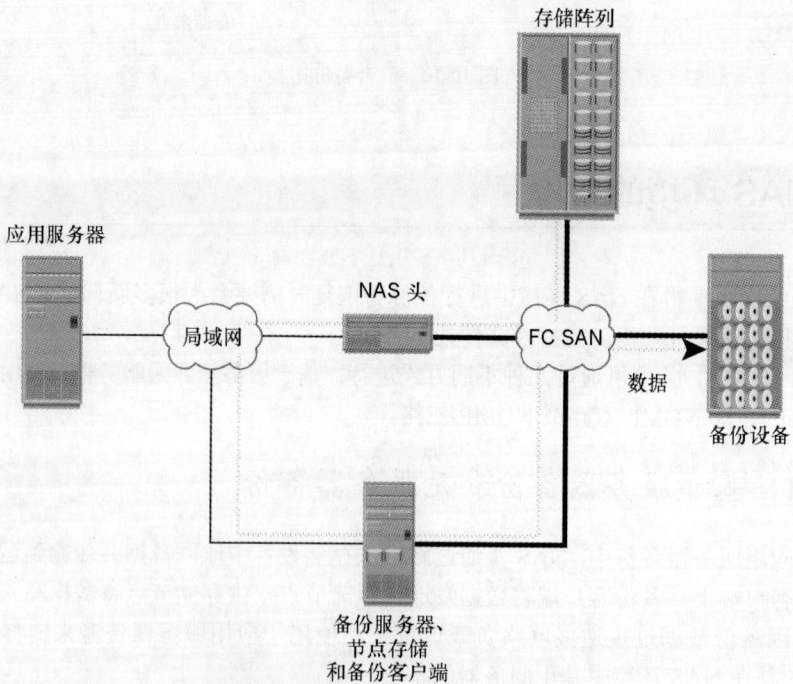

图 10-12   NAS 环境中无服务器备份

10.9.2   基于网络数据管理协议（NDMP）的备份

NDMP 是一种基于 TCP/IP 的业界标准协议，专用于 NAS 环境下的备份。它在备份环境下的多个元素（NAS 头、备份设备、备份服务器等）间通信，进行数据传输。商家在备份体系中可使用共同的协议。数据可使用 NDMP 备份，不因操作系统或平台的不同而有所差异。因为 NDMP 的灵活性，不必再通过应用服务器传输数据，减少了应用服务器的负荷，提高了备份的速度。

NDMP 在备份设备和 NAS 头之间实现高速连接，使得备份和恢复的速度得以优化。在 NDMP 中，备份数据直接从 NAS 头发送到备份设备，而元数据则发送到备份服务器。图 10-13 显示的是 NAS 环境下使用 NDMP-双路的备份情况。在这种模型中，数据只从 NAS 头到本地连接的备份设备移动，网络流量大大减少。只有元数据是通过网络传输的。备份设备归 NAS 设备专用，因此，这种方法并不支持对所有备份设备集中管理。

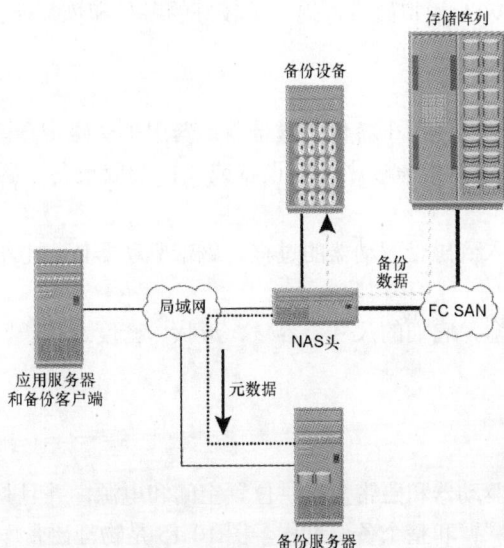

图 10-13 NDMP-双路方式

在 NDMP-三路模型中，在所有 NAS 头之间建立一个独立的私有备份网络，NAS 头再与存储设备连接。元数据和 NDMP 控制数据仍可以通过公共网络传输。图 10-14 显示的是 NDMP-三路备份。

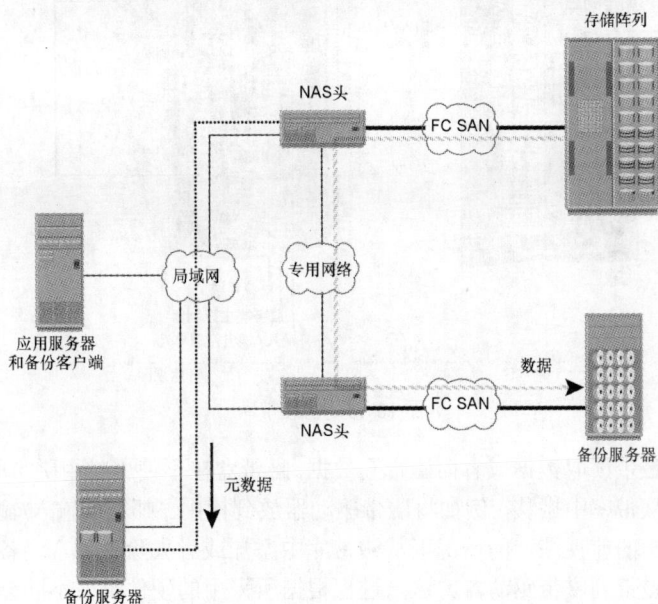

图 10-14 NDMP-三路方式

当环境中需要共享备份设备时，NDMP-三路方式就是有用的。这种方法使得 NAS 头控制备份设备，并通过 NDMP 接收备份数据与其他 NAS 头实现对备份设备的共享。

10.10   备份目标

目前有很多种技术方案可用于备份。磁带和磁盘是两种使用最为普遍的备份介质。在过去，磁带技术凭借其低成本的优势，是最主要的备份介质。但是性能以及不易管理的缺点，以及低成本磁盘的兴起，让磁盘称为比较可行的备份介质。虚拟带库（virtual tape library，VTL）使用磁盘作为备份介质的方案之一。VTL 模拟磁带，提供了较好的备份和恢复能力。

10.10.1   备份到磁带

作为低成本的技术，磁带广泛用于备份。磁带驱动器用于从磁带盒读数据或向其写数据。由于数据顺序读写，磁带驱动器被指为顺序读取设备或线性读取设备。磁带盒由磁带和塑料外壳组成。

磁带挂载指将磁带盒插入到磁带驱动器的过程。磁带驱动器依靠电机控制来转动磁带，从而使磁头可以读写数据。

目前有多种类型的磁带盒，它们的尺寸、容量、形状、密度、带长、带厚、磁道数、带速都不相同。

物理磁带库

物理磁带库为众多磁带驱动器和磁带盒提供位置空间和电源，并且具有自动机械臂或者捡拾机械装置。备份软件控制机械臂和整个备份过程。图 10-15 是物理磁带库的实物示意图。

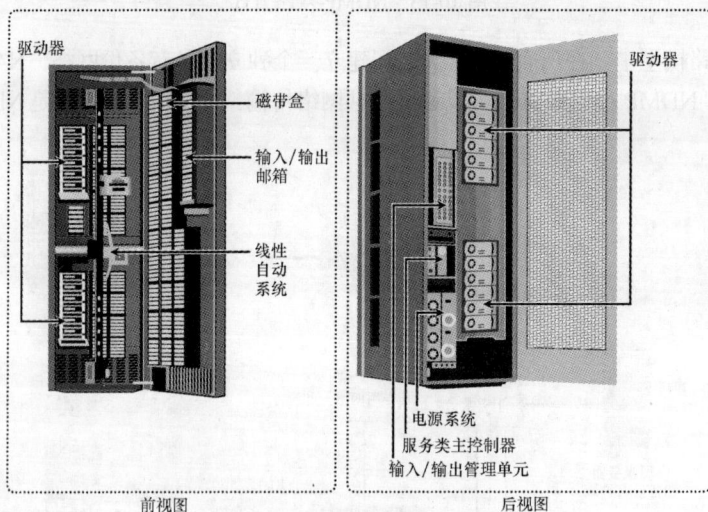

图 10-15   物理带库

磁带驱动器从磁带读取数据或者向磁带写数据。磁带盒在不使用时由磁带驱动器放置到槽中。机械臂负责将磁带从带库中搬移，例如将磁带驱动器放到槽中。邮箱或输入/输出仓用于在不开启带库门（见图 10-15 的前视图）的情况下从磁带库中添加或者去除磁带。当备份过程开始时，机械臂接受命令装载磁带到磁带驱动器。这一过程根据所采用的硬件类型不同会增加不同的延迟，一般需要 5～10 秒就可以完成磁带的装载。磁带装载后，就需要额外时间来定位磁头以及验证头信息。这些时间统称为装载到准备时间（load to ready time），其长度为几秒钟到几分钟不等。磁带驱动器接收到备份数据后，将其保存到内部的缓冲区中。接着这些数据以块的形式写入到磁带中。在该过程中，最好确保磁带驱动器一直处于连续工作状态以防止块间的时隙，这可通过缓冲数据到磁带驱动器上得以实现。磁带驱动器的速度也能调整到与数据传输率相匹配。

磁带驱动流或者多流将数据写到单一的磁带上以保持驱动器处于繁忙状态。从图 10-16 可见，多个流提高了介质性能，但也有相应的问题。由于数据是从多流写入到磁带上的，因此造成了备份数据以交织形式存放，使得数据恢复时间增加，因为在恢复单个流时还要读取和抛弃其他流的信息。

图 10-16　磁带上的多流

很多时候，对磁带驱动器的缓冲甚至加入速度调节都无法消除时隙，因而出现了"擦皮鞋效应"，即备份数据流出现中断时磁带驱动器的反复的来回操作。如果一个存储节点发送数据的速度低于存储驱动器写入磁带的速度，那么驱动器会不时停下来，等待数据跟上。当驱动器确定已有足够可写的数据时，会倒回到上次的写入位置，继续写入操作。这种反复的来回动作不仅造成了服务质量的下降，还对磁盘造成了过度的磨损。

当操作结束，磁带重定位到开始位置并卸载，机械臂接着按命令把卸载的磁带放回槽中。重定位时间范围在几秒到几分钟不等。

若启动了恢复过程，备份软件要先明确需要恢复的磁带。机械臂移动到该磁带并从槽中取出然后放置到驱动器中。如果所需的磁带不在带库中，备份软件输出相应信息，并通知操作员手动插入所需的磁带到带库中。当一个或一组文件需要恢复时，磁带在开始读之前必须顺序地移至数据的开始。这一过程可能需要大量时间，特别是当所需文件记录在磁带的尾部时。

目前的磁带设备具有索引机制，这使得磁带能够快速定位到所需数据附近的位置，接着磁带驱动器细调磁带位置以获取数据。但是，在采纳使用支持这种机制的磁带驱动器方案前，用户必须权衡数据流性能的提升和相应写索引的成本问题。

磁带的限制

由于磁带成本低，磁带主要用于长时间区域外存储。磁带必须放置在受控的环境下以确保介质的保存和防止数据损坏。数据读写对磁带来说是串行的，这样会使备份和恢复操作变慢。磁带也很容易磨损，使用寿命较短。运输磁带到远程区域也会增加管理开销，也增加了磁带丢失的风险。

10.10.2　备份到磁盘

因为磁盘性能优异且易于得到，磁盘已经取代磁带成为了主要存储备份数据的设备。备份到磁盘具有易实现、低成本、高质量服务的优点。除了传输速度更快以外，磁盘相比磁带还提供更快的恢复能力。

由于磁盘固有的随机读写和 RAID 保护能力，备份到磁盘系统有着明显的优势。在多数备份环境中，备份到磁盘用作集结区，数据临时性地复制到该区域，然后传输或者转移到磁带中，这样提高了备份性能。一些备份产品允许备份镜像在已经转移之后仍然保存在磁盘上一段时间，这样就可以得到快得多的恢复。图 10-17 说明的是在微软 Exchange 环境下对比磁带和磁盘的恢复场景。该环境支持 800 个用户、每个用户 75MB 邮箱，另外还有一个 60GB 的数据库。如图所示，与从磁带恢复用时 108 分钟相比，从磁盘恢复在同样环境下用时仅 24 分钟。

从保存在本地的磁盘全备份副本中恢复是最快的恢复方案。采用磁盘方式使得全备份创建更加频繁，从而提升了 RPO 和 RTO。

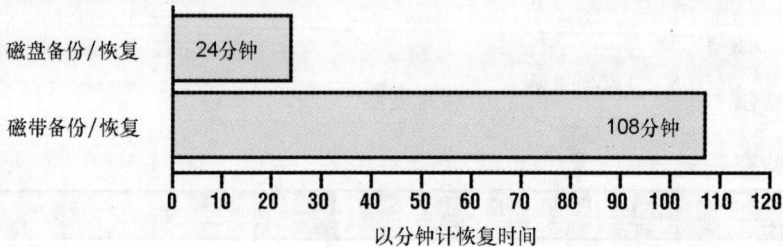

图 10-17   磁带与磁盘恢复

备份到磁盘不提供任何远程功能，并且依赖诸如本地和远程复制等技术。而且，一些备份产品还需要额外的模块和授权，才能支持备份到磁盘的操作。这就需要额外的配置操作，包括创建 RAID 组和优化文件系统。这些活动通常不是由备份管理员完成的。

10.10.3   备份到虚拟磁带

虚拟磁带是使用磁盘模拟，并以磁带的形式呈现给备份软件的。使用虚拟磁带的主要优势在于，它不需要对以前的备份软件添加额外的模块，或进行额外的配置及更改。这节省了备份软件的投入。

虚拟磁带库

虚拟磁带库具有与物理带库相同的部件，但是大部分部件以虚拟资源形式出现。对备份软件而言，物理磁带库和虚磁拟带库是没有区别的。图 10-18 说明了虚拟磁带库的情况。

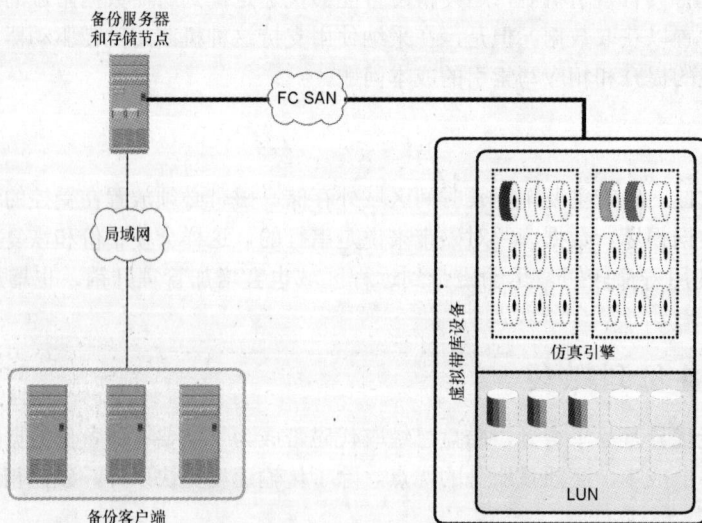

图 10-18   虚拟带库

虚拟磁带库使用磁盘作为备份介质。仿真软件包括一个具有虚拟磁带的数据库，每一个虚拟磁带都为其分配一定的 LUN 空间。如果需要，虚拟磁带可跨越多个 LUN。备份不需要知道文件系统，因为虚拟磁带方案使用的是未格式化的设备。

与物理磁带库类似，当虚拟磁带库的备份过程开始时会进行一次虚拟挂载过程。但是，不像物理磁带库那样会有机械延迟，在虚拟磁带库中该过程几乎是瞬时的，从装载到准备完成的时间也比物理磁带库快很多。

在虚拟磁带库完成装载且磁带驱动器定位后，虚拟磁带就可以使用了。这时备份数据就可以写入虚拟磁带。与物理带库不同，虚拟带库不受顺序读取和"擦皮鞋效应"的限制。在大多数情况下，数据立即写入虚拟磁带中。当操作完成后，备份软件发出回位命令并卸载磁带。该回位命令也是瞬间完成。虚拟磁带卸载后，虚拟自动臂将其移入虚拟槽中。

数据恢复步骤与物理磁带库类似，但是恢复操作是瞬时完成的。虽然虚拟磁带库基于随机读写的磁盘，但虚拟带库仍模拟磁带行为。

虚拟磁带库设备提供许多物理带库不具有的特性。某些虚拟磁带库甚至提供在集群配置中的多模拟引擎方式。

引擎是指一种具有定制的操作系统的专用服务器，该操作系统使得在虚拟带库中的物理磁盘对备份应用程序呈现出磁带的特点。一个引擎可以在遇到任何故障时从其它引擎中接管虚拟资源，使得客户端可以继续使用指定的虚拟资源而对故障毫不知情。

在 IP 网络上进行复制可以在多数虚拟带库应用中实现。该功能使虚拟带库通过廉价的 IP 网络将数据复制到远程位置，组织机构可以将数据备份到异地。将虚拟带库设备引擎连接到物理带库上，可以实现虚拟磁带到物理磁带的复制，这些物理磁带可以送到仓库或者运送到异地。

与物理的磁带和磁盘系统相比，使用虚拟带库有多个优点。与物理磁带比较，虚拟磁带提供更好的单数据流性能、更好的可靠性和随机磁盘读写性能。备份和恢复操作受益于磁盘的随机访问特性，这是因为虚拟带库总是处于在线状态，且具备更快备份和恢复速度。虚拟磁带并不需要与物理磁带相关联的维护任务，例如定期清洗和驱动器校正。与备份到磁盘设备相比，虚拟磁带是制造商预先配置好的，其安装和管理更容易。但是，虚拟磁带库一般只用于备份用途。在备份到磁盘环境中，生产数据和备份数据都可以使用磁盘。表 10-1 比较了几种备份目标。

表 10-1　　　　　　　　　　　　　　备份目标比较

特 征	磁 带	磁 盘	虚拟磁带
是否支持异地复制	否	是	是
可靠性	无原生保护方法	是	是
性能	受限于机械操作和装载时间	更快的单数据流	更快的单数据流
用途	仅备份	多用途（备份/生产）	仅备份

10.11　备份数据去重

传统的备份方案一般不具备阻止备份重复数据的功能。随着信息量的增长和对应用全天时可用的要求，备份窗口在缩小。传统的备份过程备份了大量的重复数据。备份重复数据大大增加了备份窗口，导致毫无必要的资源（如存储空间和网络带宽）消耗。

数据去重（data deduplication，又称重复数据删除）是识别重复数据并将其删除的过程。在备份时如果检测到重复数据，就会将其丢弃，然后创建指针指向已备份过的数据副本。数据去重降低了备份的存储需求，减小了备份窗口，避免了网络负担。最终可以有更多的备份存储在磁盘上，磁盘上的数据也可以保留更长的时间。

10.11.1　数据去重方法

去重有两种方法：文件级或子文件级。两种方法都能较好地实现去重，但是去重的结果有差别，主要体现在可删除的重复数据量和所花的时间上。

文件级去重（也称为单例存储，single-instance storage）检测并移除重复的文件副本。它只存储文件的一个副本，所有其他的副本都会以指向唯一副本的指针代替。文件级去重简单快速，但是不能消除文件内重复的内容。例如，两个 10 MB 大小的 PowerPoint 演示文件只是标题页不同，他们不会被看作重复文件。两个文件会分别存储。

子文件去重将文件划分为更小的块，使用特别算法在文件内和文件间探测重复内容。子文件级去重去掉了文件间的重复数据。子文件去重有两种实现形式：固定长度块和长度可变段。固定长度块去重将文件划分为固定长度的块，使用哈希算法找出重复的数据。固定长度块虽然简单，但是可能会错过不少重复数据，因为相似数据的块边界可能不同。设想一下，在一个文档的标题页上加上一个人名，整个文档会移位，所有块都产生了变化，造成无法探测重复数据。在长度可变段去重中，如果一个段中有变化，那么只有此段的边界被调整，剩余段不变。与固定块方法相比，这一方法大幅提升了识别重复数据段的能力。

10.11.2　数据去重的实现

对于备份数据的去重可以在数据源端进行，也可以在备份目标端进行。

源端数据去重

源端数据去重（source-based data deduplication）在数据向备份设备传输之前进行重复删除。源端数据去重能大幅减少备份中需要通过网络传送的数据量。它缩小了备份窗口，占用的网络带宽也较少。对于备份的存储需求也大大下降。图 10-19 显示的是源端数据去重。

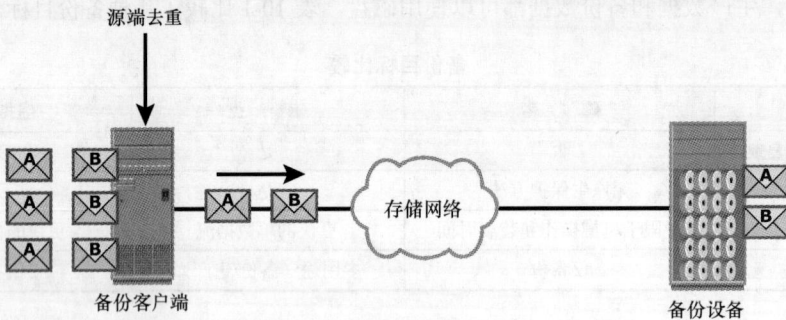

图 10-19　源端数据去重

源端数据去重能够增加备份客户端的开销，会影响备份的性能以及运行在客户端上的应用的性能。如果备份软件不支持源端数据删除，那么使用这个方法要更换备份软件。

目标端数据去重

目标端数据去重是与源端去重相对的另外一种去重方案。在这种方案中，数据的去重发生在备份设备中，这将备份客户端从数据去重的任务中解脱出来。图 10-20 显示的是目标端数据去重。

在这种方案中，备份客户端将数据发送到备份设备，重复数据在备份设备删除，删除或者立即执行（嵌入式数据去重，inline deduplication），或者在计划好的时间进行(处理后数据去重，post-process deduplication)。因为去重发生在目标端，所有的备份数据都需要通过网络传输，这增加了对网络带宽的需求。

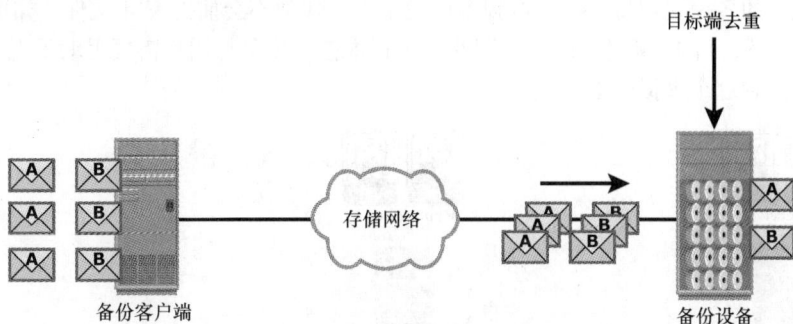

图 10-20　目标端数据去重

嵌入式数据去重（inline deduplication）在数据存入备份设备之前进行去重。这种方法减少了备份所需的存储空间。但是识别和删除重复数据需要时间，这带来了额外开销。所以这种方法适合备份窗口较大的场景。

处理后数据去重（post-process deduplication）将备份数据首先存入或写入备份设备，然后再执行重复数据删除。这种方法适合备份窗口较小的场景。处理后数据去重需要较多的存储空间用以存储执行去重前的数据。

远程办事处/分支办事处备份

很多企业有远程办事处或分支办事处分布在多个地点。这些办事处一般拥有自己的IT基础设施，包括文件、打印、网络、电子邮件服务器、工作站、台式电脑等，还有可能搭建了应用或数据库服务器。远程办事处依赖这些系统对本地区的业务（例如订单处理、库存管理以及销售活动等）提供支持。

比较常见的情况是，远程办事处对业务关键数据的保护不足，业务有损失数据和生产率的风险。因此，对于企业来说，保护远程或分支办事处的数据也是非常重要的。传统上，远程办事处的数据备份是使用磁带手工进行的。磁带之后被运送到异地，用于灾难恢复。这种方法有如下问题：

- 缺少较好的本地技术资源来管理备份
- 将磁带运送到异地有风险，可能导致敏感数据的丢失或遭到偷窃

将远程办事处数据备份到一个集中的数据中心受时间和成本的限制，因为大量的数据要通过广域网传输。因此，企业需要有一个有效的方案，来解决远程和分支办事处的数据备份及恢复中的问题。使用磁盘的备份方案与源端数据去重结合，能够解决将远程办事处数据集中备份存在的问题。去重能大幅减少所需的网络带宽，备份可以通过已有的网络进行。企业可以集中管理远程办事处备份，或设置让其自动执行。备份窗口也得以缩小。

10.12　虚拟环境下的备份

在虚拟环境中，需要对虚拟机数据（操作系统、应用数据和配置）进行备份，以避免因人工或技术原因导致的数据丢失或损坏。在虚拟环境中有两种备份方式：传统式备份和基于镜像的备

份（image-based backup）。

在传统式备份方法中，需要在虚拟机或者 hypervisor 上安装备份代理。图 10-21 显示的是传统式虚拟机备份的情况。如果备份代理安装在虚拟机上，虚拟机对备份代理表现为物理服务器。安装在虚拟机上的备份代理将数据备份到备份设备上。代理不会捕捉 VM 文件（如虚拟 BIOS 文件、VM 交换文件、日志和配置文件）。因此要进行虚拟机恢复，用户需要手动重现一个虚拟机，然后将数据恢复到这个虚拟机上。

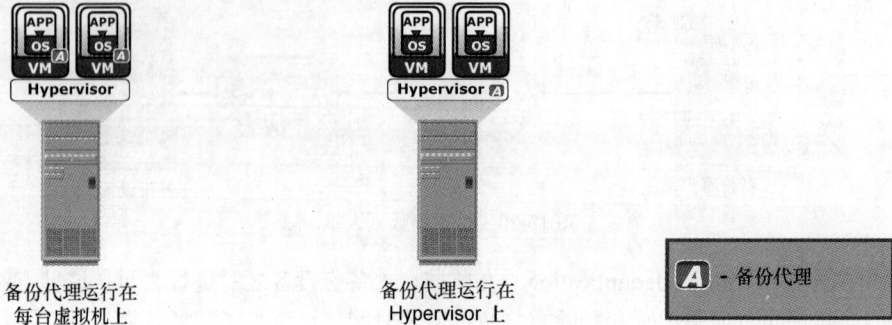

图 10-21　传统虚拟机备份

如果备份代理安装在 hypervisor 上，虚拟机对代理显示为一组文件。虚拟机文件可以通过执行一次文件系统备份的方式得到备份。这种方法相对简单，因为只需要将备份代理安装在 hypervisor 上即可，不需要在所有虚拟机上安装。传统式备份方法可能会导致被备份服务器的 CPU 利用率居高不下。

传统式备份应在服务器资源较闲置或网络活动较少的时候进行。如果环境中有大量的虚拟机，那么要为每台服务器的备份分配足够的资源。

基于镜像的备份运行在 hypervisor 层级，实际上是抓取了虚拟机的一个快照。它创建了虚拟机操作系统和所有相关数据（虚拟机磁盘文件的快照），包括虚拟机状态和应用配置。备份副本存为一个叫做镜像的单一文件。镜像可以在另外的物理机器上（代理服务器，起备份客户端的作用）装载。然后备份软件按一般方式对镜像文件进行备份（见图 10-22）。这将 hypervisor 从备份的处理工作中解脱出来，交给代理服务器，从而减少了对于运行在 hypervisor 上的虚拟机的影响。基于镜像的备份能够快速恢复虚拟机。

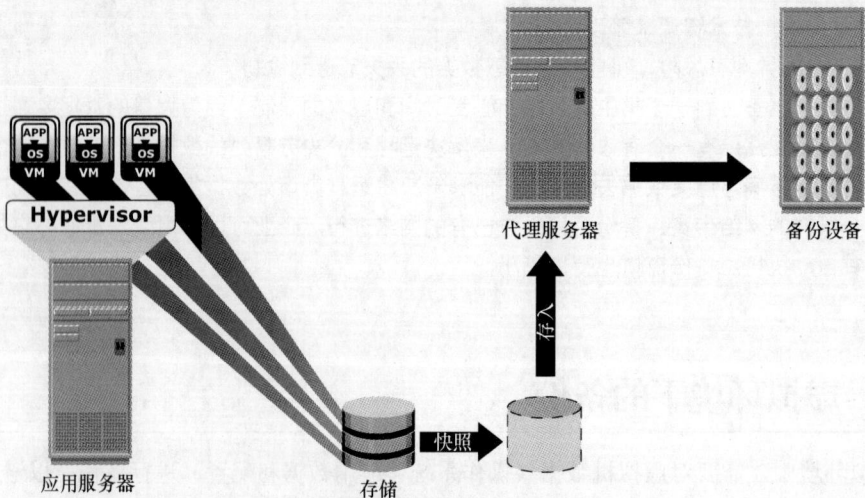

图 10-22　基于镜像的备份

数据去重技术的应用极大地减少了虚拟环境下需要备份的数据量。去重的效果在数据中心中有相似配置的虚拟机时得以显现。虚拟环境中的数据去重类型和方法与物理环境中的一样。

10.13 数据归档

在信息的生命周期内，数据被不断地创建、访问和修改。随着数据存在的时间增加，它被更改的几率减小并最终成为"固定"数据，但是依然被应用和用户访问。这种数据称为固定内容。X 射线、电子邮件以及多媒体内容都是固定内容的例子。图 10-23 显示了几个固定内容的例子。

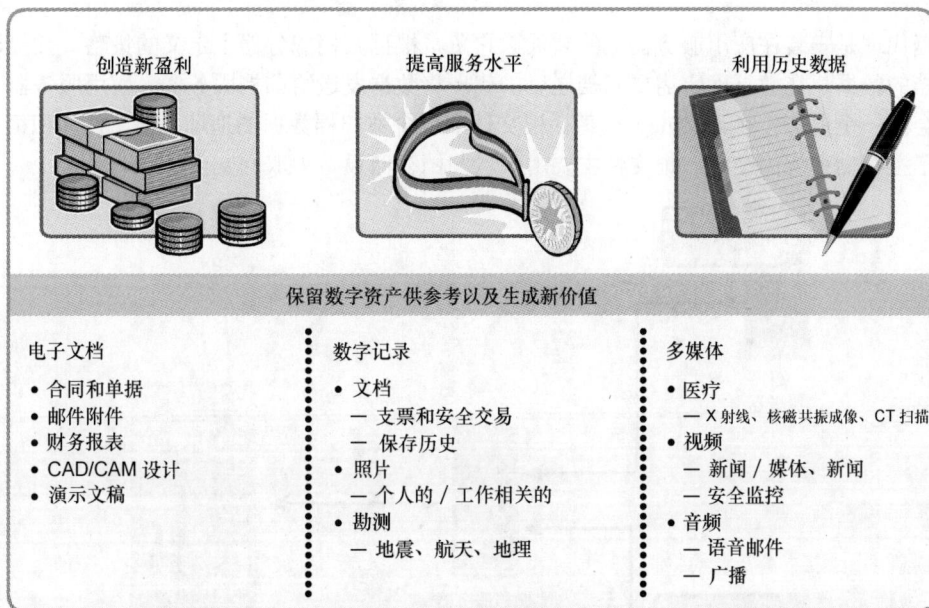

图 10-23　固定内容数据的几个例子

所有组织都需要将数据保留较长一段时间，这是因为要遵守政府规定、履行法律/合约的责任。组织也可利用这些数据制定新的盈利策略，提升服务水平。存储固定内容的容器一般叫做一个归档。

归档有 3 种实现方案：

在线归档：存储设备直接与主机连接，数据随时可用。

近线归档（**nearline achive**）：存储设备与主机连接，但是存储数据的设备需要装载或载入之后才能访问数据。

离线归档：存储设备不是马上访问。需要人工干预将存储设备连接、装载或载入之后才能访问数据。

传统上，归档主要使用的是光盘和磁带。光盘一般指 WORM（一次写入，多次读取）设备，可以避免数据被覆盖。一些磁带设备提供文件锁定功能，与此类似。虽然这些设备成本不高，但是操作、管理以及维护的开销不小。传统上使用光盘和磁带的归档过程在内容识别方面做的不好，所以相同的内容可能被归档多次。在异地存储介质，以及介质的管理，都需要额外的成本。磁带和光盘容易划伤受损。这些设备的技术更新频繁，需要将介质转换为新格式以维持数据存取，这也需要成本。政府机构和行业监管正在制定新的法规，以确保归档数据免于非授权的破坏或更改。这些规定和标准为保证归档信息的数据一致性提出了新要求。这些要求进一步暴露了使用磁带和光盘作为归档介质的缺点。

内容寻址存储（CAS）是基于磁盘的存储，是磁带和光盘之外的新的归档方案。CAS 满足了提升数据可用性、保护和处理归档数据以及确保实现服务等级约定（SLA）的要求。第 8 章详细介绍了 CAS。

10.14　归档方案体系结构

归档方案的体系结构包括三个主要组件：归档代理，归档服务器，以及归档存储设备（见图 10-24）。

归档代理是安装在应用服务器上的软件。它负责根据归档服务器上定义的策略，扫描以确定需要归档的数据。在数据确定需要归档之后，代理将数据发送给归档服务器。应用服务器上的原始数据会被一个根文件（stub file）代替。根文件中包含被归档数据的地址。根文件体积很小，大大节省了主存储系统的空间。根文件主要用于从归档存储设备中取回文件。

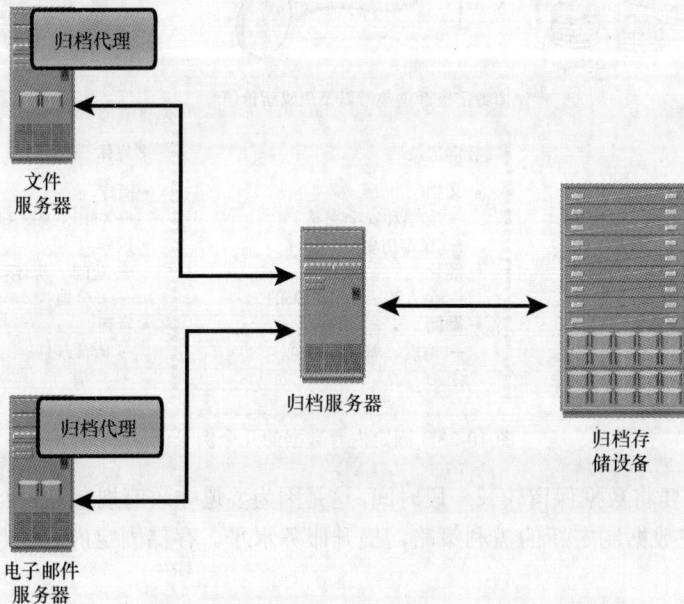

图 10-24　归档方案体系结构

归档服务器是安装在主机上的软件，管理员可以使用归档服务器定义归档策略。策略定义可参考文件大小、文件类型或创建/修改/访问时间等因素。归档服务器从归档代理取得要归档的数据，将其发送给归档存储设备。

归档存储设备用来存储固定内容。归档存储有多种介质可选，如光盘、磁带以及低成本的硬盘等。

10.14.1　应用实例：电子邮件归档

电子邮件是从归档方案中受益最大的应用之一。一般情况下，系统管理员为用户配置的邮箱较小，只能存储有限的电子邮件。这是因为能容纳较多电子邮件的大电子邮箱管理起来比较困难，同时存储成本高，还会造成整个系统的性能下降。在一个配置了大量电子邮箱的电子邮件服务器上，系统管理员通常为每个邮箱设置配额，以限制其体积。用户不得不在将要达到限额时删除一些邮件。而用户经常需要访问几个星期、几个月甚至几年以前的邮件。

电子邮件归档为解决上面提到的问题提供了很好的方案。归档方案根据定义的策略（例如，应归档 90 天以上的电子邮件）将电子邮件从主存储系统转移到归档存储设备上。电子邮件归档之后，根据保留策略会保留数年。归档大大节省了主存储系统的空间，企业同时也达到了规定的要求。实施归档方案后最终用户所拥有的邮箱空间近乎无限。

10.14.2　应用实例：文件归档

文件共享环境是另外一个能从归档方案中获益的环境。一般来说，用户会在共享位置存储大量文件。多数文件时间较久，很少访问。管理员制定文件共享配额，迫使用户删除文件。这影响了用户的使用，因为他们可能需要访问几个月或几年前的文件。有些情况下，用户可以申请增加配额。这增加了主存储的成本。文件归档方案基于文件的存在时间、大小等因素将文件归档，降低了主存储的空间需求，使得用户依然可以访问年代久远的已归档的文件。

> **归档数据到云存储**
>
> 现在有很多企业使用云存储归档数据。云存储不需要前期资本花费（CAPEX），如购买用于归档的软硬件。企业只需要为消耗的云资源付费。
>
> 云计算带来了无限扩展的存储资源。企业可根据自己的需求扩展存储。使用云存储进行归档，归档应用必须支持云存储的 API。

10.15　概念实践：EMC NetWorker，EMC Avamar 和 EMC Data Domain

EMC 公司的备份、恢复和去重产品组合包含一系列的产品，以应对持续增长的备份数据量。本节将会简单介绍 EMC NetWorker， EMC Avamar 和 EMC Data Domain。欲了解最新信息，请访问：www.emc.com。

10.15.1　EMC NetWorker

EMC NetWorker 是一款用于备份和恢复的产品，它将企业内的数据备份和恢复操作集中管理，实现了操作的自动化，提高了备份与恢复操作的速度。以下是 EMC NetWorker 的主要特性：

- 支持多种平台，如 Windows、UNIX 和 Linux；支持虚拟环境；
- 支持集群技术和打开文件备份；
- 支持不同的备份目标：磁带、磁盘和虚拟磁带；
- 支持数据的多路复用（Multiplexing）或多播（Multistreaming）；
- 与 EMC Avamar 和 EMC Data Domain 分别配合使用，可实现源端和目标端数据去重；
- 使用 256 位 AES（高级加密标准）加密，确保备份数据安全。NetWorker 主机使用基于 SSL 协议的可靠认证方式认证；
- NetWorker 支持将数据备份到私有云或公有云上。

NetWorker 通过图形用户界面实现了对备份环境的集中管理，还提供了可定制的报表功能和向导式的配置功能。通过 NetWorker Management Console（NMC），可以从任何主机的支持的网络浏览器上管理备份。NetWorker 还提供了很多命令行工具。NMC 的报表功能提供几个可用报表，方便了 NetWorker 的管理。从 NetWorker 服务器收集来的数据，保存在 NMC 服务器数据库中，用于准备报表，显示备份的各项数据及状态、事件、主机、用户和设备。

10.15.2　EMC Avamar

EMC Avamar 是基于磁盘的备份和恢复方案，提供原生的源端数据去重功能。与传统备份和恢复方案相比，EMC Avamar 拥有全局数据去重功能，这项独特的功能可以识别非重复子文件数据对象并且只存储这些对象。重复数据在源端确定，通过网络传输的数据量大大减少，备份的存储空间需求也大大降低。Avamar 系统主要有三个部件组成：Avamar 服务器、Avamar 存储客户端和 Avamar 管理工具。Avamar 服务器存储用户端备份，并提供必要的流程和服务供客户端访问和远程管理。Avamar 客户端软件运行在需要备份的计算机或网络服务器上。Avamar 管理工具是一个用户管理控制台应用，用于远程管理 Avamar 系统。Avamar 分为以下三个版本：

- **软件版**：Avamar 软件版只包含 Avamar 软件。服务器软件安装在客户提供的、能够支持 Avamar 系统的硬件平台上。
- **Avamar 数据商店版（Data Store）**：Avamar 数据商店版包括硬件和 Avamar 服务器软件。
- **Avamar 虚拟版（Virtual Edition）**：Avamar Virtual Edition for VMware 是安装在虚拟设备上的 Avamar 服务器软件。

EMC Avamar 的特性如下：

- **数据去重**：确保备份环境内相同的数据只需备份一次。
- **系统性容错**：应用 RAID、RAIN、检查点（checkpoints）和复制技术，实现了数据完整性和灾难恢复保护。
- **利用标准 IP 网络**：针对备份优化网络使用；无需配置专用备份网络。可使用已有网络和基础设施实现每日全备份。
- **可扩展的服务器架构**：Avamar Data Store 中的 Avamar 多节点服务器中可加入新的存储节点以满足增长的存储需求，加入不会导致中断。
- **集中管理**：可从一个集中地点使用 Avamar 企业管理器（Avamar EnterpriseManager）和 Avamar 管理工具界面远程管理 Avamar 服务器。

10.15.3　EMC Data Domain

EMC Data Domain 数据去重存储系统是一个目标端数据去重方案。DataDomain 使用高速的嵌入式去重技术，其占用的存储空间大大小于原数据集。它针对数据库、电子邮件、内容管理和虚拟环境等多种场景提供不同的备份和企业应用。DataDomain 可从较小的远程办事处设备扩展到大型数据中心。这些系统可作为集成式设备或作为使用外部存储的网关设备。

Data Domain 数据去重存储系统具有如下的独特优势：

- **数据健壮性架构**：提供了最高级的数据一致性、数据确认和自我修复功能，如 RAID 6。持续的错误探测、修复以及写确认保证了备份中的数据在存储、访问和恢复时都是精确的
- **Data Domain SISL（通知型数据段分布）扩展架构**：支持 CPU 扩展，能明显提升系统吞吐量
- **支持原生复制技术**：支持通过广域网自动、安全传输压缩数据，占用很少网络带宽
- **全局压缩**：高效率的数据去重和压缩技术，根本性改变存储的经济性

EMC Data Domain Archiver 是用于长期保存备份数据和归档数据的方案。它具有内部分层机制，通过去重技术实现低成本的长期磁盘数据保留。

小结

对于以信息为中心的业务来说，信息的可用性是重中之重。备份能够使企业免于数据丢失的

风险，帮助企业达到法律法规的要求。

　　数据归档让 IT 组织清楚地认识到降低成本和提高运营效率的重要性。数据归档协助企业达到法律法规要求，使企业免于惩罚。

　　本章详细介绍了 SAN 环境下备份要考虑的问题、方法、技术和实现。还详细讲述了虚拟环境下的各种备份拓扑结构、体积结构、数据去重和备份。另外，本章还介绍了归档方案的体系结构。虽然说选择备份介质主要取决于 RTP 和 RPO，但是磁盘备份与此磁带备份相比，在性能、可用性、恢复速度和易管理性方面已经体现出了明显的优势。利用这些优势，辅以复制技术，就能达到最高水平的服务和可用性要求。复制技术将在接下来的两章中介绍。

练习

　　1. 某客户在每月的第一个周日进行一次全备份，然后在余下的周日进行一次累积备份。同时在每个周一到周六每天执行一次增量备份。磁带在每天上午 10 点送到异地用于灾难恢复。在第三周的周三的下午 3 点该客户的系统崩溃，需要进行系统恢复。需要取回多少天的磁带才能完成恢复？

　　2. 在某文件共享 NAS 环境中备份设备有限。请建议一个合适的备份实现方案，该方案能极小化网络流量，避免任何拥塞，并同时不会影响生产操作。解释为何你的方案适合这种场景。

　　3. 在实现备份方案时，有哪些业务和技术问题是需要纳入考量的？这些考虑是如何影响备份方案和实现的选择的？

　　4. 列出并说明在采用磁带作为备份技术时的考虑因素。在该环境中的主要挑战是什么？

　　5. 描述采用"虚拟磁带库"与"物理磁带"相比所具有的优势。

　　6. 调查使用云存储进行归档的好处和问题，并准备一个演示文稿。

第 11 章
本地复制

在当前的商业环境中，对关键数据进行保护、降低企业的损失风险是十分必要的。当运行中断或者灾难发生时，快速的数据恢复和重启是确保业务连续性（BC）的关键所在。复制技术是实现业务连续性的方法之一，它是指创建数据的一个完全相同的副本的过程，这些副本可以用于数据丢失时的恢复或者重启操作。同时，这些副本也可以分配给其他主机来执行不同的操作，例如，备份、报表或者测试。

复制可以分成两大类：本地复制和远程复制。本地复制指在同一个阵列内或同一个数据中心内复制数据。远程复制指在远程站点进行数据复制。本章将详细介绍基于恢复和重启的考虑，不同的本地复制技术，并涉及虚拟环境中的本地复制技术。远程复制技术将会在第 12 章讨论。

核 心 概 念
数据一致性
基于主机的本地复制
基于存储阵列的本地复制
首次访问时复制（CoFA）
首次写时复制（CoFW）
基于网络的本地复制
恢复和重启考虑事项
VM 复制

11.1 复制术语

下面列举了一些在复制环境中用于描述不同实体和操作的常用术语。

- **源**：可访问存储阵列上的一个或多个 LUN 的主机被称作生产主机，这些被访问的逻辑卷被称为源 LUN（设备/卷）、生产 LUN，或者简称为源。
- **目标**：数据被复制到的 LUN 称为目标 LUN，简称为目标或副本。
- **时间点（时间点）副本和连续副本**：副本可以被分成时间点副本和连续副本两种。时间点副本是指在某些特定时间点保留与源数据完全一致的映像（image），与之相对应，连续副本是指副本数据总是与生产数据均保持一致。
- **可恢复性和可重启性**：可恢复性是指如果发生数据丢失或者损坏时，数据可以从副本恢复至源；可重启性指可以使用副本来重启业务操作。副本必须与源保持一致，这样才能保证在恢复和重启操作时可用。副本一致性将在"11.3 副本一致性"中进行详细描述。

副本 vs 备份复制

副本是可以立即被应用所使用，而备份件则需要通过备份软件恢复后才能被应用使用；备份必须是按时间点复制，而副本既可以按时间点复制，也可以连续复制；备份通常用于操作或者灾备，而副本除了用于恢复和重启之外，也可以用于其他操作，例如，备份、报表和测试；副本比从备份恢复的 RTO 更快。

11.2　本地副本的用途

针对不同目的，可以创建源数据的一个或多个本地副本，用途包括以下几个方面。

- **替代源用于备份**：通常的备份操作是从生产卷（LUN）读取数据写到备份设备。因为生产卷上还要承载生产的正常负载，备份会给生产卷带来额外的负载，而本地副本中包含源数据精确的时间点（PIT）复制，完全可以用于备份操作。使用本地副本进行备份的方式可以消除备份操作中 I/O 负载对生产卷的影响。使用本地副本进行备份可以将备份窗口长度缩短到零。
- **快速恢复**：当源出现部分失效或数据损坏时，本地副本可以用于恢复丢失或损坏的数据。当源全部失效时，可以使用副本将数据恢复到另一组源设备或者可以直接使用副本重启生产。与传统的从磁带备份恢复相比，该方式提供了更快的恢复和最低的 RTO。在很多场合中，在数据从副本完全恢复之前，业务操作就可以从源设备启动。
- **决策支持活动**（例如报表）：使用副本数据运行报表可以极大地降低生产设备上的 I/O 负载。本地副本也可以用于数据仓库应用。数据仓库应用使用副本数据可以避免对生产环境造成影响。
- **测试平台**：本地副本可以用于测试新应用或升级。例如，当计划进行一次应用升级时，可以先在本地副本上进行测试。如果测试成功，再实施生产环境的升级。
- **数据迁移**：本地复制也可以用于数据迁移。数据迁移的原因可能有很多种，例如，新版本的应用程序从一个较小的 LUN 迁移到一个较大的 LUN。

11.3　副本一致性

大部分文件系统和数据库都会先在主机上缓存数据，然后再将数据写入磁盘。一致的副本必须保证在创建副本时，主机上缓存的数据已经被恰当地记录在了磁盘上。在创建副本之前，已经保存在内存中但还没有写入磁盘的数据需要被强制写入磁盘，磁盘阵列的操作环境会在复制操作开始之前清空内存。保证一致性是所有复制技术中最基本的要求。

11.3.1　复制文件系统的一致性

文件系统在主机内存中缓存数据以改善应用的响应时间，缓存的信息周期性地写入磁盘。例如，在 UNIX 操作系统中，同步后台进程（sync daemon）将缓存以设定的时间间隔写入磁盘。有时候，在设定的时间间隔中间可能会创建副本，在创建副本之前，必须将主机内存中的缓存写入磁盘以保证数据一致性。图 11-1 描述了把缓存数据写入源设备，然后进行复制的过程。如果主机的缓存没有被写入磁盘，副本中的数据就不会包括主机缓存中的信息。如果在创建副本前文件系统已经被卸载，则缓存会被自动写入磁盘，这样副本中的数据就能够保持一致。

如果挂载中的文件系统被复制，一些级别的恢复操作（例如，fsck 或 log replay）就需要在复制的文件系统上执行。当文件系统复制过程完成后，副本文件系统就可以挂载使用了。

11.3.2　复制数据库的一致性

数据库往往涉及大量的文件、文件系统和设备，所有这些都必须被一致地复制以保证副本可恢复和可重启。复制可以在数据库在线或离线时进行，若数据库离线，则无法进行 I/O 操作，源上不会发生更新，因此副本可以和源保持一致。

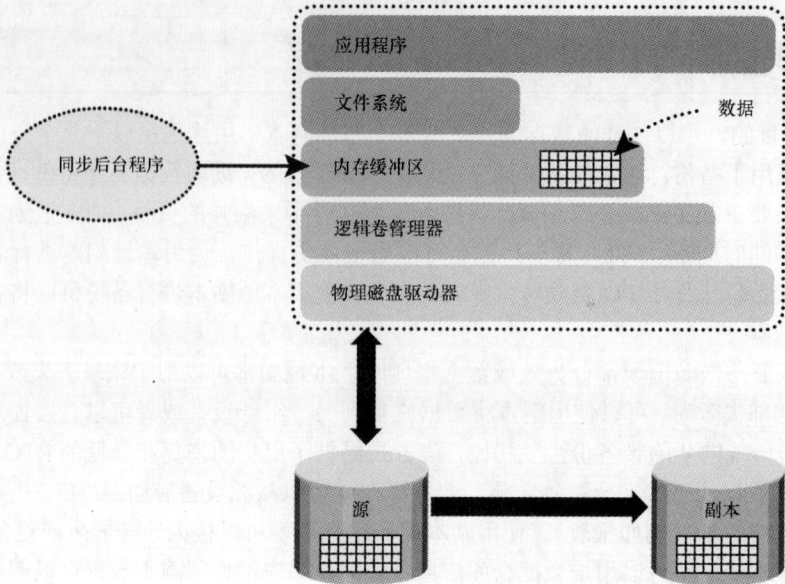

图 11-1　文件系统复制

　　若数据库在线，因为可以进行 I/O 操作，数据库的事务将持续地更新数据。当对在线的数据库进行备份时，数据库上的修改必须被同步到副本以保证一致性。可以通过写依赖 I/O 原则或者在副本生成前暂停源 I/O 写操作这两种方式来创建在线数据库的一致性副本。

　　写依赖（dependent write）I/O 原则是许多应用和数据库管理系统（DBMS）自带的，用于保持数据一致性。根据该原则，应用程序的一次写操作必须等待前一次相关的写操作完成后才能执行，例如，一次写数据操作必须依赖之前的写日志操作的完成。

　　为了保证事务的完整性，要求数据库以特定的顺序来执行一系列写操作，这些写操作将会被记录在不同的设备/文件系统上。图 11-2 表示了主机将缓存写入源的过程：I/O 1～4 完成后，才能认为事务已完成。其中 I/O 4 依赖于 I/O 3，必须等 I/O 3 完成后才能进行。I/O 3 依赖于 I/O 2，而 I/O 2 依赖于 I/O 1，每一个 I/O 操作只能在前一个 I/O 操作完成之后完成。

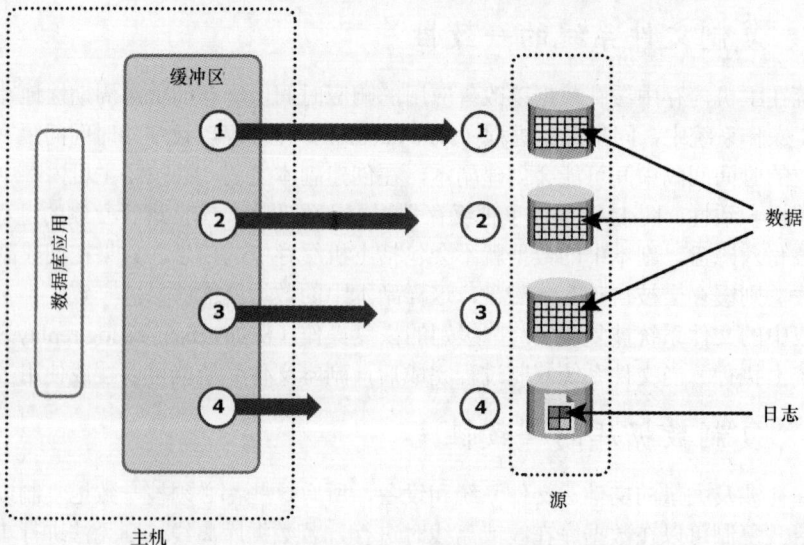

图 11-2　源上的写依赖一致性

当副本被创建时，所有对源设备的写操作都必须被副本设备捕获以保证数据一致性。图 11-3
表示了从源到副本的复制过程，为了满足副本一致性，I/O 事务 1～4 必须按顺序进行。

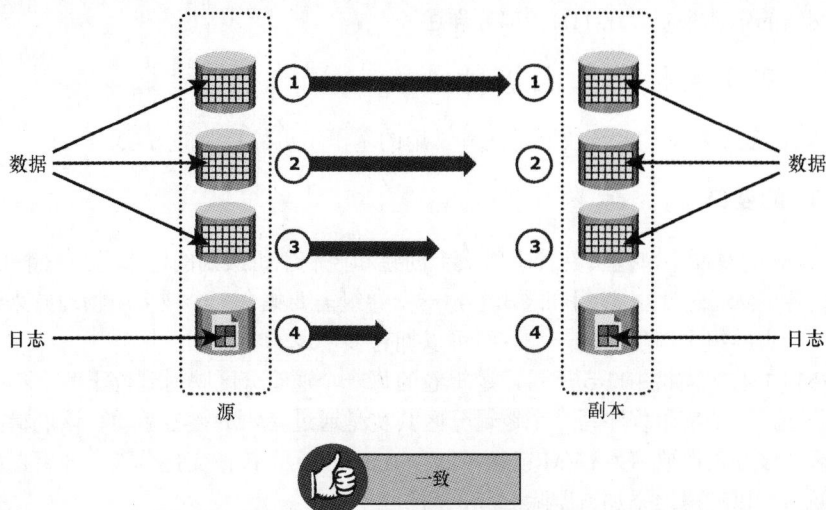

图 11-3　副本上的写依赖一致

有可能 I/O 事务 3 和 4 已经复制到副本设备，但是 I/O 事务 1 和 2 还没有被复制，如图 11-4
所示。此时，源数据与副本数据不一致，如果副本设备执行了一个重启操作，副本上的 I/O4 会认
为特定的事务已经完成。但副本上与该事务相关的数据都不可用，这就会造成副本数据不一致。

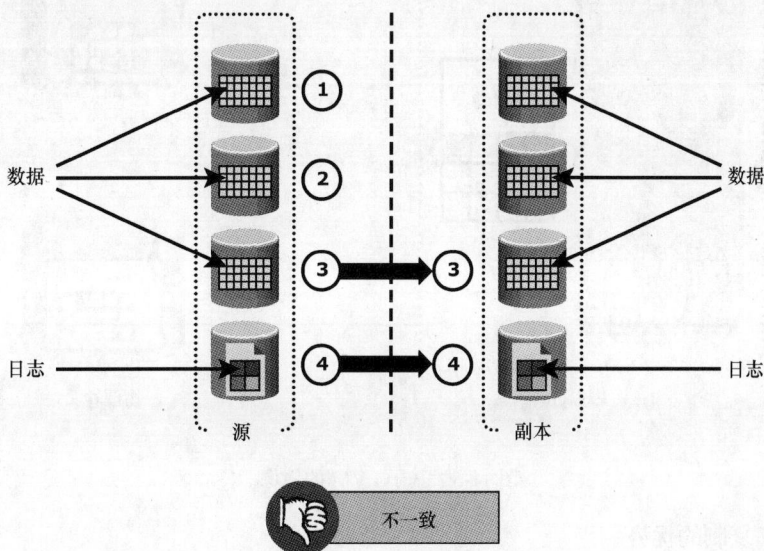

图 11-4　不一致的数据库副本

另一种保证一致性的方式是保证在创建副本的过程中暂停所有对源设备的写操作，该方式保
证在副本上创建一致的镜像。但需要指出的是，暂停 I/O 的时间过长，可能会导致数据库或应用
程序发生超时错误。

11.4　本地复制技术

基于主机、基于存储和基于网络的复制是实现本地复制的主要技术，文件系统复制和基于

LVM 的复制都是基于主机的本地复制技术。基于存储阵列的复制可以用不同的方式实现，包括全卷镜像、基于指针的全卷复制和基于指针的虚拟复制。连续数据保护（CDP）是基于网络复制的例子（基于网络的本地复制会在 11.4.3 部分详述）。

11.4.1 基于主机的本地复制

基于 LVM 的复制和文件系统快照是两种常用的基于主机的复制的方法。

基于 LVM 的复制

在基于 LVM 的复制中，逻辑卷管理器负责创建和控制主机级别的逻辑卷。一个 LVM 包括 3 个部分：物理卷（物理磁盘）、卷组和逻辑卷，一个卷组需要集合一个或多个物理卷来创建。逻辑卷则是在一个给定卷组中创建的，一个卷组可以拥有多个逻辑卷。

基于 LVM 的复制，如图 11-5 所示，逻辑卷的每一个逻辑分区映射到位于两个不同物理卷上的两个物理分区，一个应用程序写一个逻辑分区其实是通过 LVM 设备驱动写该逻辑分区对应的两个物理分区，该方式也被称为 LVM 镜像（LVM mirroring）。镜像支持分离，分离之后的数据即可被独立访问，可以动态地添加或删除 LVM 镜像。

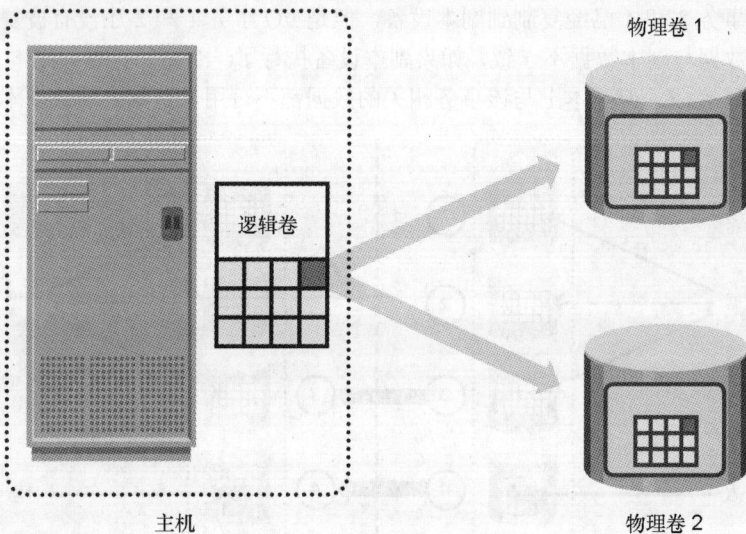

图 11-5 基于 LVM 的镜像

基于 LVM 复制的优势

基于 LVM 的复制技术不依赖于特定厂商的存储设备。通常，LVM 是操作系统的一部分，因此不需要额外的许可就可以部署 LVM 镜像。

基于 LVM 复制的局限性

因为应用程序发起的每一个写操作都被转换成对磁盘的两次写，所以基于 LVM 复制给主机的 CPU 带来了额外的负载而降低应用程序的性能。因为该副本还是卷组的一部分，在任何时间都会被主机访问，所以正常情况下，不能将基于 LVM 的本地副本给另一台主机使用。

对镜像跟踪修改并执行增量的同步操作也是一个问题，因为所有的 LVM 都不支持增量同步。若设备已经被某个级别的 RAID 所保护，则无需镜像提供额外的保护。该方式无法扩展，因此无法支持联合数据库和应用程序的副本。副本和源存储在同一个卷组，因此，如果该卷组出现错误，副本可能也将无法使用。如果服务器出现错误，直到服务器恢复前，源和副本都不可用。

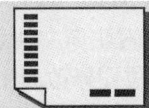

> 联合数据库是指一些数据库作为同一个实体来协同工作。其中的每个独立数据库都是自包含和全功能的。当联合数据库接收一个查询时，它会请求转发给包含被请求数据的数据库。联合数据库对应用显示的是一个统一的数据库，这种方式减少了将请求发给多个数据库和合并结果的需要。

文件系统快照

文件系统快照是一种基于指针的副本，它只是生产文件系统所使用空间的一小部分。这种快照可以通过文件系统本身或 LVM 实现。它使用首次写时复制的原理（Copy on First Write，CoFW）。

当创建快照时，一个位图（bitmap）和一个块图（blockmap）在快照文件系统的元数据中创建。创建快照后，位图用于跟踪记录生产文件系统中被修改的块，块图用于指出当访问快照文件系统上的数据时所读取数据的准确地址。当快照创建后，快照上的最初所有读操作实际上都是对生产文件系统的数据读取。在首次写复制原理中，在快照生成后第一次对生产系统的写操作，I/O 会被暂停，而与写入地址相对应的生产文件系统的原始数据将会被转移到快照文件系统中，然后才允许继续对生产文件系统进行写操作，位图和块图也相应地进行更新。后续对于此位置的写操作不再启动首次写复制操作。读快照文件系统需要查阅位图，当相应的位是 0 时，则直接读取生产文件系统数据。如果是 1，则根据块图中的块地址读取快照文件系统的数据。生产文件系统的读操作按照正常方式进行。

图 11-6 描述了对生产文件系统的写操作过程。例如，在生产文件系统中发生向 block3 写入 "C" 的操作，而 block3 上现有数据是 "c"。快照应用程序暂停这个对生产文件系统的 I/O 写入，先将

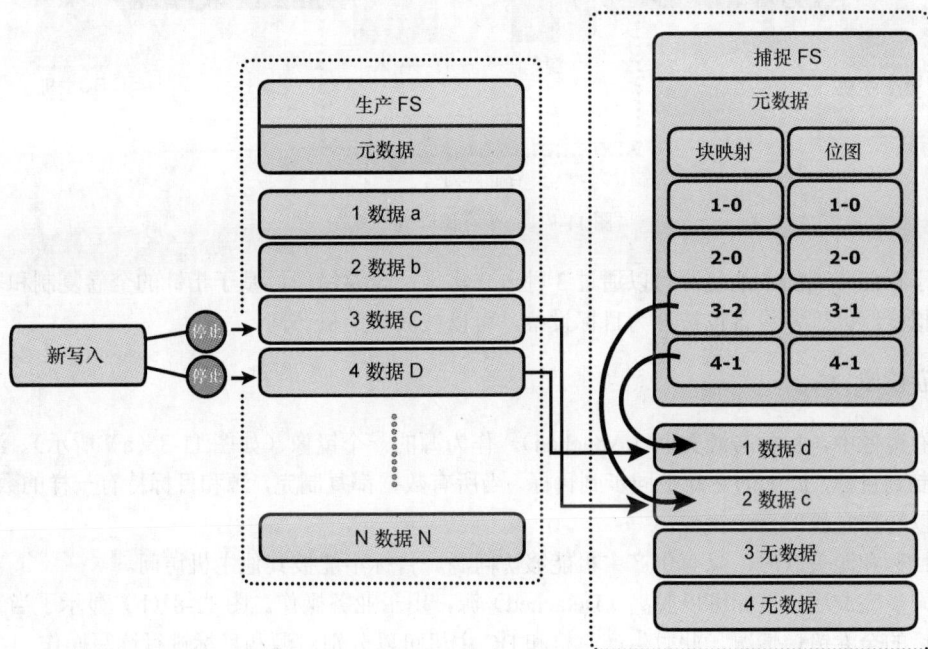

图 11-6　生产系统写操作

生产文件系统上的旧数据"c"写入快照文件系统上的可用位置。在生产文件系统中与 block3 相对应的位图和块图值会在快照元数据中改变。block3 的位图值变成 1，说明这个 block 在生产文件系统中已经发生了改变，block3 的块图修改为数据写入快照文件系统的 block 号码（本例中为 block2）。当这一系列动作完成之后，对生产文件系统的 I/O 才会被允许继续进行。所有后续的在生产文件系统上针对 block3 的写操作都可以正常进行，全再触发 CoFW 操作。与此类似，如果对生产文件系统上的 block4 进行写操作，将数据从"d"变成"D"，快照应用会暂停对生产文件系统的 I/O 访问，将旧数据复制到快照文件系统中可用的 block 上。然后将 block4 的位图修改为 1，说明在生产文件系统上，这个 block 已经进行了修改。块图修改为旧数据在快照文件系统上所保存的 block 号码（本例为 block1）。以上操作都完成之后，对生产文件系统的 I/O 才能被允许结束。

11.4.2　基于存储阵列的复制

在基于存储阵列的本地复制中，由阵列操作系统执行本地复制过程。在复制过程中不占用主机资源（例如，CPU 和内存），因此，复制操作不会增加本机的负载。副本可以被另一台主机用于任何业务操作的访问。

这种复制，所需的副本设备应该在同一个阵列中，数据在源—副本对之间复制。由于数据库可能占用多个物理卷，因此在这种情况下，所有设备都必须同时复制以获得与数据库一致的时间点副本。

图 11-7 显示了基于存储阵列的复制过程，源和目标在同一个阵列中，且被不同的主机访问。

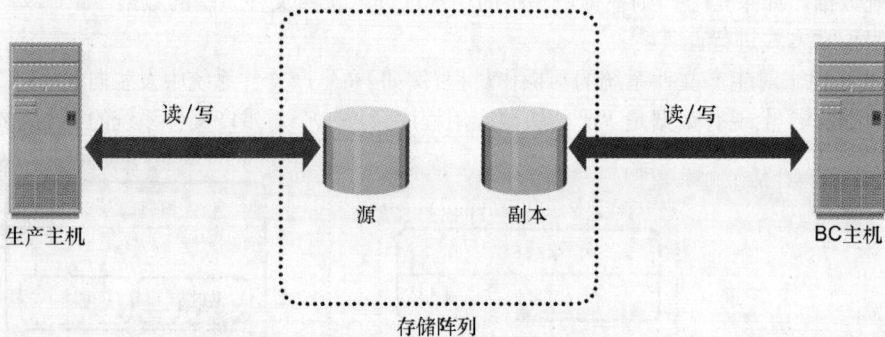

图 11-7　基于存储阵列的复制

基于存储阵列的本地复制可以通过 3 种方式实现：全卷镜像，基于指针的全卷复制和基于指针的虚拟复制。副本设备也被称为目标设备，可以被其他主机访问。

全卷镜像

全卷镜像中，目标与源关联（Attached），作为源的一个镜像（如图 11-8（a）所示）。源上的数据复制到目标，源上的更新也同步到目标。当所有数据都复制完，源和目标持有一样的数据后，目标可以看作是源的一个镜像。

当目标和源关联时，只有生产主机能够访问源，目标不能被其他主机访问。

当同步完成后，目标可以脱离（Detached）源，用于业务操作。图 11-8（b）显示了当目标脱离源以后的全卷镜像情况。此时生产主机和 BC 主机可以分别对源和目标进行读写操作。

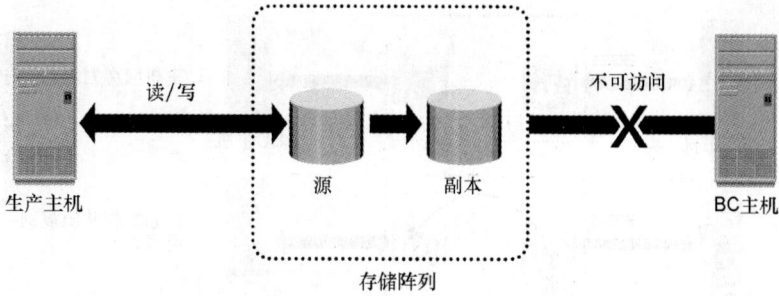

（a）源关联副本时的全卷镜像

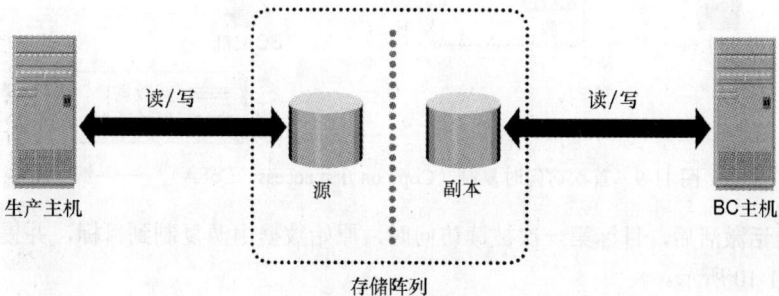

（b）源脱离副本的全卷镜像

图 11-8　全卷镜像

从源脱离之后，目标成为源的一个时间点副本。副本的时间点取决于源从目标脱离的时间。例如，如果脱离的时间是下午 4:00，则目标的时间点也是下午 4:00。

从源脱离之后，对源和目标的修改仍可以在预设的粒度上被跟踪，从而实现增量的再同步（从源到目标）或增量的恢复（从目标到源）。数据跟踪修改的粒度在 512 字节到 64K 字节之间，或者可以更大。

基于指针的全卷复制

另一种基于阵列的本地复制方式是基于指针的全卷复制，类似于全卷镜像，基于指针的全卷复制能在目标上提供源数据的完全复制。而与全卷镜像不同的是，复制操作一旦激活，目标可以立即被 BC 主机访问，因此，主机不需要等待目标完成数据的同步和脱离就可以访问它。复制进程激活的时间点决定了副本的时间点。

基于指针的全卷复制可以是首次访问时复制（CoFA）或全复制模式。无论哪种模式，激活时，源设备上为所有数据创建一个用于保护的位图，这个位图跟踪源设备的修改信息。目标上的指针在初始化时会映射到源设备相应的数据块，之后根据激活的模式，数据从源复制到目标。

CoFA 的模式中，复制初始化之后，只有满足以下条件，数据才从源复制到目标：

- 源上的某个地址第一次被写操作访问；
- 目标上某个地址第一次被读或写操作访问。

当复制会话激活后，源第一次被写访问时，所访问地址的原始数据被复制到目标，操作完成后，源上更新数据，这样就保证了激活时间点的原始数据被及时保存在目标上，该过程如图 11-9 所示。

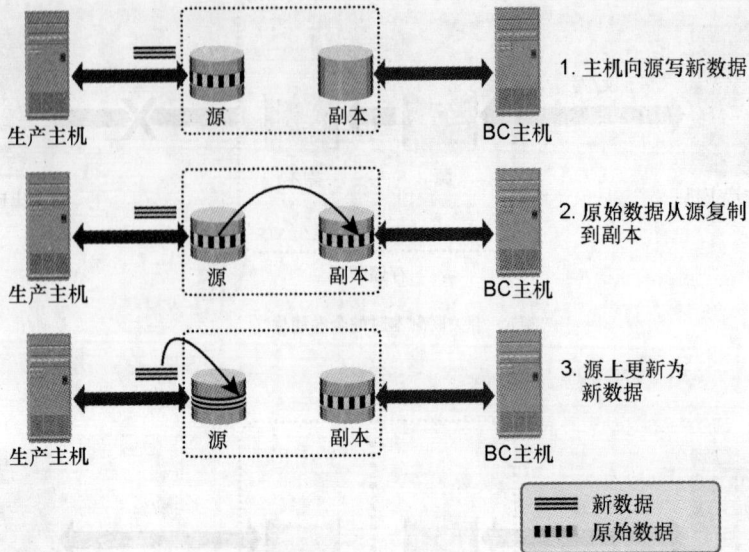

图 11-9 首次访问时复制（Copy on first access，CoFA）——写源

当复制会话激活后，目标第一次被读访问时，原始数据由源复制到目标，并提供给 BC 主机使用，如图 11-10 所示。

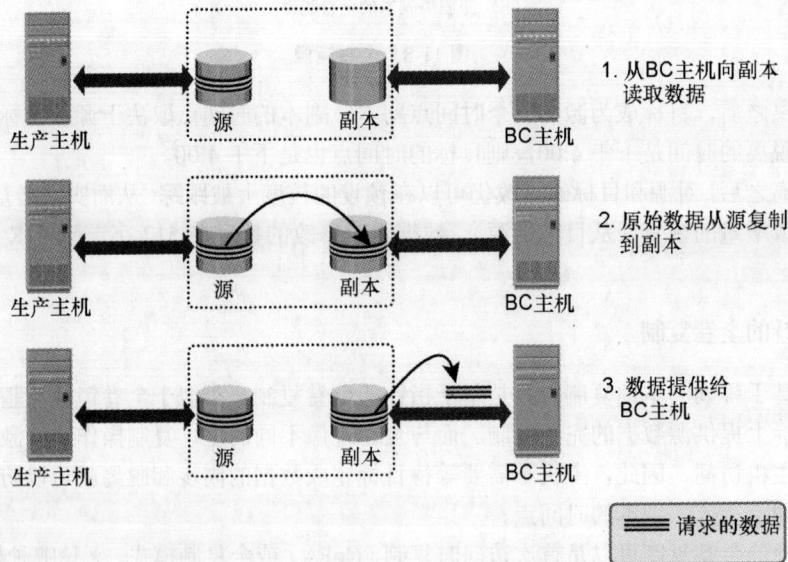

图 11-10 首次访问时复制（Copy on first access，CoFA）——读目标

当复制会话激活后，目标第一次被写访问时，原始数据从源复制到目标，之后，在目标上更新数据，如图 11-11 所示。

所有情况下，源上数据块的保护位图都会被重置，表示原始数据已经被复制到目标。指向源数据的指针可以被丢弃，之后源上对同一数据块的写和目标上对该块的读或写都不会再触发复制操作（因此被称为首次访问时复制）。

当复制过程终止时，目标设备上只保留在复制结束之前被访问过的那些数据，而不是在该时刻源上的所有数据。这时，目标并不是源的完全副本，因此它无法用于恢复操作。

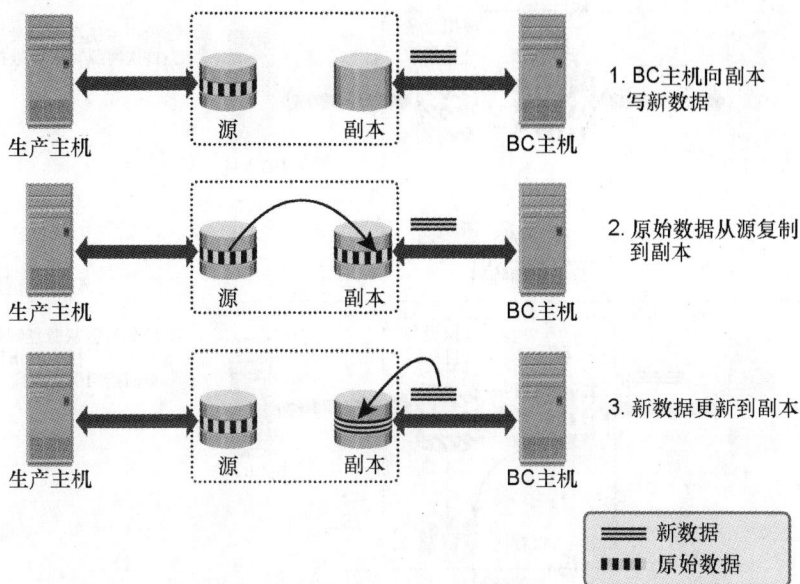

图 11-11　首次访问时复制（Copy on first access，CoFA）——写目标

在全复制模式下，所有数据通过后台从源复制到目标，数据复制和访问无关。若需要访问一个还没被复制的块，该块将优先复制到目标。全复制模式的一个完整的周期是源上所有数据复制到目标。若复制过程结束，目标将拥有自激活以来源上的所有原始数据，这使得目标成为一个可用于还原和其他业务连续性操作的有效副本。

基于指针的全复制模式和全卷镜像之间的关键区别是：在全复制模式中，目标在激活后立即可用；相反，在全卷镜像中，需要等待首次同步完成并脱离源之后，目标才可被访问。全卷镜像和基于指针的全卷复制技术都需要目标设备的容量至少和源设备一样大。此外，全卷镜像和完全复制模式中的基于指针的全卷复制也都提供了增量同步或恢复的能力。

基于指针的虚拟复制

基于指针的虚拟复制中，操作被激活时，目标包含了指向源上的数据位置的指针，一开始目标不保存数据，因此，目标被称之为虚拟副本。类似于基于指针的全卷复制，在复制会话开始后，目标立即可以被访问。源设备上为所有数据创建一个保护位图，跟踪的粒度在 512 字节到 64K 字节之间，也可以更大。

基于指针的虚拟复制采用 CoFW 技术。当激活后第一次写源，该地址的原始数据就被复制到阵列中一处事先定义好的区域，该区域通常被称为保存区（save location），目标中的指针更新为指向保存区中的该数据，之后，写操作才更新到源，此过程如图 11-12 所示。

当激活后第一次写目标时，该地址的原始数据从源复制到保存区，指针更新为指向保存区中的数据，在保存区创建原始数据的另一个副本，再将写操作更新到保存区，后续对源上或目标上同一个数据块的写操作不再触发复制操作。此过程如图 11-13 所示。

当读目标时，若所读的块自激活以来未被修改过，则直接从源读取，若原始数据块被修改过，则从保存区读取。

目标上的数据是源上未修改过的数据和保存区数据的结合，源设备不可用则导致目标数据不可用。因为目标只包含指向数据的指针，因此目标设备的物理容量只是源设备的一小部分，而保存区的容量由预期的数据变化量决定。

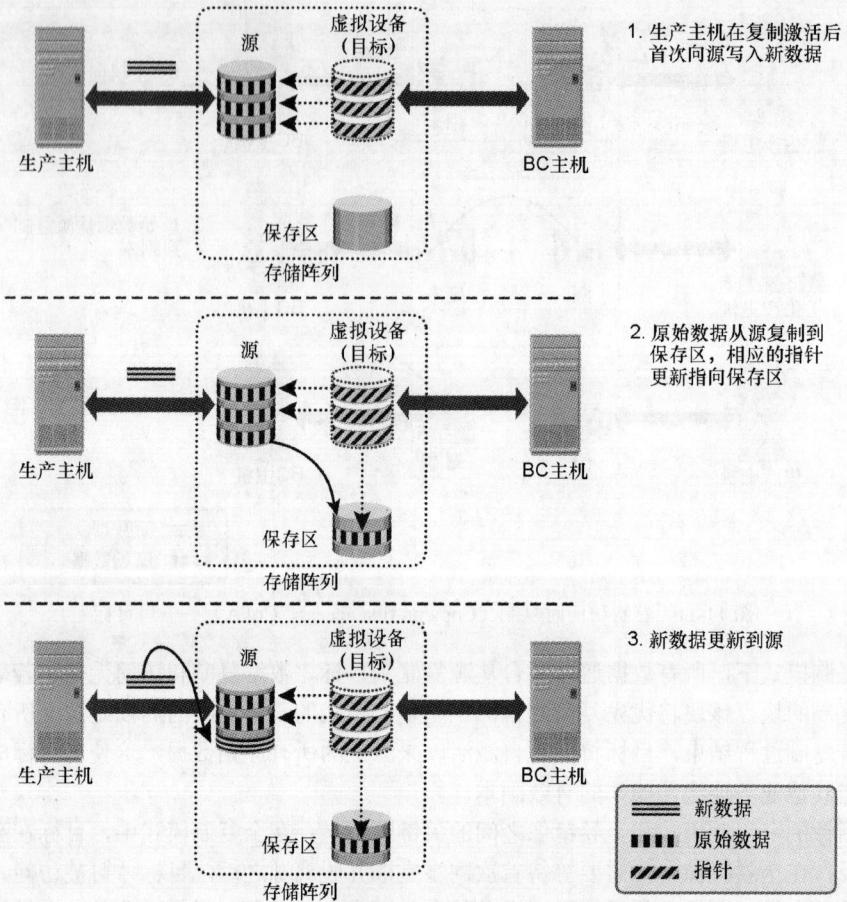

图 11-12   基于指针的虚拟复制——写源

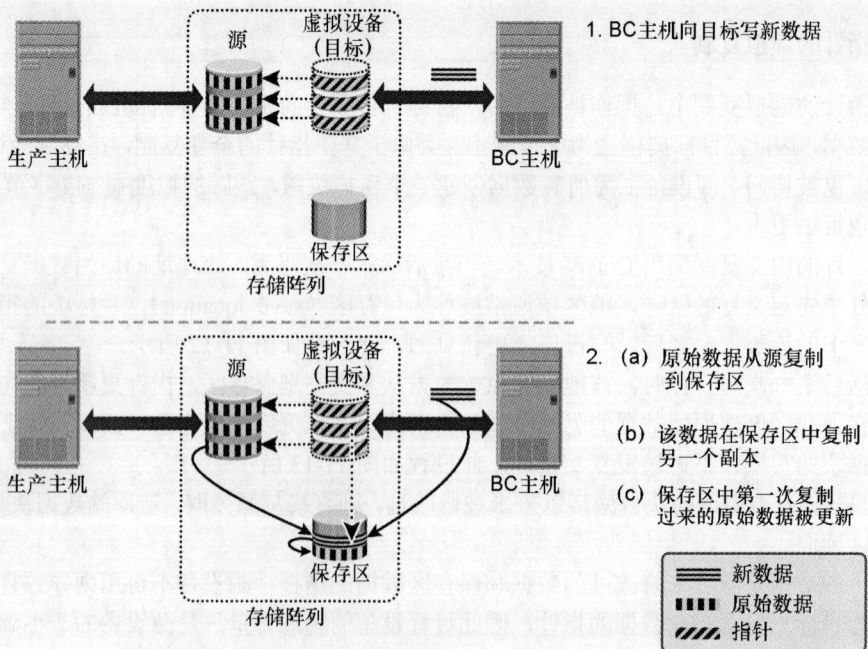

图 11-13   基于指针的虚拟复制——写目标

11.4.3　基于网络的本地复制

在基于网络的本地复制中，复制发生在主机和存储阵列之间的网络连接层。基于网络的复制混合了基于主机复制和基于存储复制两者的优点。通过转移主机和阵列复制操作负载的方式，基于网络的本地复制可以在许多主机平台和存储阵列之间使用，因此这种方式非常适用于复杂的异构环境。连续数据保护（CDP）是一种基于网络的本地和远程复制技术。（CDP 相关的远程复制会在第 12 章详述）。

连续数据保护

数据中心中的关键业务通常需要立即可用和无限的数据恢复点。传统的数据保护技术只能提供有限的恢复点，一旦发生了数据丢失，系统只能回退到最近的可用恢复点。镜像保护可以提供持续的数据复制，但是如果在生产数据上发生了逻辑错误，这个错误有可能会传递给镜像，造成副本不可用。在正常的操作中，CDP 连续数据保护可以通过追踪生产设备的变化和维护连续的时间点映像来恢复任何时间点的数据。

在连续数据保护中，数据变化被连续记录并储存在与主存储相隔离的位置。因为持续数据保护可以保留任意时间点的映像，所以 RPO 是随机的且无需预先定义。在恢复损坏的数据时，只需要恢复到数据损坏时间点之前的映像即可。连续数据保护使用日志卷（journal volume）来保存主存储上的数据变化。日志卷包含从复制会话开始之后的所有数据变化信息，日志的空间大小决定了可以保留多久的恢复点数据。连续数据保护的实现通常需要连续数据保护设备（CDP appliance）和写拆分器（write splitter），同时连续数据保护软件也需要安装在独立的主机上。

连续数据保护本地复制操作

图 11-14 说明了连续数据保护本地复制过程。在开始复制前，副本需要与源进行同步。复制

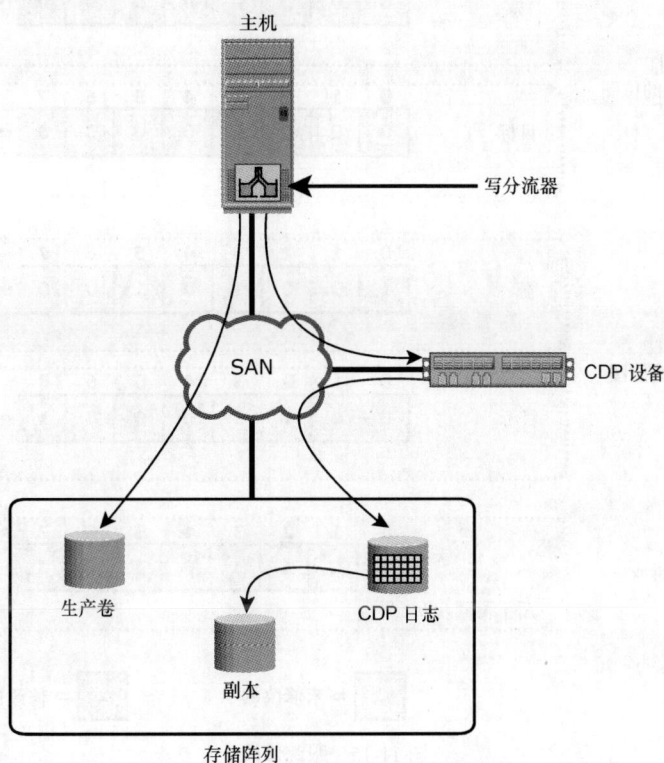

图 11-14　持续数据保护——本地复制

开始之后，所有对源的写操作被拆分器复制多一份，其中一份传给连续数据保护设备，另外一份传给生产卷。当连续数据保护设备接收到写操作的副本后，这个副本会和时间戳一起写入日志卷，之后数据将按照预先设定的时间间隔从日志卷向副本中写入。

在向源恢复数据时，连续数据保护设备会按照需要恢复的时间点从副本和日志中恢复数据。

11.5   跟踪源和目标的修改

时间点的本地副本创建后，源设备上会发生更新。若本地复制的主要目的是为数据恢复操作时有一份可用的时间点副本，则目标设备不应该被修改。若是用于其他业务操作，则目标设备可以支持修改。要实现增量同步或恢复操作，需要跟踪时间点以后的源和目标设备的修改。典型的做法是使用位图，每一位表示数据的一个块，块大小从 512 字节到 64KB 甚至更大。例如，若块大小是 32KB，则 1GB 的设备需要 32，768 位（1GB 除以 32KB）所需位图的大小是 4KB。32KB 大小的块中若有任何改动，则位图中相应的位被标记。如果为了跟踪目的而减小块的大小，则所需的位图容量会相应的增加。

副本创建时，源和目标位图的所有位都置为 0，此后源和目标上的任何改动将使位图中相应的位置 1。当需要再次同步或恢复时，在源位图和目标位图之间执行一个逻辑“或”操作，得到的结果位图表明了源或目标上被修改过的所有数据块（如图 11-15 所示）。这种方式可以优化的再同步或恢复操作，避免了在源和目标之间复制所有数据块。数据移动的方向取决于执行的是再同步操作还是恢复操作。

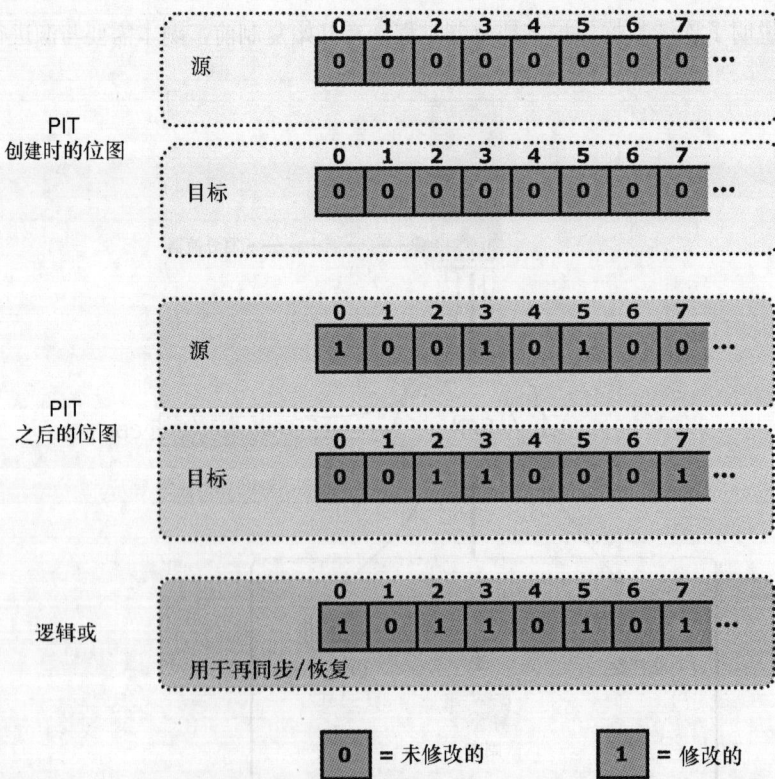

图 11-15   跟踪修改

若需要再同步，则目标上修改过的数据块被源上相应的数据覆盖。在该例子中，目标上的第2、3、7块（从左到右）要被覆盖。

若需要恢复，则源上修改过的数据块被目标上相应的数据覆盖。在该例子中，源上的第0、3、5块要被覆盖。两种情况都不会同时保留源和目标上的修改。

11.6 恢复和重启的考虑

本地副本可以用于恢复生产设备的数据，或者，应用程序可以使用一致的时间点副本进行重启。

副本可以用于生产设备逻辑损坏时的数据恢复，也就是设备可用而数据失效的情况。逻辑损坏的例子包括意外删除了信息（数据库中的表或条目）、错误的数据项和对已有数据的错误更新等。从副本的恢复操作是增量的，仅需要很小的RTO。在一些实例中，应用程序可以在数据复制完成之前就在生产设备上恢复。而在恢复操作之前，对生产和副本设备的访问都应该停止。

生产设备也可能由于物理故障不可用，例如生产服务器或物理设备故障，这种情况下，应用程序可以利用最新的副本数据重启。作为对进一步故障的保护，应该对副本设备创建"黄金拷贝"（副本设备的另一个复制），这样一旦副本设备故障或者损坏时还能够留有一份数据的复制。在故障解决后，副本设备上的数据可以恢复回生产设备。

全卷副本（全卷镜像和基于指针的全卷复制模式）可以被恢复到原始的源设备或新的源设备上。对原始源设备的恢复可以是增量的，但恢复到一个新的源设备则需要全卷复制操作。

基于指针的虚拟复制和CoFA模式下的基于指针的全卷复制，对副本数据的访问依赖于源卷工作是否正常和可访问。若初始的源卷因为某些原因不可访问，则副本将无法用于恢复或者重启。

表11-1是各种基于存储阵列的复制技术的比较。

表 11-1 本地复制技术比较

因　　素	全卷镜像	基于指针的全卷复制	基于指针的虚拟复制
对源性能的影响	无	CoFA 模式——一些影响 全拷贝模式——无	影响较大
目标的大小	至少和源相同	至少和源相同	源的一小部分
恢复时源的可访问性	无要求	CoFA 模式——需要 全拷贝模式——不需要	需要
目标的可访问性	在完成同步和脱离源之后	立即可访问	立即可访问

11.7 创建多个副本

大部分基于存储阵列的复制技术都允许源设备维持与多个目标的复制关系，源和每一个目标上的修改都可以被跟踪，以支持对目标的增量同步。每一个时间点副本可以用于不同的BC操作并作为一个恢复点。

图11-16显示了每六小时从同一个源创建副本的例子。

如果源损坏，数据可以从最新的时间点副本恢复。在图11-16的例子中，最大的RPO是6小时。更频繁的副本创建将减小RPO和RTO。

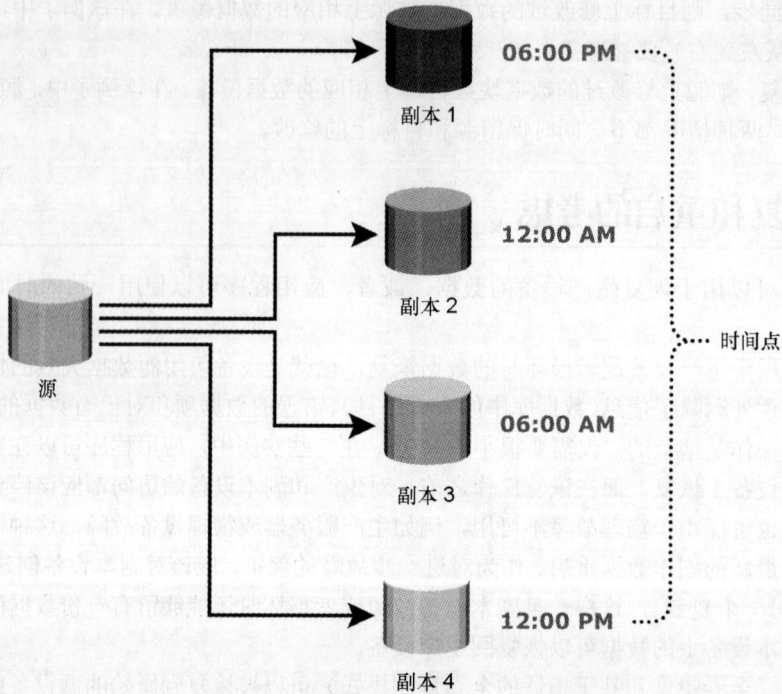

图 11-16　在不同的时间点创建的多个副本

　　阵列本地复制技术也支持创建多个并发时间点副本。这种情况下，所有副本包含同样的数据。在恢复或修复操作中，可以使用一个或多个副本。其他的副本可以用于决策支持操作。

11.8　虚拟环境中的本地复制

　　前面的内容主要集中在物理架构环境中的本地复制。在虚拟环境中，除了需要进行存储卷的复制之外，还需要进行虚拟机（VM）的复制。通常虚拟机的本地复制由主机的管理程序在主机级别实施，与物理环境类似，虚拟机的复制也可以在存储层通过基于阵列的本地复制来实现。在基于阵列的本地复制中，可以将虚拟机所在的 LUN 复制到同一阵列的不同 LUN 上。针对基于管理程序的本地复制可以有两种方式：虚拟机快照和虚拟机克隆。

　　虚拟机快照可以捕获特定时间点虚拟机的状态和虚拟机上运行的数据信息。虚拟机状态包括虚拟机文件（例如，BIOS 和网络配置）和虚拟机的电源状态（如启动、关闭或者暂停）。虚拟机数据是指构成虚拟机的所有文件，包括虚拟磁盘和内存。虚拟机快照使用独立的增量文件来记录从快照会话开始后虚拟磁盘上所有的变化信息。当虚拟机需要回退到逻辑损坏事件前的状态，快照是有帮助的。在将虚拟机回退到之前状态时，会将子操作系统上的所有配置信息恢复到快照生成时间点的状态。虚拟机快照技术面临着一些挑战：如果虚拟机通过裸设备访问，则其不支持数据复制；使用管理程序来实施快照也给主机增加了额外的负载，对主机的性能会产生影响。

　　虚拟机克隆是另外一种可以生成与原始虚拟机完全相同副本的方法。当克隆操作结束时，克隆会变成一个与它的父虚拟机完全独立的虚拟机。这个克隆拥有自己的 MAC 地址，任何对克隆的操作都不会对父虚拟机造成影响。虚拟机克隆在需要部署大量相同的虚拟机时非常有用，因为在多个虚拟机上安装操作系统需要耗费大量的时间，而虚拟机克隆则可以帮助简化此过程。

11.9 概念实践：EMC TimeFinder、EMC SnapView 和 EMC RecoverPoint

EMC 提供了一系列基于存储阵列的本地复制方案。对于 Symmetrix 阵列，EMC TimeFinder 系列产品用于全卷复制和基于指针的本地复制，EMC SnapView 适用于 EMC VNX 存储阵列。EMC RecoverPoint 是一款基于网络的复制方案。

11.9.1　EMC TimeFinder

TimeFinder 系列产品包括 2 个基本解决方案和 4 个附加方案。基本方案是 TimeFinder/Clone 和 TimeFinder/Snap；附加方案包括 TimeFinder/Mirror、TimeFinder/Consistency Groups、TimeFinder/Exchange Integration Module 和 TimeFinder/SQL Integration Module。

TimeFinder 可用于开放系统和大型机，基本解决方案支持本章讨论的不同的基于存储阵列的本地复制技术。附加方案则针对特定的应用和数据库环境。

TimeFinder/Clone

TimeFinder/Clone 创建整个源卷的时间点映像，可用于备份、决策支持、数据仓库更新等任何需要并行访问的生产数据。它采用基于指针的全卷复制技术。其针对同一个生产设备最多可以生成 16 个有效的克隆，这些克隆可以立即进行读写操作。

TimeFinder/Snap

TimeFinder/Snap 创建的节省空间的逻辑时间点映像被称为快照。快照并不是源数据的全复制，还包含了指向源数据的指针。TimeFinder/Snap 使用的目标设备称为虚拟设备（VDEV），它保存有指向源数据或者 SAVE 设备的指针。SAVE 设备保存了从复制会话开始后的源数据修改的数据。TimeFinder/Snap 允许从一个源设备生成多个（最多 128 个）快照。

11.9.2　EMC SnapView

SnapView 是 EMC 基于 VNX 阵列的本地复制软件，分别使用 SnapView 快照和克隆创建源基于指针的虚拟复制或者全卷镜像。

SnapView 快照

SnapView 快照不是生产卷的完整复制，而是源生产卷在快照创建的时间点的逻辑视图。快照在数秒内被创建，当其不再被需要时，可以被释放。快照的"回退（roll back）"特性支持在恢复时立即可访问的功能。SnapView 快照的重要术语如下。

- **SnapView 会话**：SnapView 快照机制在会话开始时被激活，会话结束时则停止。如果没有任何活跃的会话，快照显示为"离线"状态；当一个会话开始时，快照相当于源 LUN 的一个副本。一个会话可以包括多个快照。
- **保留 LUN 池（Reserved LuN Pool LUN）**：这是一块专用区域，也叫保留区，用于保存首次写复制（CoFW）的数据。"保留"一词指 LUN 被保留，因而不能分配给主机去使用。

SnapView 克隆

因为 SnapView 克隆是完整卷复制，因此需要与源相同大小的磁盘空间。这些时间点的副本可以用作其他业务操作。例如，备份和测试。SnapView 可以在源和副本之间做增量重同步。克隆断开（Fracture）是指将克隆从源脱离的过程。在断开之后，克隆会变成一个时间点的副本给其他业务操作使用。

11.9.3   EMC RecoverPoint

RecoverPoint 是一款高性能、低成本的产品，它适用于物理环境和虚拟环境提供本地或者远程的数据保护。RecoverPoint 在同一站点的一个或者多个阵列的 LUN 之间进行复制，提供连续的数据保护。它可以快速地恢复，并拥有许多恢复点。RecoverPoint 在应用服务器和网络或阵列中使用对性能影响很小的数据拆分技术。RecoverPoint 产品系列包括 RecoverPoint/CL、RecoverPoint/EX 和 RecoverPoint/SE。

RecoverPoint/CL 是一款适用于异构服务器和存储环境的复制产品，它支持 EMC 和非 EMC 存储阵列。该产品支持基于主机、基于网络和基于阵列的写拆分器。RecoverPoint/EX 支持 EMC 存储阵列的复制且只支持基于阵列的写拆分。RecoverPoint/SE 是针对 VNX 系列阵列的产品，指支持 Windows 主机和基于阵列的写拆分。

小结

本地复制提供了快速的数据恢复，以避免在大量更新源数据的过程中数据损坏的风险，该技术已经成为数据中心日常操作所必需的部分。

本章详细地介绍了本地复制操作和本地副本的使用场景。本地复制可以通过多种技术实现，例如，基于主机的本地复制和基于存储阵列的本地复制。本章还描述了基于存储阵列的本地复制的恢复和重启操作，以及多个副本的创建和使用。本章也给出了基于阵列的本地复制恢复和设计的考虑事项，以及实施的样例。虚拟机和虚拟磁盘的本地副本也包括在本章内容中。

尽管冗余本地副本的数据保证了高可用性，但在发生全站点不可用的灾难时，将重复数据分散到不同站点是保证数据中心不间断运行的一种方法。目前在远程站点创建副本已经是成熟的技术，下章将详细讲述远程复制。

练习

1．研究为保证本地副本一致性需要采用哪些技术。

2．描述多种业务操作中本地副本的用途。

3．研究基于指针的虚拟复制，保存区需要的存储容量是由哪些因素所决定的。

4．研究连续数据保护技术与基于阵列的复制相比较，连续数据保护技术的优势在哪里？

5．一个管理员为一个 LUN 配置了 6 个基于指针的虚拟副本，并为该 LUN 创建了 8 个全卷副本，然后该管理员为每个全卷副本创建了 4 个基于指针的虚拟副本，现在一共有多少个可用的副本？

第12章
远程复制

远程复制是在远程站点（位置）创建信息资产副本的过程。远程复制可以帮助组织机构减轻由自然或人为因素导致区域性停机的风险。在灾难发生时，负载可以被转移到远程站点来保证业务操作持续进行。与本地复制相似，远程副本同样可以用于其他业务操作。

　　本章将讨论各种远程复制技术、三站点复制和数据迁移应用。除此之外，本章还将描述在虚拟环境中远程复制和虚拟机迁移技术。

关 键 概 念
同步复制和异步复制
基于逻辑卷管理器的复制
基于主机的复制
磁盘缓存复制
三站点复制
虚拟机迁移

12.1 远程复制模式

　　远程复制的两种基本模式是同步模式和异步模式。在同步远程复制中，必须在通知主机"写完成"之前将写操作提交给源和远程副本（或称"目标"）（见图 12-1）。在先前的写操作完成并通知主机之前不能进行后续的写操作，这就保证了源上的数据与副本在任何时候都是相同的。此外，向目标上传输的写和源接收到的写按照相同顺序进行，由此维持了写操作的顺序。如果源发生故障，同步远程复制将提供零或接近于零的 RPO（恢复点指标）。

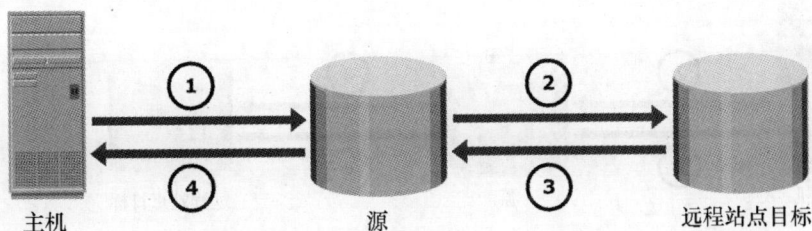

① 主机向源写数据

② 数据从源复制到远程站点目标

③ 目标通知回复源

④ 源通知主机写操作完成

图 12-1　同步复制

同步远程复制只有在源和目标都确认已经写入数据之后才向主机返回"写完成",因此同步远程复制技术会增加应用的响应时间。响应时间的受影响程度主要依赖于站点之间的距离、可用带宽和网络连接设施的服务质量(QOS)。图 12-2 说明了同步复制过程需要的网络带宽。如果提供给同步远程复制的带宽小于最大写负载,在某些时候响应时间会延长,导致应用超时。同步复制的部署距离依赖于应用对响应时间的容忍程度,通常两个站点之间的部署距离应小于 200 千米(125 英里)。

异步远程复制中,一个写操作提交给源之后立即通知主机。数据先缓存在源站点,之后再传输给目标站点(见图 12-3)。

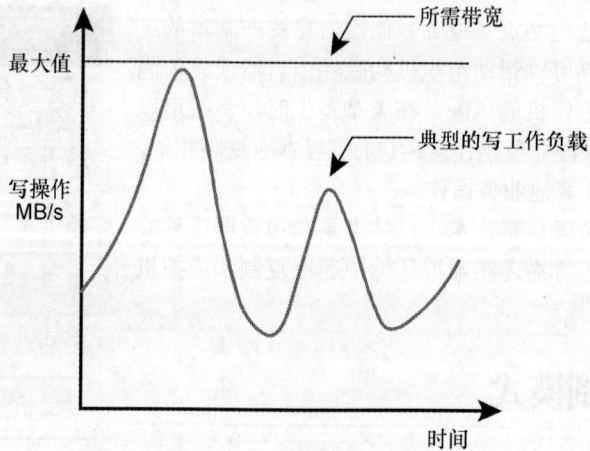

图 12-2   同步复制需要的网络带宽

因为立即确认源主机的写操作,所以异步复制消除了复制对应用响应时间的影响。这使得异步复制在源和目标站点距离几百到几千千米时仍可进行部署。图 12-4 说明了异步复制需要的网络带宽。在此情况下,所需要的网络带宽只要大于或者等于平均写负载即可。在网络带宽不足时,数据可以先被缓存,之后再传送到远程站点,因此需要提供足够的缓存容量。

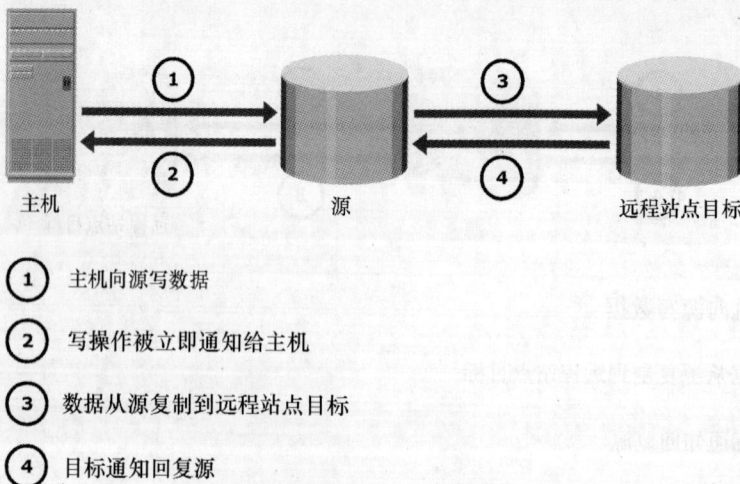

① 主机向源写数据

② 写操作被立即通知给主机

③ 数据从源复制到远程站点目标

④ 目标通知回复源

图 12-3   异步复制

异步复制中远程站点的数据落后于源数据至少缓存容量大小的数据量,因此异步远程复制提供的是有限的（非零）RPO 容灾方案。RPO 依赖于缓存大小，可用网络带宽和源的写负载。

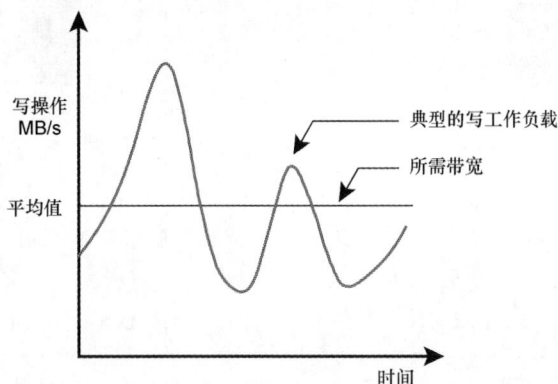

图 12-4　异步复制需要的网络带宽

异步复制可以利用引用局部性（向同一位置重复写操作）的特性——在向远程站点传输数据前，缓存中的同一位置被多次写操作，只有最后一次写入的数据被传输。这一特性节约了连接带宽。

无论同步复制或者异步复制，只有对源的写操作会被复制，读操作仍然还是从源上进行。

12.2　远程复制技术

远程复制的数据可以被主机或存储阵列处理，也可以通过在局域网（LAN）或存储区域网（SAN）上传输数据的专业装置实现。另外，还有一种先进的复制选择——三点复制将会在"12.3 三站点复制"部分详细讨论。

12.2.1　基于主机的远程复制

基于主机的远程复制使用主机的资源来执行和管理复制操作，有两种基本方法：基于逻辑卷管理器（LVM）的复制和通过传输日志的数据库复制。

基于逻辑卷管理器的远程复制

基于逻辑卷管理器的复制在卷组层执行和管理。对源卷的写操作通过逻辑卷管理器传输到远程主机。远程主机上的逻辑卷管理器接收写操作并将其提交给远程卷组。

在进行复制之前，需要在源和目标站点先创建相同的卷组、逻辑卷和文件系统。源和副本之间要做初始化同步。一种方法是将源数据备份，然后在远程副本上恢复数据；另一种方法是通过 IP 网络来执行复制。在同步初始化完成之前，源卷上的生产工作通常被暂停。同步初始化完成后，源卷上的生产工作才可以继续，数据的复制可以在现有的标准 IP 网络上进行（见图 12-5）。

基于逻辑卷管理器的远程复制支持同步和异步的数据传输模式。当源主机发生故障时，应用可以在远程主机上重新启动，使用远程副本上的数据。

基于逻辑卷管理器的远程复制不依赖存储阵列，因此支持在异构存储阵列间进行复制。大部分操作系统都内置逻辑卷管理器，因此不需要额外的授权许可和专门的硬件。

复制过程会增加主机 CPU 的负载。源主机上 CPU 资源由复制任务和应用所共享，因此可能会导致运行在主机上的应用性能下降。

因为复制过程需要远程主机的参与，所以远程主机也必须持续可用。

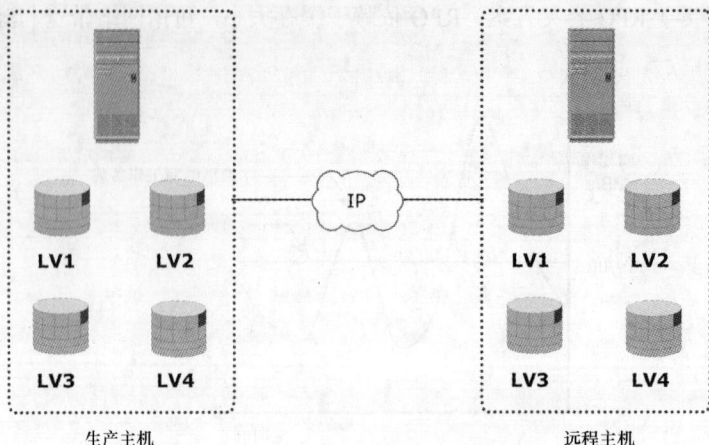

图 12-5　基于逻辑卷管理器的远程复制

基于主机的日志传输

通过传输日志的数据库复制也是一种基于主机的复制技术，这种技术被大部分数据库支持。源端的数据库事务被记录在日志中，该日志周期性地由源主机传输到远程主机上（见图 12-6）。远程主机接收日志并将其应用到远程数据库中。

在启动生产工作和复制日志文件之前，需要把源数据库的所有相关组件复制到远程站点。这项工作要在源数据库关闭的情况下进行。

在此之后，需要启动源数据库上的生产工作。远程数据库以备用模式（standby）启动。通常在备用模式下，数据库不能进行事务操作。

所有的数据库管理系统会以预定义的时间间隔或者在日志文件写满的时候切换日志文件。当切换日志文件时，会关闭当前的日志文件并打开一个新的日志文件，关闭的日志文件会被传输到远程主机，远程主机接收日志文件并更新备用数据库。

这个过程保证了备用数据库与最后一个被提交的日志保持一致。远程站点的 RPO 是有限的，它依赖于日志的大小和切换日志的频率。在决定日志文件的最优大小时，可用网络带宽、延迟和源数据库的更新速率以及切换日志的频率都必须加以考虑。

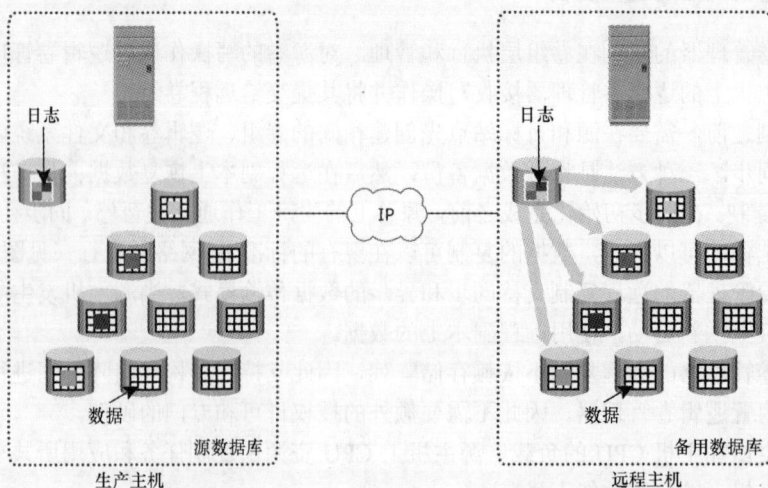

图 12-6　基于主机的日志传输

　　与基于逻辑卷管理器的远程复制类似,复制日志文件可以在已有的标准 IP 网络上进行。因为基于主机的日志传输只按照固定的时间间隔传输日志文件,所以它对网络带宽的需求较低。

12.2.2　基于阵列的远程复制

　　基于阵列的远程存储复制由阵列的操作环境和资源来执行和管理数据复制,这可以减轻主机 CPU 的负担,使之更好地执行应用程序。源设备及其副本设备位于不同的存储阵列上,可以通过共享或专用的网络将数据从源存储阵列传送到目标存储阵列。

　　阵列间复制可以是同步模式、异步模式或者磁盘缓存模式。

同步复制模式

　　在基于阵列的同步远程复制中,必须在通知主机"写完成"之前已经把写操作提交到源和目标。后续的写操作不得在先前写操作提交和通知主机"写完成"之前写入源。图 12-7 展示了基于阵列的同步复制的过程。

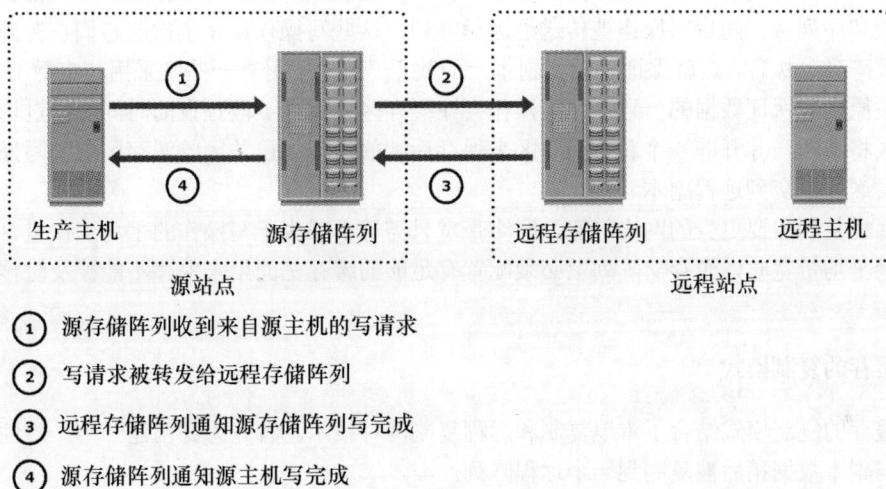

　　① 源存储阵列收到来自源主机的写请求

　　② 写请求被转发给远程存储阵列

　　③ 远程存储阵列通知源存储阵列写完成

　　④ 源存储阵列通知源主机写完成

图 12-7　基于阵列的同步远程复制

　　在同步复制的情况下,为了优化复制过程并减少对应用程序响应时间的影响,写操作会保存在两个阵列的缓存区中。之后由智能存储阵列在适当的时间再将这些数据写入适当的磁盘。

　　如果网络连接失效,复制会被挂起,生产工作仍可以不间断地在源存储阵列上进行。阵列操作环境可以保存那些还没有传送到远程存储阵列上的写操作序列。在网络连接恢复后,再把这些累积下来的数据传送到远程存储阵列。在网络故障时如果源站点发生故障,则会有数据丢失,目标的 RPO 将不会是 0。

异步复制模式

　　在图 12-8 所示的基于阵列的异步远程复制模式中,一个写操作提交给源存储阵列后就立即通知主机。数据保持在源存储阵列并稍后传送给远程站点。源和目标设备上的数据不会随时保持一致。目标存储阵列上的数据落后于源存储阵列,因此在这种情况下 RPO 不是 0。

　　与同步复制相似,异步复制的写操作也被保存在两个阵列的缓存区,然后在适当的时间将数据写入适当的磁盘。

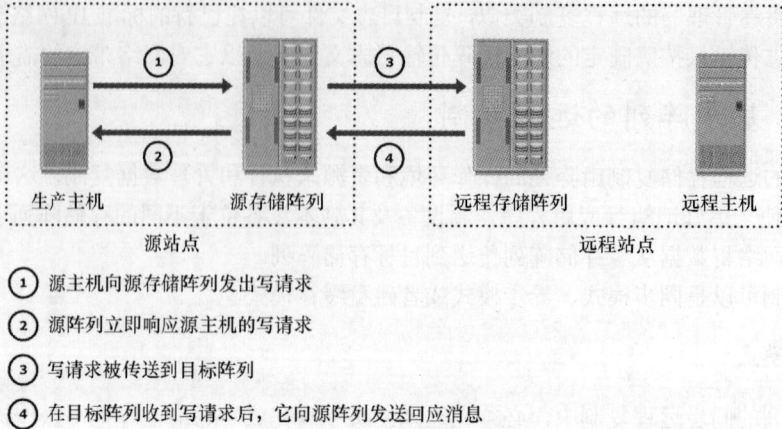

① 源主机向源存储阵列发出写请求

② 源阵列立即响应源主机的写请求

③ 写请求被传送到目标阵列

④ 在目标阵列收到写请求后，它向源阵列发送回应消息

图 12-8　基于阵列的异步远程复制

　　一些异步远程复制能够保持写操作的顺序。源阵列在接收到每个写操作请求时，都会赋予它一个时间戳和序列号。随后写操作被传送给远程阵列，这些写操作将完全按照它们在源阵列上的顺序在远程阵列上执行，这就保证了远程副本上的数据一致性。另外一些则采用与多数 DBMS 相似的写相关原则来保证数据的一致性。写操作会在缓存区中保存一段预设的时间。经过这段时间后，缓存区将关闭，并开辟一个新的缓存区来保存后续的操作。已关闭的缓存区内的写操作被打包在一起发送并提交到远程副本。

　　异步远程复制需要更少的网络带宽，网络带宽只需等于或大于写操作的平均工作量。当写操作负载大于平均带宽时，源存储阵列上必须配置有足够的缓存空间用来保存不能被及时传送的写操作。

磁盘缓存的复制模式

　　磁盘缓存的复制模式结合了本地复制和远程复制两种技术。首先为源创建一个一致性的 PIT 本地副本，副本数据稍后被复制到一个远程阵列。

　　图 12-9 展示了磁盘缓存远程复制的操作过程。在一个周期开始时，两个阵列间的网络连接是挂起的，之上没有数据传输。当应用程序在源设备上运行时，源设备的一个一致性 PIT 本地副本

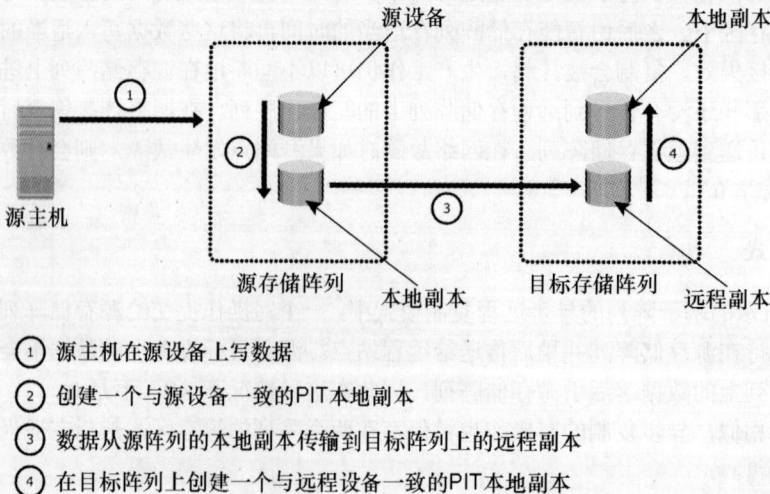

① 源主机在源设备上写数据

② 创建一个与源设备一致的 PIT 本地副本

③ 数据从源阵列的本地副本传输到目标阵列上的远程副本

④ 在目标阵列上创建一个与远程设备一致的 PIT 本地副本

图 12-9　基于磁盘缓存的远程复制

被创建，然后启用网络连接，把源阵列上本地副本的数据传输到目标阵列上的远程副本。在源和目标同步过后，网络连接再次挂起，创建下一个本地副本。也可以选择在目标阵列的远程设备上创建一个本地 PIT 副本。这种操作循环的频率依赖于可用的网络带宽和源设备上的数据变化率。

由于磁盘缓存技术使用本地复制，源设备和目标设备上的变化情况可以被记录，因此所有源和目标的再同步操作都可以增量完成。与同步和异步复制模式相比较，磁盘缓存复制需要更少的带宽。

磁盘缓存复制中，远程站点的 RPO 是按照小时计算的。例如，在上午 10:00 创建了源设备上的一个本地副本，则传输这些数据到远程副本需要花一小时。源设备上午 10:00 以后的变化将被记录并保存。在上午 11：00，依据本地副本（上午 10：00 的复制）和变化记录再创建源设备上的另一个本地副本。在下一次传输（上午 11：00 的数据）过程中，源数据已经运行到中午 12：00。在上午 11：00 的数据被成功地传输到远程副本前，远程阵列的本地副本是上午 10:00 的数据。如果源站点在完成传输前失效，那么远程站点的最坏 RPO 将会是 2 个小时（远程站点只得到上午 10：00 的数据）。

12.2.3　基于网络的远程复制

在基于网络的远程复制中，复制发生于主机和存储阵列之间的网络层。上章讨论的持续数据保护（CDP）技术也提供基于网络的远程复制方案。

CDP 远程复制

在正常的操作时，CDP 远程复制通过将目标 LUN 回退到任意前一时间点来恢复任何时间点的数据。与 CDP 本地复制相类似，CDP 远程复制也使用日志卷，CDP 设备，或者装在独立主机上的 CDP 软件（基于主机的 CDP）、写分流器来在站点间执行复制。CDP 设备在源和目标站点被维护。

图 12-10 描述了 CDP 远程复制过程。副本首先与源进行同步，当复制进程开始时，所有从主机向源上的写都被分成两个副本，其中一个被传输到源站点的本地 CDP 设备，另外一个传送到生产卷。在接收到写操作后，源端的 CDP 设备将写入数据传输到远程站点的 CDP 设备，然后写被应用到远程站点的日志卷。对于异步操作，在源端的 CDP 设备上的写会被累积，将冗余块消除，

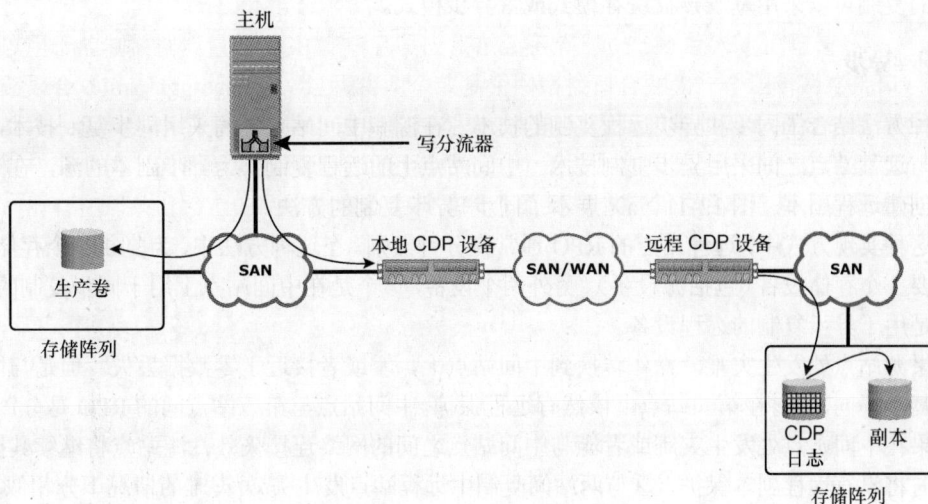

图 12-10　CDP 远程复制

然后写操作进行排序并保留相应的时间戳。之后数据被压缩，生成一个校验位，完成以上操作后，数据按计划通过 IP 网络或者光线网络向远程 CDP 设备传输。远程 CDP 设备在接收到数据后首先检查校验位来确保数据完整，然后数据会被解压，写入远程的日志卷。下一步日志卷中的数据将按照预定的时间间隔传送给副本。

使用异步模式则本地 CDP 应用在接收到写操作之后立刻进行确认。使用同步模式，主机应用需要等待远程 CDP 确认写操作完成之后开始下一个写操作。在写负载较大的时候，同步复制模式会对应用的性能造成影响。

对于远距离远程复制，可使用光网络技术部署实现，例如密集波分复用（DWDM）、稀疏波分复用（CWDM）和同步光纤网（SONET）。更多信息请参见附录 E。

12.3　三站点复制

在同步复制模式下，源站点和目标站点之间通常距离很近。因而，在区域性的大灾害中，源站点和目标站点都可能被破坏。最新的完整数据需要从其他源（如离线的磁带库）恢复，这将导致较长的 RPO 和 RTO。

区域性的灾害一般不会影响到异步模式下的目标站点，因为这些站点一般都是几百或者几千千米以外。如果源站点失效了，工作可以转移到目标站点，但是直到源站点被修复之前将没有其他远程的数据保护。

三站点复制被用来减少两站点复制中的风险。在三站点复制中，源站点的数据将被复制到两个远程数据中心。复制可以同步到其中一个数据中心，实现零 RPO 的解决方案。再采用异步复制或基于磁盘缓存的复制模式把数据复制到另一个远程数据中心，实现有限的 RPO 的解决方案。在三站点远程复制的实现上，可以采用级联/多跳或三角/多目标的实现方案。

12.3.1　三站点复制——级联/多跳

在级联/多跳的三点复制形式中，第一跳时，数据流从源传送到称为中间站点的存储阵列，随后的第二跳，数据从中间站点传输到远程站点的存储阵列。源和远程站点间的复制可以通过同步+异步或者同步+磁盘缓存两种方法来实现。源和中间站点间采用同步复制，而中间站点与远程站点之间的复制可以采用基于磁盘缓存模式或者异步模式。

同步+异步

这种方法结合了同步和异步远程复制的技术。在源和中间站点之间采用同步复制技术，在中间站点与远程站点之间采用异步复制技术。中间站点上的远程复制作为异步副本的源，在远程站点上再创建远程副本。图 12-11（a）展示了同步+异步复制的方法。

在这种实现方式中，远程站点的 RPO 通常在分钟级别。在这种方法中，为复制一个存储设备，最少需要 3 个存储设备（包括源设备）。另外两个设备，一个是在中间站点上用于同步复制的设备，另一个是用于异步复制的远程设备。

如果源站点处发生灾难，操作转换到中间站点上，零或者接近于零数据丢失。但是与同步的两站点复制不同，此时在第三站点上依然有远程保护。中间站点与第三站点间的 RPO 是分钟级的。

如果在中间站点处发生灾难或源与中间站点之间的网络连接失效，源站点将继续其操作，不过这时将没有远程副本保护。这与两站间复制中远程站点发生失效/灾难的情况十分相似。在中间站点失效期间将不能对远程副本进行更新。因而，远程副本上的数据都是过时的，但是这样的好处是如果这时源站点失效，操作可以在远程站点重新开始。远程站点的 RPO 取决于中间站点失效和源站点失效之间的时间差。

在三站点的级联/多跳复制下发生区域灾难与两站点异步复制中源站点失效的情况非常相似。操作将切换到远程站点，其 RPO 是分钟级的。在区域灾难影响解决之前将没有远程副本保护，此时可以在远程站点应用本地复制技术。

如果远程站点发生灾难或者中间站点与远程站点的网络连接失效，那么源站点可以继续正常工作，而且中间站点可以提供灾难恢复保护。

同步+磁盘缓存

这种方法结合了本地和远程复制的技术。源站点和中间站点之间使用同步复制技术：在中间站点上创建一个一致的 PIT 本地副本，数据从中间站点的本地副本传输到远程站点的远程副本。在远程站点接收到来自中间站点的数据之后，可以选择在远程站点再创建一个本地副本。图 12-11（b）展示了同步+磁盘缓存的方法。

在这种方法中，为复制一个存储设备，至少需要 4 个存储设备（包含源设备）。其它 3 个设备分别用于：中间站点上的同步远程副本、中间站点上的一致 PIT 本地副本和远程站点上的副本。在这种实现中远程站点的 RPO 通常在小时级别。

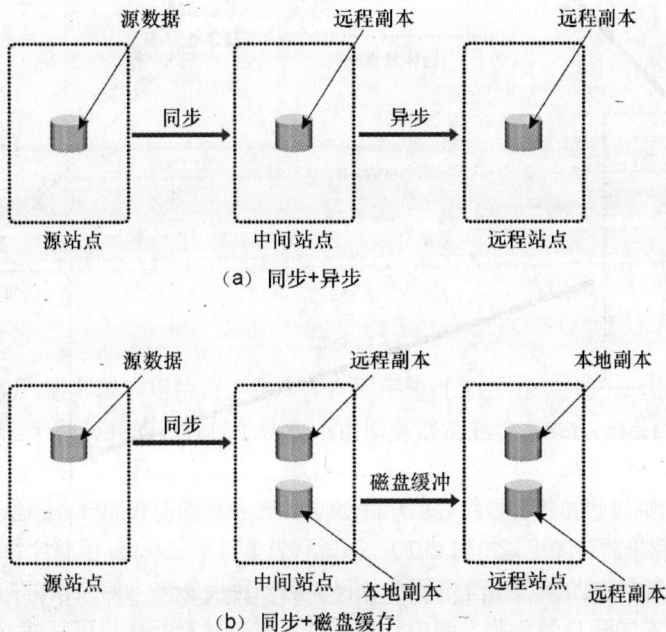

（a）同步+异步

（b）同步+磁盘缓存

图 12-11 三站点复制

在中间站点上创建一致的 PIT 拷贝、增量更新远程副本等操作可以连续地循环进行。这个过程可以在源站点的控制下自动完成。

12.3.2 三站点复制——三角/多目标

在三站点三角/多目标复制中，源存储阵列上的数据同时被复制到在两个不同站点的两个不同的阵列上（见图 12-12）。源到中间站点（目标 1）之间的复制使用同步模式，其 RPO 接近零。源到远程站点（目标 2）之间的复制采用异步模式，其 RPO 是几分钟。源站点与远程站点之间的距离可以是几千英里。这种配置不依赖于中间站点更新远程站点的数据，数据被异步地从源站点直接复制到远程站点。三角/多目标方式在中间站点发生故障时，RPO 仍然保持不变，而级联/多跳方式下，远程站点会因中间站点故障而远远滞后，RPO 增加。

三站点三角/多目标复制的主要好处在于，源站点失效时，可切换到两个远程站点中的任何一个，中间站点和远程站点间具有容灾（异步）保护，且幸存的两个目标站点之间的重新同步是增量式的。灾害恢复保护在任何一个站点失效时都是可用的。

在正常运转时三个站点都是可用的，工作负载在源站点上。在任一时间点，中间站点和源站点上的数据都是一样的，远程站点上的数据落后于源站点和中间站点。中间站点与远程站点之间也会建立网络连接，但是并不使用。因而，正常运转时中间站点和远程阵列之间没有数据传输，但中间站点与远程站点的数据差异将被记录，当源站点发生灾难时，业务操作可以在中间站点或者远程站点上继续，并且两个站点间将以增量的方式重新同步并提供远程保护。

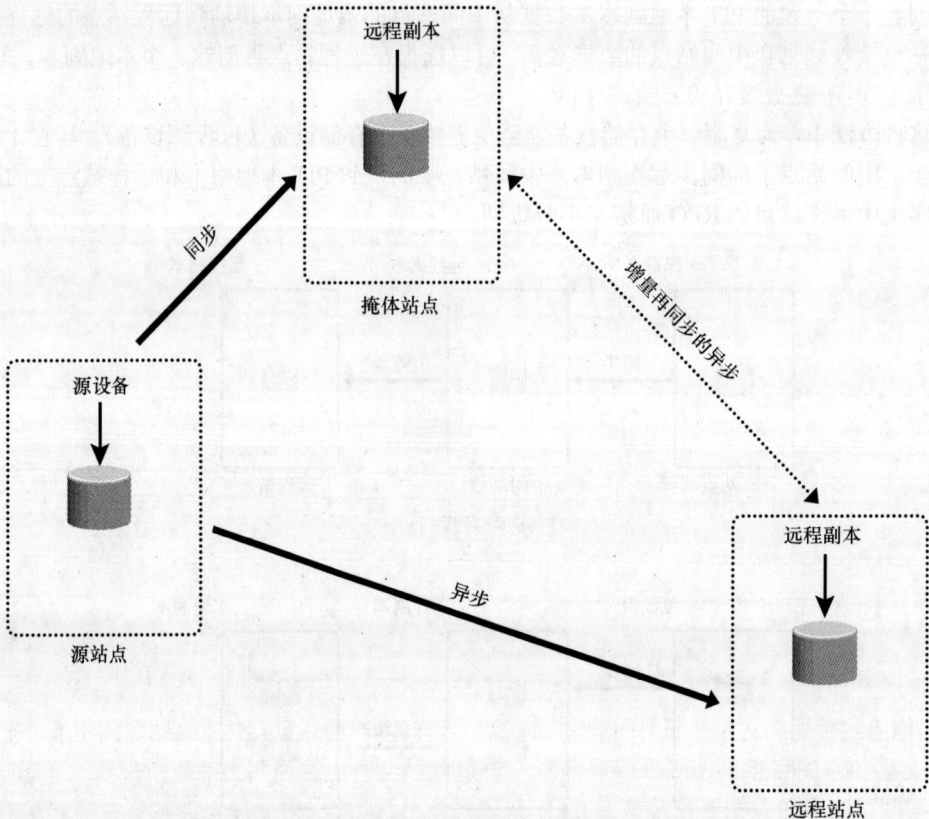

图 12-12   三站点三角/多目标复制

在三站点三角/多目标复制下发生区域灾难与两站点异步复制中源站点失效的情况非常相似。操作将切换到远程站点，其 RPO 是分钟级的。在区域灾难影响解决之前将没有远程副本保护，此时可以在远程站点应用本地复制技术。

当中间站点或者远程站点发生故障时，对源站点的操作仍然可以无干扰地进行，远程灾害保护仍然有效，因此这种情况发生可以认为不属于灾害范畴。当从源到中间站点或者从源到远程站点的网络连接中断时，对源的生产不会造成影响，此时远程灾害恢复在源可以连接的站点上仍然有效。

12.4   数据迁移方案

数据迁移和移动方案是一种用于创建远程时间点副本特别的复制技术。这些副本可以用于数据移动、数据远程复制和数据迁移。该方案将数据通过 SAN 或者 WAN 在异构存储阵列之间移动。由于复制是由其中某个阵列来完成的，因此这种技术不依赖于应用和服务器操作系统。数据移动是基于对费用、性能或者其他考虑将数据在异构的阵列间移动，这种移动实现分层存储策略。数据迁移指基于技术更新、整合或者其他考虑将数据移动到新存储阵列或从多个异构的存储阵列整合数据到单个存储阵列上。执行复制操作的阵列被称为控制阵列。数据可以从控制阵列的设备移动到远程阵列，也可以从远程阵列移动到控制阵列的设备上。在控制阵列上参与复制会话的设备称为控制设备。每一个控制设备在远程阵列上都有对应的远程设备。"控制"和"远程"两个词都不表示数据流的方向，它们仅代表这些阵列正用于执行复制操作。数据可以从控制阵列移动到远程阵列，或者反方向移动。数据移动的方向由复制操作决定。

控制阵列的前端端口必须与远程阵列的前端端口在同一分区中。远程阵列应当设置 LUN 屏蔽以允许控制阵列的前端端口访问远程设备。实际上，控制阵列的前端端口就像一个 HBA，由它发起将数据传输到远程阵列或从远程阵列接收数据。

数据迁移使用两类操作：推操作与拉操作，这些操作是从控制阵列的视角定义的。在推操作中，数据从控制存储阵列传输到远程阵列。因而，控制阵列是源，远程设备是目标。需要复制的数据在控制阵列的设备上。

在拉操作中，数据从远程存储阵列传输到控制存储阵列。远程设备是源，控制设备是目标。需要复制的数据在远程阵列的设备上。

当推操作或拉操作开始后，控制阵列会创建一个保护位图来记录复制的处理过程。保护位图中的每一位代表控制设备上的一个数据块。在不同的技术实现中，数据块的大小可能不一样。当复制操作开始时，所有位被置为 1，表示源设备上的所有内容都要复制到目标设备上。在复制数据的过程中，这些位会被改为 0，表示对应数据块已经复制完毕。当复制结束后，所有位都变成 0。

在推操作和拉操作的过程中，主机不允许访问远程设备，因为控制存储阵列无法控制远程存储阵列，不能跟踪记录远程设备上的任何变化。如果在推操作和拉操作中远程设备发生改变，那么数据完整性将不能得到保证。推/拉操作可以是"热的"或者是"冷的"，这些描述是仅针对控制设备来说的。在冷操作中，复制时服务主机将无法访问控制设备。由于控制设备和远程设备都处于离线状态，因而冷操作可以保证数据的一致性。在热操作中，对于服务主机操作，控制设备是在线的。在推/拉操作中允许对控制设备进行改变，原因是控制阵列能够保存所有变动，可以保证数据的一致性。

当热推操作初始化好后，应用程序可以启动并运行在控制设备上。在建立保护位图时，控制设备的 I/O 将被挂起，这样可以保证数据的一个一致的 PIT 镜像。如果位图上的位是 0，就允许写。如果是 1，复制进程挂起写操作，并将对应的数据块复制到远程设备上，然后再完成写操作。

在热拉操作中，服务主机可以在启动拉操作后访问控制设备。每个读或写操作都会查询保护位图。如果位是 0，读写都是允许的。如果位是 1，读写都将被挂起，复制进程将数据从远程设备复制到本地。当复制完成后，再进行读写操作。在完成拉操作初始化并创建好保护位图后，控制设备就可以立即使用。

控制阵列可以跟踪复制会话开始后控制设备上发生的变化以实现增量推操作。此时第二张位图将被创建，称为重同步位图。在推操作初始化时，重同步位图上的所有位被置为 0，如图 12-13 （a）所示。当控制设备有变化时，位图上的位从 0 变为 1，表示发生了变化，如图 12-13 （b）所示。当要求重新同步时，推操作将重新初始化，重同步位图成为新的保护位图，如图 12-13 （c）所示，并且仅有修改过的数据块会被传输到远程设备上。如果远程设备有变动，基于 SAN 的复制就觉察不到这些变化，因而这时无法实现增量拉复制操作。

0	0	0	0	0	0	0	0	0	0	0	0	0	0	0	0

(a) 推操作初始化后的重同步位图

0	0	1	0	0	0	0	0	0	0	0	1	0	0	0	0

(b) 数据块更新后的重同步位图

0	0	1	0	0	0	0	0	0	0	0	1	0	0	0	0

(c) 重同步位图成为保护位图

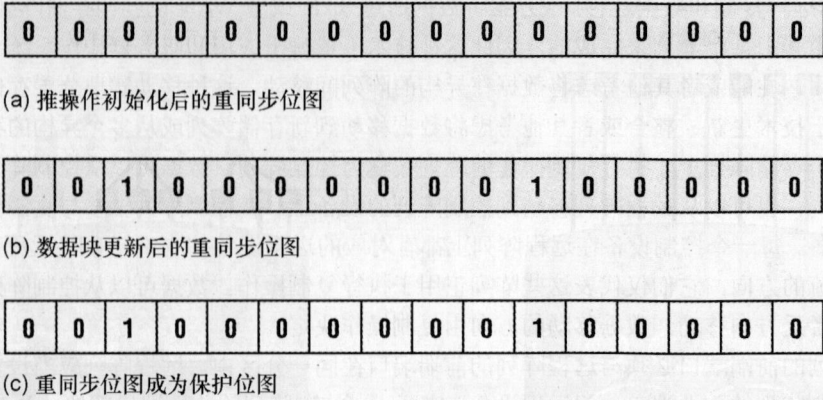

图 12-13　Push 操作的位图状态

12.5　虚拟环境中远程复制和迁移

在虚拟环境中，可以将主站点的存储阵列保存的所有虚拟机数据和配置文件复制到远程站点的存储阵列上，这一过程对于虚拟机是完全透明的。两个站点之间 LUN 复制采用存储阵列复制技术，复制过程可以是同步（有限距离，RPO 近于 0）或者异步（较长距离，RPO 非零）。

虚拟机迁移是另外一种在管理程序故障或者计划维护时仍然保证业务连续性的技术。它将虚拟机从一个管理程序上向另一个切换时无需关闭虚拟机。当多个虚拟机运行在同一管理程序上时，虚拟机迁移同样有助于负载均衡。两种常用的虚拟机迁移技术为管理程序向管理程序迁移和阵列到阵列迁移。

在管理程序向管理程序迁移时，虚拟机的完整工作状态从一个管理程序转移到另外一个管理程序上。图 12-14 描述了管理程序到管理程序的迁移过程。这种方法包括将虚拟机内存内容从源管理程序复制到目标管理程序，然后将对虚拟机磁盘文件的控制权转移到目标管理程序上这两个过程。由于虚拟机的虚拟磁盘没有进行迁移，因此这种技术需要源和目标的管理程序访问共享存储。

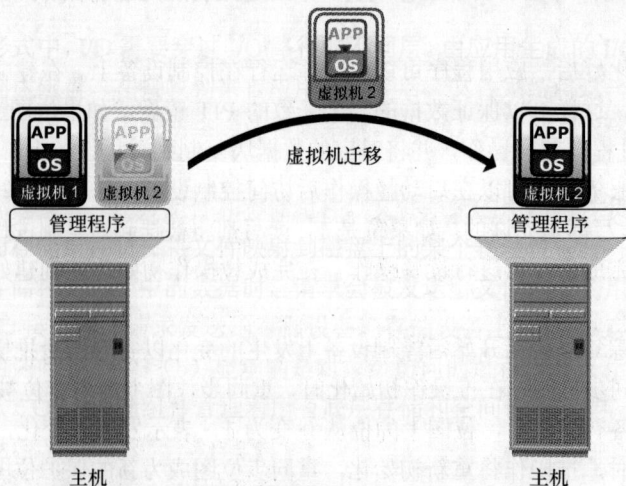

图 12-14　管理程序到管理程序的虚拟机迁移

在阵列到阵列的虚拟机迁移时，虚拟磁盘从源阵列移动到远程阵列。这种方法使得管理员可以在不同的存储阵列间移动虚拟机。图 12-15 展示了阵列到阵列虚拟机迁移的过程。阵列到阵列迁移开始时，将虚拟机有关的元数据从源阵列复制到目标阵列。元数据包含配置、交换和日志文件。元数据复制完成后，虚拟机磁盘文件将会被复制到新位置。在复制过程中，源数据有可能被更新。因此，必须要记录源端数据的变化来保证数据完整性。复制完成后，那些在复制开始后发生改变的块会被复制到新位置。阵列到阵列的虚拟机迁移通过将虚拟磁盘重新分配到不同存储设备上的方法来改善性能，平衡存储容量。

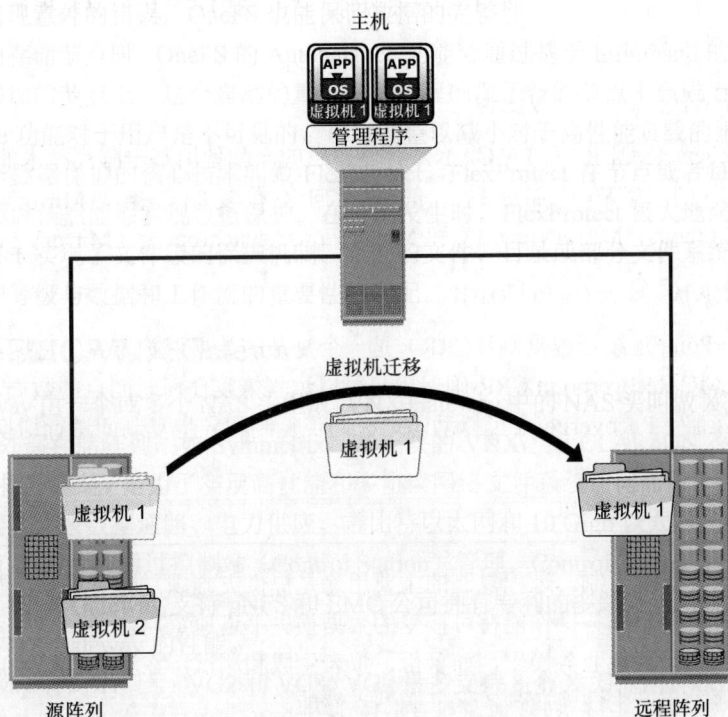

图 12-15　阵列到阵列的虚拟机迁移

12.6　概念实践：EMC SRDF、EMC MirrorView 和 EMCRecoverPoint

这部分讨论 EMC 公司用于远程复制的产品。EMC Symmetrix 支持的 EMC Symmetrix Remote Data Facility（SRDF）和 VNX 支持的 EMC MirrorView 都是基于存储阵列的远程复制软件。而 EMC RecoverPoint 是一款基于网络的复制解决方案，可查看网站 "www.emc.com"，以获取最新信息。

12.6.1　EMC SRDF

SRDF 提供了一系列基于存储阵列的远程复制技术的解决方案，主要包括：

- SRDF/Synchronous（SRDF/S）：一种同步复制解决方案。可在园区网、同城或者区域范围内实现在一个或多个 Symmetrix 目标上创建同步副本。在发生本地故障时，SRDF/S 可以提供无数据丢失的解决方案（RPO 近于 0）。
- SRDF/Asynchronous（SRDF/A）：一种支持源异步数据复制的远程复制解决方案，它结合了差量集（delta set）技术，并通过缓冲机制保证写的顺序。在发生区域故障时，SRDF/A 提供最少的数据丢失。
- SRDF/DM：一种可以进行长距离数据迁移的解决方案。

- SRDF/Automated Replication（SRDF/AR）：一种同时使用 SRDF 和 TimeFinder/Mirror 实现基于磁盘缓存复制技术的远程复制解决方案。它提供两个站点之间的 SRDF/AR 单跳复制和三站点 SRDF/AD 多跳的级联复制。SRDF/AR 可以提供远距离的解决方案，RPO 为小时级。
- SRDF/Star：一种三站点多目标远程复制解决方案，它包括有主（生产）站点，次要（中间）站点和第三（远程）站点三个部分。主站点和第二站点之间采用同步复制，第二和第三站点之间采用异步复制。当主站点失效时，EMC SRDF/AR 可以实现剩余两个站点间快速重组，重新建立远程复制。

12.6.2　EMC MirrorView

EMC MirrorView 是专门针对 EMC VNX 存储研发的一款使用基于阵列技术的远程复制软件。它可以从位于不同 VNX 存储系统上的主卷向备卷复制数据。MirrorView 家族包括 MirrorView/Synchronous（MirrorView/S）和 MirrorView/Asynchronous（MirrorView/A）。

12.6.3　EMC RecoverPoint

EMC RecoverPoint 连续远程复制（CRR）是一个复杂的数据保护方案。它提供双向同步或者异步复制功能。EMC Recoverpoint CRR 确保用户可以远程恢复任何时间点的数据。按照预先设定的性能或者延迟策略，RecoverPoint 可以动态地在同步复制和异步复制间进行切换。

小结

本章详细介绍了远程复制。远程复制的主要用途是提供灾难恢复和灾难重启解决方案。当源站点停机时，远程复制使业务操作能在可接受的数据损失下迅速重启。

远程副本也可用于其他业务操作，如备份、报表生成和测试。在源和目标站点之间的业务操作隔离可以防止源站点产生性能瓶颈，保证源站点性能。

远程复制也能用于数据中心迁移，它可以最大限度地降低对生产操作的影响，因为应用程序对源上数据的访问没有受到任何影响。

本章也描述了不同类型的远程复制解决方案。在选择部署哪种远程复制解决方案时，主站点和远程站点之间的距离是一个主要考虑因素。异步复制能充分地满足 RPO 和 RTO 的需求，并且允许站点之间有更远的距离。三站点远程复制减少了在发生区域灾难时，两个站点不可用的风险。连续数据保护是基于网络的复制方案，它可以向本地或者远程复制提供无限制的恢复点。本章同时也讨论了虚拟环境下远程复制和虚拟机迁移方案。

在当今快速发展，高度互联的全球经济社会中，一个组织机构如果想更具有竞争力，就必须更加灵活，更有弹性，能够对市场变化做出快速反应。云计算是下一代计算模式，它可以支持高度扩展和按需分配。下一章将重点介绍云架构和云服务。

练习

1. 实施同步远程复制时需要考虑哪些问题？
2. 分别解释同步、异步和磁盘缓存远程复制的 RPO。
3. 讨论下列三站点间复制的实现方式中，中间站点失败时所产生的影响。
- 多跳—同步+磁盘缓存
- 多跳—同步+异步

- 多个目标站点

4. 讨论下列三站点间复制的实现方式中，源站点失败所产生的影响以及可用灾难恢复方案。

- 多跳—同步+磁盘缓存
- 多跳—同步+异步
- 多个目标站点

5. 某一数据库储存在 10 个 9GB 大小的 RAID1 LUN 上，客户选择包括同步和磁盘缓存方案来实施三站点级联远程复制方案，所有的 LUN 都使用 RAID1 进行保护。计算这个方案所需磁盘裸容量的大小。

第 4 部分

4

云　计　算

第 13 章　云计算

第13章
云计算

在当今竞争日益激烈的环境下,企业需要不断提升效能、革新IT流程,以提高效率。为了应对不断变化的需求,适应提速的创新节奏,企业在缩短产品上市周期及缩减成本的同时,还需要更好的灵活性和更高的可用性。这给IT团队带来了许多挑战,其中关键是如何在降低成本的前提下,为全球客户提供全时服务,迅捷更新技术,快速部署IT资源。

云计算这种新计算形式的出现,让这些长期存在的问题得到了解决。利用云计算技术,机构和个人能够以服务的形式获取和调配部署IT资源。用户可以通过一个企业门户来浏览和选择相关的云服务(例如,运算、软件和存储)。云计算会自动交付用户所选择的服务。云计算提升了IT资源调配的速度,同时具有合规性的优势,降低了机构和个人部署IT资源的整体拥有成本(TCO)。

在众多的云计算的定义中,由美国国家标准和技术研究所提出的如下定义(NIST Special Publication 文档系列编号 800-145),得到了最广泛的认同:

云计算是一种可以通过网络便捷访问计算资源(包括网络、服务器、存储、应用和服务等)共享池,按需获取计算资源的模型。共享池中的资源需要极少的管理参与或服务商交互,可以快速调配和释放。

本章将介绍实现云计算的技术、云计算的基本特点、主要优势、部署模式和基础设施。本章还将介绍在采用云计算时面临的挑战和需要考虑的问题。

13.1 云计算的关键技术

网格计算、效用计算、虚拟化和面向服务的架构(service-oriented architecture, SOA)等技术促成了云计算的出现。

- 网格计算是一种分布式计算形式,能够让网络上的大量异质计算平台协同工作,完成同一劫难逃任务。网格计算实现了并行计算,最适合负载较大的工作。
- 效用计算是一种服务调配模式。服务提供商根据用户需求提供计算资源,并按使用收费。这跟其他设施的服务类似,如电力,就是以耗电量来收费的。
- 虚拟化是针对普通用户将IT资源的物理属性抽象化的技术。虚拟化让资源以共享池的形式呈现和管理。用户可以在共享池中创建虚拟资源。与非虚拟环境下的资源调配相比,虚拟化提供了更好的灵活性,优化了资源的利用率,能够更高效的提供资源。
- 服务中心架构(SOA)提供了一些服务,这些服务彼此之间可以通信。他们可以协同执行同一任务或只是在彼此之间传递数据。

13.2　云计算的特点

　　用于云服务的计算基础设施必须具备特定的能力或特点。NIST 认为，云计算应具备 5 个基本特点：

- **按需（on-demand）的自服务（self-service）**：消费者可能根据需求单方调配计算能力（如服务器时间和网络存储），不需和服务提供商交互。

　　云计算只需要发布服务目录，列出所有可用的云服务。目录中应包含服务的属性、价格和请求流程等信息。消费者通过网络用户界面查看服务目录和请求服务。消费者可以使用预定义的服务，也可以更改参数对服务进行定制。

- **全面的网络访问**：服务可通过网络以标准机制获取，支持各种客户平台（如移动电话、平板电脑、笔记本电脑和工作站等）。
- **资源的共享池形式**：服务商的计算资源应实现共享池式使用，可以通过多租户模式服务多个用户。各种物理和虚拟资源可以根据用户需求动态分配和重分配。该形式应具有位置无关的属性，即用户通常不清楚也无法控制所提供资源的确切地址，但是可以在更高抽象层次上指明位置（如国家、州或数据中心）。存储、处理、内存和网络带宽都属于资源。
- **快速伸缩性**：资源能快速调配和释放，特定情况可自动进行，以根据需求快速向内或向外扩展。对于用户来说，可用的资源似乎是无限的，可在任何时间认购任意数量的资源。

　　如果用户的 IT 资源的需求经常波动，那么云的快速灵活性对于他们来说就非常重要。例如，某机构在执行某个任务期间，需要平时双倍的网络和应用服务器。平时则需要释放闲置的服务器资源，以节省成本。云允许用户动态增加或缩减资源需求。

- **可计量的服务**：云系统的计量功能可以自动控制和优化资源。计量的单位应有与服务类型相匹配的抽象等级（如存储空间、处理能力、带宽或活动用户数）。资源的使用可以监控、控制和报告，应对提供商和用户都透明。

多租户（MULTITENANCY）架构

多租户（multitenancy）是使用同一组资源对多个独立用户（租户）同时提供服务的架构。这降低了用户的服务成本。虚拟化推动了资源的集中使用和多租户架构的出现。举例来说，一台安装了 hypervisor 的物理服务器上，可以运行多个用户的多台虚拟机。

13.3　云计算的优势

　　云计算具有以下优势：

　　降低 IT 成本：云服务可以通过按用量计费或订阅计费的模式来购买。这可以减少或免除消费者的 IT 资本支出（CAPEX）。

　　业务敏捷性：云计算可以快速分配和扩展计算能力，可把调配配置应用及服务的时间从几个月缩短到几分钟。企业可以根据市场情况作出快速应变，减少产品上市周期。

　　扩展灵活：应用云计算，用户可以方便地进行横向、纵向扩展，或者根据自己的需求扩展。用户可以独自进行计算资源的配置更改，无需云计算提供商介入。云计算灵活的服务调配能力，让用户有一种云服务可无限扩展的感觉。

　　高可用性：云计算可根据用户的政策和优先级实现不同的可用性等级。配置了冗余部件（服

务器、网络通路、存储设备和集群软件)的云计算平台具有较好的容错能力。还可以把多个数据
中心放在不同地点，避免因地区性灾害影响可用性。

13.4 云服务模式

美国国家标准与技术研究所将云服务分为 3 个主要的模式：基础设施即服务（IaaS），平台
即服务（PaaS），和软件即服务（SaaS）。

13.4.1 基础设施即服务

在这种模式中，用户可以调配运算、存储、网络和其他基础计算资源，可以配置运行任何软
件（包括操作系统和应用）。用户无法管理或控制底层的云基础设施，但是可以控制操作系统和安
装的软件。对于某些联网部件（如主机防火墙）有部分控制权限。

IaaS 是云服务栈的基础层，如图 13-1（a）所示。SaaS 和 PaaS 层都以 IaaS 为基础。

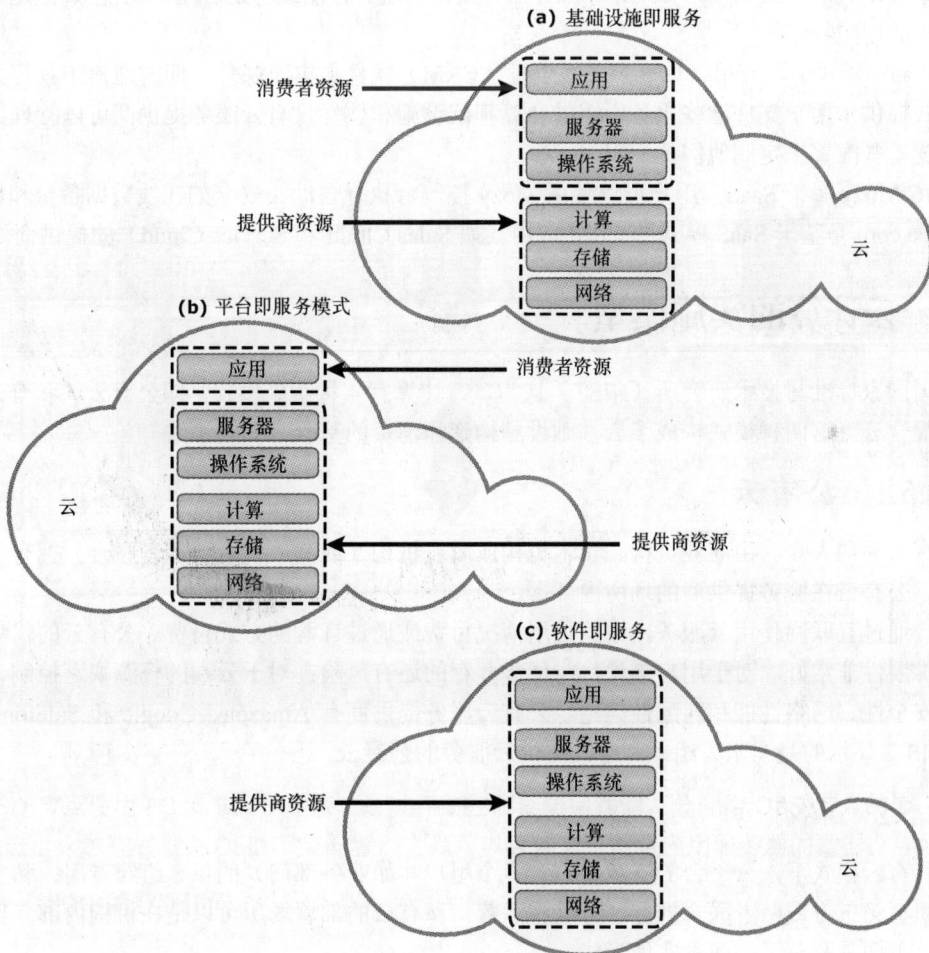

图 13-1 IaaS、PaaS 和 SaaS 模式

亚马逊弹性计算云（Amazon Elastic Compute Cloud, Amazon EC2）是一个 IaaS 的例子，它在
云端提供了按需扩展的计算能力。用户无需提前投入资本便可以利用亚马逊的大规模计算
架构。

13.4.2　平台即服务（PaaS）

　　用户可以使用云提供商支持的编程语言、类库、服务和工具，在云平台上部署自己创建或获得的应用。用户不负责管理或控制包括网络、服务器、操作系统和存储在内的底层云架构，但是用户能够控制所安装的应用，或许还有应用环境的配置和设置，如图 13-1（b）所示。

　　PaaS 也可以用作应用开发环境。云服务提供商可将此作为服务提供。用户可使用这些平台开发应用，之后将应用配置到云端。因为所配置应用的负载差别较大，底层计算平台保证了计算资源的扩展性。这个过程是透明的。Google App Engine 和 Microsoft Windows Azure Platform 是 PaaS 的例子。

13.4.3　软件即服务（SaaS）

　　用户可以使用云平台上提供的应用。访问应用可以通过多种客户端设备，可以是以网络浏览器（例如基于网页的电子邮件）为代表的精简客户界面，也可以是专用的程序界面。用户没有权限管理或控制底层云架构（比如网络、服务器、操作系统、存储或特定应用的功能），但是可以控制应用中的用户特定设置。

　　在 SaaS 模式中，应用（如客户关系管理（CRM）软件、电子邮件、即时通信工具等）以服务的形式提供。用于支持这些服务所需的计算基础设施和软件只有云服务提供商可以管理。用户可以改变一些配置来定制他们的应用。

　　EMC Mozy 属于 SaaS。用户可以使用 Mozy 控制台执行自动、安全的在线数据备份和恢复。Salesforce.com 是基于 SaaS 模式的 CRM 应用（如 Sales Cloud 和 Service Cloud）的提供商。

13.5　云计算的实施模型

　　美国国家标准与技术研究所（NIST）认为，云计算有 4 种实施模式，即公有云、私有云、社区云和混合云。这四种模式构成了云基础设施构建和消费的基础。

13.5.1　公有云

　　公有云面向大众。由商业机构、学术机构或政府机构（或其中两者或三者联合）拥有、管理和运营。公有云在服务提供商的场所内部署。

　　用户通过互联网使用云服务，根据使用情况付费或通过订购的方式付费。公有云的优势是成本低，扩展性非常好。对于用户来说，与优势并存的还有风险：对于云端的资源缺乏控制、保密数据的安全性、网络性能和匹配性问题。公有云服务提供商有 Amazon、Google 和 Saleforce.com 等。图 13-2 显示的是一个为组织和个人提供云服务的公有云。

13.5.2　私有云

　　在私有云模式下，云平台的资源供包含多个用户（如业务部门）的单一组织专用。私有云可由该组织、第三方或两者联合拥有、管理和运营。私有云的部署场所可以是在机构内部，也可以在外部。下面是私有云的两种实现形式：

- **内部（on-premise）私有云**：也被称为内部云，由组织在自己的数据中心内构建，如图 13-3（a）所示。该形式在规模和资源可扩展性上有局限，但是却有利于标准化云服务管理流程和安全性。组织依然要为物理资源承担资金成本和维护成本。这种方式适合那些需要对应用、平台配置和安全机制完全控制的机构。

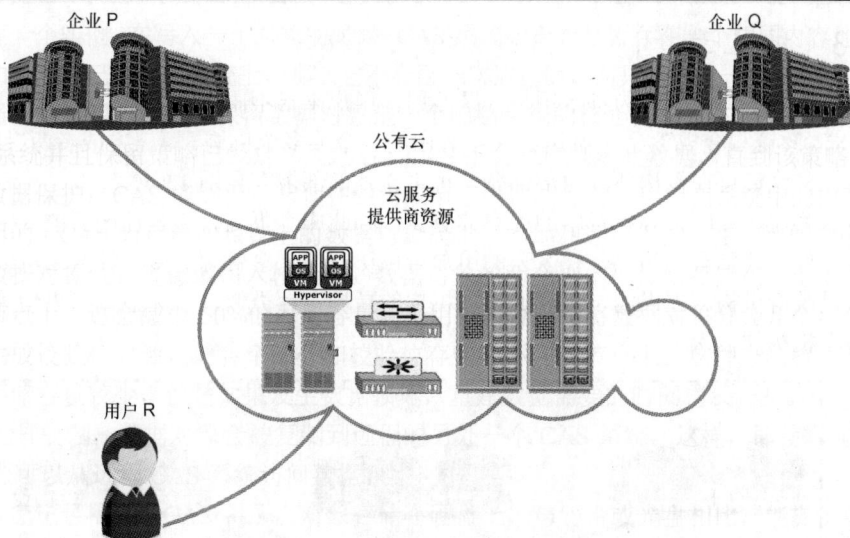

图 13-2 公有云

- **外部私有云**：这种私有云部署在组织外部，由第三方机构负责管理。第三方为该组织提供专用的云环境，并保证隐私和机密性。

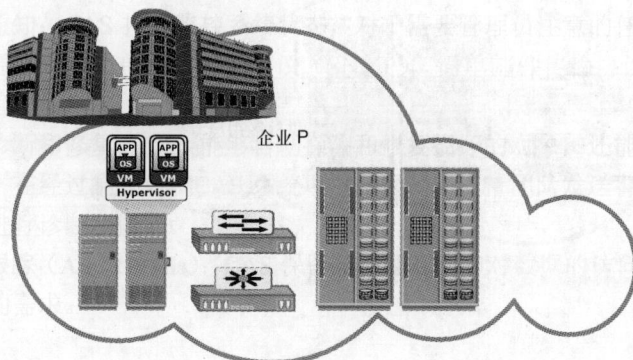

(a) 内部私有云

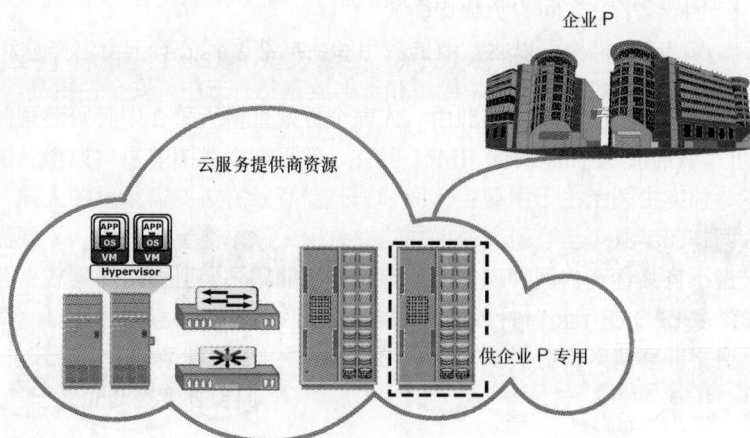

(b) 外部私有云

图 13-3 内部私有云和外部私有云

13.5.3 社区云

在社区云模式中，云平台为特定用户社区专用。用户来自不同机构，有共同的关注点（如任务、安全需求、政策和合规考量）。社区云由社区中的一个或多个机构、第三方或者两者联合拥有、管理和运营。社区云可在机构环境内部部署，也可在外部部署（见图 13-4）。

与公有云相比，社区云分担费用的用户数更少，因此成本更高。但是社区云的私密性、安全性和合规性更好。与私有云相比，社区云的用户可以访问的共享资源更多。社区云可以发挥优势的一个地方是政府机构。如果同一政府的不同机构的指导方针类似，那么他们可以使用同一云平台来降低各个机构的投入。

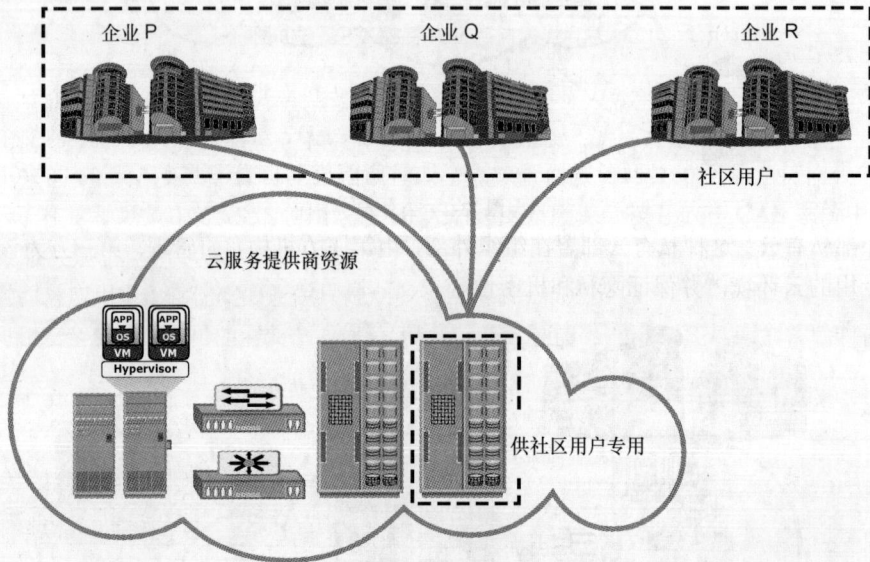

图 13-4 社区云

13.5.4 混合云

在混合云模式中，云平台由两种或两种以上不同模式（私有、社区或公有）云平台组合而成。这些平台依然是独立实体，但是利用标准化或专有技术实现绑定，彼此之间能够进行数据和应用的移植（例如，在不同云平台之间的负载均衡）。

应用混合云模式，一个机构可以将次要的应用和数据部署到公有云上，充分利用公有云在扩展性和成本上的优势。同时将任务关键型应用和数据放在私有云中，安全性更高。图 13-5 显示的是一个混合云的例子。

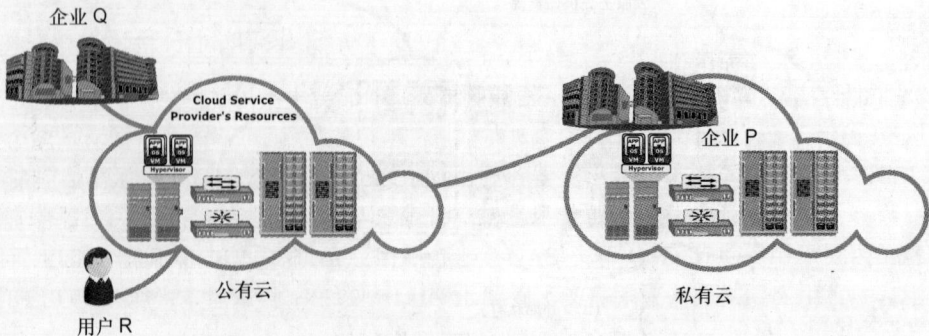

图 13-5 混合云

13.6 云计算平台

云计算平台是一组软硬件的集合，这个集合能满足云计算的五个基本特点。云计算平台一般包括以下几层：

- 物理架构
- 虚拟架构
- 应用和平台软件
- 云管理和服务创建工具

提供给用户的云服务都是这几层的资源通过叠加和协调得到的。

13.6.1 物理架构

物理架构由物理性计算资源组成，包括实体服务器、存储系统和网络。实体服务器通过网络实现彼此之间、与存储系统和与客户端的连接。可使用的网络包括 IP、FCSAN、IP SAN 和 FCoE 等。

云服务提供商可以使用一个或多个计算中心的物理性计算资源提供服务。通过在不同数据中心之间建立连接，可使它们像一个单独的大数据中心一样协同工作。这样，运用多个数据中心的资源，最终实现业务应用和数据的跨数据中心的迁移，以及云服务的动态资源调配。

13.6.2 虚拟架构

云服务提供商利用虚拟化技术，在物理层之上构建了一个虚拟层。虚拟化技术的使用，让平台具备了资源共享共用（resource pooling）和快速伸缩性等云计算的特点。虚拟化还降低了提供云服务的成本。有些提供商并未完全虚拟化他们的物理架构，但是他们正在采用虚拟化技术来提高效率和优化资源。

虚拟化将物理计算资源做抽象化处理，为所有资源提供了统一的视图。资源经过整合后以资源共享池（resource pool）的单一实体形式管理。例如，一个共享池可将集群中所有物理服务器的 CPU 资源整合，整个共享池的 CPU 处理能力就是集群中所有 CPU 的处理能力之和（如 10 000 Mhz）。除了 CPU 共享池外，虚拟架构中还存在其他形式的资源共享池，比如内存池、网络池和存储池。而在资源共享池之外，虚拟架构还存在身份共享池，例如 VLAN ID 池和 VSAN ID 池。各种类型共享池的多少和共享容量取决于提供商创建云服务的实际需求。

虚拟架构中还包括虚拟计算资源，例如虚拟机、虚拟存储卷和虚拟网络。它们从资源共享池中获取 CPU 处理能力、内存、网络带宽和存储空间。为它们分配资源基于服务需求，操作简单灵活。创建虚拟网络需要使用来自不同标识共享池的网络标识（如 VLAN ID 和 VSAN ID）。虚拟计算资源是用来创建云平台服务的。

13.6.3 应用和平台软件

这一层由一组业务应用和平台软件（如操作系统和数据库）组成。平台软件为运行业务应用提供环境。应用和平台软件在虚拟机上，以实现 SaaS 和 PaaS。SaaS 中的应用和平台软件都是由平台提供商提供的。PaaS 则不同，平台提供商只提供平台软件，用户需要自己指应用导入云中。

13.6.4　云管理和服务创建工具

云管理和服务创建工具层包括 3 种类型的软件：

- 物理和虚拟架构管理软件
- 统一管理软件
- 用户访问管理软件

这是根据软件的功能不同而做出的分类。软件之间可以交互，共同实现云服务的自动调配。

物理和虚拟架构管理软件是由不同的架构资源厂商或者第三方机构提供的。例如，一个存储阵列有其专门的管理软件。与此类似，网络和物理服务器也是分别使用网络和计算管理软件进行管理的。这些软件提供了用于从底层物理架构中构建虚拟架构的界面。

统一管理软件与各个物理和虚拟架构管理软件交互，收集现有物理和虚拟架构的配置、连接和利用率信息。在对这些信息处理后，统一管理软件为分散在一个或多个数据中心的零散资源提供了统一的视图。管理员可以使用统一管理软件集中监控物理及虚拟资源的性能、能力和可用性。统一管理软件还提供了统一的管理界面，可以配置物理及虚拟架构，整合计算（CPU 和内存）、网络和存储共享池。整合后，某一组计算池可以使用存储池和网络池分别用于存储和传输数据。统一管理软件将配置指令传递给各个物理和虚拟架构管理软件，由它们执行。这避免了使用各自管理软件对计算、存储和网络资源分别管理。

统一管理软件的主要功能在于实现了云服务创建的自动化。管理员负责定义各种服务属性，如 CPU 性能、内存、网络带宽、存储容量、应用和平台软件的标识及描述、资源位置和备份策略等。统一管理软件在收到用户的服务请求后，使用预先定义的服务属性创建服务。

用户访问管理软件为用户提供了网络界面。用户使用该界面浏览服务目录，发出服务请求。用户访问管理软件会对用户的身份进行验证，验证通过后才会将服务请求传达给统一管理软件。它还会监控云服务实例的资源分配和使用情况，并根据分配和使用情况生成一个计费（chargeback）报告。用户可查看计费报告，报告对于用户和提供商是透明的。

云存储

面对内容丰富的应用和用户生成的结构化数据的增长，传统的数据存储方式已经很难应付。数据量快速增长，新信息类型不断出现，需要同时服务世界各地的位置和用户，这三个因素促生了在全球范围内进行信息存储和管理的需求。云存储正是响应这一需求的解决方案。云存储的架构灵活且可扩展，能实现快速伸缩性、全球访问和存储容量的按需分配。同时，它也改变了存储与用户之间严格的基于挂载点的交互方式，向整个存储架构提供单一访问点。

云存储使用内置的多宿主模型，能够实现自服务。存储资源的使用可精确计量，实现了基于共享架构的存储即服务（storage-as-a-service）。云存储通常采用基于对象的存储技术。其元数据可定制，以价值驱动的方式建立，对存储的放置、保护和生命周期相关的政策的形成具有重要的作用。以下是云存储解决方案的主要特点：

- 极强的扩展性，能为分布在世界各地的平台的大量对象提供支持；
- 统一的命名空间（namespace），消除了容量、位置和其他文件系统的限制；
- 拥有元数据和基于政策的信息管理能力，能根据服务等级对数据保护、可用性和成本进行优化；
- 安全的多租户架构，同一平台能同时为多个应用服务。应用之间相互隔离，数据不会混合，也无法被其他租户访问；
- 支持通过 REST 和 SOAP 等网络服务 API 访问，支持使用多种客户端设备以文件模式访问。

13.7　云计算面临的挑战

对于云计算的接受度越来越好，但是云服务的用户和提供商都面临不少挑战。

13.7.1　用户面临的挑战

业务关键数据需要保护，对数据的访问需要连续监控。如果使用了企业内部私有云以外的其他云模式，用户对自己的敏感数据就失去了绝对的控制。虽然多数云服务提供商都声称提供了很好的数据安全，用户可能仍然不愿意将业务关键数据的控制权交给云服务。

服务提供商可能会使用位于不同国家的多个数据中心提供云服务。他们可能在数据中心之间复制或移动数据，以保证数据的高可用性和负载的均衡。用户或许不知道自己的数据存储在哪个国家。有些提供商允许用户选择数据存储的地点。对于数据隐私的顾虑，以及合规方面的需求（例如，欧盟的 Data Protection Directive 和美国的 Safe Harbor program），都是用户在使用云服务时要面临的问题。

云服务通常可以在任意地点通过网络使用。但是，如果与云实施距离较远，网络延迟会增加。高网络延迟会延长应用响应时间并可能导致应用 timeout。这一问题可通过与提供商建立严格的服务水平合约（Service Level Agreements，SLA）来应对。

另外一个挑战是云平台服务可能不支持用户希望使用的应用。例如，服务提供商可能无法支持一些高度专用和专有的环境（例如，非主流操作系统和非主流编程语言），而用户刚好需要它们来开发和运行自己的应用。另外，Hypervisor 之间的不匹配可能会影响虚拟机在不同云服务之间的迁移。

另外一个挑战来自厂商锁定（lock-in），即用户很难更换云服务提供商。不同提供商的 API 接口互不兼容，用户更换提供商需要面临许多复杂的问题和高额的迁移成本。

13.7.2　提供商面临的挑战

云服务提供商通常会发布服务水平合约（service-level agreement，SLA），让用户了解服务的可用性、服务质量、宕机补偿以及法律法规条款。另外，提供商和用户之间也可以签署只针对该用户的服务水平合约。服务水平合约一般需要提及服务商无法提供实现约定的服务等级时的补偿数额。因此，云服务提供商必须保证自己有足够的资源提供所需的服务。云资源通常分布在多个地点，且服务的需求持续波动。对提供商来说，如何部署资源满足所有用户的峰值需求，如何预估服务的实际成本，都是需要面临的问题。

许多软件厂商还没有针对云服务的软件授权模式。许多厂商有标准化的云服务软件授权模式，但是成本高于传统的授权模式。云服务软件授权的复杂性，为云服务中的软件使用带来了很多问题。

云服务提供商通常提供专有的应用程序接口（API）。但是用户希望使用开放接口或标准接口，这样就能使用多家提供商的服务。这对提供商是一个挑战，因为要与其他提供商达成一致。

13.8　采用云计算时需要考虑的问题

决定采用云计算模式的机构常常会面临这样的问题："云计算如何融入现有的环境？"多数机构并没有做好抛弃现有 IT 架构，将所有业务流程一劳永逸地转入云计算的准备。在迁移业务流程之前，最好做充分的思考。寻求使用云服务的个人也需要先对几个问题做一下了解。以下是采用云计算需要考虑的几个主要问题：

- **选择部署模式**："风险还是便利"是在选择云应用策略时需要考虑的重点，是能够选择正确的云部署模式的基础。个人和初创公司一般会选择公有云。对他们来说，公有云在成本上的优势超出了它在安全性和可用性方面的劣势。中小企业有一定的客户群，客户数据和服务等级的任何问题都会影响业务。因此，他们不愿把自己的一级应用（即关键应用，例如在线交易处理（OLTP））放在公有云上。混合云的模式最适合他们。一级应用可以放在私有云上。不那么关键的应用，例如备份、归档和测试，可以放在公有云上。大型企业在全球范围内拥有广泛的客户群，会执行严格的安全策略以保护关键客户的数据。他们拥有雄厚的财力，所以一般会选择构建自己的私有云。
- **应用是否匹配**：并非所有的应用都适合公有云。云平台软件和用户应用可能不兼容，用户希望部署的应用可能已过时。专有应用和任务关键型应用对于企业非常重要，它们的设计、开发和维护一般都是由企业内部负责。有些应用正是企业的竞争优势所在。公有云的安全风险较高，企业不太可能将这些应用放到公有云上。这些应用最适合放在企业内部的私有云上。而非专有和非任务关键型应用则可以部署在公有云上。如果一个应用的负载会占用较多网络流量，那么将其部署在公有云上肯定不会得到最佳的性能。如果该应用需要与其他数据中心资源或应用进行数据交换的话，还可能会出现性能问题。
- **成本优势**：可以做一个详细的成本分析，计算一下转入云计算能带来的成本节省。分析应比较在云和非云环境下的整体拥有成本（TCO）和投资回报（ROI），找出可能的成本优势。在计算 TCO 和 ROI 时，应将部署和维护现有架构的花费与使用云架构相对比。在计算基础设施的拥有成本时，应同时包括资本支出（CAPEX）和运营支出（OPEX）。资本支出应包括购买服务器、存储、操作系统、应用、网络设备和房地产等的花费。运营支出一般包括电力、制冷、人事、维护和备份等的花费。这些花费应与采用云计算的运营成本相比较。采用云计算的成本应包括迁移到云的成本、合规和安全成本、使用或订阅费等。将应用迁移到云一般会降低资本支出，除非云是在内部构建的。
- **选择云服务提供商**：对于公有云来说，选择服务提供商尤其重要。用户需要了解提供商开始提供服务的时间，服务质量如何。还应了解增加或终止云服务的难度。还需要评估提供商是否满足安全、法规和隐私方面的要求。另外还要了解客户支持的服务质量。
- **服务水平合约（SLA）**：云服务提供商在介绍云服务时通常会提到吞吐量和在线时间等服务质量数据。这些服务质量数据属于服务水平合约的一部分。服务水平合约是提供商和用户之间订立的服务合约，是用户和提供商之间对期望的服务质量的基本表述。在使用云服务之前，用户应查看服务质量的数据是否能满足他们的要求。

13.9 概念实践：Vblock

Vblock 是一个完全整合的云平台产品包，包含了计算、存储、网络和虚拟化方面的产品。这些产品由 EMC、VMware 和 Cisco 提供。三家厂商结成联盟，共同推出了 Vblocks（Vblock 指产品本身；Vblocks 指一个或多个产品实例）。

Vblocks 可用来构建虚拟数据中心和云平台。它是一个成型架构，已做了预配置和预测试，有确定的性能和可用性参数。用户无需分开购买组件然后再组建云平台，Vblocks 提供了经过验证的平台解决方案，出厂后即可部署投入使用。这大大节省了时间和成本。

EMC 统一架构管理器（Unified Infrastructure Manager, UIM）是 Vblocks 的统一管理工具。它

实现了对 Vblocks 的单节点管理，可同时管理多个 Vblocks。使用 UIM，可依据部署最佳实践实现云架构服务的自动部署。

想了解更多 Vblock 的信息，请访问 www.emc.com。

小结

云计算还处于发展阶段，但是市场对于它的接受度越来越高。用户希望通过云计算节省成本，服务提供商将云计算看作是提供新服务的机会。云计算为 IT 部门和个人用户带来诸多好处，以较低的整体拥有成本实现了资源的自动快速调配、更好的灵活性、高可用性以及更快将产品投入市场。

对于拥有传统数据中心的企业来说，转入云计算要经过一系列的步骤。首先要利用虚拟化技术对包括计算系统、存储和网络在内的计算资源进行整合。之后要实现统一的云平台管理工具和服务目录。实施合适的服务管理流程非常重要，能让云服务的交付更符合企业和用户的预期。

本章详述了云计算的特点、优势、服务、部署模式和基础架构。讨论了云计算面临的挑战和采用云计算时要考虑的问题。下一章将讲述如何保证存储架构的安全，其中会涉及在虚拟环境和云环境下保证存储安全需要考虑的问题。

练习

1. 云计算的基本特点是什么？
2. 云计算如何助益业务敏捷性？
3. 调查 SOA 以及它在云计算中的应用。
4. 调查云平台组合（cloud orchestration）。
5. 选择公有云提供商时需要考虑哪些问题？
6. 在确定云的成本优势时，应评估哪些成本？

第 5 部分

5

存储基础设施的安全与管理

第 14 章
确保存储基础设施安全

有 价值的信息（包括知识产权、个人信息和金融交易等）通常在存储阵列中进行处理和储存，而这些存储阵列是可以通过网络来进行访问的。因此，存储设备现在更多地暴露于多种安全威胁之下，这些威胁有可能破坏关键业务数据、中断关键服务。确保存储基础设施的安全已经变成了传统数据中心和虚拟化数据中心存储管理流程中不可缺少的组成部分。针对重要数据的管理、保护工作是非常紧迫、必需且关键的。

由于组织机构很少能控制IT基础设施的共享和安全措施的强化，因此在公有云环境下的存储安全变得更为复杂。此外，云环境中的多租户机制使得多个消费者可以共享包括存储在内的资源，这种共享可能会将多个租户之间的混合数据构成威胁。

这一章描述了信息安全的框架，设计这个框架的目的是用来降低可能出现的安全威胁、抗击对存储基础设施的恶意攻击。此外，本章也描述了基本的存储安全实施方案，例如在 SAN、NAS 和 IP-SAN 中的安全架构和保护机制，以及虚拟化和云环境下的安全考虑。

关 键 概 念
存储安全框架
风险三元组
拒绝服务
安全域
信息权限管理
访问控制

14.1 信息安全框架

构建基本的信息安全框架是为了实现四个安全目标：私密性，完整性，可用性（CIA）和可稽核性。该框架包含减轻存储基础设施中威胁所有必需的安全标准、流程和控制。

- **保密性**：提供了信息所要求的保密性，保证只有被授权的用户才能访问数据。需要访问信息的用户要进行认证。
- 传输中的数据（指在线路中传输的数据）和静态数据（驻留在主存储、备份介质或者已归档的数据）可以被加密以保持其保密性。除了阻止未经授权用户访问信息，保密性还需要实施传输数据流的保护措施做为安全协议的一部分。这些保护措施通常包括隐藏传输的源地址和目的地址以及数据发送的频率、数量。
- **完整性**：保证信息不被篡改。保证完整性需要探测和防御对信息未经授权的更改或删除。完整性规定了诸如对数据和系统都执行错误探测和校正的措施。
- **可用性**：保证已授权用户能够可靠和及时地访问系统和驻留在这些系统上数据、应用程序。可用性需要防止未经认证的数据删除和拒绝服务（参见 14.2.2 威胁）。可用性也意味着有足够充裕的资源可以提供服务。
- **可稽核性服务**：指的是发生在数据中心基础设施的所有事件和操作都可核查。为了安全的目的，可稽核性服务维持了事件的日志，从而可以审计和追溯发生的事件。

14.2　风险三元组

风险三元组从威胁、资产和漏洞 3 个方面来定义风险。风险发生在一个威胁方（攻击者）试图利用一个存在的漏洞来对资产的安全服务造成危害。例如，在不安全的通道中没有保护的传输敏感文件，攻击者可能未经授权即访问此文件，侵犯了文件的保密性和完整性。这样可能会造成业务损失。在本案例中，潜在的业务损失就是一种风险，造成这种风险的原因是攻击者通过通信中的漏洞访问和篡改了文件。

为了管理风险，企业主要关注漏洞，这是因为企业不能消除不同形式和来源的威胁方。企业可以采取应对措施来减少攻击发生的可能和带来的影响。

风险评估是决定 IT 基础设施中的潜在威胁和风险程度的第一步，这个过程评估风险并且帮助企业制定合适的控制措施来减轻或消除风险。基于资产的价值，风险评估有助于提供在安全措施方面优先投资。为了确定不良事件发生的概率，对一个 IT 系统的威胁必须与潜在的漏洞和已有安全控制措施一同进行分析。

一次不良事件的严重性是由其对关键的业务活动可能带来的影响来评估的。基于这个分析，IT 财产和资源能够被赋予一个相应的危险度和敏感度的值。例如，对某个特定的 IT 系统组件的攻击可能导致关键任务服务的完全终止，则该组件可能被赋予一个高危险度的值。

以下的章节从风险识别和控制分析的角度来探讨风险三元组的三个关键要素：资产、威胁和漏洞。

14.2.1　资产

信息是任何组织机构最重要的一项资产，其他的资产包括硬件、软件以及访问这些信息所需的网络基础设施。为了保护这些资产，组织机构必须开发一组参数集来保证这些资源对于已授权用户和可信网络的可用性。这些参数集将应用于存储资源、网络基础设施和组织的策略。

实施安全措施有两个目标。第一个目标是保证网络能够被已授权用户容易访问到，同时在各种不同的环境条件和使用容量下可靠和稳定；第二个目标要使潜在的攻击者访问和危害系统变得困难。

这些措施应该提供足够的保护来阻止未经授权的访问，以及病毒、蠕虫、木马和其他恶意程序的攻击。安全措施还应该包括加密关键数据、停止所有不用的服务来尽量减少一些潜在的安全漏洞。安全措施必须保证对已安装的操作系统和其他软件定期更新。同时，还要复制生产数据和制作镜像来提供足够的冗余度，防止未预料的故障引发灾难性的数据损失。为了让安全系统顺利地工作，保证所有的用户都了解使用网络的规则也是很重要的。

可以由两项标准来衡量一套存储安全方法的效率：第一，部署系统的花费应当只等价于被保护数据价值的小部分。第二，一个潜在的攻击者想要危害系统时要花费大量的时间、金钱。

14.2.2　威胁

威胁是潜在的对 IT 基础设施的攻击。这些攻击可以区分为主动的或被动的。被动的攻击试图获取未经授权的访问，它们对数据的保密性构成威胁；主动的攻击包括数据篡改、拒绝服务和抵赖攻击，它们对数据完整性、可用性和可稽核性构成威胁。

在篡改攻击中，未经授权的用户为了不正当的目的试图修改数据。这些攻击既可以攻击静态数据也可以攻击传输中的数据，对数据完整性构成了威胁。

拒绝服务（DoS）攻击阻止合法的用户使用资源和服务。这些攻击通常不包括对计算机系统上的信息的访问或修改。相反，它们对数据可用性构成威胁。通过恶意地对一个网络或网站发送洪水般的垃圾数据来阻止授权用户的合法访问就是拒绝服务（DoS）攻击的一个例子。

抵赖是针对信息可稽核性的一类攻击。它试图提供虚假的信息，通过假冒某人或者否认一个已经发生的事或一个事务。例如，一次抵赖攻击可能会执行一个操作，然后删除所有可以证明该用户（攻击者）曾经执行过该操作的证据。抵赖攻击包括绕过安全事件日志或者破坏安全日志来掩盖攻击者的身份。

被动攻击的案例

- 窃听：当某人偷听谈话时，这种未经授权的获取信息的方式叫做窃听。
- 窥探：指的是用一种未经授权的方式来访问另一个用户的数据。通常窥探和窃听是同义的。

恶意的黑客频繁使用窥探技巧和设备，比如键盘记录器，来监视键盘输入，从而获取密码和登录信息，或者拦截电子邮件和其他私人通信和数据传输。组织机构有时也对雇员进行合法的窥视来监视他们对企业计算机的使用，并跟踪互联网使用记录。

14.2.3 漏洞

对于潜在的攻击来说，提供信息访问的路径有许多脆弱的环节。每条路径可能包含多个访问点，每个点提供对存储资源不同级别的访问。在一条访问路径上所有的访问点实施足够的安全控制措施是十分必要的。在每个访问路径的每个访问点上实施安全控制措施被定义为纵深防御。

在一个组件的保护失效时，纵深防御推荐使用多种防御措施来减少安全隐患带来的威胁，这种方式也被称为"分层安全"。因为在不同的级别间有多种安全措施，纵深防御提供了额外的时间以发现和应对攻击，这也可以减少安全漏洞造成的影响和范围。

攻击面、攻击向量和功系数是评价一个环境对于安全威胁的脆弱程度时需要考虑的三个因素。攻击面指的是一个攻击者可以用来发起一次攻击的各种不同的入口点。一个存储网络的每个部件都是潜在漏洞的源头，攻击者可以使用该部件支持的所有外部接口，例如，硬件接口和管理接口执行各种不同的攻击，这些对外的接口组成了攻击者的攻击面。甚至未使用的网络服务，如果启用后也可能成为攻击面的一部分。

攻击向量是完成一次攻击所必需的一个或一系列的步骤。例如，攻击者可能利用管理接口的缺陷来执行窥探攻击，借此攻击者可以修改存储设备的设置，允许从一台或者更多主机来访问数据流。这种重定向数据流可以用来窥探传输中的数据。

功系数指的是开发一个攻击向量所需要投入的时间和精力。例如，如果攻击者试图获取敏感信息，他们会考虑对数据库的攻击所需的时间和精力。这可能会包括破解有特权级的账号、分析数据库里数据的结构和开发 SQL 查询语句。或者，基于功系数考虑，他们会考虑不需要花费很多精力的方式——直接连接存储阵列，从磁盘块里读取数据。

评估了网络环境对于安全的威胁度之后，组织机构就可以部署特定的控制措施。所有的控制措施应该包括基础设施的三个方面：人、流程和技术及三者之间的联系。保证人员安全的第一步是建立和确保每个人都有自己的身份认证，基于这些身份认证，在这些人访问数据和资源时进行有选择的控制。任何安全措施的有效性主要通过流程和政策来监控。流程应该基于对环境中的风险有透彻的理解，能够区分不同类型数据相应的敏感程度和不同的人对数据的访问需要。没有有效的流程，技术的实施将会变得既不合算又不满足企业的优先考虑。最后，实施的科技或者控制需要保证流程、策略和人员的有效性。这些安全技术的目的是通过最小化攻击面和最大化功系数来减少漏洞。这些控制措施可以是技术性的或非技术性的。技术性的控制措施通常通过计算机系统实施，而非技术性的控制措施通过管理和物理控制实施。管理控制包括安全和人事政策或者指导各种操作安全执行的标准的流程。物理控制包括建立物理屏障，例如保安人员、围墙或者锁。

根据它们扮演的角色不同，控制措施可以分为防御性的、侦测性的和矫正性的。防御性的控制措施试图阻止攻击；侦测性的控制措施探测是否有攻击正在进行；攻击被发现后，实施矫正性的控制措施。防御性的控制措施防止漏洞被利用，阻止攻击或削弱其影响；矫正性的控制措施降低攻击的影响；侦测性的控制措施发现攻击，触发防御性或矫正性的控制措施。例如，入侵检测系统/入侵防御系统（IDS/IPS）是一种侦测控制措施，它确定是否有攻击正在进行，然后终止一个网络连接或调用一条防火墙规则阻塞传输，以便阻止攻击发生。

14.3 存储安全域

将存储设备连接到网络会受到从网络而来的更多的安全威胁，增加了安全风险。但是，随着存储环境对网络的使用不断增加，存储设备开始高度暴露在各种不同来源的安全威胁之下。必须实施特定的控制措施来保证一个存储网络环境的安全，这就需要认真关注存储网络安全，并对存储资源的访问路径有一个清晰的理解。如果一条特定的路径未经授权，需要用技术控制措施将其禁止，必须保证这些控制措施没有受到损害。如果存储网络中的每个部件都是潜在的访问点，那么必须要分析每个访问点提供的攻击面，确定相关的漏洞。

为了识别存储网络中的安全威胁，通往数据存储的访问路径可以分为 3 个安全域：应用程序访问、管理控制访问和 BURA（备份、恢复和归档）。图 14-1 描述了一个存储系统环境的这三个安全域。

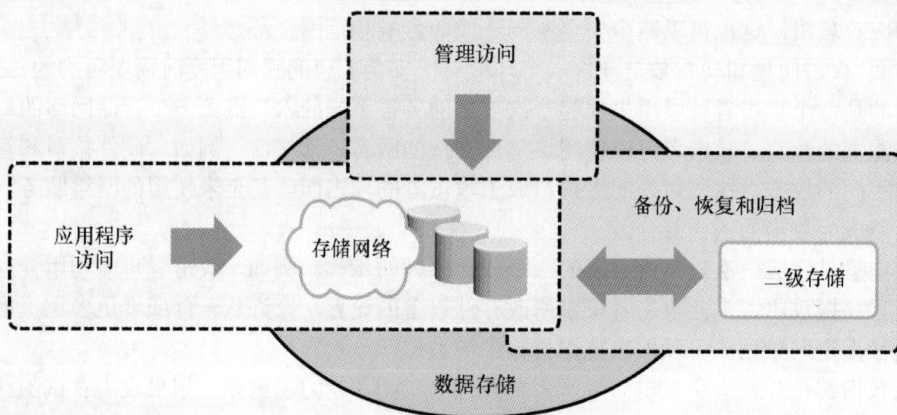

图 14-1　数据存储的 3 个安全域

第一个安全域涉及应用程序通过存储网络对存储数据的访问。第二个安全域包括对存储、互联设备以及驻留在这些设备上的数据的管理访问，这个域主要由对系统进行管理、配置的管理员所访问。第三个安全域由备份、复制和归档访问组成。和其他两个域的访问点一样，备份媒介也需要安全保护。

为了保障存储网络环境的安全，首先需要识别每个安全域中存在的威胁，并通过安全服务的类型（可用性、保密性、完整性和可稽核性）来区分威胁。接下来就是选择和实施与威胁相对等的安全控制措施。

14.3.1　保证应用程序访问域的安全

应用程序访问域指只有这些应用能够通过文件系统或数据库接口来访问数据。

应用安全访问域的重要一步是发现环境中的威胁，进而针对这些威胁设置适当的控制。实施物理安全策略也是防止介质被盗时需要重要考虑的方面。

图 14-2 描述了一个存储网络环境下的应用程序访问。主机 A 可以访问所有 V1 卷，主机 B 可以访问所有 V2 卷。这些卷依赖不同的访问级别来区分，如保密级、限制级和公共级。在这种情况下，一种可能的威胁是主机 A 伪造身份或提升特权来获取权限访问主机 B 的资源。另一个可能的威胁是一个未经授权的主机获得了网络的访问权限，且这台主机上的攻击者可能试图伪造另一台主机的身份，篡改数据，窥探网络或者执行一次 DoS 攻击。除此以外，任何形式的存储介质失窃都可能会危害到安全。这些威胁会给网络安全带来不少严重的挑战，因此需要去解决它们。

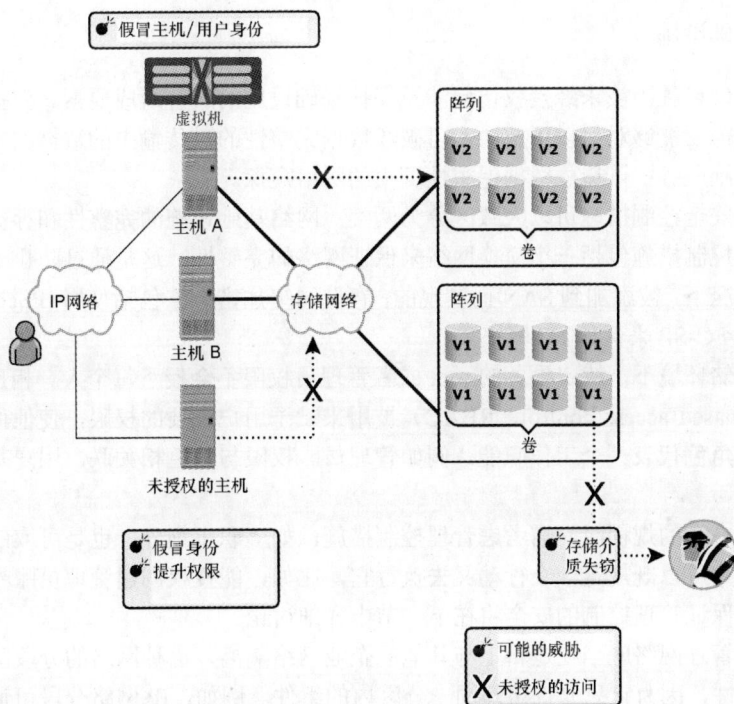

图 14-2　应用程序访问域的安全威胁

控制用户对数据的访问

访问控制服务规范用户对数据的访问，这些服务降低了假冒主机身份和提升主机权限的威胁。上述两种威胁会影响数据完整性和保密性。

用户认证形式中的用户和主机认证（技术控制）和用户授权管理控制是应用程序访问控制中使用的两种访问控制机制。这些机制可能处于存储网络的边界之外，需要各种不同的系统与其他企业身份管理和认证系统互连。例如，系统可以提供强大的认证和授权功能以确保用户身份不被假冒；NAS 设备支持创建访问控制表来管理控制用户对特定文件的访问；企业内容管理（Enterprise Content Management）应用程序通过使用信息权限管理（Information Rights Management，IRM）系统来执行对数据的访问控制。IRM 定义了对一个文档什么样的用户有什么样的访问权限。主机级别的限制访问体现在当它试图连接到网络时需要先对其认证。不同的存储网络技术（例如 iSCSI、FC 和基于 IP 的存储）使用各种不同的认证机制来认证主机的访问，比如挑战握手认证协议

（Challenge-Handshake Authentication Protocol，CHAP）、光纤通道安全协议（Fibre Channel Security Protocol，FC-SP）和 IPSec。

在一台主机被认证以后，下一步就是为存储资源指定安全控制措施，比如主机被授权访问的端口、卷或存储池。分区（Zoning）是交换机上的一种控制机制，它将网络划分为多个路径，以便于在不同的路径上传输不同的数据；逻辑单元屏蔽（LUN masking）决定了哪些主机可以访问哪些存储设备。一些设备支持将一台主机的 WWN 映射到一个特定的 FC 端口，从该端口连接到一个特定的逻辑单元（LUN）。这种将 WWN 和一个物理端口绑定的做法是最安全的。

最后，确保管理控制（如定义策略、标准）得以实施是很重要的。为了保证管理控制的正常工作，需要定期进行审计核查。这是通过在所有涉及的设备上记录重要的日志来实现的。日志记录必须防止未经授权的访问，如果攻击者可以随意修改日志中记录的内容，日志记录本身就无法实现它所想要实现的审计、稽核的功能了。

保护存储基础设施

保证存储基础设施不被未经授权访问涉及保护基础设施的所有组成要素。保护存储基础设施的安全控制措施需要能够对付以下威胁：可破坏数据完整性的对传输中的数据的未授权篡改；可降低可用性的拒绝服务；可造成数据保密性受损的网络窥探。

保护网络的安全控制措施可以大致区分为两类：网络基础设施的完整性和存储网络加密。保证设施完整性的控制措施包括一个交换网络来保证网络的完整性，这是通过防止一台主机在未经过适当认证的情况下，被添加到 SAN 而实现的；存储网络加密方法包括使用 IPSec 来保护基于 IP 的存储网络以及 FC-SP 来保护 FC 网络。

在安全的存储环境下，特定设备的 root 或者管理员权限不会授予每个人。相反，基于角色的访问控制（role-based access control，RBAC）被用来赋予用户必要的权限，使他们能够行使他们的角色。每一个角色代表一个工作职能，例如管理员。权限与角色相关联，用户基于角色获得相应的权限。

在定义数据中心的规程时，需考虑管理控制措施，如"职责划分"也是可取的。明确的职责划分保证了没有人可以既规定一个行动又去执行它，比如，能授权创建管理员账号的人不能够使用管理员帐号。保证管理控制的安全将在下一节中详细讨论。

存储系统的管理网络应当在逻辑上与其他的企业网络隔离，这种网络的分段降低了管理的难度，增强了安全性，因为它只允许访问同一分区内的组件。例如，IP 网络分段可通过下面的网络设备功能得以实现：处于第三层的路由器或防火墙的基于 IP 地址的包过滤功能、处于第二层的以太网交换机的基于 MAC 地址的 VLAN 和端口级的安全措施。

最后，必须控制对设备的物理访问和光纤交换机的布线，以保证存储基础设施得到保护。如果一个设备被一个未经授权的用户进行了物理访问，那么所有已制定的安全措施就会失效，这种访问的存在有可能导致设备不可靠。

数据加密

保护数据安全的最重要的一方面就是保护存储阵列中的数据。这个级别的威胁包括篡改数据（破坏数据完整性）以及存储介质失窃（损害数据可用性和保密性）。为了阻止这些威胁，可以加密存储介质上的数据或加密即将传送到磁盘上的数据。同样关键的是，保证数据在其生命周期结束时，已经被彻底地从硬盘上清除，并且不能被恶意重建。

数据应当在其生成之后，尽快被加密。如果在主机设备上不能实施加密，那么可以在存储网络的接入点处使用加密设备来加密数据。加密设备可以部署在网络中，对主机和存储介质之间的数据进行加密。这些机制可以保护目标设备上的静态数据和传输中的数据。

在 NAS 设备上,添加反病毒检查和文件扩展名控制措施可以进一步加强数据完整性。以 CAS 为例,使用 MD5 或 SHA-256 加密算法来检测在内容上的任何比特的变化,以此保证数据完整性。另外,CAS 数据擦除服务保证了在磁盘废弃不用之前,数据被彻底地从磁盘擦除。一个组织机构的数据分类策略决定了磁盘是否应当在废弃之前被实际擦除以及根据规章制度要求所需的擦除的等级。

14.3.2 保证管理访问域的安全

管理访问(无论是监视、配置还是管理存储资源)是和存储网络中的每个设备相关的。绝大多数的管理性软件支持一定形式的 CLI、系统管理控制台或一个基于 Web 的界面。为了保证存储管理应用程序的安全,实施适当的控制措施是十分重要的,使用这些应用程序可能给存储系统造成的损害比服务器中漏洞造成的损害更为严重。

图 14-3 描述了一个存储网络环境,其中生产主机被连接到一个 SAN 结构,并且访问存储阵列 A,存储阵列 A 连接到存储阵列 B 用做复制备份。此外,在主机 A 上有一个存储管理平台。这个系统中存在一些可能的威胁,即未经授权的主机可能会假冒用户或主机的身份来管理存储阵列或网络。例如,未被授权的主机可能获取管理访问阵列 B 的权限。

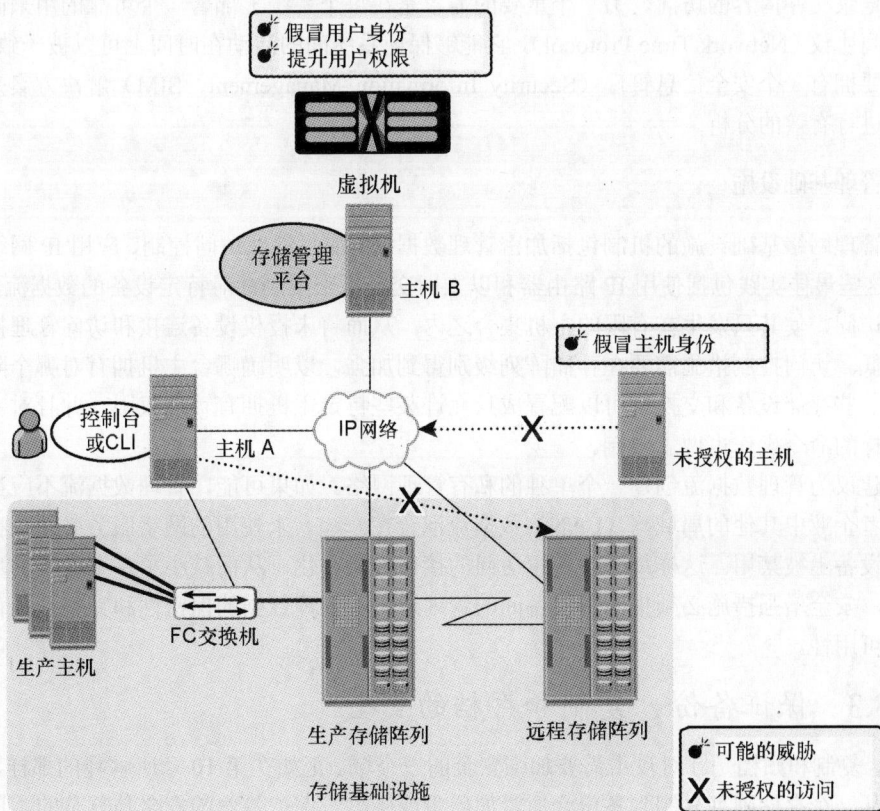

图 14-3 管理访问域的安全威胁

允许通过外部网络来管理访问增加了未经授权的主机或交换机连接到存储网络的可能。在这种情况下,需要实施适当的安全措施来阻止一定类型的远程通信。使用安全的通信通道,例如 Secure Shell(SSH)或 Secure Sockets Layer(SSL)/Transport Layer Security(TLS),能够有效地针对这些威胁来实施保护。事件日志有助于识别未被授权的访问和对基础设施未被授权的改动。事件日志应该放置于共享存储系统之外，当系统受到危害时可以回顾这些日志。

在存储管理平台上，必须验证现有的安全控制措施是否有效，并且保证这些控制措施足够用来保护整个存储环境的安全。应该确保管理员的身份和角色对任何假冒企图都是安全的，这样攻击者就不能通过重新格式化存储介质或使数据资源不可用来操纵整个存储阵列，造成无法容忍的数据损失。

控制管理权限

控制对存储设备管理权限的目的在于防止攻击者假冒管理员的身份或提升自身的权限以获取管理权限，这两种威胁都影响数据和设备的完整性。制定管理权限的规则和采用不同的审计技巧可以防御这些威胁，加强户和流程的可稽核性。每个存储组件都应当强化访问控制。在一些存储环境中，将存储设备和第三方的认证目录结合在一起是必要的，例如轻量级目录访问协议（Lightweight Directory Access Protocol，LDAP）或活动目录（Active Directory）。

安全最佳实践规定用户不应当具有系统全方面的控制权。如果一个管理员用户是必要的，那么需要管理权限的行为的数目应当最小化。相反，较好的做法是将各种不同的管理功能使用 RBAC 方法去分配。审计记录的事件是跟踪管理员活动的一项关键的控制措施。必须保护对日志记录文件和日志记录文件内容的访问。另一个重要的需求是在每个系统上部署一个可靠的用来同步时间的网络时间协议（Network Time Protocol），它能够保证系统间的活动在时间上可以被一致地追踪。此外，需要拥有一个安全信息管理（Security Information Management，SIM）解决方案来对日志记录文件进行有效的分析。

保护管理基础设施

保护管理网络基础设施的机制包括加密管理数据流、加强管理访问控制、应用 IP 网络安全最佳实践。这些最佳实践包括使用 IP 路由器和以太网交换机来限制针对特定设备的数据流，限制网络活动和访问，使其只发生在有限的主机集合之内，从而将未授权设备连接和访问管理接口的威胁降到最低。访问控制措施需要在存储阵列级别得到加强，以明确哪台主机拥有对哪个阵列的管理权限。一些存储设备和交换机可以配置成只允许某些特定主机拥有管理权限，并且对主机能够发出什么样的命令操作也做了限制。

强烈建议为管理数据流创建一个单独的私有管理网络。如果可能，管理数据流不应当和生产数据流或者企业中其他的局域网（LAN）数据流混合在一起。未使用的网络服务必须在存储网络中的每个设备上被禁用。这样每个设备可访问的接口被最小化，从而减小了那个设备的攻击面。

总之，安全增强措施必须集中于设备间的管理通信、管理数据的保密性和完整性、管理网络和设备的可用性。

14.3.3   保证备份、复制和存档的安全

备份、复制和归档是针对攻击需要加强安全的三个域。正如在第 10 章所解释的那样，备份涉及将数据从一个存储阵列复制到备份介质，如磁带或磁盘。保护备份的安全是复杂的，这些安全是基于访问存储阵列的备份软件。此外，它还依赖于主要站点和辅助站点的存储环境的配置，特别是直接在远端磁带上执行的远程备份解决方案或者基于阵列的远程复制的使用。

组织机构必须保证容灾（DR）站点为备份数据保持相同的安全级别。保护备份、复制和归档基础设施需要应对几个方面的威胁，包括假冒 DR 站点的合法身份、篡改数据、网络窥探、DoS

攻击以及盗窃存储介质。这些威胁代表了对完整性、保密性和可用性潜在的破坏。图 14-4 描述了一个普通的远程备份设计方案，存储阵列上的数据通过灾难恢复（Disaster Recovery，DR）网络复制到 DR 站点上的一个辅助存储。在一个远程备份解决方案中，位于不同地点的存储组件通过网络进行通信，因此需要抵御发生在网络传输上的威胁。否则，攻击者可以假冒备份服务器的身份，请求主机发送其数据。未经授权的主机声称是 DR 站点的备份服务器，可能会导致远程备份在一个未经授权的未知的站点上实施。另外，攻击者可以使用对 DR 网络的连接篡改数据、窥探网络，发起对存储设备的 DoS 攻击。

物理威胁（如备份磁带丢失、失窃或放错位置）是另一种类型的威胁，特别是在磁带包含高度保密的信息的情况下。如果在备份时不加密数据，备份到磁带的应用很容易受到严重的安全影响。

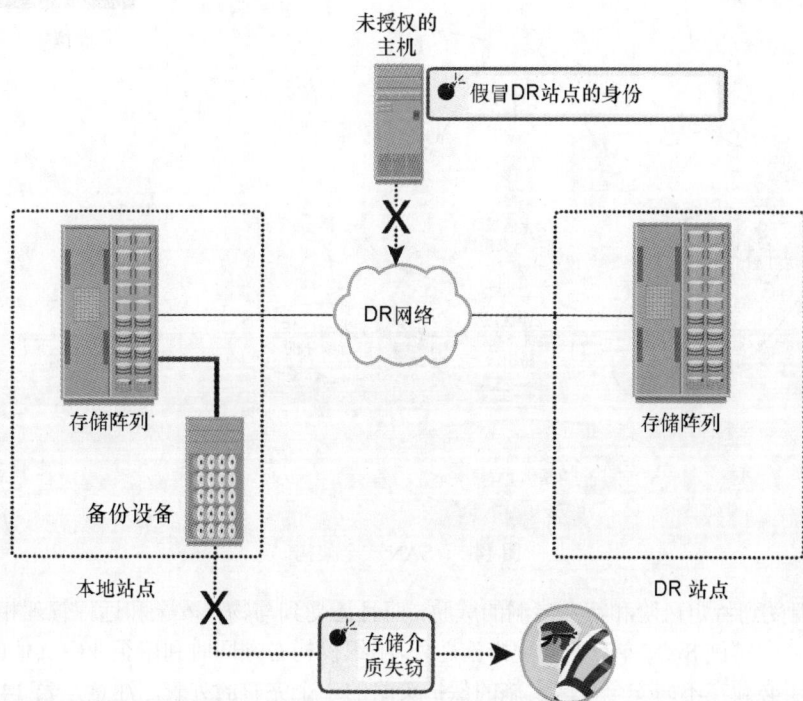

图 14-4 备份、复制和归档环境下的安全威胁

14.4 存储网络中安全措施的实施

以下的讨论详细描述了在 FC SAN、NAS 和 IP-SAN 环境下一些基本的安全措施的实施。

14.4.1 FC SAN

传统的 FC SAN 与基于 IP 的网络相比有着天然的安全优势。每个 FC SAN 都是一个孤立的私有环境，拥有比 IP 网络少的节点。因此，FC SAN 带来较少的安全威胁。但是，随着存储的整合、业务的快速增长和跨越企业多个站点的大型复杂的 SAN 的出现，安全形势已经发生了改变。直至今日，仍然没有一个全面安全解决方案适用于 SAN。许多 SAN 安全机制是从 IP 网络的相应机制发展进化而来的，因此也带来了成熟的安全解决方案。

发表于 2006 年的 FC-SP（Fiber Channel Security Protocol，光纤通道安全协议）标准（T11 标准），将 IP 和 FC 互连的安全机制和算法进行了标准化。这些标准描述了用来在 FC 网络中（网络元素和网络的 N_Port 之间）实施安全措施的协议。协议还包括认证 FC 实体、设置会话密钥、协商帧与帧之间的完整性和保密性所需的参数，以及在 FC 网络内部建立和分配策略的指导方针。

FC SAN 安全架构

存储网络环境是未经授权的访问、偷窃和误用的一个潜在的目标，因为这些环境范围广且复杂。因此，安全战略是基于纵深防御（defense in depth）理念的，该理念推荐多层安全综合层，这就保证了一个安全控制措施的失败时，受保护的资产的安全不会受到损害。图 14-5 描述了一个存储网络环境中必须得到安全保护的不同级别分区以及可以部署的安全措施。

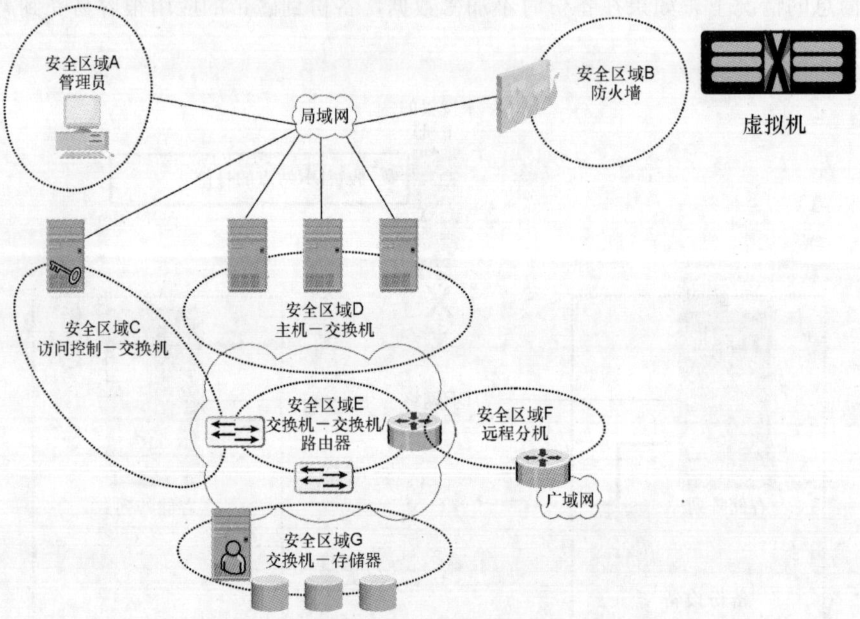

图 14-5　SAN 安全架构

SAN 不但受到特定风险和特殊漏洞的威胁，而且还受到与物理安全和远程管理相关的常见安全问题的威胁。在实施 SAN 专有的安全措施之外，组织机构必须同时利用企业中其他的安全措施。表 14-1 提供了必须在不同安全分区实施的保护策略的一个完整的列表。注意，表 14-1 中列出的一些安全机制并不是只针对 SAN 的，它们也是被广泛使用于数据中心的技术，例如，二因素认证（two-factor authentication）已被广泛应用——除了用户名/密码之外还需要一个另外的安全组件（如一张智能卡片）进行认证。

表 14-1　　　　　　　　　　　　　　　　安全分区和保护战略

安全分区	保护战略
分区 A（在管理控制台进行认证）	（a）仅限已授权用户访问管理局域网（MAC 地址锁定）； （b）实施 VPN 通道来进行对管理局域网的安全远程访问； （c）对网络访问使用二因素认证
分区 B（防火墙）	阻止不适当的或不安全的数据流，通过： （a）过滤出局域网所不允许的地址； （b）审查允许的协议，封锁众所周知的不使用的端口
分区 C（访问控制交换机）	认证 FC 交换机的用户/管理员，使用 RADIUS（用户服务远程认证拨号）、DH-CHAP（Diffie-Hellman 挑战握手认证协议）等

续表

安全分区	保护战略
分区 D（主机到交换机）	仅限合法主机进行 FC 访问，通过： （a）使用 ACL：已知的 HBA（只可以连接到特定的交换机端口）； （b）使用一个安全的分区方法，如端口分区（也被称为硬分区）
分区 E（交换机到交换机或交换机到路由器）	保护网络上的数据流，通过： （a）使用 E_Port 认证； （b）加密传输中的数据； （c）实施 FC 交换机控制和端口控制
分区 F（远程分机）	对传输中的数据进行加密： （a）FC-SP 加密，对远程 FC 分机； （b）IPSec 加密，对 SAN 分机，通过 FCIP
分区 G（交换机到存储）	保护 SAN 上的存储阵列，通过： （a）基于 WWPN 的 LUN 屏蔽（LUN masking）； （b）S_ID 锁定：基于源 FCID（光纤通道 ID/地址）的屏蔽

基本的 SAN 安全机制

逻辑单元屏蔽（LUN masking）和分区、泛交换机和泛网络访问控制、基于角色的访问控制（RBAC）以及网络（虚拟 SAN）的逻辑分区是最常被使用的 SAN 安全方法。

LUN 屏蔽和分区

LUN 屏蔽和分区是基本的 SAN 安全机制，它用来防止对存储未经授权的访问。LUN 屏蔽和分区在之前的第 4 章和第 5 章中有详细论述。存储阵列的 LUN 屏蔽的标准实现方式是基于源 HBA 的 WWPN 将映射给前端存储端口的 LUN 进行屏蔽。LUN 屏蔽的一个更强的变体是基于源 FC 地址的屏蔽。它提供给定节点端口 FC 地址和它的 WWN 进行锁定的机制。WWPN 分区是具有安全意识环境的首选。

保证交换机端口的安全

除了分区和 LUN 屏蔽，其他的安全机制（如端口绑定、端口锁定、端口封锁、持久的端口禁用）都可以在交换机端口部署实施。端口绑定限制了可以连接到一个特定的交换机端口的设备的数目，且只允许相应的交换机端口连接到一个节点进行网络访问。端口绑定减轻但没有消除 WWPN 欺骗行为。端口锁定和端口封锁限制一个交换机端口的初始化的类型。常见的端口封锁的版本保证了交换机端口不能用作 E_Port，不能用来创建 ISL，例如一个异常的交换机。一些版本强制端口的角色仅限于 FL_Port、F_Port、E_Port 或这几个的组合。持久的端口禁用防止一个交换机端口被激活，即使在交换机重新启动后端口仍然不能被激活。

泛交换机和全网络访问控制

随着组织机构在本地或远距离地扩展它们的 SAN，更加有效地管理 SAN 安全的需求也越来越迫切。网络安全可以在 FC 交换机上通过使用访问控制表（access control list，ACL）、在网络上通过使用网络绑定进行配置。

访问控制表契合了设备连接控制和交换机连接控制策略。设备连接控制策略指明了哪些 HBA

和存储器端口可以作为网络的一部分，防止未经授权的设备访问它。与之相似，交换机连接控制策略指明了哪些交换机可以作为网络的一部分，防止未经授权的交换机加入。

网络绑定防止一台未经授权的交换机加入网络中任何已存在的交换机。这保证了授权的成员数据存在于每个交换机上，且任何企图通过使用一个 ISL 连接两台交换机的行为会导致网络分裂。

基于角色的访问控制通过防止网络上未经授权的行为对 SAN 提供了额外的安全措施。这使得安全管理员可以在用户登录到网络之后，将角色分配给用户来明确权限或访问控制。例如，zone admin 角色可以用来修改网络上的分区，而一个基本的用户只能查看与网络相关的信息，例如，端口类型和登录节点。

Fabric 的逻辑分区：虚拟 SAN（VSAN）

VSAN 可以在一个物理 SAN 上创建多个逻辑的 SAN。VSAN 提供了构建更大的整合网络的能力，同时仍然维持所需的安全性和 VSAN 间的隔离度。图 14-6 描述了一个 VSAN 中的逻辑分区。

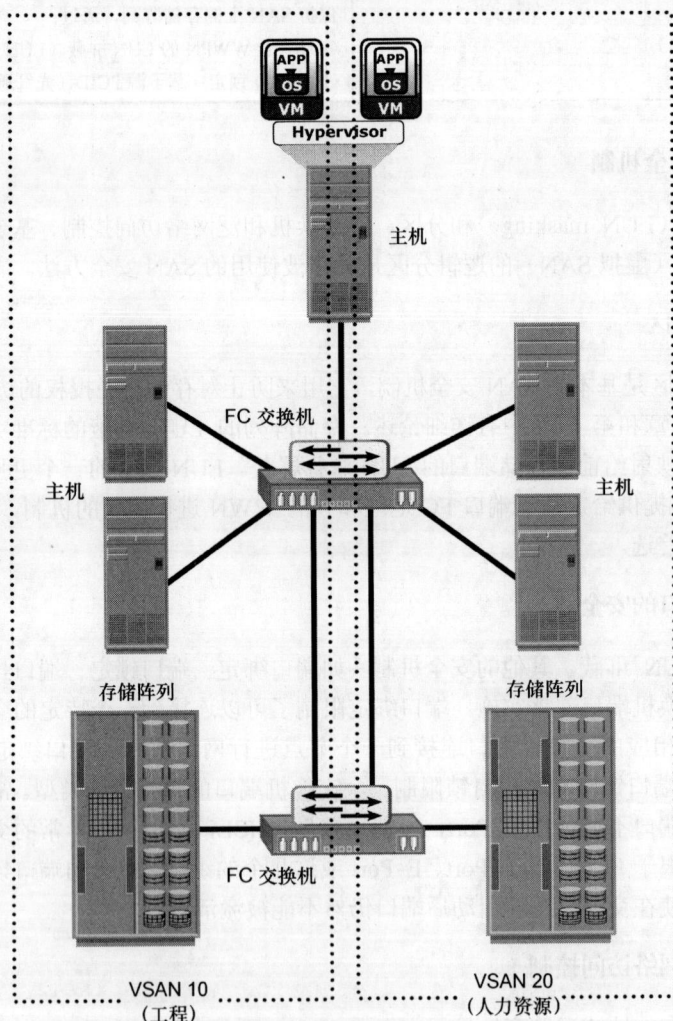

图 14-6　通过 VSAN 加强 SAN 安全

网络管理员可以创建多个不同的 VSAN 并给它们分配相应的交换机端口。在本示例中，交换机端口被分配给两个 VSAN：VSAN10 和 VSAN20，这两个 VSAN 对应工程部和人力部。虽然它们和其他部门共享交换机设备，但是可以将它们当做独立运行的网络进行管理。需要对每个 VSAN 设定分区，以保证整个物理 SAN 的安全。每个被管理的 VSAN 在同一时间只能有一个活动的分区。VSAN 降低了全面网络中断事件的影响，因为 SAN 上的管理活动和数据流控制（可能包括 RSCN、区域集活动事件）并没有越过 VSAN 的边界。因此，VSAN 是构建多个单独的物理网络的一个合适的替代方案。VSAN 通过隔离网络事件，并在一个网络中提供更高级别的认证控制，对信息可用性和安全作出贡献。

14.4.2 NAS

NAS 面临多种形式的威胁，包括病毒、蠕虫、未经授权的访问、假冒和数据篡改。各种的安全机制被用在 NAS 上来保护数据和存储网络基础设施的安全。

许可证明和访问控制表通过限制存取和共享权限，构成了 NAS 资源的第一层保护。这些权限部署在与文件、文件夹相关联的缺省的行为和属性上。另外，各种不同的认证和授权机制（如 Kerberos 和目录服务）被用来验证网络用户的身份和定义他们的权限。同样地，防火墙被用来保护存储基础设施，使其免受未经授权的访问和恶意攻击的破坏。

NAS 文件共享：Windows 访问控制列表

Windows 系统支持两种类型的 ACL：自主访问控制列表（discretionary access control lists，DACL）和系统访问控制列表（system access control lists，SACL）。DACL（通常也暗指 ACL）是用来决定访问控制的。SACL 决定哪些访问应当被审计（如果审计功能激活）。

除了这些 ACL 之外，Windows 系统还支持对象所有权的概念。一个对象的所有者对于该对象有硬编码的权利，这些权利并不需要在 SACL 里明确地赋予。所有者、SACL 和 DACL 都被静态地当做每个对象的属性。Windows 系统也提供了继承权限的功能，即允许存在于父对象内的子对象自动地继承父对象的 ACL。

ACL 也应用于目录对象，叫做 SID。它们是在用户或组被创建的时候，由一个 Windows 服务器或 Windows 域自动生成的，且从用户中抽取出来。这样，虽然一个用户可能用"User1"来标识他或她的登录 ID，但这只是真正的 SID 的一个文本化的替代，真正的 SID 是被底层的操作系统使用的。ACL 的配置管理可以通过标准的 Windows 浏览器图形化界面来进行，但也可以使用 CLI 命令或其他第三方工具进行配置。

NAS 文件共享：UNIX 权限

对于 UNIX 操作系统来说，一个用户是一个抽象体，表示用来为系统分配所有权和操作权限的一个逻辑实体。用户可以是人或系统操作。UNIX 只知道用户在系统上执行特定的操作的权限，并用一个用户 ID（UID）和一个用户名来标识每一个用户，而不考虑它是人、系统操作或者设备。

在 UNIX 系统下，一个用户可以被分配到一个或多个组中。组的概念服务于这样的目的：赋予给定资源权限，并且在需要这些权限的多个用户之间共享权限。例如，一组在同一个工程内工作的人，可能需要对一组文件有相同的许可。

UNIX 系统权限明确了与文件具有任何所有权关系的用户可以执行的操作。简单地说，这些权限明确了所有者可以对文件做什么、所有组可以对文件做什么以及所有其他人可以对文件做什么。对于任何给定的所有权关系，三个比特位被用来明确访问许可。第一个比特位表示读（r）访问，第二个比特位表示写（w）访问，第三个比特位表示执行（x）访问。因为 UNIX 系统定义了三种所有权关系，（所有者、组、全部）每种所有权关系都需要一个三元组（定义了访问许可），结果就需要 9 个比特位。每个比特位都可以设定或清除。显示的时候，一个设定的比特位由其相应操作的字母（r、w、x）来标记，一个清除的比特位由一个破折号（——）来标记，所有比特位被排列为一组，如 rwxr-xr-x。在这个例子中，所有者可以对文件做任何操作，但是组用户和所有其他用户只能进行读或执行操作。显示的时候，一个标识文件模式的字母可能放在 9 个 bit 组的前面。例如，如果这个文件是一个目录，就标记为"d"；如果是一个链接，就标记为"l"。

NAS 文件共享：认证和授权

在一个文件可共享的环境下，NAS 设备使用标准的文件共享协议：NFS 和 CIFS。因此，在 NAS 设备上实施和支持的认证和授权，是与 UNIX 系统或 Windows 系统文件共享环境下的方法相同的。

认证需要验证一个网络用户的身份，因此在 UNIX 系统环境下需要在网络信息系统（Network Information System，NIS）服务器里对登录者进行身份证书的查找、验证。相似地，一个 Windows 客户是通过一个拥有活动目录的 Windows 域控制器进行认证的。活动目录使用 LDAP 访问在目录内的有关网络对象的信息，使用 Kerberos 来保证网络的安全。NAS 设备使用相同的认证技术来验证网络用户。图 14-7 描述了 NAS 环境下的认证过程。

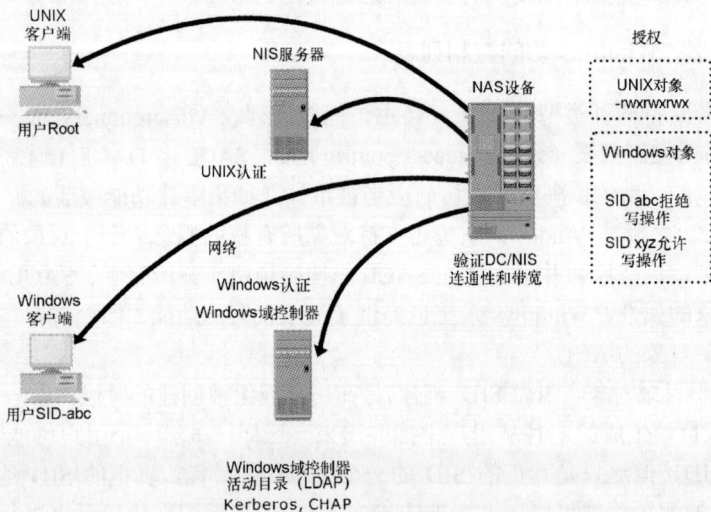

图 14-7　NAS 环境下安全的用户访问

授权定义了一个网络中的用户权限。UNIX 用户和 Windows 用户的授权技术非常不同。UNIX 系统的文件用模式位来定义赋给所有者、组、其他用户的访问权限，而 Windows 则使用一个访问控制清单来允许或拒绝一个特定用户对一个特定文件的某一权限。

虽然 NAS 设备对 UNIX 用户和 Windows 用户的这些方法都支持，但是当 UNIX 用户和 Windows 用户访问并共享相同的数据时，复杂性就会增加。如果这些 NAS 设备支持多种协议，那么必须保持两种权限机制的完整性。NAS 设备供应商提供了一种将 UNIX 系统权限映射到 Windows 系统的方法，反之亦然，这样可以支持一个多协议的环境。但在设计一个 NAS 解决方案时，要考虑这种多协议支持的复杂性。同时，验证域控制器和/或 NIS 服务器连通性和带宽。如果需要多协议的访问，那么需要考虑特定的供应商访问策略的部署实施。

Kerberos

Kerberos 是一个网络认证协议。它被设计用来为客户/服务器应用程序提供强认证技术，该认证技术通过使用密钥加密的方法来实现。由于使用了加密，这样客户端和服务器就可以在一个不安全的网络连接上向对方证实自己的身份。在客户端和服务器证实他们的身份之后，它们可以选择加密它们所有的通信内容，以保护隐私和数据完整性。

在 Kerberos 下，所有的认证都发生在客户端和服务器之间。客户端得到一项服务的票据（Ticket），服务器使用它的密钥解密这个票据。任何得到一项 Kerberos 服务的票据的实体、用户或主机，叫做一个 Kerberos 客户。术语 Kerberos 服务器通常指的是密钥分发中心（Key Distribution Center，KDC）。KDC 实行认证服务（Authentication Service，AS）和票据授予服务（Ticket Granting Service，TGS）。KDC 拥有与每个委托人相关的密码的一个副本，因此保证 KDC 的安全是绝对必不可少的。

在一个 NAS 环境下，Kerberos 主要使用在通过微软活动目录域（Microsoft Active Directory domain）进行认证的场合，虽然它也可以用于在 UNIX 系统环境执行安全功能。图 14-8 中显示的 Kerberos 授权过程包括以下的步骤。

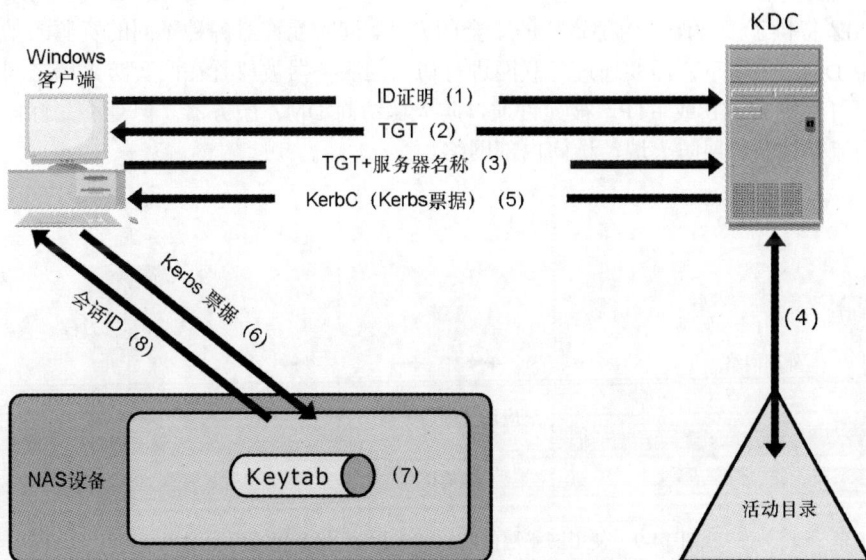

图 14-8　Kerberos 授权

1．用户使用一个 ID 和密码登录到活动目录域（或森林结构）中的工作站。客户端计算机向 KDC 上运行的 AS 发送一个 Kerberos 票据请求。KDC 从活动目录中核实用户的登录信息。（注意，这一步并没有在图 14-8 中明确显示）

2．KDC 反馈一个加密的 TGT 和一个加密任务密钥（TGT 是一个用于身份标识的密匙，拥有较短的有效期）。TGT 只能被密钥分发中心（KDC）解密，任务密钥只能被客户端解密。

3．当客户端向服务器请求一项服务时，它向 KDC 发送一个请求，包括前面获得的 TGT 和服务资源的信息。

4．KDC 核查了活动目录中的权限信息，保证用户已被授权使用该服务。

5．KDC 向客户端返回一个服务票据。这个服务票据包含了给客户端和提供这项服务的服务器的字段。

6．然后客户端将服务票据发送给所需资源所在的服务器。

7．服务器（这种情况下是 NAS 设备）解密了票据的服务器部分，并将信息存储在一个叫 keytab 的文件中。只要客户端的 Kerberos 票据是有效的，这个授权过程就不需要重复进行，服务器会自动地允许客户端访问与其相对应的资源。

8．一个客户端/服务器会话现在开始了。服务器将一个会话 ID 返回给客户端，使其在会话进行的过程中跟踪客户端的活动性，如文件锁。

网络层的防火墙

因为 NAS 设备利用 IP 协议栈，所以它们对于通过公共 IP 网络发起的各种不同的攻击是脆弱的。网络层的防火墙部署在 NAS 环境下，用来保护 NAS 设备不受这些安全威胁的侵害。这些网络层的防火墙可以检查网络数据包，并将它们与设定的安全规则进行比较。没有通过安全规则授权的数据包将被丢弃，不允许其继续发送到被请求的目的地。规则的建立可以基于一个源地址（网络或主机）、一个目的地址（网络或主机）、一个端口或这些要素（源 IP、目的 IP 和端口号）的一个组合。防火墙的效果取决于安全规则有多么健全和广泛。一个定义得很宽松的规则集会增加安全受到破坏的概率。

图 14-9 描述了一个典型的防火墙实例。隔离区（Demilitarized zone，DMZ）在网络环境下广泛使用。DMZ 提供了一种保护内部资产的安全的方法，同时允许对各种不同的资源的基于互联网的访问。在 DMZ 环境下，需要通过互联网进行访问的服务器被放置在两套防火墙之间。基于特定应用的端口，如 HTTP 或 FTP，被允许通过防火墙访问 DMZ 服务器。但是不允许任何基于互联网的数据流穿过第二层防火墙，访问内部网络。

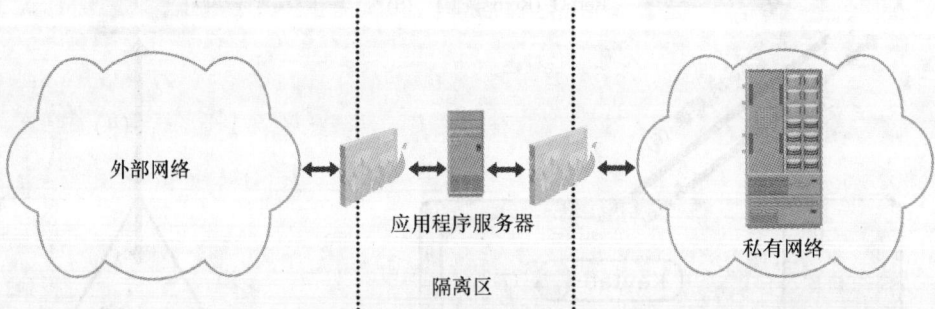

图 14-9 使用网络层的防火墙来保护 NAS 环境的安全

DMZ 内的服务器可以被配置成是否允许与内部资源通信。在这种配置时，DMZ 内的服务器是一个面向互联网的 Web 应用程序，可访问存储在 NAS 设备上的数据，该 NAS 设备可能位于内部的私有网络中。一个安全的设计应当只能通过 DMZ 为内部和外部的应用程序提供数据。

应用层防火墙和 XML 防火墙

应用层防火墙和 XML 防火墙第三代防火墙，这种防火墙将不符合预先配置好的防火墙策略的数据包过滤掉，通过这种方式进行访问控制。与网络层防火墙基于源地址，目标地址和其他信息来进行数据包扫描的方式不同，应用层防火墙对数据包内容进行详细扫描。XML 防火墙是一种特殊的应用层防火墙，它可以保护通过基于 XML 接口显示的应用。在组织机构的 DMZ 环境中，典型的 XML 防火墙部署方式包括：验证 XML 数据流，过滤 XML 内容和对基于 XML 的资源进行控制访问。

14.4.3 IP SAN

这一节描述的是 IP SAN 环境下的一些基本的安全机制。挑战握手认证协议（Chanllenge-Handshake Authentication Protocol，CHAP）是一个基本的认证机制，已被广泛地应用在网络设备和主机上。CHAP 为发起者和目标提供了一种通过使用一个密码或口令来认证对方的方法。CHAP 密码通常是 12 到 128 个字符的随机密码。密码从不直接通过电缆传送，而是由一个单向的哈希函数将其转换为一个哈希值，然后才进行传送。使用 MD5 算法的一个哈希函数将数据进行转换，其结果是独一无二的，并且不能被变回原来的形式。图 14-10 描述了 CHAP 认证过程。

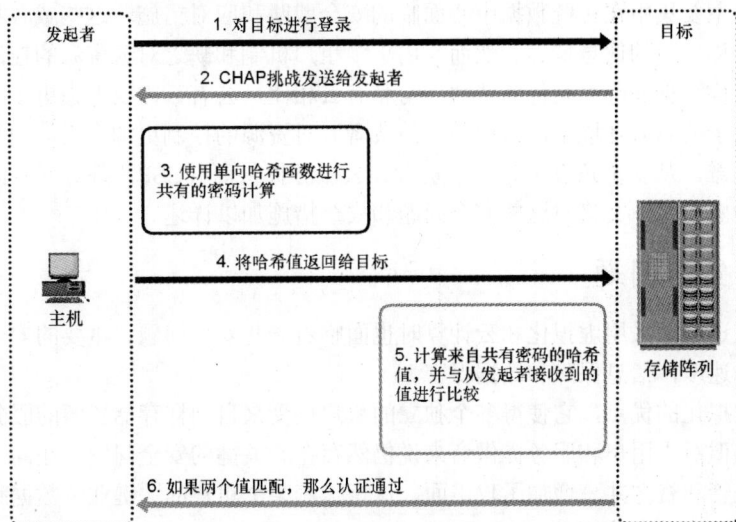

图 14-10　使用 CHAP 认证来加强 IP SAN 安全

如果发起者需要反向的 CHAP 认证，那么发起者使用相同的过程来认证目标。CHAP 密码必须在发起者和目标上进行设置。一条 CHAP 记录由一个节点的名称和与之相关的密码组成，在目标和发起者两端被维护。

在一个双向的 CHAP 认证场景中，也是执行相同的步骤。这些步骤完成后，发起者认证目标。如果两个认证步骤都成功，那么就允许数据访问了。CHAP 是一个实施起来相当简单的协议，并且可以应用于多个互异的系统之间，因此经常被使用。

iSNS 发现域（iSNS discovery domain）与 FC 分区工作原理相同。发现域对 IP-SAN 内的设备按功能分组。为了让设备可以互相通信，必须将它们配置在相同的发现域中。状态更改通知（state change notifications，SCN）告诉 iSNS 服务器该设备是什么时候被添加或移出发现域的。图 14-11 描述了 iSNS 中的发现域。

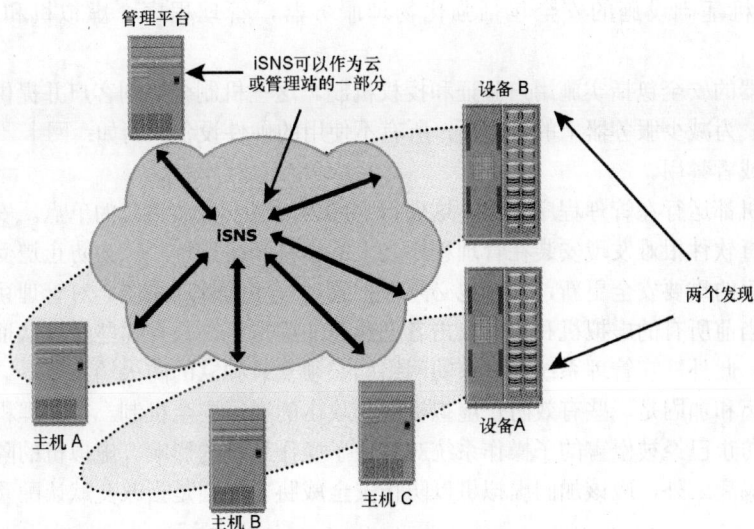

图 14-11　使用 iSNS 发现域来保护 IP SAN 的安全

14.5 保证虚拟化和云环境中存储设施的安全

上文的讨论主要集中在传统数据中心面临的安全威胁和应对措施，这些威胁和措施同样也适用于虚拟化和云环境下的信息储存。然而，由于多租户机制和缺乏对云资源的控制，虚拟化和云环境下的组织机构数据面临着其他的威胁。与私有云相比，公有云需要考虑更多的安全因素和应对措施。这是由于公有云环境下，云用户（消费者）对资源的控制更加有限，因此由消费者实施安全机制更加困难。从安全角度考虑，消费者和云服务提供商（CSP）都有着共同的安全问题，同样面临着多种威胁。下文将对这些安全问题和安全措施加以详述。

14.5.1 安全问题

组织机构在迅速地采用虚拟化和云计算时也面临着一些安全问题。主要的安全问题包括：多租户机制，攻击速度，信息保障和数据保密。

多租户是虚拟化的优点，它使得多个独立的租户接受来自同样存储资源的服务。尽管多租户有这样的好处，但对于用户和服务提供商来说仍然存在着关键的安全问题。在同一个服务器上的多个虚拟机的托管和资源共享增加了攻击面。这意味着某个租户的关键业务数据有可能被使用相同资源的其他竞争租户所访问。

攻击速度是指存在于云中的安全威胁要比传统数据中心环境下传播得更快，有更大的影响。针对用户的信息保障确保云中数据的机密性，完整性和可用性。同样地，云用户需要确保所有在云上的用户操作是真实的，而且只能基于合理的权限和范围来访问数据。

数据保密同样也是虚拟化和云环境中主要的安全问题。云服务提供商需要确保客户的个人可识别信息（PII）免受未经授权的泄漏。

14.5.2 安全措施

安全措施可以在计算层、网络层和存储层实施。在这 3 个层面实施的安全措施可以减少虚拟化和云环境中的风险。

计算机级的安全

保证计算机基础设施的安全包括强化物理服务器，管理程序，虚拟机和子操作系统的安全。

物理服务器的安全包括实施用户验证和授权机制。这些机制会辨别客户并提供相应的对服务器的访问权限。为减少服务器上的攻击面，所有不使用的硬件设备，例如：网卡，USB 端口和磁盘应该被移除或者禁用。

所有虚拟机都运行在管理程序之上，这使得它成为出现安全故障时的单点。安装在子操作系统之上的防病毒软件很难发现安装在管理程序之上的木马和恶意程序。为防止遭受攻击，需要定期安装管理程序的重要安全更新，同时也必须保护管理程序的管理系统。对管理系统的恶意攻击和渗透会影响当前所有的虚拟机和允许攻击者创建新的虚拟机，只有那些经过认证的管理员才能访问管理系统。此外，在管理系统和其余的网络间必须安装独立的防火墙。

虚拟机隔离和加固是一些有效防止虚拟机受到攻击的通用安全机制。在管理程序层实施虚拟机隔离有助于防止已经被侵害的子操作系统对其他子操作系统的影响。虚拟机的隔离在管理软件层实现。除了隔离之外，应该加固虚拟机以防止安全威胁。加固是指改变默认配置以获得更佳安全性的过程。

除了保护管理程序和虚拟机的措施外，虚拟化和云环境还需要在子操作系统和应用层面有更进一步的措施。

> **信任网络连接（TNC）**
>
> 信任网络连接是基于 AAA 原则（授权，认证和稽核）的网络协议规则，这种协议可以授权网络客户端（基于硬件配置，BIOS，内存版本）更新到操作系统和防病毒软件上。该协议由计算组织（TCG，一个开放工业标准组织）开发。TCG 基于硬件根对各种设备，应用和服务信任的概念创建了此规则。

网络级的安全

减少网络层漏洞的关键安全措施是防火墙、入侵检测、隔离区（DMZ）和传输中数据的加密。

防火墙通过只允许合法的通信来保护网络免受未经授权的访问。在虚拟化和云环境中，防火墙也可以保护管理程序和虚拟机。例如在管理程序允许远程控制时，对所有远程管理界面的访问都要被防火墙严格限定。防火墙也被用来保护虚拟机之间的安全通信。这种防火墙服务可以由虚拟防火墙(VF)提供。虚拟防火墙全部运行在管理程序上，可以对虚拟机之间通信进行监控和数据包过滤。在虚拟机级别，虚拟机防火墙能够查看和控制虚拟机之间的通信，强化策略。

入侵检测（ID）是指用以发现可能对资源机密性，完整性和可用性造成损害事件的过程。入侵检测系统（IDS）对事件进行自动的分析来确认这些事件是否符合异常行为的已知特征或者是否与系统中的大多数事件不同。IDS 检测到异常时会生成警告。隔离区和数据加密也是虚拟化和云环境中的安全防护措施，他们的部署实施与传统数据中心是相同的。

存储级的安全

在虚拟化和云环境中，存储系统面临的安全威胁主要由计算机，网络和物理安全级别的损害所导致。这是由于存储系统是通过计算机和网络基础设施进行访问的。因此应该在计算机和网络层实施足够的安全措施来保证存储系统的安全。用以保护存储的常用安全机制包括以下几个方面：

- 通过访问控制来限定哪些用户和进程可以访问存储系统。
- 分区和 LUN 屏蔽。
- 存储系统上的静态数据加密和传输中数据的加密。数据加密还包括加密备份和将数据及加密密钥分别保存
- 数据粉碎清除数据删除的痕迹。

除了这些机制外，借助 VSAN 隔离不同类型的传输可以进一步强化存储系统的安全性。在管理程序使用存储的情况下，还需要额外的安全步骤来保护存储。若管理程序使用集群文件系统来支持多 VM 的存储；则其 VM 组件和 VM 数据必须使用隔离的 LUN。

14.6　RSA 和 VMware 安全产品

RSA（EMC 公司的安全部门）是安全，风险和合规方案的最佳服务商。它可以帮助组织机构来解决他们所面对的最复杂和最敏感的安全挑战。

VMware 可以为虚拟化和云环境提供安全稳健的虚拟化解决方案。本节将简要描述 RSA Secure ID 产品，RSA Identity and Access Management 产品，RSA 数据保护器和 VMware vShield 产品。

14.6.1　RSA SecurityID

RSA SecureID 产品通过增加一个安全层来确保只有有效用户能够访问系统和数据来实现双因素认证的方式。它基于用户知道的一些事物（如密码或者个人识别码）以及用户拥有的一些事物（例如经过认证的设备）。与重复使用的密码相比，RSA SecureID 产品具有更可靠的特点，它每隔 60 秒生成一个一次性的代码，这种方式使得除真正的用户之外的其他用户很难在给定的时间内输入令牌代码。当客户希望访问系统时，他们必须将个人识别码和在 SecureID 产品显示器上显示的令牌代码在给定时间内合并在一起，这样可以创建一个唯一的，一次性的用户密码。

14.6.2　RSA Identity and Access Management

RSA Identity and Access Management 产品用以向物理，虚拟和云计算环境提供认证，风险和访问控制管理。它使得可信认证在系统和访问之间自由而安全地互相作用。RSA Identity and Access Management 产品家族包含两个产品：RSA Access Manager 和 RSA Federated Identity Manager。RSA Access Manager 产品能够帮助组织机构集中管理大量用户、门户网站和应用资源的授权和认证策略工作，同时 Access Manager 也提供无缝的用户单点登录（SSO），还能够保留认证的上下文来保证更佳的安全。Federated Identity Manager 使终端用户可以与企业用户、外包服务提供商和供应链合作伙伴共同合作，或者通过一个认证和登录来使多个公司或者代理商合作。

14.6.3　RSA Data Protection Manager

RSA Data Protection Manager 产品使加密，令牌和企业密钥管理工作简单化。RSA Data Protection Manager 产品家族主要包括两个产品：Application encryption and Tokenization 和 Enterprise Key Management。

- Application Encryption and Tokenization 与 RSA Data Protection Manager 通过向 PII 快速嵌入加密信息和将静态数据令牌化的方式来实现对个人可识别信息相关的规范，防止数据丢失。在数据生成伊始，它就开始工作，这样可以确保数据在传输和储存过程中的加密。
- Enterprise key management 是一款用来为数据库，文件服务器和存储层提供加密密钥的简单易用的管理工具。它是为了简化企业内部部署加密而设计的。同时它也能够保证信息被恰当的保护，在生命周期内可以随时供访问使用。

14.6.4　VMware vShield

VMware vShield 包括以下 3 种产品：vShield App，vShield Edge 和 vShield Endpoint。

vShield App 是一款基于管理程序的应用感知防火墙解决方案。它通过网络通信的可见性和强化安全组颗粒的策略来对虚拟化环境中的应用进行保护。vShield 观察虚拟机之间的网络活动，通过应用通信的详细报告来定义和改善防火墙策略及保护企业流程。

VMware vShield Edge 为虚拟化环境提供复杂的最佳网络安全。它作为虚拟化的应用部署，作为虚拟环境中所有主机的网络安全网关来使用。它支持包括防火墙，VPN，动态主机配置协议（DHCP）在内的多种服务。

VMware vShield Endpoint 由一台安全性经过特殊强化的虚拟机和一个第三方防病毒软件组成。因为防病毒引擎和签名文件只在特殊的安全虚拟机上进行更新，VMware vShield Endpoint 可以简化和加速防病毒软件和防恶意软件的部署。VMware vShield Endpoint 将文件扫描和其他任务从其他虚拟机转移到安全虚拟机上，这样可以提高虚拟机的性能。它也避免了由多个防病毒软件和防恶意软件同步进行扫描和更新时所引发的性能瓶颈和杀毒风暴。由于它能够详细记录防病毒和防恶意的行为，因此也满足了审计需要。

小结

存储网络的持续扩张暴露了数据中心资源和存储基础设施新的安全漏洞。位于后端的数据中心和位于前端的网络之间的边界划分变得越来越模糊。基于 IP 的存储网络已经将存储资源暴露于传统的网络漏洞。数据的聚集化也增加了安全破坏的潜在影响。除了这些安全挑战之外，需要服从的规章制度也继续扩大，变得更加复杂。数据中心的管理者面对着要处理来自组织机构内部和外部的安全破坏带来的威胁的问题。

组织机构正在采用虚拟化和云作为它们新的 IT 模型。然而，阻碍其被快速采用的关键障碍是安全。与传统或虚拟化数据中心相比，云的安全漏洞更多。这是由于多个用户会共享云资源，同时用户对这些云资源的控制有限。在云环境中，云服务提供商和用户正面临着侵害安全性的威胁。

这一章为存储安全详细地构建了一个框架，提供了减轻危害的方法，这些方法可以部署用来对付存储网络环境下已被识别的威胁。本章也详细地讲述了 SAN、NAS 和 IP-SAN 环境下的安全架构和保护机制。安全问题已经成为存储管理的必要的组成部分，并且是所有数据中心组件都要进行检测的关键参数。下一章将关注于存储基础设施的管理。

练习

1. 研究下列安全协议，解释它们是如何被使用的。
   - MD-5 算法
   - SHA-256 算法
   - RADIUS
   - DH-CHAP

2. 每当检测到一个错误时，存储阵列就会自动电话通知支持中心，支持中心的供应商代表则通过互联网登录到存储阵列的服务处理器，执行诊断和修补操作。讨论在一个安全的存储环境下这个特性的影响，并探讨一个安全方法来减轻通过这种途径进行的任何恶意攻击的影响。

3. 列出一个用来审计配置了 SAN、NAS 和 iSCSI 的存储环境的安全清单。解释你是如何进行审计的。假设在审计过程中，你发现了至少五个安全漏洞，把它们列出来，提供应该实施哪些用来消除这些漏洞的控制机制。

4. 解释在虚拟化和云环境下，多种安全问题和措施。

5. 研究和准备多因素认证安全技术的演讲。

第15章
管理存储基础设施

信息量和应用程序的激增、业务流程的复杂度和信息24×7 小时可用性的需求已经对 IT 基础设施提出越来越高的要求。高效的管理存储基础设施是组织机构应对这些挑战和保证业务连续性的关键。

综合的存储基础设施管理需要智能化工具的实施和稳健的流程来达到需要的服务水平。这些工具能够进行性能调优，数据保护，访问控制，集中审计和满足合规要求。它们还整合和更好地利用现有资源，从而限制了持续过度的基础设施投资需求。管理流程定义了高效处理各种操作（例如突发事件，故障或者变更需求）时需要的步骤。除了对单个组件进行管理之外，由于各个组件具有相互依赖性所以对基础设施进行端到端的管理是非常必要的。

存储基础设施管理由各种策略组成，例如信息生命周期管理（ILM）在满足服务水平之上对存储投资进行优化。信息生命周期管理基于信息对业务的价值来管理信息。

管理存储基础设施需要执行各种不同的活动，如可用性、容量、性能和安全管理。所有这些活动都是相互关联的，而且需要考虑这些活动如何能使投资的回报最大化。虚拟化技术已经显著地改变了存储基础设施管理范例。

本章详细地介绍了存储基础设施监测和管理活动，同时还描述了用于开发存储资源管理工具的通用标准。此外，本章还将对存储分层，ILM 和它的优点进行描述。

<table>
<tr><td>重 要 概 念</td></tr>
<tr><td>监测和警告</td></tr>
<tr><td>管理平台标准</td></tr>
<tr><td>分摊费用</td></tr>
<tr><td>信息生命周期管理</td></tr>
<tr><td>存储分层</td></tr>
</table>

15.1 监测存储基础设施

在对存储基础设施资源进行管理时，监测是构成管理基础的最重要的方面之一。监测提供了各种不同存储组件的状态和相关信息，以便进行必要的管理活动。监测帮助分析各种不同的存储基础设施组件的状态和使用情况，这些分析促进了容量控制、趋势分析和资源的优化使用。存储基础设施环境参数，例如采暖和供电也在监测范围之内。

15.1.1 监测的参数

为了保证可访问性、容量、性能和安全，存储基础设施组件应当被监测。

*可访问性*指的是一个组件在规定的时间内能按照需要完成操作的可用性。监测硬件组件（如端口、HBA、磁盘）或软件组件（如一个数据库实例）的可访问性包括通过监听为设备预先设定的警报，以检查它们的可用性状态。例如一个端口错误可能会造成整条链路可用性警报。

一个存储基础设施使用冗余组件以防止单点故障。组件故障可能导致一个停工期，影响应用程序的可用性，或者即使可以访问但严重地降低了性能。持续不断地监测每个组件是否达到期望的可访问性、报告任何的异常活动可以帮助管理员发现出问题的组件，安排矫正措施，以满足服务等级协议（Service Level Agreement，SLA）的需求。

*容量*指的是存储基础设施可用的资源的数量。容量监测的例子包括：检查一个文件系统或一个 RAID 组的剩余可用容量、分配给用户的邮箱限额或者交换机上可用的端口数目。容量不足可能会导致性能下降或者影响可访问性，甚至应用程序/服务的不可用。*容量监测*通过避免中断的方式来确保持续的数据可用和可扩展。例如，如果一项报告显示一个特定的 SAN 网络 90%的端口都正在使用，那么如果要在同样的网络上安装更多的阵列和服务器就需要添加一个新的交换机。容量监测是预防性的、预测性的，通常辅以高级分析工具来进行趋势分析。这些趋势有助于理解将要出现的挑战，并且可以提供这些挑战将要出现的时间的估计。

*性能*监测评估不同的存储基础设施组件工作的效率，有助于识别瓶颈。性能监测通常从响应时间或在某些预定义级别上运行的能力这些方面来测量和分析行为。它还处理资源的使用、影响到资源的行为方式和响应方式。性能监测是一个复杂任务，包括使用几个相互关联的参数评估各种不同的组件。磁盘 I/O 次数、应用程序的响应时间、网络的利用率以及服务器 CPU 利用率等都是性能监测的例子。

为了*安全*，监测存储基础设施有助于追踪和防止未经授权的访问，无论是偶然的还是恶意的。安全监测也有助于追踪对存储基础设施未经授权的配置改变。例如，安全监测追踪并报告初始的分区配置和所有随后的改变。安全监测有助于发现由于安全违规导致授权用户无法访问信息。通过使用证章阅读器、生物特征扫描仪或视频录像机，存储基础设施的物理性安全也被连续不断地监测着。

15.1.2　组件监测

主机、网络和存储是存储环境中需要检测的组件，监测指标包括可访问性、容量、性能和安全性等。这些组件可以是物理的，也可以是虚拟的。

主机

一台主机的可访问性取决于它上面运行的硬件组件和软件进程的状态。例如，主机的一块网卡故障可能导致主机用户无法访问。服务器集群是一种高可用的机制，当集群中的一台服务器发生故障时，其他服务器仍然可以被访问。

对主机文件系统使用率的监测也是非常重要的。文件系统空间耗尽会破坏应用的可用性。监测有助于估计文件系统的增长速率，有助于预测它何时会到达 100%。相应地，管理员可以预先扩展（手工地或自动地）文件系统的空间，以避免因为文件系统已满而造成的故障。使用虚拟配给技术可以更有效地管理存储容量需求，但是这种技术非常依赖于容量监测。主机性能监测主要包括对各种服务器资源利用率的状态检查，例如，CPU 和内存。例如，如果运行一个应用程序的服务器的 CPU 使用率持续地维持在 80%的水平上，这就表明服务器可能即将耗尽其处理能力，导致性能下降，响应时间变慢。管理员可以采取一些行动来解决这个问题，比如升级或添加更多的处理器，将工作量转移到不同的服务器等。在虚拟化的环境中，可用的 CPU 和内存资源会动态地从资源池（pool）中分配到虚拟机来满足性能需要。在虚拟环境中，根据需要可以从资源池中动态分配额外的 CPU 和内存来满足性能要求。

对服务器的安全监测包括追踪登录失败，未经授权的应用程序的运行和软件进程。为防止对服务器未经授权的访问所采取的主动措施由识别到的威胁来决定。例如，如果有多次登录失败记录，管理员就可以阻止该用户的访问。

存储网络

应当监测存储网络以保证服务器和存储阵列之间的良好的通信。存储网络上不间断的数据访问依赖于存储网络中的物理和逻辑组件的可访问性。存储网络的物理组件包括交换机、端口和连接电缆。逻辑组件包括构造，比如分区。物理或逻辑组件的任何故障都可能导致数据不可用。例如，为一个端口指定了错误的 WWN，这样的分区（zoning）错误将可能会阻止主机访问指定的存储。

存储网络的容量监测包括监测一台交换机上端口的可用性、整个网络中可用端口的数量、交换机之间链路的使用情况、单个端口和网络中每个互连的设备。容量监测为未来规划和网络资源优化提供了所需的所有输入。

监测一个存储网络的性能可以评估单个组件的性能，有助于识别网络瓶颈。例如，监测端口性能涉及测量接收或传输链路利用率指标，它标识了交换机端口繁忙程度，大量使用的端口会引起服务器上的排队延迟，导致性能很差。

对 IP 网络来说，监测性能包括监测网络等待时间、数据包丢失、I/O 带宽使用情况、网络错误和冲突等。

存储网络安全监测提供了任何未经授权的对网络配置的变更信息，例如，对分区策略的改变可能影响数据安全性。登录失败和未经授权的访问交换机执行管理变更的行为需要被记录并且连续监测。

存储

存储阵列的可访问性包括硬件组件及各种进程。配置有冗余组件的存储阵列在单个组件出现失效时，不影响其可访问性。但是任何进程出现失败，都能扰乱或损害业务连续性操作。例如，一次复制任务的失败会影响到灾难恢复能力。一些存储阵列也提供了这种功能，即在硬件或进程出现失败时，向供应商的支持中心发送一条消息，称之为 call home。

对存储阵列进行容量监测使管理员可以基于容量利用率和消耗趋势对存储需要进行预判。未配置空间和未分配空间信息可以帮助管理员决策一台新的服务器是否可以从存储阵列分配空间。

存储阵列可以用一定的性能指标来监测，例如不同存储阵列组件的利用率、I/O 响应时间和缓存使用情况。例如，存储阵列组件的过高使用率可能造成性能下降。

存储阵列通常是共享的资源，这就可能会存在安全漏洞。监测安全性有助于追踪对存储阵列的未经授权的配置和保证只有授权的用户才能访问。

15.1.3   监测的实例

存储基础设施需要实施端到端的解决方案来动态监测其关键组件的所有参数。提前探测和即时警报保证了关键资产能得到保护。另外，监测工具应当能够分析一次失败的影响并且推断出问题的症结所在。

可访问性监测

由于组件间的互连和依赖程度，任何组件的故障都可能影响一个或多个组件的可访问性。假设在实施存储基础设施时有三台服务器：H1、H2 和 H3。所有这些服务器都配置了两个 HBA，每个 HBA 都通过两台交换机（SW1 和 SW2）连接到存储阵列，如图 15-1 所示。这 3 台服务器共享存储阵列上的两个存储端口。所有三台服务器都安装了多路径软件。

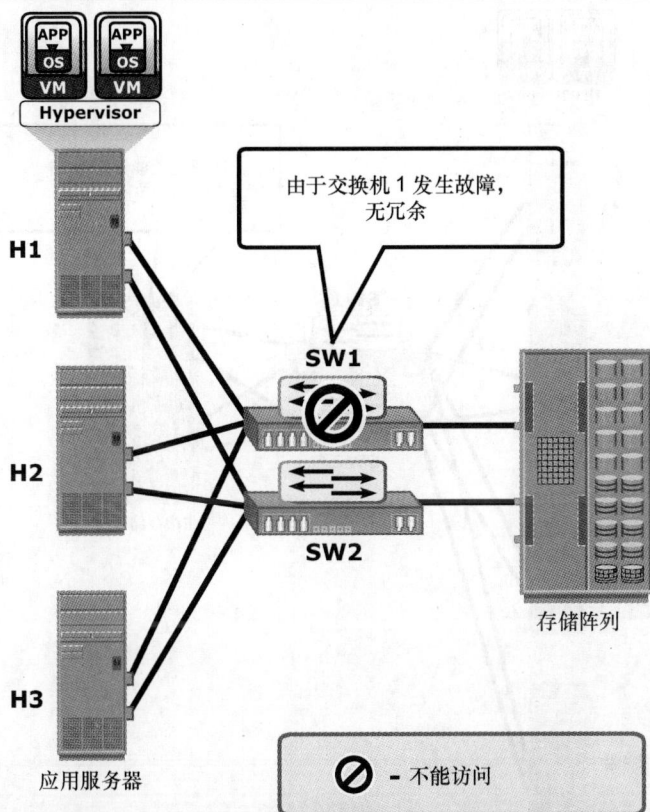

图 15-1 存储基础设施中交换机故障

当其中一台交换机（SW1）失效，多路径软件发起失效切换，所有服务器通过其他交换机（SW2）继续访问数据。然后由于交换机的冗余缺失，第二个交换机失效会导致阵列无法访问。监测可访问性可以发现交换机失效，管理员可以在另外一台交换机发生失效前进行故障处理。

多数时候，管理员会从即将发生故障的组件接收到症状警告，在组件发生故障前采取应对措施。

容量监测

在图 15-2 描述的场景中，服务器 H1、H2 和 H3 通过两台交换机 SW1 和 SW2 连接到生产存储阵列。每台服务器在存储阵列上都被分配了存储空间。当一台新的服务器被部署时，新服务器上的应用程序需要从生产存储阵列上分配存储空间。监测阵列上的可用容量（可配置容量和未分配容量），有助于预先确定阵列是否能够为新服务器提供所需的存储空间。另外也可以考虑连接到新服务器的 SW1 和 SW2 上可用端口的数量，有助于确定新服务器是否可以连接到这些交换机。

下面的例子说明了监测文件服务器上的文件系统容量的重要性。图 15-3（a）描述了一个文件系统环境，在没有实施容量监控时，文件系统已满会导致应用程序无法正常工作。可以配置为当达到文件系统容量的限定值时，监测会发布一条提示消息。例如，当文件系统达到其容量的 66%时，会发布一条警告消息；当文件系统达到其容量的 80%时，会发布一条危险消息，如图 15-3（b）所示，这会提示管理员采取行动，手工或自动地在文件系统满载之前对其进行扩展。提前监测文件系统可以防止由文件系统空间缺乏而造成的应用程序停止工作。

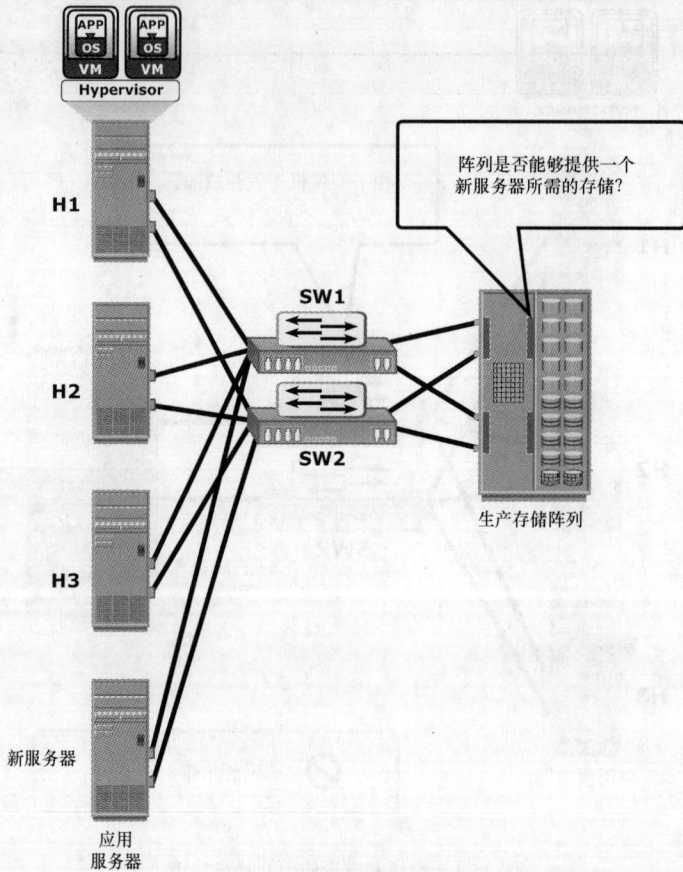

图 15-2   监测存储阵列容量

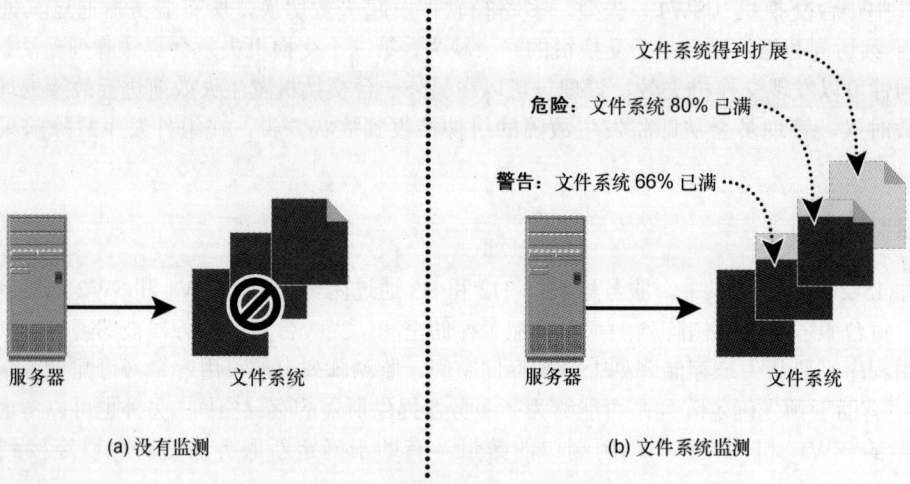

(a) 没有监测   (b) 文件系统监测

图 15-3   监测服务器文件系统空间

性能监测

　　图 15-4 中所示的例子说明了监测存储阵列性能的重要性。在这个例子中，服务器 H1、H2 和 H3（每台有两个 HBA）通过交换机 SW1 和 SW2 连接到存储阵列。这三台服务器通过存储阵列上相同的存储端口访问存储阵列的 LUN。一台新服务器运行高负荷应用程序，必须与 H1、H2 和 H3 共享相同的存储端口。

　　监测阵列端口利用率确保新服务器对其他服务器的性能不会产生不利影响。在这个例子中，共享端口的利用率在图中用实线和虚线显示出来。如果在部署新服务器之前，端口的利用率接近于 100%，则部署新服务器会影响到其他服务器的性能，因此不建议部署。如果端口利用率在部署之前接近虚线，那么还可以增添新服务器。

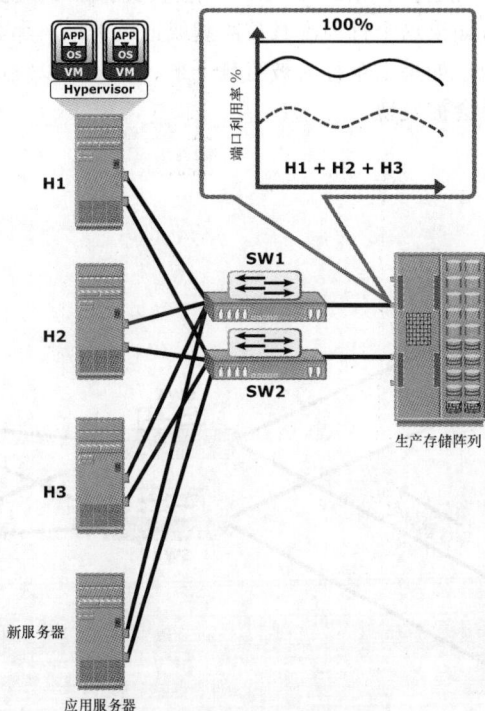

图 15-4　监测阵列端口的使用情况

　　多数服务器提供监测服务器 CPU 利用率的工具。例如，Windows 任务管理器显示了 CPU 和内存的利用率，如图 15-5 所示。这些工具在监测数据中心环境中数百台服务器时不够高效，数据中心环境需要可以同时监测大量服务器的智能型监测工具。

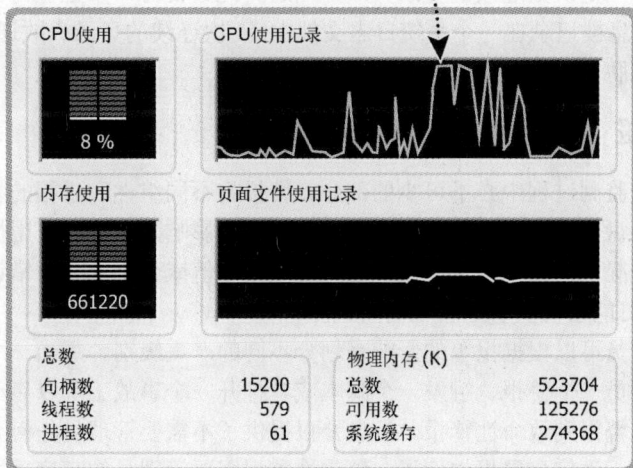

图 15-5　监测服务器 CPU 和内存使用

安全性监测

图 15-6 中所示的例子说明了监测存储阵列安全重要性。

在这个例子中，存储阵列是共享在两个工作组 WG1 和 WG2 之间的，WG2 不能访问 WG1 的数据，同样地，WG1 也不能访问 WG2 的数据。一个来自 WG1 的用户可能试图对属于 WG2 的数据进行一次本地复制。如果这个行为没有被监测或记录下来，那么追踪这样一个违反安全协议的行为是困难的。相反地，如果这个行为被监测下来，那么可以发送一条警告信息，提示采取修正措施，至少在定期审计会被发现。

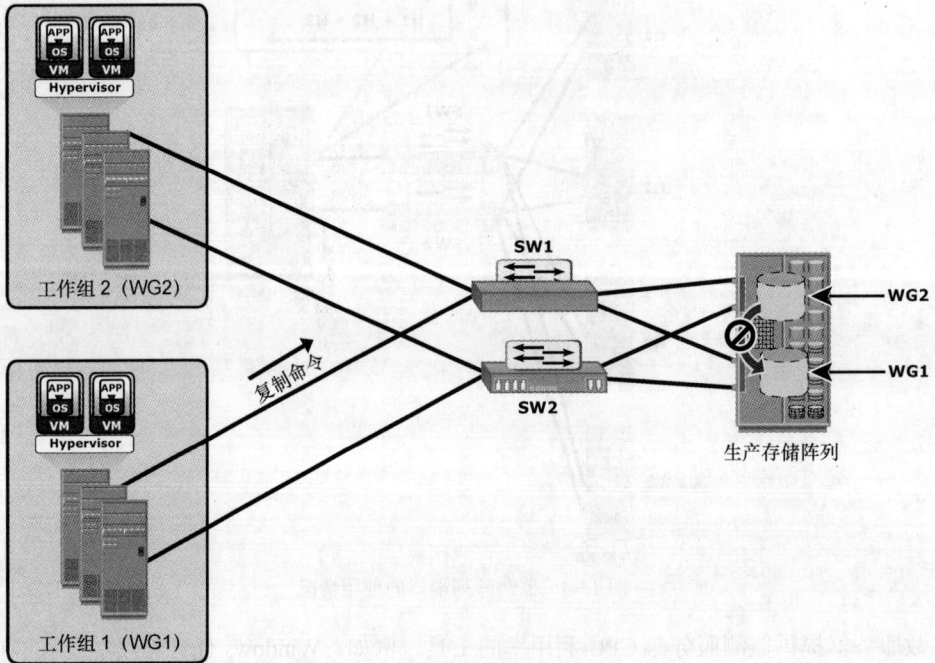

15-6　监测存储阵列的安全

主机安全监测的一个例子是追踪主机上登录企图的信息。如果登录 ID 和密码输入正确，登录被授权，否则登录失败。这些登录失败可能是意外发生（错误录入），或者试图访问一台服务器。许多服务器通常允许一定次数连续的登录失败，当达到此数目时，禁止任何额外的尝试。在有监测的环境下，登录信息被记录在一个系统日志文件中。3 次连续的登录失败通常会触发一条消息，警告可能会有安全威胁。

15.1.4　警报

对事件的警报是监测过程中必不可少的部分。警报将不同组件和进程的状态信息通知给管理员——比如电源、磁盘、内存或交换机故障，这些可能会影响到服务的可用性，需要立即引起管理员的关注。其他情况，比如一个文件系统达到容量限定值或一个软介质错误（soft media error）（被当作告警信号）可能也需要引起管理员的关注。

监测工具使管理员可以根据报警的影响来划分不同的严重级别。每当一个特定级别的状况出现时，会发送给管理员一个警报、触发一个脚本或者打开一个事故工单以启动修正措施。警报的分类范围可以从信息警报到致命性警报。信息警报提供了不需要管理员任何介入的有用信息。域或 LUN 的创建就是一种信息警报的例子。警告性警报需要管理员的高度重视，以使警报报告的状况得到控制，从而不影响可访问性。例如，当一个警报显示磁盘上软介质错误或正在接近一个预定的限定值时，管理员可以决定是否需要替换掉这块磁盘。致命性警报需要即时注意，因为出现的状况可能影响到全部设备的性能和可用性。例如，如果一块磁盘出现故障，那么管理员必须保证快速地更换。

持续的监测和自动警报结合可使管理员对故障做出迅速而积极主动的反应。警报提供了有助于管理员对事件响应进行排序的信息。

15.2 存储管理活动

信息快速增长，应用的激增，复杂的基础设施和严格的服务水平需求使得管理存储设施的复杂度增加，但是虚拟化技术和其他技术（例如数据消重和压缩，虚拟供给，联邦存储访问和存储分层）使管理员可以高效地管理存储资源。数据中心存储基础设施的管理性任务可以大致区分为可用性管理、容量管理、性能管理、安全性管理和报告。

15.2.1 可用性管理

可用性管理的关键性任务是根据服务水平，建立适当的指导方针以确保可用性。*可用性管理*是指为满足服务水平，与可用性相关所有组件和服务的问题。可用性管理的关键活动是在所有级别（组件、数据甚至站点）满足供给冗余。例如，当一台服务器被部署用来支持一项关键的业务功能时需要高可用性。这通常是通过部署两个或更多的 HBA、具有路径故障转移功能的多路径软件以及服务器集群来实现的。服务器必须使用至少两个独立的有内置冗余功能的网络和交换机连接到存储阵列，另外，这些存储阵列的不同组件应当有内置冗余，支持本地和远程复制。

15.2.2 容量管理

*容量管理*的目标是根据服务水平需求，确保资源的充足可用。容量管理也包括从费用和未来需要的角度对容量进行优化，提供容量分析功能，可以定期地将已分配存储和预分配存储进行比较。容量管理还提供对分配的存储的实际使用率和消耗速率进行趋势分析的功能，这些分析可以使存储购买计划和部署时间表更加合理。存储供应是容量管理的一个例子。它包括存储阵列上的设备配置和 LUN（Logical Unit Number，逻辑单元编号）屏蔽（LUN masking）以及 SAN 和 HBA 组件上的分区设置。强制对用户进行容量的定额配给是容量管理的另一个例子。供应给客户固定数目的配额可以约束客户不要出现超过分配容量的情况。

数据消重和压缩等技术已经减少了备份的数量，从而也减少了需要管理的存储容量。

15.2.3 性能管理

*性能管理*保证所有组件达到最佳的运行效率。性能分析是一项有助于确定存储基础设施组件性能的重要活动。这种分析提供一个组件是否达到预期性能级别的信息。

在将新的应用程序或服务器向现有的存储基础设施中实施部署时，需要进行一些性能管理的活动。要确认每个组件都有可以满足服务水平要求的性能容量。例如，为了使预期的性能发挥最优，卷配置、数据库设计、多 HBA 的应用程序布局配置以及智能的多路径软件等服务器上的各类活动必须进行调整（fine-turned）。SAN 的性能管理任务包括在有充裕带宽的多路交换网络中，设计和实施足够的 ISL 来支撑所需性能水平。存储阵列配置任务包括选择合适的 RAID 类型和 LUN 设计、前端和后端端口以及 LUN 屏蔽，同时也要考虑端到端的性能。

15.2.4　安全性管理

安全性管理的关键任务是保证在虚拟和非虚拟环境下信息的机密性，完整性和可用性。安全性管理阻止对存储基础设施组件的未经授权的访问和配置。例如，当部署一个应用程序或一台服务器时，安全性管理任务包括管理用户账户和访问策略，用来授权用户进行基于角色的访问。SAN环境下的安全管理任务包括对区域的配置，用来将一个 HBA 的未经授权访问限制在特定的存储阵列端口。LUN 屏蔽通过将主机访问限制在一个规定的逻辑设备的集合来防止存储阵列上的数据损坏。

15.2.5　报告

存储基础设施的**报告**包括跟踪和收集来自各种不同的组件和过程的信息。这些信息经过处理，用来生成趋势分析、容量计划、分摊费用（chargeback）和性能的报告。容量计划报告也包括当前和过去的有关存储、文件系统、数据库报表空间和端口的利用率的信息。配置和资产管理报告包括设备分配、本地或远程复制以及网络配置的细节，并且列出所有的设备及其属性，如它们的购买日期、租约状态和维护记录。分摊费用报告包括了各种不同的部门和用户组对存储基础设施组件的分配和使用。性能报告提供了各种不同存储基础设施组件的性能详情。

15.2.6　虚拟化环境下存储基础设施的管理

虚拟化技术已经显著地改变了存储基础设施管理的复杂程度。事实上，管理上的灵活性和易用性是所有 IT 基础设施层能够广泛采用虚拟化技术的关键驱动力。

存储虚拟化可以动态迁移数据和扩展存储卷。因此可以无干扰地扩展存储卷，使之满足性能和容量的需要。虚拟化打破了分配给主机的存储卷和它的物理存储之间的束缚，数据可以不需要任何停机时间即可在数据中心内或者跨数据中心进行迁移。这使得管理员在重新配置物理环境时变得更加容易。

虚拟存储配给是另外一个适用于改变基础设施管理花费和复杂场景的工具。传统的供给制度中，存储容量需要预判未来的容量增长，然后进行供给。但是由于增长不均衡，当某些用户存储空间用尽时，另外一些用户还存有过量的未使用空间。使用虚拟配置能够解决这个挑战，使容量管理更加容易。在虚拟供给时，存储按照主机需要从虚拟池分配资源，从而减少了容量管理的复杂度。

虚拟化也使得网络管理变得更有效率。与物理隔离相比，VSAN 和 VLAN 这种逻辑网络隔离的方法也让管理员工作更加容易，在同一物理网络上可以创建不同的虚拟网络，无需进行物理改变即可快速地重新配置节点。它也能解决一些存在于传统网络中的安全问题。

在主机端，计算虚拟化在部署，重新配置和迁移方面能够比传统网络更加便利。计算，应用和内存虚拟化不但可以改善供给，同时也有助于提高资源的高可用性。

存储多租户

多个租户共享一个房东（资源提供者）提供的同一部分资源被称为多租户。多租户的两个常用示例是多个**虚拟机**通过在服务器上的管理程序共享相同的服务器硬件资源和多个用户应用共享同样的存储平台。多租户并非一个全新的概念，而是随着云计算的流行而引发的广泛的讨论，而这种基础设施共享正是云策略的核心内容。

多租户存储环境中如何实现在共享服务的同时保证安全和服务等级是一个关键问题。保证多租户安全意味着租户不能访问其他租户的数据，在存储实施时，遵循以下四个支柱来保证多租户安全：

- 安全隔离：在多租户环境下，安全隔离可以让数据路径分离在不同租户。在存储层，这个支柱可以被分层四个基本需求：敏感数据隔离，地址空间隔离，认证和名称服务隔离以及数据访问隔离。
- 服务保障：持续可靠的服务等级是存储多租户必不可少的。服务保障在向每个租户提供唯一的服务等级时起了重要的作用。
- 可用性：高可用性保证了在提供容错和冗余时的弹性架构。这在存储基础设施被多个租户共享时变得更加重要，因为任何运行中断都会被放大。
- 可管理性：这包括允许房东在管理基础设施时授予租户对租户日常使用的资源进行管理的权利。这个被认为是一个可以用作平衡提供者（房东）和租户之间容量的概念。

15.2.7 存储管理事例

下面的讨论详细描述了各种不同的存储管理活动及事例。

事例 1：为一台新的服务器/主机分配存储空间

考虑为现有的非虚拟化的 SAN 环境配置新的关系型数据库管理系统（RDBMS）服务器。作为存储阵列管理活动的一部分，首先管理员在 HBA 还没有物理连接到 SAN 时，需要在主机上安装和配置 HBA 和设备驱动器。可以选择在服务器上安装多路径软件，这样可能会需要额外的配置。然后，存储阵列端口可以连接到 SAN。

下一步，管理员需要在交换机上执行分区，允许新服务器通过它的 HBA 访问存储阵列端口。新服务器的 HBA 应该连接到不同的交换机，与不同存储端口进行分区。

再下一步，管理员需要在阵列上创建 LUN，并将这些 LUN 分配给阵列前端端口。此外需要在阵列上配置 LUN 屏蔽来限制特定服务器对这些 LUN 的访问。

然后服务器可以通过总线重新扫描进程或者重启服务（基于不同操作系统采用不同方式）来识别出这些新分配的 LUN。卷管理器用来在主机上配置逻辑卷和文件系统。需要创建的逻辑卷和文件系统的数目取决于数据库或者文件系统期望如何使用存储。管理员的任务也包括在创建的逻辑卷或者文件系统上安装数据库或者应用程序。

最后一步是使数据库或者应用程序能够使用新文件系统空间。图 15-7 描述了在分配存储给新主机时，服务器、SAN 和存储阵列上执行的活动。

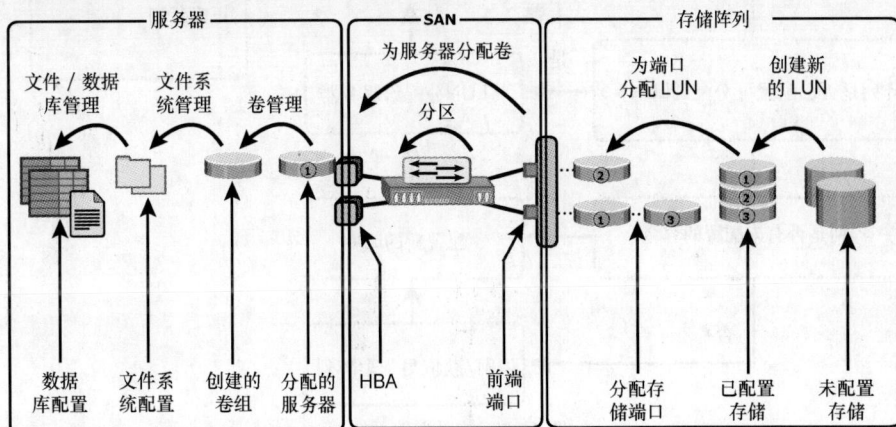

图 15-7 存储分配任务

在虚拟化环境中，给运行 RDBMS 的虚拟机供给存储需要执行不同的管理任务。

与非虚拟化环境相似，必须在托管虚拟机的物理服务器和存储之间建立物理连接。在 SAN 级别配置 VSAN 来在物理服务器和存储阵列之间传输数据。通过 VSAN 可以将这个存储数据流和 SAN 中其他数据流相隔离。然后，管理员可以在 VSAN 中配置分区。

在存储端，管理员需要从共享存储池中创建精简 LUN，并将这些精简分配给存储阵列前端端口。与物理环境相似，也需要在阵列上配置 LUN 屏蔽。

在物理服务器端，管理程序发现这些被分配的 LUN，然后管理程序创建逻辑卷和文件系统来存储和管理虚拟机文件。之后，管理员创建虚拟机，在虚拟机上安装操作系统和 RDBMS。在创建虚拟机时，管理程序在管理程序文件系统中创建一个虚拟磁盘文件和其他的虚拟机文件。这个虚拟磁盘作为一个 SCSI 磁盘呈献给虚拟机，用来储存 RDBMS 数据。或者虚拟机通过精简配置的方式来创建精简虚拟磁盘，然后将这个磁盘分配给虚拟机。管理程序通常自带多路径功能。也可以选择在管理程序上安装第三方多路径软件。

事例 2：文件系统空间管理

为了防止文件系统的空间用尽，管理员需要执行从现有文件系统中卸除（offload）数据的任务。这包含了删除不需要的数据，或将长时间未被访问过的数据进行归档。

或者，管理员也可以扩展文件系统以增加其大小，避免出现应用程序中断。文件系统或逻辑卷的动态扩展依赖于所使用的特定的操作系统或逻辑卷管理器（logical volume manager，LVM）。

文件系统扩展的步骤和相关考虑在图 15-8 中的流程图中进行了说明。

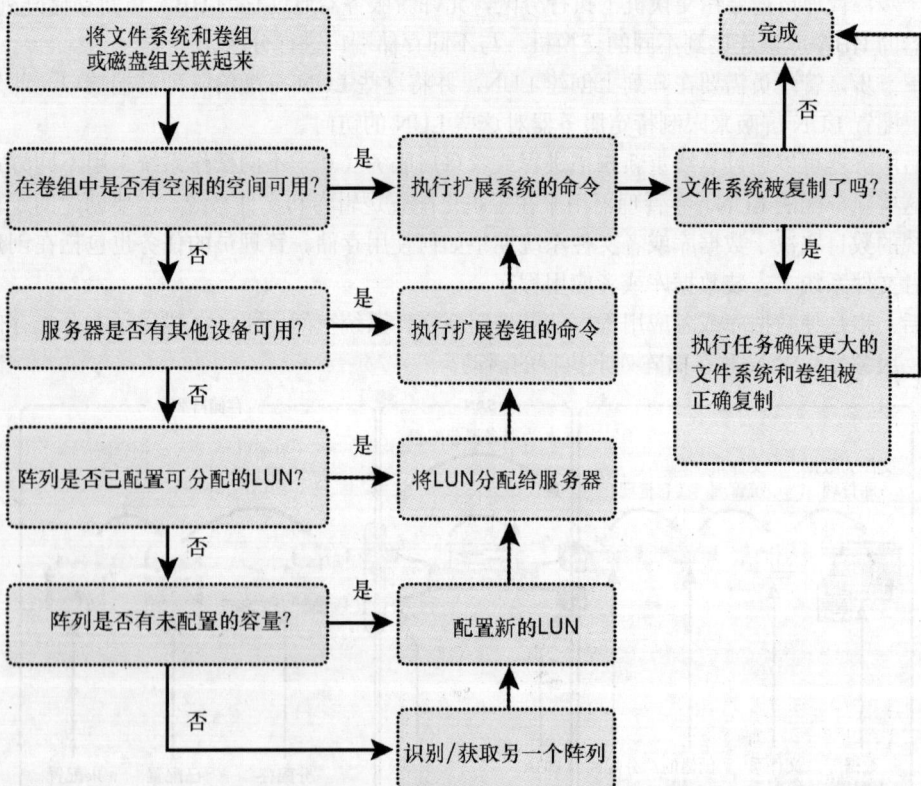

图 15-8   扩展文件系统

事例 3：分摊费用报告

这个例子探讨了创建一份分摊费用的报告时所必需的存储基础设施管理任务。

图 15-9 显示了部署在存储基础设施的一项配置。3 台服务器（每台服务器有两个 HBA）通过两台交换机 SW1 和 SW2 连接到一个存储阵列。每台服务器上运行各部门独立的应用程序，通过阵列复制技术（array replication technology）创建本地和远程副本。生产卷（production volume）用 A 代表，本地副本卷（local replica volume）用 B 代表，远程副本卷（remote replica volume）用 C 代表。

一份精确记录了每个应用程序使用的存储资源数量的报告是采用分摊费用分析的方法为每个部门创建的。如果记账所用的单位是基于一个部门使用的应用程序上配置存储的裸容量（可用的容量空间加上提供的数据保护的容量空间），那么必须报告每个应用程序所配置的裸空间精确的数量。图 15-9 展示了一份样本报告。报告显示了两个应用程序 Payroll_1 和 Engineering_1 的信息。

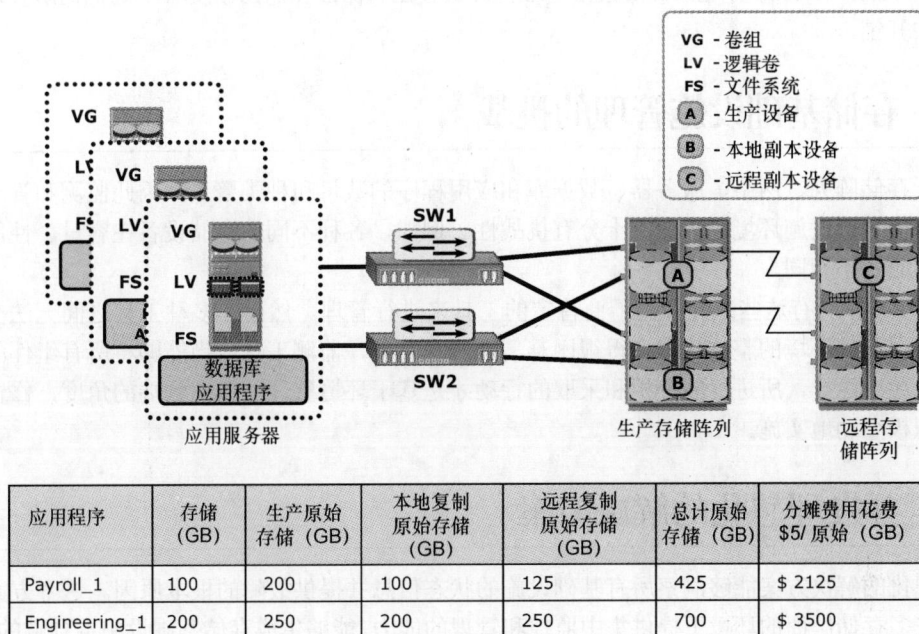

应用程序	存储 (GB)	生产原始 存储 (GB)	本地复制 原始存储 (GB)	远程复制 原始存储 (GB)	总计原始 存储 (GB)	分摊费用花费 $5/ 原始 (GB)
Payroll_1	100	200	100	125	425	$ 2125
Engineering_1	200	250	200	250	700	$ 3500

图 15-9　分摊费用报告

决定分摊费用数目的第一步是将应用程序和该应用程序的配置原始存储的精确数量相结合起来。

如图 15-10 所示，Payroll_1 应用程序存储空间从文件系统一直追溯到逻辑卷、卷组、阵列上的 LUN。当应用程序被复制时，用于本地复制和远程复制的存储空间也被确定了。在所示的例子中，应用程序正在使用"源卷 1 和源卷 2"（在阵列 1 中），复制用的卷是"本地副本卷 1 和本地副本卷 2"（在阵列 1 中）和"远程副本卷 1 和远程副本卷 2"（在远程阵列中）。

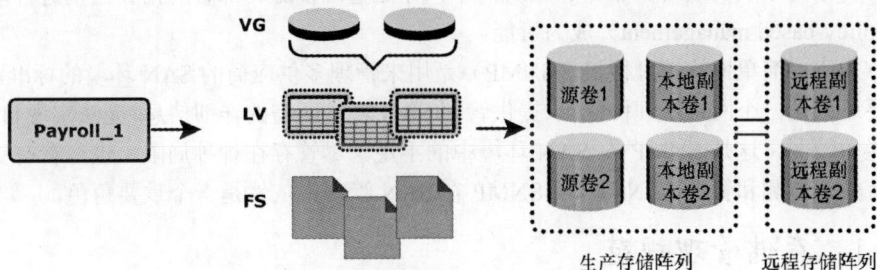

图 15-10　配置给应用程序的相关空间

分配给应用程序的存储空间大小在阵列设备确定之后是很容易计算的。在这个例子中，如果我们假设源卷 1 和源卷 2 的大小都为 50GB，则分配给应用程序的存储空间就是 100GB（50+50）。为复制而分配的存储空间是本地复制 100GB、远程复制 100GB。从分配的存储空间来看，根据用于不同阵列设备的 RAID 保护机制可以确定为应用程序配置的原始存储。

如果 Payroll_1 应用程序生产卷是用 RAID1 保护的，那么生产卷所使用的原始空间就是 200GB。如果我们假设本地复制在没有保护的卷上，而远程复制是用 RAID5 配置来保护的，那么本地复制所用的原始空间是 100GB，远程复制所用的原始空间则为 125GB。因此，Payroll_1 应用程序所使用的总的原始容量是 425GB。那么应用 Payroll_1 使用存储的总花销将是$2125（假设每 GB 存储的花销为$5）。在生成费用分摊报告时，对企业里的每一个应用都要照此操作。

分摊费用报告可以进行扩展，以包含为其他资源预先设定的花销，如配置中的交换机端口、HBA 和阵列端口。分摊费用报告由数据中心管理员使用，保证存储的消费者明确他们所要求的服务水平的开销。

15.3 存储基础设施管理的挑战

由于存储阵列、网络、服务器、数据库和应用程序的数量和种类繁多，因此监测和管理当今复杂的存储基础设施环境已经变得十分有挑战性。例如，各种不同的存储设备在容量、性能和保护机制方面各不相同。

数据中心中所有这些组件都由厂商特定的工具来进行管理。然而，多种工具之间无法交互操作，这使得理解环境的整体状态变得很困难。理想状态下，监测工具应当能够将所有组件的信息整合到一起。这样，所进行的分析和采取的行动才是基于环境整体的、端到端的角度，修正措施也可以积极主动地实施。

15.4 开发理想化的解决方案

理想化的解决方案能够洞察所有基础设施的状态信息并提供故障的根本原因。这个方案应该能具有在多存储厂商的环境下提供集中监控和管理的能力，能够生成存储基础设施端到端的视图。

端到端监测的好处是将一个组件的行为和其他组件联系在一起。很多时候，将每个组件隔离起来分析所获得的信息不足以揭示故障的根本原因。集中监控和管理系统应该能从所有的组件上采集信息并通过单用户界面进行管理。除此之外，该系统必须能够可以通过简单网络管理协议（SNMP）或者 e-mail 方式来通知管理员各种事件，并生成监测报告或运行自动化脚本使任务自动化。

理想化的解决方案必须基于行业标准，且能利用通用 API、数据模型术语和分类方法。这就使对跨越各种不同级别的设备、服务、应用程序、存储基础设施和部署的拓扑结构进行基于策略的管理（policy-based management）成为可能。

传统方式中，简单网络管理协议（SNMP）是用来管理多供应商的 SAN 环境的标准。然而，SNMP 主要还只是一个网络管理协议，只提供管理 SAN 环境所需的详细信息，无法实现自动发现、模式构建能力较弱，这是 SNMP 在 SAN 环境中的不足。尽管存在种种局限，也尽管有更新的标准可以更有效地监测和管理 SAN 环境，SNMP 在 SAN 管理中依然是一个重要角色。

15.4.1 存储管理规范

存储网络工业协会（Storage Networking Industry Association，SNIA）一直致力于开发一种通

用的存储管理接口。它们已经开发出一种叫做存储管理规范标准（SMI-S）的规范。该标准基于网络的企业管理（Web-based Enterprise Management，WBEM）技术和 DMTF 的公共信息模型（Common Information Model，CIM）。这项规范已经正式创建，用来实现各种不同存储和 SAN 组件之间的广泛的互联操作和管理。若要查看更多信息请访问 www.snia.org。

SMI-S 为用户和供应商带来了实际利益。它形成了一种正规的、抽象的模型，存储基础设施的物理和逻辑组件可以映射这个模型，该模型还可以被管理应用程序如存储资源管理、设备管理和数据管理用来对存储资源进行标准化的、高效的、端到端的控制。

通过使用 SMI-S，设备软件开发者有一套统一的对象模型去细化那些对存储和 SAN 组件的管理。遵循 SMI-S 规范的产品可以更简单、更快速地部署，也更多地采用基于策略的存储管理架构。此外，SMI-S 减少了厂商研发管理接口的需求，使厂商可以更关注于具有更多附加值的特性。

15.4.2　企业管理平台

企业管理平台（Enterprise Management Platform，EMP）是许多的复杂的应用程序集合或一套应用程序，它为管理和监测一个企业存储基础设施提供了一个集成的解决方案。这些应用程序具有强大且灵活的统一架构来提供对物理资源和虚拟资源的端到端管理。EMP 可以对存储环境的资源进行统一管理和单点控制。

这些应用可以主动地监测存储基础设施组件并在事件发生时向用户报警。这些警报用不同颜色显示在出现故障的组件的控制台上，或者也可以配置成通过电子邮件或其他方法发送。除了监测功能之外，EMP 还有必要的管理功能，可以通过嵌入 EMP 的代码实施，或者通过启动由目标组件制造商提供的专用管理程序。EMP 也使得必须定期执行的操作调度变得容易，例如资源供应、配置管理和故障调查。这些平台也提供了大量的分析、补救和报告功能，将存储基础设施管理简单化。15.7 章节中所描述的 EMC ControlCenter 和 EMC ProSphere 就是 EMP 实现的例子。

15.5　信息生命周期管理

无论在传统数据中心或者是虚拟环境数据中心，不恰当的管理会使得信息管理工作花费巨大。高效的信息管理不仅仅需要管理工具，更需要有效的管理策略。这些策略应该能应对当今数据中心存在的关键挑战。

- **爆炸的数字世界**：信息量已经成几何级数的速度增长，为确保高可用性的数据副本创建和重用的需求促进了不同类型信息的增长。
- **更加依赖于信息**：战略性的使用信息使用在决定企业成功和在市场环境中提供竞争优势方面也起到了重要作用。
- **持续变化的信息价值**：今天有价值的信息明天可能变得没有价值。信息的价值经常随时间而改变。

为满足这些挑战，制定策略时需要理解信息在生命周期内的价值。当信息刚被创建时，它通常具有最高的价值，也最常被访问。随着时间的推移，信息被访问的频率会下降，同时它对于组织机构的价值也随之下降。理解信息的价值有助于随信息价值的改变来部署适当的基础设施。

例如，在销售订单应用中，信息（客户数据）的价值从订单开始时到合同失效为止一直发生着变化（见图 15-11）。当企业接收到订单和在制造出产品时，信息的价值最高。在订单完成之后，客户数据不需要实时访问。公司可以将这些数据转移到性能较低、开销较小的次要存储中去，直到合同需要或者另外的事件触发对此数据的需要。在合同失效之后，企业可以处理掉这些数据。

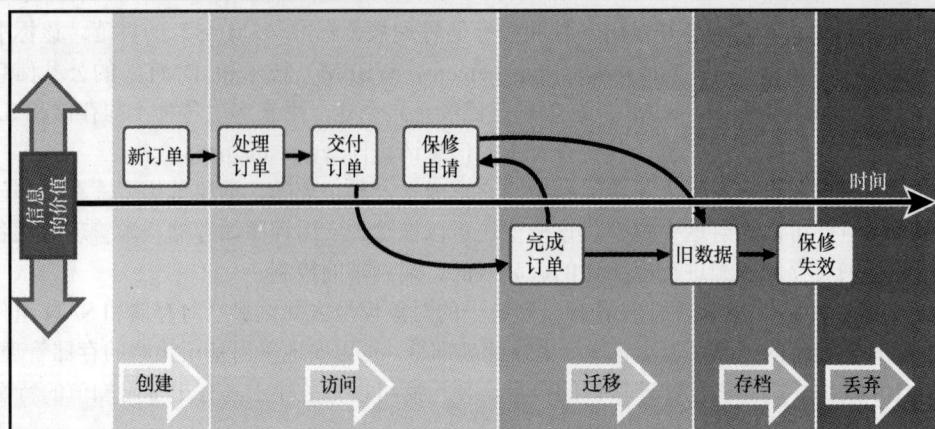

图 15-11　销售订单信息价值的改变

　　信息生命周期管理（ILM）是一种基于预定的业务政策，使 IT 组织机构能够在信息生命周期之内对信息进行有效管理的主动策略。从数据生成到数据删除，ILM 将企业需求和流程与服务等级自动地结合起来，这可以使 IT 组织机构优化存储基础设施以获得最大的投资回报。在应对信息管理的挑战时，实施 ILM 策略具有以下这些关键性的益处：

- **更低的拥有成本（TCO）**：通过把基础设施和管理成本与信息价值协调来实现。这样，资源不会被浪费，也不会出现按照高价值数据的管理成本来管理低价值数据的问题。
- **简化管理**：通过流程步骤和单个工具的接口集成，以及持续自动化来实现。
- **维护合规**：通过明确什么样的数据需要保护多久来实现。
- **优化使用率**：通过部署存储分层来实现。

15.6　存储分层

　　存储分层是在不同类型（层）存储之间建立层级的技术。这使得客户能按照服务等级的需求将数据保存在恰当的层中，这样可以减少费用开销。每一层都有不同的保护，性能和花费。例如高性能的固态硬盘或者 FC 硬盘可以被配置成第 1 层，保存经常访问的数据。低花费的 SATA 磁盘作为第 2 层来保存不常访问的数据。将数据保存在固态硬盘或者 FC 硬盘中有助于改善应用性能。将不常访问的数据转移到 SATA 磁盘中可以释放高性能磁盘中的空间，减少存储的花费。这种数据移动是基于预先设定好的分层策略进行的。分层策略可能基于文件类型，大小，访问频率等参数而设定。例如：一条策略规定"超过三十天没有访问的数据转移到较低层"，所有满足此条件的文件都会转移到较低层区。

15.6.1　阵列内分层

　　在同一阵列内进行分层被称为阵列内分层。这种方式通过在一个阵列内有效地使用固态硬盘，光纤盘和 SATA 盘来提供最佳性价比。阵列内分层的目标是在固态硬盘上储存最常访问的数据，将不经常访问的数据移入 SATA 盘中。在层间的数据移动可以是 LUN 级也可以是子 LUN 级。如果实施缓存分层，性能会更佳。LUN 分层、子 LUN 分层、内存分层将在后文加以详述。

　　传统意义上，存储分层在 LUN 级实现，即将整个 LUN 从存储的一层移到另外一层（见图 15-12（a））。在移动时，包括活跃和不活跃的数据都进行迁移，并不能获得有效的性价比收益。如今，存储分层可以在子 LUN 层实施（见图 15-12（b））。在子 LUN 级的分层中，一个 LUN 被打散成更小的片段，分层在这些片段级进行。在更好的粒度下（例如 8 兆）迁移数据可以大大提高存储自动分层的价值定位。子 LUN 级的分层可以有效地将活动的数据转移到快速硬盘中而将不活跃的数据转移到较慢的磁盘中去。

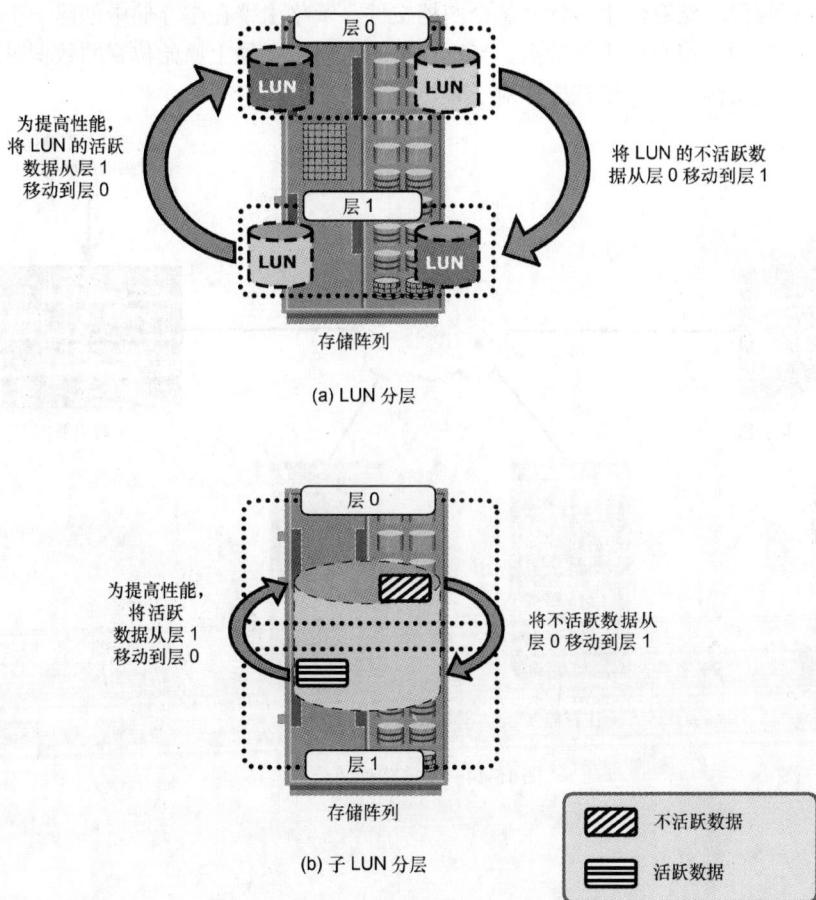

(a) LUN 分层

(b) 子 LUN 分层

图 15-12　阵列内存储分层的实施

在缓存层同样可以进行分层，如图 15-13 所示。存储阵列中大容量的缓存可以将经常访问的数据保存在缓存中，这样大部分读操作可以直接从缓存中获得数据，进而改善存储的性能，但是在存储阵列中配置大容量缓存花费的费用较高，一种替代方法是使用存储中的固态硬盘来增加缓存的大小。在缓存分层时，固态硬盘被当做大容量的二级缓存，分层在 DRAM（主缓存）和固态硬盘（二级缓存）之间进行。服务器闪存是缓存的另外一层，在服务器上安装的闪存卡可以更好地改善应用的性能。

15.6.2　阵列间分层

在不同存储阵列间进行存储分层被称为阵列间分层。阵列间存储分层可以自动区分活跃和不活跃的数据并将这些数据重新分配到阵列间不同性能和容量的分层中去。图 5-14 描述了两个分层存储环境，主存储在

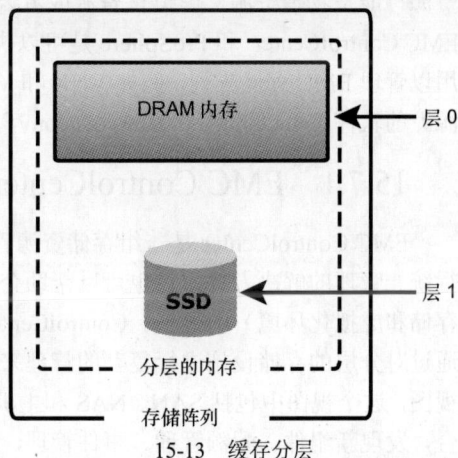

15-13　缓存分层

性能上进行了优化，而二级存储主要是为了容量和费用。用来配置策略的硬件或者软件叫策略引擎，它加速了将不活跃和不经常访问的数据从主存储向二级存储转移的过程。采用存储间数据分层的普遍原因是归档和合规要求。例如，策略引擎可能会设定主存储上一个月没有访问的数据进行归档，然后迁移到二级存储上。针对每个归档文件，策略引擎在主存储中创建一个占用很少空间的指针文件，指向二级存储中的数据。当用户试图访问主存储上原始位置的数据时，实际上是访问二级存储上的实际文件，这些操作对于客户是透明的。

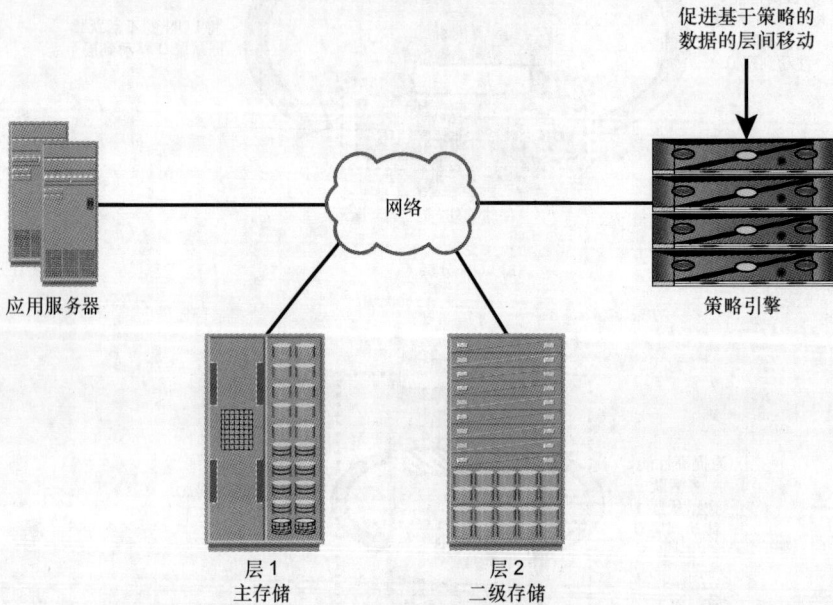

图 15-14　实施阵列间分层

15.7　概念实践：EMC 基础设施管理工具

今天的企业在他们的环境中大量使用异构的资源，因此面临着管理 IT 基础设施的挑战。这些资源可能是物理资源，虚拟化资源或者云资源。EMC 提供不同的工具来满足企业的不同需要。EMC ControlCenter 和 ProSphere 是可以执行端到端存储设施管理的软件套装，EMC Unisphere 是用以管理 EMC 存储阵列，例如 VNX 和 VNXe 的软件。EMC UIM 是管理 Vblock 基础设施（云资源）的软件。可以访问"www.emc.com/"来获取更多信息。

15.7.1　EMC ControlCenter 和 ProSphere

EMC ControlCenter 是一组存储资源管理（SRM）软件集，它提供对多个厂商存储基础设施进行统一管理的解决方案。它也可以帮助企业应对管理大型复杂存储环境（包括主机、存储网络、存储和虚拟化环境）的挑战。ControlCenter 可以提供存储规划、供给、监测和报告功能，它也能通过对分层的存储设施进行复杂的管理来实施 ILM 策略。它可以提供整个网络存储设施端对端的视图，这个视图中包括 SAN、NAS 和主机存储资源、虚拟环境。ControlCenter 提供中央管理控制台，发现新组件、配额管理、事件管理，根本原因分析和分摊费用都可以通过控制台来完成。该软件也提供内置安全特性，可以提供访问控制、数据机密性、数据完整性、日志和审计功能。EMC ControlCenter 软件通过一个直观易用的接口来对整个环境中复杂的关系进行深刻理解，它还能通过代理发现环境中的组件。

　　EMC Prosphere 同样也是存储资源管理软件，用来满足新兴的云计算时代的需求。EMC Prosphere 软件改善了在虚拟化和云环境中的服务等级和生产力，Prosphere 包括以下一些关键功能：

- **端到端的可视性**：它提供了一种直观的，易用的界面来查看大型虚拟化环境中对象的复杂关系。
- **多点管理**：从一个终端，ProSphere 联邦架构可以聚集从不同站点采集到的信息并将不同数据中心间的信息管理工作加以简化。ProSphere 可以从 Web 页面通过广域网进行远程管理。
- **改进虚拟化环境中的生产力**：ProSphere 引入一种叫做智能分组的全新技术，这个组的成员具有相似的特征，可以在用户定义的组中执行性能管理任务。这使得 IT 能够基于策略来管理对象或者设置数据收集策略。
- **快速、易用、高效部署**：无代理探测的方式避免了部署和管理主机代理的负担。ProSphere 被包装成一套虚拟化装置，可以在很短时间内安装。
- **IT 即服务的交付**：使用 ProSphere，从主机到存储的服务等级都可以被监测。这使得组织机构在优化的性价比上维持持续的服务水平，满足交付 IT 即服务的商业目标。

15.7.2　EMC Unisphere

　　EMC Unisphere 是一种可以提供直观的针对 EMC VNX 和 VNXe 存储管理的统一存储管理平台，它支持对存储的网页进行访问和远程管理。Unisphere 的一些关键功能如下：

- 提供文件、块和对象存储的统一管理。
- 为管理域中所有的设备提供单点登录方式。
- 支持自动存储分层技术，能够保证数据保存在正确的位置以满足性能跟费用的需要。
- 提供对物理和虚拟组件的管理。

15.7.3　EMC Unified Infrastructure Manager（UIM）

　　EMC UIM 是针对 Vblock 的统一管理解决方案（Vblock 内容详见第 13 章）。它可以用来配置 Vblock 基础设施资源和激活云服务。在管理多个 Vblock 时，它只需要一个用户接口，这样减少了使用不同虚拟化基础设施管理工具来单独配置计算机、网络和存储的需要。

　　UIM 提供仪表盘来展示 Vblock 是如何配置和使用资源的。这使得管理员可以监测 Vblock 存储设施资源的使用和配置情况，然后针对容量需求进行规划。UIM 还可以提供 Vblock 基础设施的拓扑图，这也能够帮助管理员快速定位和理解 Vblock 基础设施组件和服务的相互连接。除此之外，UIM 还提供警告控制台来让管理员查看 Vblock 基础设施资源的报警信息和受故障影响的相关服务。在进行资源配置时，UIM 还进行合规检查，确认配置是否满足最佳实践和防止资源分配冲突。例如，偶发的将一个 MAC 地址分配给多个的虚拟网卡。

小结

　　信息爆炸，信息的重要性，以及对数字信息日益增长的依赖，正在催生更大、更复杂的存储基础设施。这些基础设施正持续增加着对管理的挑战。当灾难性的故障发生时，不善的存储基础设施管理将把整个业务置于危险的境地。

本章详细描述了检测和管理存储基础设施的行为。此外本章还详细介绍了信息生命周期和它的好处，存储分层等内容。

如需获得更多存储管理，虚拟化和云相关信息，请访问 http://education.emc.com/ismbook。

应用的 I/O 属性

应用的 I/O 属性影响着存储系统和存储方案的整体性能。本附录将介绍主要的应用 I/O 属性。

随机和顺序

I/O 要么是随机的，要么是顺序的。随机 I/O 指时间上连续的读写操作，其访问地址并不连续，而是随机分布在 LUN 的寻址空间内。主要产生随机 I/O 的应用包括即时通信和 OLTP（联机事务处理）等。

顺序 I/O 指读写操作连续从相邻地址访问数据——按逻辑块逐个进行。在顺序 I/O 访问中，磁盘寻道时间大幅缩减，因为读写头基本不需要移动就可以访问下一个块。数据备份产生的主要是顺序 I/O。

读和写

I/O 负载的另外一个方面是应用生成的读 I/O 和写 I/O 的比例。读速率和写速率之和就是 I/O 速率（每秒钟的 I/O 操作数）。应用的 I/O 速率是决定最低所需磁盘数的最重要的因素之一。在存储系统中，缓存在提升系统性能中的作用很重要。表 A-1 总结了读 I/O 和写 I/O 与缓存的互动关系。

表 A-1　　　　　　　　　　　　　　读写操作与缓存的互动关系

I/O 类型	读	写
随机	缓存很难有效（难于预测预取）；要提高性能需要速度快的磁盘	缓存十分有效，响应时间优于磁盘响应时间
顺序	缓存非常有效（容易预测预取）；读操作可达到缓存速度	缓存有效；缓存清洗迅速，因为可写整个磁盘分条的数据

常用业务应用的读写比例如下：

- 联机事务处理系统（OLTP）：67%读，33%写。
- 决策支持系统（DSS）：也称为数据仓库或商业智能系统。80%到90% 是对数据表的读操作，包括频繁的表格扫描（顺序读）。
- 备份：只要文件系统没有完全碎片化，基于文件的备份为顺序操作。

I/O 请求大小

应用生成的 I/O 大小因应用类型的不同而迥异。执行一个 I/O 的部分开销是固定的。如果数据块都较大，那么传输大块更为高效，因为主机移动较大的 I/O 的速度比移动较小 I/O 快。单个较大 I/O 的响应时间更长，但是很多较小 I/O 的服务时间之和大于同样数据量的单个 I/O 操作所需的服务时间。表 A-2 显示的是常见应用及其属性。

表 A-2   应用的 I/O 属性

应　　用	寻道类型	I/O 请求大小	写 I/O 的比例
Microsoft Exchange	随机	32 KB	中到高
SAP/Oracle 应用	随机	～8 KB	依应用而定
RDBMS：数据输入/OLTP	随机	数据库或文件系统页大小	中到高
RDBMS：联机（事务）日志	连续	512 比特+	高（归档过程除外）
RDBMS：临时空间	随机	数据库或文件系统页大小	非常高

并行 SCSI

Shugart Associates 和 NCR 公司在 1981 年开发了一套系统接口，将其命名为 Shugart Associates System Interface（SASI）。开发这个界面是为了构建一个专有的高性能标准，主要供这两个公司使用。然而，为了增加 SASI 在业界的接受度，他们将此标准更新，使其成为一个更加健壮的接口，并将其命名为 SCSI。1986 年，美国国家标准组织（ANSI）认同新 SCSI 为一项业界标准。

SCSI 最初是针对硬盘开发的，因此常被用来与 IDE/ATA 对比。SCSI 具有更优的性能、扩展性和兼容性选项，适合高端计算机。但是，SCSI 的高成本限制了它在家庭或企业桌面用户中的接受度。

在 SCSI 之前，用于设备间通信的接口只针对特定类型的设备。例如，HDD 接口只能用于硬盘。SCSI 则提供了一种连接到主机或访问主机的设备无关的机制。SCSI 还提供了一种高效的 peer-to-peer I/O 总线，支持多个设备。现在，SCSI 已被广泛用作硬盘接口。但是，SCSI 是可以用于将各种设备，如磁带驱动器、打印机和光介质驱动器等，连接到主机上的，连接无需更改系统软硬件。这些年来，SCSI 经历了很大的变化，已经成为一个更为健壮的业界标准。

随着 SCSI 标准的发展，SCSI 接口经历了几次更新。并行 SCSI 或 SCSI 并行接口（SPI）是 SCSI 接口的最初形式。SCSI 设计在保留 SCSI 技术的其他方面的基础上，正在向串行连接 SCSI（SAS）演变。SAS 基于串行点对点模式设计。

SCSI 标准家族

SCSI 标准定义了一种参考模型，该模型明确 SCSI 设备的一般行为，以及一个对所有 SCSI I/O 系统实现一致的抽象结构。SCSI 标准集明确了必要的接口、功能和操作，以确保符合 SCSI 标准的实现的可互操作性。欲了解更多信息，请阅读 T10 技术委员会的 "SCSI Architecture Model-4（SAM-4）文档（见于 www.t10.org）。图 B-1 显示了此标准与 SCSI 标准家族中的其他标准和相关项目的关系。

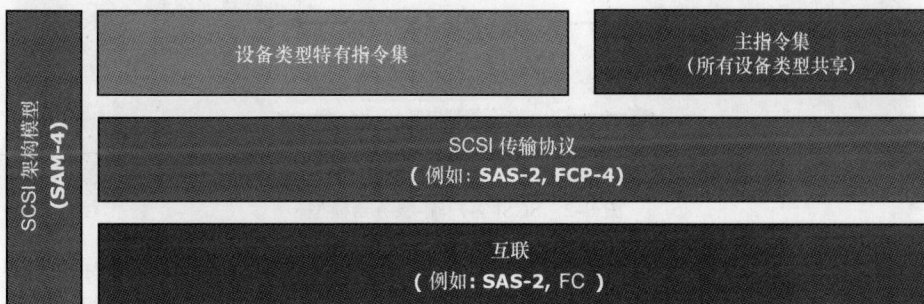

图 B-1　SCSI 标准家族

以下列表描述的是 SCSI 标准家族的组成：

- **SCSI 架构模型**：定义了 SCSI 系统模型、SCSI 标准集的功能划分，以及适用于所有 SCSI 实现和实现标准的需求。
- **设备类型特有命令集**：定义特定设备类型的实现标准，包括每种设备类型的设备模型。这些标准明确了某设备类型特有的命令和行为，定义了 SCSI 发起方设备向该类型的目标设备发送命令时需要满足的要求。特定设备类型的命令和行为可能包含所有 SCSI 设备通用的参考命令和行为。
- **共享命令集**：属于实现标准，定义了所有 SCSI 设备类型的模型。标准指明了所有 SCSI 设备所需的命令和行为，与设备类型无关。并且定义了一个 SCSI 发起设备向任何 SCSI 目标设备发送命令时需要满足的要求。
- **SCSI 传输协议**：属于实现标准，定义了不同 SCSI 设备之间交换信息的要求，以实现不同设备间的通信。
- **互联**：属于实现标准，定义 SCSI 传输协议所使用的通信机制。标准可能对 SCSI 设备通过特定互联设备进行相互操作的电器和信号需求进行描述。互联标准允许 SCSI 设备以外的设备互联，其行为不必遵守本标准。

SCSI 客户端-服务器模型

发起方-目标的概念是客户端-服务器模型在 SCSI 环境中的展现。在 SCSI 客户端-服务器模型中，一个 SCSI 设备可以作为 SCSI 目标设备，一个 SCSI 发起设备，或者一个 SCSI 目标/发起方设备。每个设备的功能如下：

- **SCSI 发起设备**：向 SCSI 目标设备发送执行某项任务的命令。SCSI 主机适配器就属于 SCSI 发起设备。
- **SCSI 目标设备**：执行从 SCSI 发起方接收的执行某项任务的命令。一般 SCSI 周边设备扮演目标设备的角色，但是在一些实现中，主机适配器也可以作为目标设备。

图 B-2 显示的是 SCSI 客户端-服务器模型，其中 SCSI 发起方（客户端），向 SCSI 目标（或说服务器）发起请求。目标执行请求的任务，使用协议服务接口将结果发给发起方。

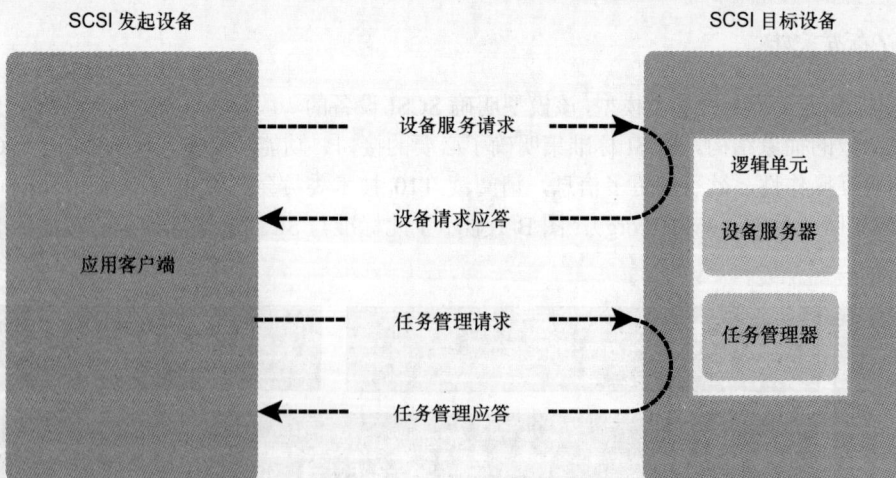

图 B-2　SCSI 客户端-服务器模型

一个 SCSI 目标设备包含一个或多个逻辑单元。逻辑单元是实现了 SCSI 命令标准中的设备功能模型的对象。逻辑单元负责处理 SCSI 发起方发送的命令。逻辑单元有两部分组成，设备服务器和任务管理器。设备服务器处理客户端请求，任务管理器执行管理操作。

SCSI 发起设备包括一个应用客户端以及任务管理功能，用于发起设备服务和任务管理请求。每个设备服务请求都包含一个命令描述块（CDB），定义需要执行的命令，列出命令特有的输入以及指示如何处理命令的其他参数。应用客户端还负责在逻辑单元内创建任务和对象，代表与一个命令或一系列相连命令的工作。任务会一直进行，直到发出任务完成响应（Task Complete Response）或者任务管理功能或例外条件终止此项任务。

SCSI 设备使用 SCSI ID 标识。在窄 SCSI（即总线带宽为 8）中，设备从 0 到 7 排序；在宽 SCSI（即总线带宽为 16），设备从 0 到 15 排序。这些 ID 数代表了在 SCSI 总线的优先级。在窄 SCSI 中，7 拥有最高的优先级，0 的优先级最低。在宽 SCSI 中，设备 8 到 15 拥有最高的优先级，整个宽 SCSI 的 ID 的优先级都低于窄 SCSI ID。因此，按优先级排列的 ID 顺序为 7，6，5，4，3，2，1，0，15，14，13，12，11，10，9，8。

在设备初始化时，SCSI 会在总线上自动分配设备 ID，避免两个或多个设备使用同一 ID。

并行 SCSI 寻址

在并行 SCSI 发起方-目标通信中，发起方 ID 唯一标识发起方，被用作发起地址。ID 的范围为 0 到 15，一般在 0 到 7 之间。目标 ID 唯一标识目标，被用作与发起方交换命令和状态信息的地址。目标 ID 在 0 到 15 之间。

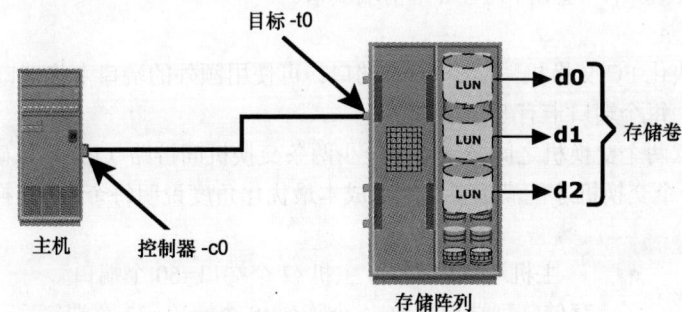

图 B-3   SCSI 发起方-目标通信

SCSI 寻址使用 UNIX 命名规范标识磁盘。它使用三个标识符：发起方 ID、目标 ID 和 LUN，三个标识符以 cn|tn|dn 的格式存在，这种寻址方式称为 ctd 寻址。cn 指发起方 ID，通常被称作控制器 ID；tn 是设备的目标 ID，如 t0、t1、t2 等；dn 是设备编号，反映的是设备单元的实际地址，如 d0、d1、d2。一个设备标识目标中的一个特定逻辑单元。不同商家的 SCSI 寻址实现可能不同。

附录 C

SAN
设计练习

练习 1

某企业欲实施全 Mesh 的 FC SAN。设计中设计的服务器、存储系统和交换机的规格如下：

- 主机数量=30。每个主机有两个单端口 HBA。
- 存储阵列数量=4。每个阵列有 8 个前端端口。
- 交换机信息：
  - 模块化 FC 交换机，最少 16 个端口。可使用额外的端口卡将端口数增加到 32 个端口。每个端口卡有 8 个端口。
  - 任意两个交换机之间必须存在至少两条交换机间链路（ISL）以确保高可用性。

最少需要多少个交换机才能满足要求？从成本最优化角度说明每个 FC 交换机的端口数。

方案

主机端口总数=30 主机×2 个端口=60 个端口

存储阵列端口总数=4 个阵列×8 个端口=32 个端口

节点端口总数=60+32=92 个端口

每个 FC 交换机最多能够提供 32 个端口。假设刚好有 4 个这样的交换机，那么能够提供 128 个端口。在由 4 个 32 端口交换机组成的全 Mesh 拓扑中，有 24 个交换机端口用于 ISL，剩下的 104 个端口可用于节点的连接。但是，这个 fabric 需要 92 个节点连接的端口。因此，为了优化成本，该企业可以配置 3 个 32 端口，1 个 24 端口的交换机。这样就有 96 个用于节点连接的端口，实际用到 92 个，剩余的 4 个可用于未来的扩展。

练习 2

某组织的 IT 基础设施包括 3 个存储阵列，采用直连方式与 45 个异质服务器连接。所有的服务器到存储阵列都是双路连接，以确保可用性。每个存储阵列有 32 个前端端口，那么最多可以连接 16 台服务器。但是，每个存储阵列的磁盘容量最多可支持 32 台服务器。该组织计划另外购买 45 台服务器，以满足未来的增长需求。

如果继续使用直连存储的架构，该组织需要另外购买存储阵列，以连接到新购买的服务器上。该组织意识到已有的存储阵列的利用率比较低，所以计划实施 FC SAN，以解决扩展性和利用率的问题。该组织使用高性能应用，因此希望尽量减少从服务器到存储的跳数。

提出一个 FC-SW 拓扑方案，应对该组织的问题和需求。说明你的 fabric 拓扑如何有效。如果 72 端口的交换机能够用于 FC SAN 实现，这个 fabric 中最少需要多少个交换机？

方案

全 mesh 方案并不适合对扩展性要求较高的环境。部分 mesh 的扩展性比全 mesh 更好，但是需要多跳（ISL）才能让网络流量到达目的地。因此，建议使用核心-边缘拓扑。核心-边缘拓扑提供比 Mesh 拓扑更好的扩展性，而且环境中的所有服务器访问存储只需要 1 跳。因为 FC 流量移动的确定性特点，很容易计算在 ISL 上的流量负载分配。

服务器端口总数=90 个服务器×2 个端口=180 个端口

阵列端口总数=3 个阵列×32 端口=96 个端口

核心的交换机数=96 个阵列端口/每个交换机 72 个端口≈2 个交换机

核心交换机提供 144 个端口，其中 96 个端口用于连接阵列。剩余的 48 个端口用于 ISL 和未来的扩展

边缘的交换机数=180 个服务器端口/每个交换机 72 个端口≈3 个交换机

边缘交换机提供 216 个端口，其中 180 个端口用于连接服务器。剩余的 36 个端口用于 ISL 和未来的扩展

用于连接核心交换机的边缘交换机端口数=6

这小于剩余的边缘端口数，即有足够的端口用于与核心交换机的连接

用于连接边缘交换机的核心交换机端口数=6

这小于剩余的核心端口数，即有足够的端口用于与边缘交换机的连接

所以，最少需要 2 个核心交换机和 3 个边缘交换机来实现此核心-边缘 fabric 方案。

附录 D

信息可用性练习

练习 1

某系统有 3 个组件，要求 3 个组件周一到周五每天 24 小时运行。部件 1 的故障情况如下：

- 周一：没有故障。
- 周二：上午 5 点到 7 点。
- 周三：没有故障。
- 周四：下午 4 点到 8 点。
- 周五：上午 8 点到 11 点。

计算部件 1 的 MTBF 和 MTTR。

解答

MTBF 的计算公式为：

$$（总运行时间/故障次数）$$

所以，

$$MTBF=（24 \text{ 小时} \times 5 \text{ 天}）/3=120 \text{ 小时}/3=40 \text{ 小时}$$

MTTR 的计算公式为：

$$（总停机时间/故障次数）$$

因此，

$$总停机时间=周二 2 \text{ 小时}+周四 4 \text{ 小时}+周五 3 \text{ 小时}$$

所以，

$$MTTR=（9 \text{ 小时}/3）=3 \text{ 小时}。$$

练习 2

某系统有 3 个组件，要求 3 个组件在周一到周五的营业时间（上午 8 点到下午 5 点）内正常运行。部件 2 的故障情况如下：

- 周一：上午 8 点到 11 点。
- 周二：没有故障。
- 周三：下午 4 点到 7 点。
- 周四：下午 5 点到 8 点。
- 周五：下午 1 点到 2 点。

计算部件 2 的可用性。

解答

可用性（%）=系统正常运行时间/(系统正常运行时间+系统停机时间)

系统停机时间=周一 3 个小时+周三 1 个小时+周五 1 个小时=5 小时

系统正常运行时间=总运行时间-系统停机时间=45 小时-5 小时=40 小时

可用性（%）=40/45=88.9%

提 示	运行时间是上午 8 点到下午 5 点，所以任何这个时间之外发生故障都不会算作停机时间。

用于远程复制的网络技术

长距离的远程复制应用了多种光纤网络技术，如密集波分复用（DWDM）、稀疏波分复用（CWDM）和同步光网络（SONET）。

DWDM

密集波分复用（DWDM）是允许来自不同通道的多路数据以不同波长同时在同一个光纤线路内传输的技术。传统的光纤系统中，同一条光纤内只有一个通道的信号以单个波长在传输。DWDM是一种光纤传输技术，多个波长（或通道）的数据可以复用到一个多色光束来通过单条光纤传输。使用 DWDM，不同数据传输率的不同数据格式可以同时传输。例如，IP 、ESCON、FC、SONET和 ATM 数据可同时在光纤线路内传输（见图 E-1）。

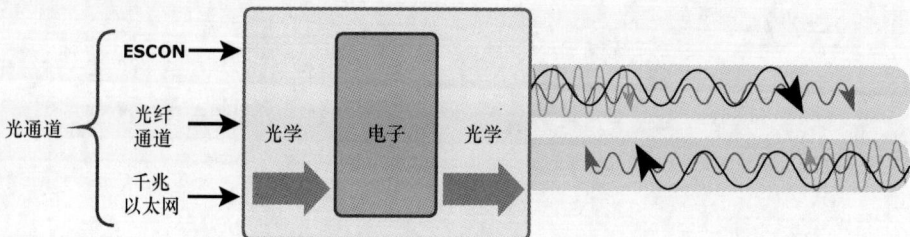

图 E-1　密集波分复用（DWDM）

DWDM 可以多路复用或分离大量通道。为每个通道分配一定的波长（lambda）段。波段之间一般有 10 nm 的间距。随着光学技术的进步，每个通道的分隔会进一步减小，单条光纤内就可容纳更多通道。

CWDM

稀疏波分复用（CWDM）与 DWDM 类似，允许一条光纤线路同时传输不同波长的不同通道的数据。与 DWDM 相比，CWDM 合并的通道数较少，成本也较低。CWDM 在每个通道波长之间有 20nm 的间距。CWDM 技术中同一光纤内复用的通道数大幅减少。CWDM 系统最多支持 16个通道，而 DWDM 最少支持 16 个通道。

SONET

同步光网络（SONET）是一种网络技术，它通过光纤长距离传输较大载荷，在物理层运行。SONET 将不同速度的数据流复用到同一个帧中，通过网络发送。SONET 在欧洲的变化形式称为同步数字分层结构（synchronous digital hierarchy, SDH）。

SONET/SDH 使用通用帧流程（GPF）支持传输面向包（以太网、IP）的数据和面向字符（FC）的数据。SONET 为光纤传输定义了光载波（OC）和同步传输信号（STS）。

SONET 传输数据速度很高。例如，OC-768 提供高达 40Gbit/s 的线路速度。基础的 SONET/SDH 信号在 51.84Mbit/s 运行，并被分配了同步传输信号等级 1（STS-1）或 OC-1。STS-1 帧是 SONET/SDH 传输的基本单位。例如，多个 STS-1 环路可以聚合形成速度更好的链路。STS-3（155.52Mbit/s）等同于 SONET 的 OC-3 等级和 SDH 的 STM-1（同步传输模块）等级。

ACC	Accept	接受
ACL	Access Control List	访问控制列表
AD	Active Directory	活动目录
AES	Advanced Encryption Standard	密级加密标准
AL-PA	Arbitrated Loop-Physical Address	仲裁环路物理地址
ALU	Arithmetic Logic Unit	算术逻辑单元
Amazon EC2	Amazon Elastic Computer Cloud	亚马逊弹性计算云
Amazon S3	Amazon Simple Storage Service	亚马逊简单存储服务
ANSI	American National Standards Institute	美国国家标准学会
API	Application Programming Interface	应用程序编程接口
AR	Automated Replication	自动化复制
ARB	Arbitration Frame	仲裁帧
AS	Authentication Service	验证服务
ASCII	American Standard Code for Information Interchange	美国信息交换标准码
ASIC	Application-Specific Integrated Circuit	专用集成电路
ATAPI	Advanced Technology Attachment Packet Interface	高级技术附加装置信息包接口
ATM	Asynchronous Transfer Mode	异步传送模式
AUI	Application User Interface	应用程序用户界面
AVM	Automatic Volume Management	自动卷管理
BB_Credit	Buffer to Buffer Credit	缓冲区到缓冲区信用量
BBU	Battery Backup Unit	备用电池单元
BC	Business Continuity	业务连续性
BCP	Business Continuity Planning	业务连续性规划
BCV	Business Continuance Volume	业务连续卷
BIA	Business Impact Analysis	业务影响分析
BIOS	Basic Input/Output System	基本输入/输出系统
BLOB	Binary Large Object	二进制大对象
BMR	Bare Metal Recovery	裸机系统恢复

CA	Content Address	内容地址
CAPEX	Capital Expenditure	资本开支
CAS	Content-Addressed Storage	内容寻址存储
CCS	Common Command Set	通用指令集
CD	Compact Disk	光盘
CDB	Command Descriptor Block	命令描述块
CDF	Content Descriptor File	内容描述文件
CDP	Continuous Data Protection	持续性数据保护
CD-R	Compact Disk-Recordable	可记录光盘
CD-ROM	Compact Disk Read-Only Memory	光盘只读存储器
CD-RW	Compact Disc Rewritable	可擦写光盘
CE+	Compliance Edition Plus	加强的法规遵从版本
CEE	Converged Enhanced Ethernet	聚合增强型以太网
CG	Consistency Group	一致性组
CHAP	Challenge-Handshake Authentication Protocol	挑战握手认证协议
CHS	Cylinder, Head, Sector	柱面、磁头和扇区
CID	Connection ID	连接标识
CIFS	Common Internet File System	公共因特网文件系统
CIM	Common Information Model	公共信息模型
CKD	Count Key Data	关键码计数数据
CLI	Command-Line Interface	命令行界面
CmdSN	Command Sequence Number	命令序号
CMIP	Common Management Information Protocol	公共管理信息协议
CMIS	Common Management Information Service	通用管理信息服务
CN	Congestion Notification	拥塞通告
CNA	Converged Network Adapter	聚合网络适配器
COFA	Copy on First Access	首次访问时复制
COFW	Copy on First Write	首次写时复制
CPM	Content Protection Mirrored	内容镜像保护
CPP	Content Protection Parity	内容奇偶保护
CPU	Central Processing Unit	中央处理器
CRC	Cyclic Redundancy Check	循环冗余校验
CRM	Customer Relationship Management	客户关系管理
CRR	Continuous Remote Replication	持续远程复制
CS_CTL	Class-Specific Control	特定类别控制
CSMA/CD	Carrier Sense Multiple Access/Collision Detection	带冲突检测的载波侦听多路访问
CSP	Cloud Service Provider	云服务提供商
CWDM	Coarse Wave Division Multiplexing	粗波分系统

DAC	Discretionary Access Control	自主访问控制
DACL	Discretionary Access Control List	自主访问控制列表
DAE	Disk Array Enclosure	磁盘阵列模块
DART	Data Access in Real Time	实时数据访问
DAS	Direct-Attached Storage	直连存储
DataSN	Data Sequence Number	数据序列编号
DBA	Database Administrator	数据库管理员
DBMS	Database Management System	数据库管理系统
DCB	Data Center Bridging	数据中心桥接
DCBX	Data Center Bridging Exchange Protocol	数据中心桥接交换协议
DCP	Data Collection Policy	数据采集策略
DDoS	Distributed Denial of Service	分布式拒绝服务
DDR SDRAM	Double Data Rate Synchronous Dynamic Random Access Memory	双倍速率同步动态随机存取存储器
DF-CTL	Data Field Control	数据域控制
DFS	Distributed File System	分布式文件系统
DH-CHAP	Diffie-Hellman Challenge Handshake Authentication Protocol Diffie-Hellman	挑战握手认证协议
DHCP	Dynamic Host Configuration Protocol	动态主机配置协议
D_ID	Destination ID	目标标识
DMTF	Distributed Management Task Force	分布式管理任务组
DMX	Direct Matrix	直连矩阵
DMZ	Demilitarized Zone	隔离区
DNS	Domain Name System	域名系统
DoS	Denial of Service	拒绝服务
DPE	Disk Processor Enclosure	磁盘处理器模块
DR	Disaster Recovery	灾难恢复
DRM	Digital Rights Management	数字版权管理
DSA	Directory System Agent	目录系统代理
DSS	Decision Support System	决策支持系统
DVD	Digital Versatile Disk or Digital Video Disc	数字多用途光盘
DVD-ROM	Digital Versatile Disk Read-Only Memory	数字多用途光盘只读存储器
DWDM	Dense Wave Division Multiplexing	密集波分复用
ECA	Enginuity Consistency Assist Enginuity	一致性助理
ECC	Error Correction Code	纠错码
E_D_TOV	Error Detect Time Out Value	故障检测超时值

EE_Credit	End-to-End Credit	端到端值
EIDE	Enhanced Integrated Drive Electronics	加强式整合驱动电子界面
EMP	Enterprise Management Platform	企业管理平台
EOF	End of Frame	帧结尾
E_Port	Expansion Port	扩展端口
ERP	Enterprise Resource Planning	企业资源规划
ESCON	Enterprise Systems Connection	企业系统连接
ETL	Extract，Transform and load	提取、传输和加载
ETS	Enhanced Tranmission Selection	增强传输选择
EUI	Extended Unique Identifier	扩展的唯一标识符
EXT 2/3	Extended File System	扩展文件系统 2/3
FAT	File Allocation Table	文件分配表
FBA	Fixed-Block-Architecture	固定块结构
FC	Fibre Channel	光纤通道
FC-AL	Fibre Channel Arbitrated Loop	光纤通道仲裁环
F_CTL	Frame Control	帧控制
FCF	Fibre Channel Forwarder	光纤通道转发器
FCIP	Fibre Channel over IP Protocol	基于 IP 协议的光纤信道
FCoE	Fibre Channel over Ethernet	以太网光纤通道
FCP	Fibre Channel Protocol	光纤通道协议
FC-PH	Fibre Channel Physical and Signaling Interface	光纤通道物理和信号接口
FC-PI	Fibre Channel Physical Interface	光纤通道物理接口
FCS	Frame Check Sequence	帧校验序列
FC-SAN	Fibre Channel Storage Area Network	光纤通道存储区域网
FC-SP	Fibre Channel Security Protocol	光纤通道安全协议
FC-SW	Fibre Channel Switched Fabric	光纤通道交换
FCWG	Fibre Channel Working Group	光纤通道工作组
FDDI	Fibre Distributed Data Interface	光纤分布式数据接口
FICON	Fibre Connectivity	光纤连接
FIFO	First In First Out	先进先出
FLOGI	Fabric Login	矩光纤网登录
FL_Port	Fabric Loop Port	光纤网环路端口
F_Port	Fabric Port	光纤网端口
FRU	Field Replaceable Unit	现场可更换单元
FS	File System	文件系统
FSPF	Fabric Shortest Path First	光纤网最短路径优先
FTP	File Transfer Protocol	文件传输协议
GB	Gigabyte	吉字节
GBIC	Gigabit Interface Converter	吉比特接口转换器

GB/s	Gigabyte per Second	吉字节每秒
Gb/s	Gigabit per Second	吉比特每秒
GFP	Generic Framing Procedure	通用组帧过程
GHz	Gigahertz	吉赫兹
GigE	Gigabit Ethernet	吉比特以太网
G_Port	Generic Port	通用端口
GUI	Graphical User Interface	图形用户界面
HBA	Host Bus Adapter	主机总线适配器
HDA	Hard Disk Assembly	硬盘组合件
HDD	Hard Disk Drive	硬盘驱动器
HIPAA	Health Insurance Portability and Accountability Act	健康保险流通与责任法案
HIPPI	High Performance Parallel Interface	高性能并行接口
HSM	Hierarchical Storage Management	层次化存储管理
HTTP	Hypertext Transfer Protocol	超文本传输协议
HWM	High Watermark	高水平线
IA	Information Availability	信息可用性
IaaS	Infrastructure-as-a-Service	基础设施即服务
ID	Intrusion Detection	入侵探测
IDE/ATA	Integrated Device Electronics/Advanced Technology Attachment	集成电路设备/高级技术附件
IDS/IPS	Intrusion Detection/Intrusion Prevention System	入侵侦测预防系统
IEEE	Institute of Electrical and Electronics Engineers	电气和电子工程师学会
IETF	Internet Engineering Task Force	互联网工程工作小组
iFCP	Internet Fibre Channel Protocol	互联网光纤通道协议
ILM	Information Lifecycle management	信息生命周期管理
IM	Instant Messaging	即时通信
INCITS	Inter National Committee for Information Technology Standards	国际信息技术标准委员会
I/O	Input/Output	输入/输出
IOPS	Input Output Per Second	每秒的输入输出量
IP	Internet Protocol	互联网协议
IPC	Inter Process Communication	进程间通信
IP-SAN	Internet Protocol Storage Area Network IP	存储局域网
IPSec	Internet Protocol Security	安全 IP 协议
iQN	iSCSI Qualified Name Iscsi	认证名称

IRM	Information Rights Management	信息权限管理
iSCSI	Internet Small Computer Systems Interface Protocol	互联网小型计算机接口协议
iSCSI PDU	iSCSI Protocol Data Unit iSCSI	协议数据单元
ISL	Inter-Switch Link	内部交换链路
iSNS	Internet Storage Name Server	网络存储名称服务
ISO	International Organization for Standardization	国际标准化组织
ITU	International Telecommunication Union	国际电信联盟
JBOD	Just a Bunch of Disks	简单磁盘捆绑
KDC	Key Distribution Center	密钥分配中心
KVM	Keyboard, Video, and Mouse	键盘、显示器和鼠标（多电脑切换器）
LACP	Link Aggregation Control Protocol	链路聚合控制协议
LAN	Local Area Network	局域网
Lb	Least Blocks	最小数据块
LBA	Logical Block Addressing	逻辑块地址
LC	Lucent Connector	朗讯连接器
LCA	Link Capacity Adjustment	链路容量调整
LCAS	Link Capacity Adjustment Scheme	链路带宽调整
LCC	Link Control Card	链路控制卡
LDAP	Lightweight Directory Access Protocol	轻量目录访问协议
LEP	Link End Point	链路末端点
Lo	Least I/Os	最少输入输出
LR	Link Reset	链路重置
LRR	Link Reset Response	链路重置反应
LRU	Least Recently Used	最近最少使用算法
LUN	Logical Unit Number	逻辑设备编号
LV	Logical Volume	逻辑卷
LVDS	Low-Voltage Differential Signaling	低电压差分信号
LVM	Logical Volume Management	逻辑卷管理
LWM	Low Watermark	低水平线
MAC	Media Access Control	介质获取控制
MAID	Massive Array of Idle Disks	空闲海量磁盘阵列
MAN	Metropolitan Area Network	城域网
MD5	Message-Digest Algorithm	一种特定的消息摘要算法
MHz	Megahertz	兆赫兹
MIB	Management Information Base	管理信息库
MIBE	Matrix Interface Board Enclosure	矩阵接口板模块

MirrorView/A	MirrorView/Asynchronous MirrorView	异步
MirrorView/S	MirrorView/Synchronous MirrorView	同步
MLC	Multi-Level Cell	多层单元
MMF	Multimode Fiber	多模光纤
MPFS	Multi-Path File System	多路径文件系统
MPP	Massively Parallel Processing	大规模并行处理
MRU	Most Recently Used	最多近期使用算法
MSS	Maximum Segment Size	最大分段容量
MTBF	Mean Time Between Failure	平均无故障时间
MTTR	Mean Time to Repair	平均修复时间
MTU	Maximum Transfer Unit	最大传输单元
NAA	Network Address Authority	网络地址权威
NACA	Normal Auto Contingent Allegiance	正常自动不可确定责任
NAND	Negated AND	与非型（闪存）
NAS	Network-Attached Storage	网络互联存储
NDMP	Network Data Management Protocol	网络数据管理协议
NFS	Network File System	网络文件系统
NIC	Network Interface Card	网络接口卡
NIS	Network Information Services	网络信息服务
NIST	National Institute of Standards and Technology	国家标准和技术研究所
NL_Port	Node Loop Port	节点循环端口
NMC	NetWorker Management Console NetWorker	管理控制台
NPIV	N_Port ID Virtualization	节点端口虚拟化
N_Port	Node Port	节点端口
NTFS	New Technology File System	新技术文件系统
NTP	Network Time Protocol	网络时间协议
OID	Object ID	对象标识
OLTP	Online Transaction Processing	在线事务处理
OPEX	Opertional Expenditure	运营开支
OS	Operating System	操作系统
OSD	Object-based Storage Device	基于对象的存储设备
OSI	Open System Interconnection	开放系统互联
OTF	Open Tape Format	开放磁带格式
OXID	Originator Exchange Identifier	始发站交换标识符
P2P	Peer-to-Peer	点对点
PaaS	Platform-as-a-Service	平台即服务
PAgP	Port Aggregation Protocol	端口汇聚协议

PATA	Parallel Advanced Technology Attachment	并行高级技术附属
PCI	Peripheral Component Interconnect	外围部件互连
PCIe	Peripheral Component Interconnect Express	快速外围部件互联
PDU	Protocol Data Unit	协议数据单元
PFC	Priority-based Flow Control	基于优先级的流量控制
PII	Personally Identifiable Information	个人可识别信息
PIT	Point in time	时间点
PKI	Public Key Infrastructure	公钥基础设施
PLOGI	Port Login	端口登录
pNFS	Parallel Network File System	并行网络文件系统
PRLI	Process Login	程序注册
PV	Physical Volume	物理卷
PVID	Physical Volume Identifier	物理卷标识
QoS	Quality of Service	服务质量
R2T	Request to Transfer	请求传输
RADIUS	Remote Authentication Dial-In User Service	远程用户拨号认证系统
RAID	Redundant Array of Independent Disks	冗余磁盘阵列
RAIN	Redundant Array of Independent Nodes	冗余独立节点阵列
RAM	Random Access Memory	随机访问存储器
R_A_TOV	Resource Allocation Time-Out Value	资源分配超时值
RBAC	Role-Based Access Control	基于角色的访问控制
R_CTL	Routing Control	路由控制
RDBMS	Relational Database Management System	关系型数据库管理系统
REST	Representational State Transfer	表述性状态转移
RFC	Requests for Comments	意见请求
RLP	Reserved LUN Pool	预留卷资源池
ROBO	Remote Office / Branch Office	远程办事处/分支办事处
ROI	Return on Investment/Information	投资（信息）回报率
ROM	Read Only Memory	只读存储器
RPC	Remote Procedure Call	远程过程调用
RPO	Recovery Point Objective	恢复点指标
RR	Round-Robin	轮叫调度
R_RDY	Receiver Ready	接收器就绪
RSCN	Registered State Change Notification	注册状态变更通知

RTD	Round-Trip Delay	往返延迟
RTO	Recovery Time Objective	恢复时间指标
R/W	Read/Write	读/写
Rx	Receiver	接收器
SaaS	Software-as-a-Service	软件即服务
SACK	Selective Acknowledge	选择性确认
SACL	System Access Control List	系统访问控制列表
SAL	SCSI Application LayerSCSI	应用层
SAN	Storage Area Network	存储局域网
SAS	Serial Attached SCSI	串行 SCSI
SASI	Shugart Associate System Interface	舒加特协会系统接口
SATA	Serial Advanced Technology Attachment	串行高级技术附件
SC	Standard Connector	标准连接器
SCA	Side Channel Attacks	边路通道攻击
SCN	State Change Notification	状态更改通知
SCSI	Small Computer System Interface	小型计算机系统接口
SDH	Synchronous Digital Hierarchy	同步数字分级系统
SEC	Securities and Exchange Commission	证券和交易委员会
SFP+	Small Form Factor Pluggable Plus	小封装可插拔升级型
SHA	Secure Hash Algorithm	安全散列算法
SID	Security Identification	安全标识
SIM	Security Information System	安全信息系统
SIS	Single-Instance Storage	单实例存储
SISL	Stream-Informed Segment Layout	流感知型分段规划
SLA	Service Level Agreement	服务等级协议
SLC	Single-Level Cell	单级单元
SLED	Single Large Expensive Drive	单个大容量硬盘
SLP	Service Location Protocol	服务位置协议
SMB	Server Message Block	服务器消息块
SMF	Single-Mode Fiber	单模光纤
SMI	Storage Management Initiative	存储管理规范
SMI-S	Storage Management Initiative – Specification	存储管理规范-规格详述
SMTP	Simple Mail Transfer Protocol	简单邮件传输协议
SNIA	Storage Networking Industry Association	全球网络存储工业协会
SNMP	Simple Network Management Protocol	简单网络管理协议
SNS	Simple Name Server	简易名称服务器

SOA	Service Oriented Architecture	面向服务的架构
SOAP	Simple Object Access Protocol	简单对象访问协议
SOF	Start of Frame	帧起始
SONET	Synchronous Optical Networking	同步光纤网络
SP	Storage Processor	存储处理器
SPE	Storage Processor Enclosure	存储处理器模块
SPI	SCSI Parallel Interface SCSI	并行接口
SPOF	Single Point of Failure	单点故障
SPS	Stand by Power Supply	应急电力供应
SRDF	Symmetrix Remote Data Facility Symmetrix	远程数据工具
SRDF/A	SRDF/Asynchronous	SRDF/异步
SRDF/AR	SRDF/Automated Replication	SRDF/自动复制
SRDF/CE	SRDF/Cluster Enabler	SRDF/集群启动器
SRDF/CG	SRDF/Consistency Groups	SRDF/一致性组
SRDF/DM	SRDF/Data Mobility	SRDF/数据移动性
SRDF/S	SRDF/Synchronous	SRDF/同步
SRM	Storage Resource Management	存储资源管理
SSD	Solid-State Drive	固态硬盘
SSH	Secure Shell	安全外壳协议
SSID	Service Set Identifier	服务集标识符
SSL	Secure Sockets Layer	安全套接字层
ST	Straight Tip	直通式连接器
StatSN	Status Sequence Number	状态序列号
STPL	SCSI Transport Protocol Layer SCSI	传输协议层
STS	Synchronous Transport Signal	同步传输信号
SW-RSCN	Switch Registered State Change Notification	交换注册状态变更通知
TB	Terabyte	百万兆字节
TCO	Total cost of Ownership	总拥有成本
TCP	Transmission Control Protocol	传输控制协议
TGS	Ticket Granting Service	票据授予服务
TGT	Ticket Granting Ticket	票据授予票据
TLS	Transport Layer Security	传输层安全
TLU	Tape Library Unit	磁带库单元
TOE	TCP/IP Offload Engine TCP	卸载引擎
TPI	Tracks per Inch	每英寸磁道数
TX	Transmitter	发送器
UDP	User Datagram Protocol	用户数据报协议
UFS	UNIX File System UNIX	文件系统

UID	User identifier	用户标识符
UIM	Unified Infrastructure Manager	统一基础设施管理器
ULP	Upper-Layer Protocol	高层协议
URI	Universal Resource Identifier	通用资源标识符
URL	Uniform Resource Locator	统一资源定位符
USB	Universal Serial Bus	通用串行总线
VC	Virtual Circuit	虚拟电路
VCAT	Virtual Concatenation	虚拟级联
VDC	Virtualized Data Center	虚拟数据中心
VDEV	Virtual Device	虚拟设备
VE_Port	Virtual E_Port	虚拟扩展端口
VF	Virtual Firewall	虚拟防火墙
VF_Port	Virtual F_Port	虚拟光纤网端口
VG	Volume Group	卷组
VLAN	Virtual LAN	虚拟局域网
VM	Virtual Machine	虚拟机
VMM	Virtual Memory Manager	虚拟内存管理器
VN_Port	Virtual N_Port	虚拟节点端口
VPN	Virtual Private Network	虚拟专用网络
VSAN	Virtual Storage Area Network	虚拟存储局域网络
VTL	Virtual Tape Library	虚拟磁带库
WAN	Wide Area Network	广域网
WBEM	Web-Based Enterprise Management	基于 Web 的企业管理
WDM	Wavelength-Division Multiplexing	波分复用
WORM	Write Once, Read Many	一次写多次读
WORO	Write Once, Read Occasionally	一次写偶而读
WWN	World Wide Name	万维网名称
WWNN	World Wide Node Name	万维网节点名称
WWPN	World Wide Port Name	万维网端口名
XCM	Environmental Control Module	环境控制模块
XML	Extensible Markup Language	可扩展标记语言

8b/10b encoding 8b / 10b 编码

一种编码算法，将 8 比特字码经过映射的机制转化为 10 比特字码，从而避免了冗长的 0、1 的编码序列。

646/666 64b/66b 编码

一种编码算法，将 64 比特位数据转化为 66 比特位传输字符。

Access control 访问控制

一种控制用户访问资源的服务。

Access Control List, ACL 访问控制表

一个授权列表，指定了访问资源的用户和权限。

Accessibility 可访问性

指授权的用户在正确的位置能够访问到所需要的数据。

Accountability services 可稽核性服务

系统管理员跟踪系统上的活动，并将它们与个人用户绑定，使得用户否认他们行为责任的可能性很小。

Active archive 活动归档数据

不能变化或者变化的可能性极小的一类数据，经常被称作"内容固定"的数据。

Active attack 主动攻击

对信息进行未被授权的更改操作，会破坏数据的完整性和可用性。

Active changeable 活动可变数据

容易变动并且可以被更改的一类数据，被称作"可改变"的数据。

Active directory 活动目录

微软的一款用来提供中心授权和认证服务的工具。

Active path 活跃通路

一条目前可用且活跃使用的 I/O 传输通路。

active/active 主动/主动

一种为实现高可用性而设计的架构，所有的部件都处

于活跃且可用的状态，如果另外一个部件出现故障，可继续执行任务。

active/passive 主动/被动

一种为实现高可用性而设计的架构。冗余部件处于闲置状态，在主动的部件出现故障后，冗余部件被激活执行任务。

Actuator arm assembly 驱动臂装置

读写磁头的安装点。

Advanced Encryption Standard, AES

美国国家技术标准局指定的密码块（加密算法）。

Alert 警报

根据警报的类型，通知一个事件是否需要注意或对其采取行动。

American National Standards Institute，ANSI 美国国家标准局

一个非盈利组织，负责协调美国国内开发和使用产品、服务、流程和系统方面的自发性协议标准。

Application 应用

一个计算机程序，提供计算操作的逻辑。

Application Programming Interface，API 应用程序编程接口

一系列提供应用程序和操作系统接口的函数调用。

Application specific integrated circuit, ASIC 专用集成电路

用于执行某项特定功能的电路。

Application Virtualization 应用虚拟化

一种打包应用使其便于移植的方法。

Arbitrated Loop 仲裁环

一个共享的光纤通道环，每个设备与环中其他设备通过竞争执行 I/O 操作，类似于令牌环。

Arbitration 仲裁

当在 FC-AL（光纤仲裁环）中的多个节点试图传送数据时，决策哪个节点获得控制权。

Archive 归档

长期存储固定内容的仓库。

Array / Disk Array / Storage Array 阵列 / 磁盘阵列 / 存储阵列

一组硬盘磁盘驱动器作为统一体进行运作。

Asynchronous replication 异步复制

写操作完成时立刻通知源主机。这些写操作在日志中被排队，以同样的顺序传输数据和更新源数据。在 SRDF 中，它被定义为异步模式。

Attack surface 攻击面

攻击者实施攻击的各种方法。

Attack vector 攻击向量

完成一个攻击的一系列必要步骤。

Authentication 认证

对传输发送方的数字身份进行确认的过程。

Authorization 授权

识别请求者的资源访问权限的过程。

Automatic path failover 自动路径故障切换

一种无缝失败切换机制，能够在路径失败时在另外有效的可选路径上进行 I/O 失败切换而不干扰应用程序的操作。

Availability 可用性

一项针对组件的评判指标，用来衡量一个组件是否能够在其运行期间内按照业务的要求正常工作。

Availability services 高可用性服务

能够可靠、及时地为授权用户提供数据访问支持的服务。

Average queue size 平均队列长度

在等待队列中的请求的平均数目。

Average rotational latency 平均轮转延时

磁盘中盘片旋转一周所需时间的一半。

back up to disk 备份到磁盘

使用磁盘备份数据。

Backup 备份

产品数据的复制。

Backup catalog 备份编目

存储备份进度信息和元数据的数据库。

Backup client 备份客户端

一种软件，这种软件从产品主机接收数据，并将数据发送到存储节点备份。

Backup server 备份服务器

管理备份操作和保存备份编目的服务器。

Backup window 备份窗口

源数据有条件进行备份的一段时间。

Bandwidth 网络带宽

一秒钟内通过网络能够传输的最大数据量，用兆位 / 每秒（Mbit/s）表示。

hypervisor（bare metal hypervisor） 裸机

一个运行在硬件上的虚拟化平台，无需单独的主机操作系统。

Bare-metal recovery，BMR 裸机备份恢复

一种备份方式，将全部的元数据、系统信息和应用程序配置全部备份以便能够恢复整个系统。

Battery Backup Unit，BBU 电池备份单元

基于电池的辅助供电系统，以备电源失效事件。

BB_Credit 缓冲区到缓冲区信用数

用来决定一次可向接收方发送的最大帧数。

BC Planning，BCP 业务连续性规划

一种规则化的方案，能够在业务中断发生时以及之后保证一个机构的业务正常运转。

big data 大数据

数据集太大以致于传统工具无法操控。

Binary Large Object，BLOB 二进制大对象

用来表示实际文件内容的二进制位串。BLOB 独立于文件的名称和物理位置。

bit 位

计算中的基本信息单位，只能以两种状态之一存在。位单位符号为小写的 b。

Block 块

磁盘上一块连续的、大小固定的空间单元。

Block-level virtualization 块级别虚拟化

在存储区域网（SAN）中提供一个介于主机和存储阵列之间的抽象层。

Block size 块大小

应用程序存储数据的基本单元。

Bridged topology 桥拓扑

用于连接光纤通道（FC）和 IP 网络的拓扑结构。

broad network access 广泛网络访问

通过网络可用，并且标准途径可达用于推广异构的精简客户客户或传统客户平台的使用。

broadcast 广播

将信息同时传输到所有的接收器上。

Buffer　缓冲区

一个临时的存储区域，通常位于内存（RAM）中。

Bunker site　掩体站点

位于业务站点和远程站点间的中介站点，用于在层叠 / 多跳备份中缓解与两站备份相关联的风险。

Bus　总线

用于在计算机系统的各部分间传输数据的公用通路。

Business Continuity，BC　业务连续性

预防、响应可能对业务运作产生不良影响的应急故障，以及试图从故障中恢复的能力。

Business Impact Analysis，BIA　业务影响分析

评估一段时间内不执行一个业务功能所造成的影响的过程。

byte　比特

一个信息单位，由 8 个二进制数组成。单位符号为大写字母 B。

Cache　高速缓存

一块用于临时存放数据的半导体存储，其目的是缩短相应 I/O 请求所需的时间。

Cache coherency　缓存一致性

保证同一数据在多个高速缓存地址中存放的副本在任何时刻都是完全相同的。

Cache mirroring　缓存镜像

对缓存的每个写操作都会同时保存在两块完全独立的存储电路中。

Cache vaulting　缓存保管

当发生电源故障时，将缓存中的内容全部写入一套专用物理磁盘的过程。

Call home　售后呼叫

在发生硬件或业务故障时发送消息告知供货商的售后服务中心。

Capacity management　容量管理

根据服务层的需求，保证为所有服务都分配了充足的资源。

CAPEX　资本支出

用于物理性资产的支出。

Carrier Sense Multiple Access / Collision Detection，CSMA/CD　载波检测多路存取 / 碰撞检测

定义了当多个网络设备试图同时占用单个数据信道时，它们将如何解决信道冲突的一套规则。

Cascade / Multihop　级联 / 多跳

一种数据复制方式。数据先从源站点缓冲到一个作为存储仓的中间存储阵列，然后再传送到远程站点的存储阵列。

Challenge-Handshake Authentication Protocol，CHAP　挑战握手认证协议

一种基本的认证协议，通信发起者和接受者通过交换密码或口令来互相认证。

Channel　通道

将一个处理器与其他处理器或设备连接起来的高带宽连接。

Chargeback report　分摊费用报告

一种允许存储管理者识别某一应用/业务占用存储资源情况的报告，便于向不同的应用/业务部门分摊存储费用。

Checksum　校验和

一种针对数据完整性的冗余检查，用来探测数据传输错误。

C-H-S 寻址　柱面—磁头—扇区寻址

一种物理寻址方式，用柱面号、磁头号、扇区号来指定一个磁盘中的一个位置。

Cipher　密文

一种将明文用任意符号标识的方法。

Class Of Service　服务等级

一种对网络服务质量进行分级的光纤通道标准，将每一种类型的服务作为一个等级并为其规定服务优先级别。

Client-initiated backup　客户端发起的备份

由客户端发起的手动/自动备份进程。

Client/Server model　客户端/服务器模型

一种组织模型，由客户端发出请求并得到服务器的服务，服务器同时为多个客户端服务。

Cloud　云

一种模型，实现了对可配置的计算资源共享资池（例如，网络、服务器、存储、应用和服务）的便捷和按需的网络访问。资源可快速部署和释放，仅需极少管理参与或服务提供商交互。

cloud scale　云规模

一种概念，指云可为最终用户提供无限扩展的能力。

cloud service provider　云服务提供商

负责为云用户提供服务的个人、组织或实体。

Cold backup　冷备份

在备份时需要将应用停止。

Cold site　冷站点

一个备用站点，当灾难发生时可以将公司的业务转移到这个站点上。冷站点需要拥有最基本的 IT 架构和环境设施,但是并没有实际运转。

Command Line Interface CLI　命令行接口 CLI

一种应用程序用户接口,在命令提示窗口中一次接受一行敲入的命令。

Command queuing　命令队列

一种用于优化命令执行顺序的算法。

Common Information Model, CIM　通用信息模型

由分布式管理工作团队维护的,用于业务管理环境下的实体和关系的面向对象描述。

Common Internet File System,CIFS　通用 Internet 文件系统

一种微软开发的客户端/服务器应用程序协议,允许客户端通过 TCP/IP 请求远程计算机上的文件和服务。

Common Management Information Protocol, CMIP 通用管理信息协议

一个网络管理协议,建立在开放系统互联通信模型基础上。

Common Management Information Service,CMIS 通用管理信息服务

一种用来为网络组建提供网络管理的服务。

community cloud　社区云

云基础设施为几个组织公用,以支持一个特定的社区解决一些共同关心的事物(如任务、安全需求、政策和合规)。该社区由这些组织或者第三方管理,可在组织内部也可在外部。

Compliance　合规

符合政府/业界规定。

Compute　计算

(或称主机或服务器)一个计算平台,上面可运行应用和数据库。

Concatenation　串联

在逻辑上将多个硬盘的地址空间聚合在一起,将其表示为一个大的地址空间的过程。

Confidentiality　机密性

提供满足需求的信息加密。

Configuration Management Database,CMDB　配置管理数据库

一个数据库,包含信息系统中组件的信息。

Congestion Notification,CN　拥塞通知

一种探测拥塞并通知源头将流量从拥塞链路移除的机制。

Consistency group　一致群组

一组逻辑设备,可能位于一个或多个存储阵列中,需要作为一个统一的整体进行管理。

Console　控制台

用来对各个组件(被管理的对象)进行管理、配置以及处理报表的界面。

Content Address,CA　内容地址

唯一标识文件内容而非文件位置的地址标识符。

Content Addressed Storage,CAS　内容寻址存储

一种面向对象的系统,用来存储内容固定的数据。它是一种高性价比的网络存储方案。

Content authenticity　内容真实性

通过两个层次实现:一是生成唯一的内容地址,二是自动进行持续地检查和重新计算新内容地址。

Content Protection Mirrored,CPM　内容镜像保护

数据对象被做成镜像,以此来实现故障时的整体数据保护。

Content Protection Parity,CPP　内容奇偶保护

数据被划分成段,同时添加奇偶校验段,以此来实现故障时的整体数据保护。

Continuous Data Protection,CDP　持续数据保护

一种以合适的时间粒度设置恢复点或检查点的技术,能够保证在数据恢复时没有显著的数据丢失。

Control Path Cluster,CPC　控制路径集群

一种定制的存储设备,其上安装有 Invista 软件,并存储 Invista 的配置参数。

Control station　控制站

提供专门的处理能力,用来控制、管理、配置一个 NAS 方案。

Converged Enhanced Ethernet,CEE　聚合增强以太网

一种针对现有以太网标准的规范,用以消除以太网的有损特性。

CAN　聚合网络适配器

一种支持数据联网(TCP/IP)和存储联网(FC)的单 I/O 适配器。

Copy on First Access,CoFA　初次访问时复制

一种基于指针的全卷复制方法。只有当对源端数据进行写操作,或者第一次对目标端数据进行读/写操作时,才将数据从源端复制到目标端。目标端副本在复制会话开始时便可使用。

Copy on First Write,CoFW　初次写时复制

一种基于指针的虚拟复制方法。当第一次对源或目标数据进行写操作时，将数据复制到事先定义好的阵列区域内。

Cryptography　密码学

一种为保密而设置的隐藏信息的技术。

Cumulative backup　累积备份

又称差值备份（differential backup），只复制上一次全备份之后改变的数据。

Cyclic redundancy check，CRC　循环冗余校验

检验数字化数据中错误的技术以确保数据的完整性。这种方法将一些校验位（通常叫做校验和）附加在消息之后一同传输。

Cylinder　柱体

HDD 磁盘上的一组同心、空心的圆柱形金属片。

Data　数据

一条记录下来的信息。

Data Access in Real Time，DART　实时数据访问

Celerra 专用的操作系统，在数据移动设备上运行。

Data Center　数据中心

为业务提供集中的数据处理能力。它的核心组成部分包括应用程序、数据库、操作系统、网络以及存储。

DCB　数据中心桥接

一个以太网协议扩展组件，为实现可靠存储传输而定义。

DCBX　数据中心桥接交换协议

一个发现和能力交换协议，帮助 CEE 设备与其他 CEE 设备传达和配置特性。

Data compression　数据压缩

将信息编码成较少的位数的过程。

Data consistency　数据一致性

数据组成部分的可用性、有效性和完整性。

DES　数据加密标准

一种加密算法，由国家标准和技术研究所发布。

Data integrity　数据完整性

确保数据不会被无端地改动

Data security　数据安全

保证数据免遭破坏且对访问行为做适当控制的方法。

data shedding　数据消除

一种删除数据使其无法恢复的过程。

Data store　数据存储容器

缓冲区中存放数据的部分。

Data tampering　数据篡改

恶意改变数据。

Data transfer rate　数据传输速率

驱动器每秒钟能够传输给控制器的数据量。

DBMS　数据库管理系统

一个程序，提供了结构化的方法，用于将数据存储在按逻辑组织的相互关联的表格中。

Defense in depth　纵深防御

在每个访问路径的访问点上实施安全控制。

Delta set　增量集

通过使用大容量的存储缓冲区暂时缓冲大量要写到目标端的数据来执行异步复制。被缓冲的数据代表了源端和目标端写操作的差值，即增量集。

demilitarized zone，DMZ　隔离区

一个主机或网络，用作一个组织的私有网络和外部公开网络的缓冲。

Denial-of-Service attack，DoS attack　拒绝服务攻击

拒绝合法用户使用资源的攻击。

Dense Wave Division Multiplexing，DWDM　密集波分复用

将来自多个发送源的数据集中到一根光纤内进行传输，传输过程中每个信号使用不同的波长。

Desktop-as-a-Service　桌面即服务

将虚拟桌面基础设施外包给第三方服务提供商。一般来说，桌面即服务是一种多租客架构，服务以订购方式购买。在这种交付模式中，服务提供商管理后端的数据存储、备份、安全和升级。客户在登录/登出时可以将其个人数据复制到虚拟桌面或从虚拟桌面移走，客户对虚拟桌面访问与发起的设备、位置和网络都无关。

desktop virtualization　桌面虚拟化

远程显示、承载、和操纵图形化的计算机环境（桌面）。

Device driver　设备驱动

专门控制操作系统和硬件设备交互的软件。

DH-CHAP　Diffie-Hellman 挑战握手认证协议

一种安全的密钥交换认证协议，提供了 FC 发起方和应答方的认证。

Direct-attached backup　直连备份

直接连接到备份客户端的备份设备。

Direct-attached storage，DAS　直连存储

直接连接到服务器或者工作站的存储器。

Director　主控器

一类拥有大量端口和冗余部件的互连设备，用来满足企业级连接的需要。

Directory　目录

文件系统的一个容器，包含了指向大量文件的指针。

Directory service，DS 目录服务

一个或者一组应用程序，用来存储和组织计算机网络用户和网络资源的信息，使网络管理员可以管理用户对这些资源的访问。

Directory System Agent，DSA 目录系统代理

一个可以被分布在许多 LDAP 服务器上的 LDAP 目录。每个 DSA 都有整个目录的一个重复版本，而且周期性地进行同步。

Disaster recovery 灾难恢复

对于商业运营的持续性至关重要的还原操作的过程、策略和步骤，包括重新获得对数据的访问。

Disaster recovery plan，DRP 灾难恢复计划

一个用于对付突发意外时数据访问丢失的计划，专注于数据的保护。这是商业持续计划的一部分。

Disaster restart 灾难重启

用数据的一致复制来重新启动商业运营的过程。

Discovery domain 发现域

在一个 IP-SAN 里提供以功能分类的设备分组。为了让设备能够互相通信，它们必须被配置在同一个发现域中。

Discretionary Access Control，DAC 自主裁决访问控制

由对象的拥有者自行决定的访问策略。

Disk-buffered replication 磁盘缓存复制

本地和远程组合的复制技术，它首先创建了一个本地的 PIT 复制（时间点复制），再在远程对本地 PIT 复制（时间点复制）进行再次复制。

Disk drive，HDD 磁盘驱动器

一种非易失性存储设备，将数据存储在快速旋转的磁盘介质盘片中。

disk image backup 磁盘镜像备份

备份包括磁盘上所有可用存储区域的块的副本。

Disk partitioning 磁盘分区

在一个硬盘上创建逻辑分区的操作。

distributed computing 分布式计算

任何涉及多个彼此远离的计算机的计算，多台计算机在计算问题或信息处理中扮演一定的角色。

Distributed file system，DFS 分布式文件系统

一个分布跨越几个计算机节点的文件系统。

DMTF 分布式管理工作团队

一个为计算机系统和企业环境开发管理标准的机构。

Domain ID 域标识符

分配给 fabric 中每个交换机（域）的唯一标识符。

Domain Name System，DNS 域名系统

帮助将人类可读的主机名解析成 IP 地址的系统。

Downtime 失效时间

系统处于不可访问状态的持续时间。

Dual-role node 双角色节点

一个提供包括存储和访问双重功能的节点。

Dynamic Host Configuration Protocol，DHCP 动态主机配置协议

一个动态分配 IP 地址给主机的协议。

Elasticity 弹性

对变化的资源需求的快速而优雅的响应。

Encryption 加密

一个将信息用一种算法（通常叫密文）进行转换，成为对于未经授权的用户不可读信息的过程。

End-to-End Credit，EE_Credit 端到端信任

一种使用缓存控制数据流从流量等级 1 到流量等级 2 的机制。

Enterprise management platform，EMP 企业管理平台

用于管理和监控数据中心环境的集成软件或者软件套装。

Enterprise Resource Management，ERM 企业资源管理

管理一个组织的资产、服务和功能的全方位软件。

Enterprise Systems Connection，ESCON 企业系统连接

一个光学串行端口，用于连接 IBM 的大型机和外围设备。

Error-correction coding 纠错编码

一种编码方法，用于在数据传输的接收端进行错误检测和纠正。

Expansion port，E_Port 扩展端口

一个用于通过一个内部交换链路（ISL）连接两个 FC 交换机的端口。

Export 导出

将文件系统发布到可以挂载或者访问远程文件系统的 UNIX 客户端。

eXtensible Markup Language，XML 可扩展标记语言

互联网结构化文档和数据的通用标准。

Extent 扩展

一组地址连续的磁盘块，属于单个虚拟的磁盘到成员的磁盘阵列映射的一部分。

External transfer rate　外部传输率

数据通过端口被传输到 HBA 可以达到的速率。

Fabric　光纤网

一个光纤通道拓扑，拥有一个或多个交换设备。

Fabric Login，FLOGI　光纤网登录

在一个 N 端口和一个 F 端口之间进行登录的过程。

Fabric Loop port，FL_Port　光纤网回环端口

一个交换机上的端口，用于连接一个 FC 仲裁环路。

Fabric port，F-Port　光纤网端口

一个交换机上的端口，用于连接一个 N 端口。

Fabric Shortest Path First，FSPF　光纤网最短路径优先

使用在 FC 网络上的一个用于计算节点间最短路径的路由协议。

Failback　故障回切

这个操作使得正常的商业运营可以在源站点重新开始。故障回切在故障切换初始化之后被调用。

Failover　故障切换

在主动部件失效后自动将功能切换到冗余部件上。

Fan-in　扇入

可被单个发起者通过 SAN 进行访问的且符合资格的存储端口的数目。

Fan-out　扇出

通过 SAN 可以对单个存储端口进行访问的发起者的许可数目。

Fatal alert　致命警告

一个关于需要获得立即注意的情况的警告，因为这个情况可能影响到全局的性能或者系统的可用性。

Fault tolerance　错误容忍

描述一个系统或者部件被设计为当一个错误事件发生时，一个后备的部件或者步骤可以立即顶替原来失效的部件以实现服务的零丢失。

FCoE Forwarder，FCF　FCoE 转发器

光纤通道交换单元，用于将 FC 端口接收的 FC 帧封装为 FCoE 帧，同时还将从以太网桥中接收的 FCoE 解封装为 FC 帧。

Federated database　联合数据库

多个数据库组成的一个集合，并且被视为一个实体。它能够通过一个单用户接口进行浏览。

Federation　联合

处于不同位置的不同数据商店可以使企业无缝移动负载。

Fibre Channel，FC　光纤通道

一个支持多协议和多拓扑的互连结构。数据在多种铜缆和光信道中高速串行传输。

Fibre Channel over Ethernet，FCIA　光纤通道工业联合会

一个双赢的非盈利国际组织，由制造商、系统集成商、开发者、供应商、业界专业人员和最终用户组成。通过发布大量的 FC 基础设施技术来支持大容量存储和 IT 场景中的广泛应用。

Fibre Channel over Ethernet，FCoE　光纤通道以太网

一个在以太网上使用光纤通道协议的标准。

Fibre Channel over IP protocol，FCIP　IP 上的光纤通道

基于 TCP/IP 的隧道协议，实现在 IP 上连接光纤信道 SAN。

FCP　光纤通道协议

一个传输协议，在 FC 网络上传输 SCSI 命令。

FCSP　光纤通道安全协议

一个 ANSI 标准，描述了用于 FC fabric 安全实现的协议。

FICON　光纤连接

高速输入输出接口，用于大型机与存储设备的连接。

Field-Replaceable Unit，FRU　现场可更换单元

一个只可以由卖方更换的系统部件。

File-level access　文件级访问

一个块级别访问的抽象，对应用程序隐藏了逻辑块地址的复杂性。

File-level virtualization　文件级虚拟化

提供文件级数据访问和文件物理存储位置之间的相互独立性。

File server　文件服务器

一个用于满足文件共享需求的服务器。

File system　文件系统

一种用于存储和组织数据的结构化方法，使用代表成块信息的文件形式。

File Transfer Protocol，FTP　文件传输协议

一个网络协议，使得计算机之间可以通过互联网进行文件传输。

Firewall　防火墙

一个专用的设备或者软件，用于侦测流经它上面的网络流量，并且基于一定的规则拒绝或者允许数据通过。

Firmware　固件

一套隐藏或者嵌入在设备中的软件。

fixed content　固定内容

在生命周期中不会再更改的内容。

Flash drives　闪存盘

使用半导体记忆体来储存数据的存储设备。

flow control　流量控制

让网络流量的组织与设备的吞吐量相匹配。

Flushing　刷清

一个将数据从缓存提交到磁盘上的过程。

Formatting　格式化

向磁盘中写入必需信息，让磁盘可用的过程。

Force flushing　强行刷清

在大规模的并发输入输出中，这个过程强制性地将脏页面刷清到磁盘上。

Frame　帧

一个被数据链路层编码了的数据流，用于在点对点链路上进行传输。

Front-end controller　前端控制器

从主机上接受和处理输入输出请求，并且与缓存或者后端进行通信。

Front-end Port　前端端口

提供存储系统和主机或者互连设备间的端口（交换或导引）。

Full backup　全备份

将所有数据从源设备复制到备份设备。

full duplex　全双工

在单一链路上同时传输和接收数据。

Full restore　全还原

整个数据从目标被复制到源设备。所有在源设备上的数据都会被目标数据覆盖。

Full stroke　全行程

读写磁头跨越整个磁盘的宽度移动（从最里面磁道到最外面的磁道）所花费的时间。

Full virtualization　全虚拟化

对底层硬件进行充分完全的模拟，以确保软件（一般指访客操作系统）能够在无需修改的情况下运行。Hypervisor 在主机操作系统和访客操作系统之间协调。

Full-volume mirroring　全卷镜像

连接到源，并且作为源的镜像而建立的一个目标。这是通过将所有已存在的数据进行复制和在源数据被改写之后对目标数据进行同步更新来实现的。

Gateway NAS　网关 NAS

一个由独立的 NAS 头和一个或多个存储阵列组成的设备。

Generic Framing Procedure，GFP　通用组帧过程

一种多路复用技术，用于将变长净荷映射到同步净荷的封装中。

Giagabit Ethernet　吉比特以太网

一组以太网标准，定义数据以 1 Gbit/s 的速度传输。

Gigabit Interface Converter，GBIC　吉比特接口转换器

一个可以将电信号和光信号相互转换的转换器。

Global namespace　全局命名空间

将逻辑路径名映射到物理位置上。

Gold copy　金拷贝

一个优先创建的备份设备的复制，用于在备份设备上重启应用程序。

Governance　治理方法

商业运作和管理所需遵循的规则、流程和法律。

Governance，Risk and Compliance，GRC　治理方法、风险和合规

政府和企业遵从和关联风险评估的规章制度。

Graphical User Interface，GUI　图形用户接口

一个用于发指令给计算机的接口，利用指定设备（例如鼠标）来控制和激活监视器上的图形图像。

Grid computing　网格计算

在同一时间使用同一网络内许多计算机的资源来处理同一个问题。

guest operating system　访客操作系统

安装在虚拟机上的操作系统。

hard disk assembly　硬盘组合件

封装在一个盒子中的一组转动盘片和读写头。

hardware assist virtualization　硬件协助虚拟化

虚拟化技术，允许计算机的处理器将部分指令虚拟化，卸载给系统硬件处理。

Heartbeat　心跳

MirrorView 软件使用的一种信息机制，当一个辅助设备被认为不可访问后，由该机制决定该辅助设备是否可用。

Heterogeneous　异构

将不同的硬件和软件组合协调到一个统一的呈现方式。

Hierarchical Storage Management，HSM　层次化存储管理

基于策略的管理，以便使数据从高成本存储介质转移到低成本存储介质。

High availability　高可用性

保证数据在每一次源设备发生灾难事件时都能实现零丢失。

high performance computing　高性能计算

使用并行处理，以高效、可靠和快速的方式运行高级应用程序。

High Performance Parallel Interface，HIPPI　高性能并行接口

一个高速的计算机总线，用于连接存储设备。

High watermark　高水位线

一种缓存的利用级别，达到该级别存储系统启动高速缓存数据刷新。

Host　主机

运行应用程序的客户端或服务器计算机。

Host bus adapter，HBA　主机总线适配器

连接主机与存储区域网络或直接连接到存储设备的硬件。

Hot backup　热备份

在应用程序启动并运行时进行数据备份，此时用户可以正常访问应用。

Hot site　热站点

一种配有必需的硬件、操作系统、应用和网络支持的计算机机房，可以在灾害或原有的应用不可用的情况下执行业务。

Hot spare　热备用

一种空闲磁盘驱动器，用于取代任何受保护的 RAID 组中的不可用的磁盘驱动器。

Hot swap　热插拔

在计算机系统仍然在运作的情况下更换类似的硬件组件。

Hub　集线器

互连的设备，在同一个逻辑环路上连接不同的节点，这些节点必须共享带宽。

hybrid cloud　混合云

这种云基础设施由两种或更多形式的云（私有、社区或公有）组合而成，参与组合的云依然为独立实体，但是通过标准或专有技术将它们联合起来，以实现数据和应用的可移植性。

HTML

一种计算机语言，由一组标签组成，描述了文档在浏览器中的显示方式。

HTTP

一种应用级协议，一般运行在 TCP/IP 上，允许通过

万维网交换文件。

Hypervisor

一个虚拟化平台，允许多个操作系统同时运行在一个物理主机上。Hypervisor 负责与主机的物理资源直接交互。

Idle flushing　闲置刷新

当高速缓存的使用水平位于高水位线和低水位线之间时连续地从缓存到磁盘进行的数据留存。

In-band　同频带信号传输

在虚拟环境下配置驻留在内部数据传输路径的一种实现方式。

Incremental backup　增量备份

复制那些最近发生的自上次完全或增量备份后的变化数据。

Information　信息

来源于数据的知识。

Information Lifecycle Management，ILM　信息生命周期管理

一种积极和动态的策略，用于帮助企业在基于商业价值的基础上管理信息的增长。

Information Rights Management，IRM　信息权限管理

一项保护敏感信息免遭未经授权的访问的技术，有时被称为企业数字版权管理。

Information Technology Infrastructure Library，ITIL　信息技术基础设施库

IT 服务管理最佳实践的组合。

Infrastructure-as-a-Service　基础设施即服务

用户可以部署处理、存储、网络和其他基本计算资源，可以配置运行任何软件，包括操作系统和应用。用户不负责管理或控制底层云基础设施，但是对于操作系统、存储、安装的软件能够控制，同时可能对于选择网络部件（例如，主机、防火墙）也有部分控制权限。

Initiator　启动器

开启数据请求的设备。

Inode　目录节点

与所有的文件和目录相关并且包含信息的数据结构。

I/O burst　突发性 I/O

很短的时间内发生大量写入操作。

I/O controller　I/O 控制器

一次处理一个 I/O 请求的组件。

Input/Output channel，I/O channel　输入/输出通道

在 I/O 总线和 CPU 之间提供通信。

Input Output per Second，IOPS　每秒的输入输出量（吞吐量）

每秒的读写次数。

in-sync　同步

主逻辑设备和次逻辑设备包含完全一致的数据。

Integrated Device Electronics/Advanced Technology Attachment，IDE/ ATA　集成电路设备/高级技术附件

在个人计算机中用于连接存储设备的标准接口。

Integrity checking　完整性检查

确保文件的内容和相应的数字签名相匹配（用哈希校验或 CA）。

Interface　接口

为两个不同通信范围的元素提供通信，如软件、硬件设备或者是用户。

Internal transfer rate　内部数据传输率

从磁盘表面到读/写磁头的数据传输速率。

International Committee for Information Technology Standards, INCITS　国际信息技术标准委员会

一个面向信息技术开发人员、制作人员和用户的论坛，以制定和维护正式的 IT 标准。INCITS 通过 ANSI 认证，并在其规则下运行。

Internet Engineering Task Force，IETF　互联网工程工作小组

定义互联网运营协议标准的机构，如 TCP / IP。

Internet Protocol，IP　互联网协议

一种在数据包交换网络上传输数据的通信协议。

Internet Protocol Security，IPSec　安全 IP 协议

一种用于确保 IP 通信的用户验证和/或加密数据流中的每一个数据包的算法、协议和规程。

Internet Protocol Storage Area Network，IP SAN　IP 存储区域网

利用 IP 网络的混合存储网络解决方案。

Internet Small Computer System Interface protocol，iSCSI　互联网小型计算机接口协议

构建于 SCSI 上的基于 IP 的协议，在传统的 IP 网络上传送块数据。

Internet Storage Name Service，iSNS　网络存储名称服务

一种在 IP 网络上自动发现存储设备的协议。

Inter-Switch Link，ISL　交换机间链路

通过 E_Port 端口连接两个交换机/交换矩阵机的链路。

Intrusion Detection，IDS　入侵侦测系统

用于识别 IT 系统中入侵行为的一种检测控制系统，并尝试以终止网络连接或援引防火墙规则来阻止传输的方式来停止攻击。

IP Storage　IP 存储

通过 TCP/IP 网络的存储网络

IT-as-a-Service　IT 即服务

提供端到端的服务，信息技术基础架构以按需索取和可扩展的服务的形式呈现和提供。

Jitter　颤动

无用的变化的信号特征。

Journal file System　日志文件系统

一种文件系统，使用一个称为日志或日志记录的单独区域来跟踪对文件系统的所有更改，从而可以轻松地恢复发生在文件系统的崩溃。

Jukebox　媒体柜

光盘的"阵列"集合，用于存储和访问固定的资讯内容。

Jumbo frame　巨型帧

较大的 IP 帧，用于高性能网络，以增加长距离的传输。

JBOD　简单磁盘组合

一组磁盘，没有控制软件从中协调。

k28.5　一种由 10 个比特组成的特殊字符，用来表示光纤通道命令的开始。

Kerberos　一种安全认证的系统

网络认证协议，使得个人在不安全的网络通信时可以用一种安全的方式来证明自己的身份。

Key Distribution Center，KDC　密钥分配中心

Kerberos 服务器，实现了认证和票据授予服务。

LAN-based backup　基于 LAN 的备份

需要备份的数据通过 LAN 网络从应用服务器传输到存储节点。

Landing zone　磁头停放区

在盘片主轴附近的硬盘区域，该区域供读/写头休息。

Latency　延时

I / O 请求开始到完成该 I / O 请求的延迟时间。

（Least Recently Used，LRU）最近最少使用算法

一种缓存算法，即缓存地址在很长一段时间未被使用之后被释放出来或标记为重复使用。

Level 1（L1）Cache　一级缓存

和 CPU 封装在一起的附加的缓存。它所拥有的数据和程序指令很可能是 CPU 很快就需要的。

Lightweight Directory Access Protocol，LDAP　轻量

目录访问协议

一个应用协议，通过 TCP / IP 来获取信息目录。

Link Aggregation　链路聚合

一种实现网络高可用性的配置技术。能将连接到同一交换机的多个以太网活跃链路显示为单一链路。

Link Aggregation Control Protocol，LACP　链路聚合控制协议

一个 IEEE 标准，组合两个或两个以上的物理数据通道到一个逻辑数据通道以增强高可用性。

Load balancing　负载平衡

一种将工作负载均匀分布在多个计算机系统、网络连接、CPU、硬盘驱动器或其他资源，以获得较优的资源利用率的方式。

Local Area Network，LAN　局域网

一种基于 IP 的通信基础设施，共享相同的链路，同时将大量互连节点连接在一个小的地理区域（通常是建筑物或校园内）。

Local bus or I/O bus　本地总线或读/写总线

一种高速通道，它连接 CPU 和外围设备用于数据的高速传输。

Local replication　本地复制

在同一存储阵列（如基于阵列的本地复制）或在同一数据中心（如基于主机的本地复制）上制作一份生产卷的复制的过程。

Log shipping　日志传送

基于主机的复制方法，即数据源上所有的活动都做成一个"记录"文件，并定期发送和应用到远程站点上。

Logical arrays　逻辑阵列

在磁盘阵列上的一部分磁盘子集可以组织成逻辑分组，例如，一个 RAID 组。

Logical Block Addressing，LBA　逻辑块地址

一种地址的分配方法，预先定义的存储空间（块）使用动态号码（例如 1 至 65 536），而不是由磁柱—磁头—磁扇组成的数字。

Logical Unit Number，LUN　逻辑设备编号

一个标识符，用于逻辑存储单元提交给主机存储和访问该单元的数据。

Logical Volume　逻辑卷

在卷组中创建的虚拟磁盘分区。

Logical Volume manager，LVM　逻辑卷管理

常驻主机系统的软件，负责创建和控制主机级别的逻辑卷。

Lossless Ethernet network　无损以太网

一种以太网网络，仅由全双工链路、无损以太网 MAC 和无损以太网桥接单元组成。

Low watermark　低水位线

在该点存储系统将停止强制刷新并返回到空闲刷新行为。

LUN binding　LUN 绑定

在 RAID 组中创建 LUN 的过程。

LUN masking　LUN 屏蔽

一个提供数据的访问控制过程，使主机只可以访问那些已经授权的 LUN。

Magnetic tape　磁带

顺序存储介质，用于数据存储、备份和存档。

Mail or import/export slot　邮寄或导入/导出插槽

用于从磁带库中添加或删除磁带的插槽而无需打开门访问。

Malware　恶意软件

恶意软件，目的在于破坏保密性，完整性和可用性。

Management Information Base，MIB　管理信息库

（虚拟）数据库中的对象集合，用于管理网络中的实体（如路由器和交换机）。

MD5　一种能产生 128 位摘要的信息摘要技术

Maximum Transmission Unit，MTU　最大传输单元

指在无数据分割情况下进行一次最大包传输的大小设定。

Mean Time Between Failure，MTBF　平均故障间隔时间

单个部件以小时计的平均生命周期期望。

Mean Time To Repair，MTTR　平均修复时间

修复一个故障部件所需的平均时间。

measured service　可衡量的服务

云系统利用计量功能自动控制和优化资源的使用。计量的抽象等级与服务类型（如存储、处理、带宽和活跃用户帐户等）相匹配。资源的使用可被监控、控制和汇报，为提供商和服务消费者之间提供了所使用资源的透明度。

Media Access Control，MAC　介质获取控制

在共享介质网络中，用于控制物理介质的机制。

Memory virtualization　内存虚拟化

使应用程序可以访问其连续的逻辑内存空间而独立于实际可用的物理内存空间的技术。

Metadata　元数据

指关于数据的信息，用于描述数据的特征，例如内容、品质和条件。

MetaLUN　元逻辑单元

由多个逻辑单元聚集形成的逻辑单元。

Metering   计量

监测云资源使用，方便资源部署和成本核算。

Metropolitan Area Network，MAN   城域网

用于城市内的大型计算机网络。

Mirroring   镜像

一种数据冗余技术，这种技术将数据同时写入到两个磁盘中以防止在单个磁盘故障时数据的损坏。

Mixed topology   混合拓扑

采用基于局域网（LAN）和存储区域网（SAN）技术的备份拓扑方式。

Mixed zoning   混合分区

WWN 和端口分区技术的组合。

Modification attack   修改攻击

以恶意目的进行非授权的信息修改。

Monitoring   监控

对信息的连续采集以及对整个存储基础结构进行评估的过程。

Most Recently Used，MRU   最多近期使用算法

一种高速缓存算法，该算法设置最近经常使用的地址为可用地址或标记为可重用地址。

Mounting   装载

通过创建一个装载点使文件系统可用的过程。将磁带插入磁带驱动器的过程也称为装载。

Multicast   组播

同时将数据帧发送到多个目标端口。

Multi-Level Cell，MLC   多等级单元

闪存记忆体中的记忆元素，可存储多于 1 位的数据。

Multimode Fiber，MMF   多模光纤

以光束形式传送多个数据流的光纤电缆。

multipath I/O, MPIO   多路径 I/O

一种容错机制，用于实现主机对存储设备使用多于一条路径发出直接 I/O 请求。

Multipathing   多路径

允许两个或两个以上的数据通路同时用于读写操作的方式。

Multiplexing   多路技术

在单一通信线路或者通道上传输多个信号。

multi-tenancy   多租户

多个应用在一个基础设施上共存。

Name server   名称服务器

实现域名服务协议的主机。

Namespace   名称空间

提供其保持的项目（如名字、技术术语、单词等）的上下文的抽象容器。

National Institute of Standards and Technology，NIST   国家标准和技术研究所

一个非监管性联邦机构，属美国商务部技术管理部门管理。NIST 的使命为开发和促进度量、标准和技术，以增强生产率，方便贸易，提升生活质量。

Network   网络

以资源共享为目的的互连设备集合。

Network-attached Storage，NAS   网络存储

连接到局域网络的专门提供文件服务的设备，此设备可以自带存储或利用网络共享存储。

Network Data Management Protocol，NDMP   网络数据管理协议

在异构的网络环境中主级存储和次级存储间进行数据备份和恢复通信的开放协议。

Network File System，NFS   网络文件系统

在 UNIX 环境下一种通用的文件共享方法。

Network Information System，NIS   网络信息系统

在网络中用于帮助用户标识和获取唯一资源的系统。

Network Interface Card，NIC   网络接口卡

用于在 IP 网络中计算机互联通信的硬件设备。

Network latency   网络延迟

数据包从源端到目的端所用的时间。

Network layer firewalls   网络层防火墙

在网络层实现的防火墙，用于检查网络包并与设定的安全准则集进行比较。

Network portal   网络入口

一个网络端口，通过它可以访问到同一设备内的任意 iSCSI 节点。

Network Time Protocol，NTP   网络时间协议

在包交换方式延迟可变的数据网络系统中用于同步计算机系统时钟的协议。

Network topology   网络拓扑

网络组织的图形化描述，包括网络节点和连接线。

Network virtualization   网络虚拟化

创建虚拟网络独立于物理网络的技术。

Node   节点

在网络中连接的设备或单元，例如，主机或存储。

Node loop port，NL_Port   节点循环端口

支持任意循环拓扑的节点端口。

Node port，N_Port　节点端口

整体结构中的端点，典型的是在交换网络中连接到交换设备上的主机端口或者存储阵列端口。

Non-protected restore　非保护恢复

一种恢复过程，在该过程中当恢复操作结束后目标设备保持连接到源设备，所有对源设备的写操作也被镜像到目标设备上。

Non-repudiation　不可抵赖

确保主体不能在事后否认其执行过的动作，通信中提供的交付证据可用于认定不可抵赖。

Non-Volatile Random Access Memory，NVRAM　非易失性随机访问内存 通过利用电池或类似于闪存的技术，使随机访问内存可以避免掉电带来的数据丢失风险

N Port ID rirtualization，NPIV　节点端口 ID 虚拟化

一个 FC 配置，一个物理节点端口可有多个节点端口 ID。

Object-based storage decice，OSD　基于对象的存储设备

一个基于磁盘的存储系统，数据存储的容器叫做对象。

Offline backup　离线备份

在备份过程中，数据库的 I/O 操作均无法进行。

on-demand self-service　随需自助服务

消费者可单方根据需要部署计算能力，如服务器时间和网络存储，无需跟服务提供商进行交互。

online backup　在线备份

备份的一种形式，可备份正在被访问的数据。

Online Transaction Processing，OLTP　在线事务处理

一种处理事务的系统，当计算机接收到事务后立即更新主文件。

Open file agents　开放文件代理

直接与操作系统进行交互操作，并能对打开的文件进行一致性的备份。

operating environment　操作环境

用来描述存储阵列的操作系统。

Operational backup　可操作备份

以将来某一个点上恢复丢失或损坏的数据为最终目的的数据采集。

OPEX　运营开支

用于日常运行的开支。

Optical Disc Driver，ODD　光盘驱动

采用激光或者近光谱的电磁波作为读写数据处理的一部分的光盘驱动器，是存储数据到光盘的必不可少的外围设备。

orchestration　协调

通过协调系统内的分离资源让事件按期发生。

Ordered Set　有序集

低级光纤通道（FC-1 层）功能集，例如帧分割以及数据传输过程的信号表示。

Out-of-band　带外

一种虚拟环境的配置实现，该配置执行在数据通路之外。

Out-of-sync　失同步

表示目标数据不处于一致性状态，需要进行全同步。

over commitment　超配

分配的资源（如 CPU 和内存）大于可用的物理资源。

physical to virtual, P2V　物理到虚拟

使用虚拟机对物理应用服务器的虚拟化。

Packet loss　包丢失

一个或多个在计算机网络中传输的数据包没有到达设定的目的位置。

Page　页面

高速缓冲存储器分配的较小单位。

para-virtualization　准虚拟化

虚拟化环境需要对访客操作系统进行修改，以换取更高的效率。访客操作系统要被裁剪才能进行在此类 hypervisor 上。

Parity　校验

可以对丢失的数据进行重建的数学结构。

Parity bit　校验位

在传输过程中用于对数据位进行检错的额外位。在调制解调通信中，该位通常用于检测每一个传输字符的准确性。

Partition　分区

对物理或逻辑磁盘空间进行逻辑划分。

partitioning　分区过程

将一个大容量磁盘划分为较小的虚拟卷。

Passive attack　被动攻击

试图获取非授权的数据访问但不修改数据内容。被动攻击可以威胁到信息的保密性。

passive path　被动路径

一个已经配置好，随时可用但暂时还未启用的通路。在失效时启用。

Password　口令

秘密认证数据的一种形式，用于控制对资源的获取。

Payload 负载

表示用户信息和开销的数据流一部分。

Peripheral Component Interconnect，PCI 外围部件互连

连接输入输出设备到个人计算机的一种标准总线。

personally identifiable information，PII 个人可标识信息

任何可以以为标识某个个人的信息。

Platform-as-a-Service 平台即服务

用户可以使用提供商在云基础设施中的应用。应用可通过各种客户端设备访问，访问可通过精简客户端界面（如浏览器和网页版电子邮件）。用户不能管控底层的云基础设施包括网络、服务器、操作系统和存储，甚至单个应用的功能。当然，一些用户特有的应用配置可能会有例外。

Platter 盘片

典型的硬盘中单个或多个平面圆形的且两面均覆盖有磁物质的刚性磁盘。

port login，PLOGI PLOGI（端口登录）

为了建立一次会话在发起者与目标存储端口间进行的动作。

Point-in-time（PIT）copy PIT 副本

数据的副本，包含该数据在某个给定时间点上的一致性镜像。

Port 端口

设备连接的物理点。

port zoning 端口分区

对数据的访问由节点连接的物理端口决定。

Portal Group 端口组

一组网络入口，能够整体支持一个多链接会话。

Pre-fetch（read ahead） 预取（预读）

在一组串行的读请求过程中，还没有被主机请求的相关联磁盘连续数据块将提前从磁盘读出并放入到高速缓存的过程。

Primitive sequence 原始序列

不断被发送的一个有序的集合，直到收到 FC-1 层定义的一个指定的回答后传送才终止。

private cloud 私有云

以服务提供给某个组织的虚拟化资源。可能由第三方管理。

Private key 私钥

非对称加密算法中的非公开密钥。

Process login，PRLI 程序注册

用于交换服务参数的 N 端口对 N 端口的注册。PRLI 确认程序是基于 ULP 的。

Production data 生产数据

由服务器上运行的应用程序产生的数据。

Propagation 传播

将信号通过任何媒介从一个地方传播到其他地方。

Propagation delay 传播延迟

将数据包从源端传输到目的端所需要的时间。

Protocol 协议

一系列用于系统或设备的通信的规则或标准。

Protocol data unit，PDU 协议数据单元

在网络的两个节点之间的通信中传送的一条消息。

public cloud 公有云

一种面向公众；通过合同约束的运营商服务。

Public Key Infrastructure，PKI 公钥基础设施

包含了促进安全地产生和管理数字证书所需要的软件、硬件、人员以及过程。

Quality of Service，QoS 服务质量

一种定义的度量数据通信系统性能的标准。

Queue 队列

用来存放尚未得到 I/O 控制器处理的 I/O 请求的地方。

Quiescent state 静止状态

指应用程序或设备处于数据一致的状态，并且，处理被中止，任务要么已经完成，要么还没开始。

Quota 配额

在用户级指定最大容量的限制（如邮箱配额、文件系统配额）。

RAID controller 磁盘阵列控制器

执行 RAID 计算并向主机提供磁盘卷的专用硬件。

Random access memory，RAM 随机访问存储器

允许直接从内存任何位置存取数据的易失性存储器。

Random I/O 随机 I/O

连续访问硬盘系统上不相邻数据的 I/O 请求。

rapid elasticity 快速延展性

能够快速灵活部署和释放，以实现快速扩展。对于用户，可以部署的资源显示为无穷，可在任何时候购买任何数量的资源。

Raw capacity 原始容量

存储系统中存储设备的可寻址总空间。

Raw partition 原始分区

不受卷管理器控制的磁盘分区。

Read-only memory，ROM 只读存储器

非动态的内存类型，其中数据只能读出不能写入。

Read/write heads 读写头

硬盘驱动器的组件，负责从 HDD 中读取和写入数据。大多数的硬盘驱动器中每个盘片上都有两个读写头，分别在盘片的两个面上。

Recoverability 可恢复性

当数据丢失或崩溃的事件发生时，一个数据副本在规定的 RPO 和 RTO 要求下恢复数据以恢复业务操作的能力。

Recovery Point Objective，RPO 恢复点指标

在停机发生后的数据及系统必须恢复到的时间点。该指标定义了一项业务能够承受多大的数据丢失。

Recovery Time Objective，RTO 恢复时间指标

在停机发生后应用和功能进行恢复所用的最长时间。该指标定义了一项业务能承受多长的中断时间。

Redundancy 冗余

系统中的额外部件（比如说磁盘驱动器、HBA、连接或数据）能够在工作部件发生故障的时候让系统继续运行，这些额外部件被统称为冗余。

Redundant Array Of Independent Disks，RAID 冗余磁盘阵列

一组相互独立的磁盘驱动器组成的磁盘驱动器阵列，其性能可以超过一个大容量的昂贵的磁盘驱动器。

Redundant Array of Independent Nodes，RAIN 冗余节点阵列

数据被复制到多个相互独立的节点当中去，以此在 CAS 系统中提供冗余。

Registered State Change Notification，RSCN 注册状态变更通知

用来将一个节点的变化情况通告给系统结构中的所有其他节点。

Reliability 可靠性

对于系统在一定时期、一定条件下能够顺利运转的保证。

Remote Authentication Dial-in User Service，RADIUS 远程用户拨号认证系统

一种控制网络资源访问的认证、授权、计费的协议。

Remote backup 远程备份

来自主要存储设备的复制直接在其他站点的远程介质上进行。

Remote Procedure Call，RPC 远程过程调用

一种允许电脑程序在不必关心具体编码细节的情况下调用其他计算机上的子程序或程序来进行远程交互的技术。

Remote replication 远程复制

将本地存储阵列上的数据复制到远程站点的阵列上的过程。

Replica 副本

可由其他应用程序使用的数据的镜像或复制。

Representational State Transfer，REST 表述性状态转移

一种从网站上获取信息内容的方法，通过读取网页的 XML 文件，其中描述和包含了所需的内容。

Repudiation attack 抵赖性攻击

一种攻击，它拒绝承认或刻意模糊事件发起者的身份。

resource pooling 将资源放入共享池

将供应商的计算资源集中服务于多租户模式中的多个消费者。不同的物理和虚拟资源可以根据消费者的需求动态分配和再分配。出于位置无关性的目的，客户通常无法控制或得知资源的精确位置，但是可以在更高一级的抽象层面指定资源的位置（如国家、省份或数据中心）。此处的资源可以包括存储、处理能力、内存、网络带宽和虚拟机。

Response time 响应时间

系统或某个功能部件对某个输入产生反应的时间。

Restartability 可再生性

描述了当遇到灾难时，数据副本能被用于恢复业务运作的有效性和可用性。

Restore 恢复

将数据还原到它的原始状态或者某个可用的状态。

Resynchronization 再同步

恢复将某一时间点的数据（PIT）复制到目标之后又更新了的数据块的过程。

Retention period 保留期

企业需要保留数据备份拷贝的时长。

ROI 投资回报

计算投资在开发或修改系统上所取得的财务利益。

Rewind time 倒带时间

将磁带卷回其开始位置所需的时间。

Risk analysis 风险评估

在实现业务连续性（BC）过程中进行的分析，通过度量 MTTR（平均修复时间）和 MTBF（平均故障间隔时间）来衡量部件失效率及平均修复时间。

Robotic arms 机械臂

磁带库的一个部件，用于在磁带槽和磁带驱动器间移动磁带。

Role-based access control，RBAC 基于角色的访问控制

一种根据用户的相应角色来限制授权用户访问系统的方法。

Roll back　回滚

将所复制的数据恢复到上一个时间点。

Rolling Disaster　滚动灾难

这类灾难的持续时间有显著差异,起始点和结束点可能间隔数毫秒或者几分钟。

Rotation speed　转速

磁盘盘片旋转的速度。

Rotational latency　旋转延迟

磁盘盘片通过旋转将要读写的数据位置置于读写头下所需的时间。

Round-robin　轮循

将 I/O 请求依次指派给可用的处理渠道,并不断反复循环的过程。

Round-trip delay,RTD　往返延迟

从发出数据到收到远端回复确认所需要的时间。

Router　路由器

使信息能在不同网络间路由传输的网际互联设备。

SAN-based backup　基于 SAN 的备份

一种在存储区域网(SAN)上备份数据的方法。

Save location　保存位置

当主机在源或目标更新 PIT 数据之前将其保存所使用的一组私有卷。

scale out　向外扩展

资源的扩展或增加横向展开,以满足更大范围或重复的量的需求。与此相对的向上扩展,指的是增加纵向展开,以满足性能的期望和需求。

SCSI Application Layer,SAL　SCSI 应用层

SCSI 通信模型的最高层,包含使用一个 SCSI 应用程序协议来初始化并处理 SCSI I/O 操作的客户端和服务器应用程序。

SCSI Transport Protocol Layer,STPL　SCSI 传输协议层

包括可以使发起者和目标之间进行通信的服务和协议。

Sector　扇区

一个在磁盘驱动器上实际存储数据的最小单独可寻址单元。

Secure Shell,SSH　安全外壳协议

可以使数据通过安全通道进行交换的一个网络协议。

Secure Sockets Layer,SSL　安全套接字层

利用公钥加密系统来提供互联网上一个客户端和一

台服务器之间的安全通信的一个加密协议。

Securities and Exchange Commission,SEC　证券和交易委员会

美国的一个政府机构,其主要职责为执行联邦证券法规,并规范证券行业或股市。

security information management　安全信息管理

一个数据组合(如集中容器中的事件日志),用于有效的分析。

Seek time　寻道时间

一个磁盘驱动器的读/写头在磁盘的磁道之间移动所需的时间。

Seek time optimization　优化寻道时间

为使读/写磁头运动最优化而执行一些命令,可能会改进响应时间。

Selective Acknowledge,SACK　选择性确认

在使用 SACK 时,数据接收者通知发送者已经成功接收的所有片段,使发送者只重新发送实际丢失的片段。

Send Target Discovery　发送目标识别

一个由发起者启动识别进程的命令。目标返回主机可用目标的名字和地址。

SEQ_ID　SEQ 标识符

一个作为特定序列和交换组件的帧的标识符,该标识符在 FC-2 层中定义。

Sequence　序列

从一个端口发送到另一个端口的连续帧的集合。

Serial Advanced Technology Attachment,SATA　串行高级技术附件

一种基于 IDE/ATA 行业标准的串行硬件驱动器接口,专门用来串行传输数据。

Serial attached SCSI, SAS　串行连接 SCSI

一个点对点串行协议,提供了并行 SCSI 外的另一选择。

server-based virtualization　基于服务器的虚拟化

一种将物理硬件从操作系统中屏蔽或抽象化的技术。允许多个操作系统同时运行在单台物理机或集群物理机上。

Server/host/compute virtualization　服务器/主机/计算虚拟化

使多个操作系统和应用程序在一个或一组物理服务器上创建的不同虚拟机内同时运行。

serverless backup　无服务器备份

一种备份方法论,使用服务器以外的设备复制数据到

Server Message Block, SMB　服务器消息块

一种网络文件系统访问协议,专用于 Windows 客户端向 Windows 服务器发送文件访问请求。

Service catalog　服务目录

一个目录,列出了服务、组成、服务属性和服务收费标准等。

Service-Oriented Architecture, SOA　面向服务的架构

一种架构,专门为了支持某项服务及相关期待。

Service Set Identifier, SSID　服务集标识符

一个 32 字符的唯一一标识符,与报头绑定,通过 WLAN 传输,可用做一个移动设备连接到 BSS 时的密码。

Shared secret　共享密钥

一个预先共享的密钥,只发给某个安全通信的参与方。

Simple Mail Transfer Protocol,SMTP　简单邮件传输协议

标准的互联网电子邮件协议,用于发送电子邮件信息。

Service-level agreement,SLA　服务等级协议

一项服务的供应商和消费者之间达成的协议。

Service Location Protocol,SLP 或 srvloc　服务定位协议

一个服务发现协议,可使计算机和其他设备无需预配置即可识别在一个局域网中的服务。

Simple Network Management Protocol,SNMP　简单网络管理协议

一个用来监测互联网设备的健康状况和性能的网络管理协议。

Simple Object Access Protocol,SOAP　简单对象访问协议

一个打包协议,将 XML 信息打包,用于网络服务和用户端之间的通信。

Single-instance Storage,SiS　单实例存储

使系统避免保存用户数据的多个副本,通过唯一的对象 ID 来标识每个对象。

Single Large Expensive Drive,SLED　单个大容量硬盘

一个单独的大容量的、通常更昂贵的、附属于一台计算机的硬盘驱动器。

Single-Level Cell,SLC　单级单元

固态驱动器使用的一种存储技术,将每一位存储在每个存储单元中,可以带来更快的转移速度、更低能耗、更高的单元持久性。

Single-mode fiber,SMF　单模光纤

光纤的一种,通过芯体中心投射的一束光线的形式传送数据。

single point of failure　单点故障

单个组件的故障可终止整个系统的可用性。

Small Computer System Interface,SCSI　小型计算机系统接口

一种常用的存储界面,用来将一个外围设备连接到一台计算机并且在它们之间传送数据。

Snapshot　快照

数据的一个时间点复制。

Siniffer　嗅探

一个可识别网络流量包的软件工具。

Snooping　窥探

对其他用户或组织数据的未授权访问。

Software-as-a-Service　软件即服务

用户可以使用云基础设施上提供商提供的应用。应用可通过各种客户端设备访问,访问可通过精简客户端界面(如浏览器和网页版电子邮件)。用户不能对底层云基础设施进行管理,对应用的功能也不能管理,对用户特有的应用配置拥有优先的控制权限。

Solid-state-drive,SSD/Flash drive　固态硬盘/闪存盘

利用固态记忆体永久存储数据的存储设备。

Source ID,S_ID　源端口地址

光纤通道源端口的标准地址。

Spindle　轴承

硬盘中连接所有盘片和马达的装置。

Spoofing　欺骗

一个人或者一个程序通过伪装数据从而获得非法利益的手段。

Standby Power Supply,SPS　应急电力供应

一种电力供应,维持足够的电力供应,使得缓存里面的内容能够全部复制到级联存储设备中。

State Change Notification,SCN　状态变换通知

在设备从被发现域中添加或移除时,发送给 iSNS 服务器的通知。

Storage area network,SAN　存储区域网

一种高速的、专用的共享存储设备和服务器的网络。

Storage array-based remote replication　基于存储阵列的远程复制

在存储阵列上开始和结束的复制操作。

storage controller　存储控制器

一个设备，用于处理存储请求并将请求转给存储设备。

Storage Management Initiative，SMI　存储管理规范

一个用来实现不同种类的存储供应商异构系统之间相互操作的存储标准。

Storage Networking Industry Association，SNIA　全球存储网络工业协会

一个非盈利性组织，引导业界制定和提出标准、技术和教育性服务，旨在增强组织管理信息的能力。

Storage Node（Backup/Recovery）　存储节点（备份/恢复）

备份软件包的一部分，控制着一个或多个备份设备（一个磁盘驱动器、一个磁带库或一个备份到磁盘的设备），并且从备份客户端接收备份数据。

Storage Resource Management, SRM　存储资源管理器

管理存储资源（物理的和逻辑的），包括存储元素、存储设备、工具、虚拟设备、磁盘卷和文件资源等。

storage virtualization　存储虚拟化

将存储系统的内部功能从应用、计算服务器或通用网络资源中抽象出来，以实现对存储或数据的脱离应用和网络的管理。

Store　存储

从代理接收数据、处理数据并且更新储存库。

Strip　条带

一个 RAID 集的每个磁盘内的一组地址连续的块。

Stripe　分条

跨越一个 RAID 集中所有磁盘的整齐排列的条带的一个集合。

Stripe width　分条宽度

与 RAID 阵列中硬盘驱动器的数目相等。

Striping　分条

在多个硬盘驱动器之间的数据拆分和分配。

Structured data　结构化数据

可以被组织成为行和列的数据，通常存储在一个数据库或电子表格中。

Stub file　根文件

一个小文件，通常大小为 8KB，包含来自原始文件的元数据。

Superblock　超块

包含关于文件系统的重要信息，如它的类型、创建和修改日期、大小和文件系统的布局、可用资源的数目以及一个标志位（用于指示文件系统的安装状态）。

Swap file　交换文件

也称作页面文件或交换空间，是一块物理磁盘的一部分，在操作系统看来，类似于物理内存。

Switched fabric　交换网络

一个光纤拓扑结构，每个设备和与它进行通信的设备之间有一条唯一的专用的 I/O 路径。

Switches　交换机

比集线器更智能的设备，交换机之间将数据从一个物理端口直接路由到另一个物理端口。

Switching　交换

使用一种叫做交换机的硬件设备将网络段连接起来的一个过程。

Symmetrix Enginuity　是 EMC Symmetrix 的操作环境。

Symmetrix Remote Data Facility，SRDF　Symmetrix 远程数据工具

由 EMC Symmetrix 支持的基于存储阵列的远程复制软件产品。

Synchronous Digital Hierarchy，SDH　同步数字分级系统

由国际电信联盟（ITU）制定的一项标准，在 G.707 标准中记录了它的文档和它的扩展——G.708。

Synchronous Optical Networking，SONET　同步光纤网络

光纤通信传输的一项标准，来自多个用户的数据流被作为光信号以多路径一起传输发送到一个光环上。

System bus　系统总线

在处理器和内存之间传送数据的总线。

Tag RAM　标记随机存取存储器

高速缓存的一个集成的部分，追踪数据仓库中数据的位置，用它可以找到内存中数据的位置以及磁盘中数据的位置。

Tampering　篡改

非授权的数据更改，改变了设备、系统或通信路径的正常工作，使它们的安全性或功能降级。

Tape cartridges　磁带盒

一种装载用于数据存储的磁带的设备。

Tape drive　磁带驱动器

一种数据存储设备，用于读写存储在磁带上的数据。

Target　目标

一种 SCSI 设备，执行一条命令来完成从一个 SCSI

启动程序接收到的任务。

Target ID　目标标识符

唯一标明一个目标，用作与启动程序交换命令和状态信息的地址。

TCP Offload Engine　TCP 卸载引擎

一种提升 TCP/IP 性能的技术，通过将 TCP/IP 处理的任务卸载到一个网络接口卡上实现。

TCP/IP Offload Engine（TOE）card　TCP/IP 卸载引擎卡

一张 TOE 卡，可取代主机实现 TCP 管理功能。

thin provisioning　精简部署

一个逻辑单元所呈现的是用户所需的容量，但是隐藏了总容量。

Threats　威胁

可以在 IT 基础设施上实施的攻击。

Throughput　吞吐量

在一个设定的时间段内可以成功传输的数据的数量。

Tiered storage　分层存储

根据价格、性能、容量和功能的不同将存储区分为两个或更多层的一个存储环境。

Total Cost of Ownership，TCO　总拥有成本

对拥有软件或硬件所需的直接或间接的花费的财务估算。

Tracks　磁道

一个磁盘驱动器盘片上的逻辑同轴圆环。

Transmission code　传输编码

主要用于光纤通道，提升网络间信息的传输性能。

Transmission Control Protocol，TCP　传输控制协议

一个基于连接的协议，在数据从源地址发送到目的地址之间建立一次虚拟的会话。

Transmission word　传输字

FC-1 中的一个数据传输单元，每个传输字包含 4 个连续的传输字符或字节的字符串。

Triangle/Multitarget　三角/多目标

一个三站点的远程复制过程，源站点的数据可以在第一跳时先将数据复制到一个中间过渡的存储阵列（掩体处），然后第二跳时复制到远程存储阵列。

Trusted Computing Base, TCB　可信计算基础

计算环境中 6240 有提供安全环境的组件的集合。

Tunneling protocol　隧道技术协议

一个协议，将负载封装到一个不同的传送协议中，以提供安全的通信。

Universal Serial Bus，USB　通用串行总线

一种广泛使用的与外围设备通信的串行总线界面。

Unstructured data　非结构化数据

没有固有结构的数据，通常存储为不同类型的文件。

Upper-layer protocol，ULP　高层协议

使用一种更抽象的协议进行封装的协议。

User Datagram Protocol，UDP　用户数据报协议

在 IP 传输中使用的一个无连接的传输层协议。

User identifier，UID　用户标识符

UNIX 环境下的每个用户使用一个唯一的用户标识符来进行标识。

Virtual Concatenation，VCAT　虚拟级联

一种逆向的多路复用技术，将带宽平均分成几个逻辑组，单独地进行传输和路由。

Virtual Data Center, VDC　虚拟数据中心

物理基础设施及其服务的虚拟化呈现。

Virtual Desktop Infrastructure，VDI　虚拟桌面基础设施

一种桌面虚拟化技术，允许桌面操作系统运行在位于数据中心服务器的虚拟机上。用户通过各种客户端设备（如笔记本电脑、台式机和移动设备）远程访问桌面。

Virtual E_Port, VE_Port　虚拟扩展端口

FCoE 交换机的虚拟扩展端口

Virtual F_Port, VF_Port　虚拟 Fabric 端口

FCoE 交换机的虚拟 Fabric 端口。

virtual Fabric，VF　虚拟 Fabric

一个通过 VF_ID 标识的 Fabric 包括交换机和节点端口的分区，拥有单一 fabric 管理，以及独立地址空间。

Virtual LAN，VLAN　虚拟局域网

一种交换网络，被逻辑地用功能、项目团队或应用程序进行分段，而不考虑网络用户的物理位置。

VM　虚拟机

一个计算机的软件镜像，行为与物理机相同。在网络中表现为一个独立的物理机。多个虚拟机可运行在同一物理机上。

Virtual pools　虚拟池

资源的一个逻辑组或集群。

Virtual private network，VPN　虚拟专用网络

一种安全的专用的通信网络,通过另一个网络提供通道。

Virtual storage area network，VSAN　虚拟存储区域网络

组成一个虚拟网络的一组互连的光纤通道交换机的端口的集合。

Virtual tape library，VTL　虚拟磁带库

通过仿真软件向应用程序以逻辑的方式提供磁带库或磁带驱动器的磁盘存储系统。

Virtualization　虚拟化

一种将物理资源进行演示或抽象，提供一种逻辑化的视图的技术。

Virus　病毒

一种恶意的计算机程序，可以在用户未许可和知晓的情况下感染一台计算机。

VLAN tagging　虚拟局域网标签技术

一个将标签插入以太网帧的过程。标签中包含 VLAN ID。

Volume group，VG　卷组

一组物理卷（磁盘），可以用来创建一个逻辑卷（实质上是一个分区）。

Vulnerability　弱点

数据保护机制中的一个缺陷，可被威胁利用。

Warning alert　预警提醒

需要系统管理关注的情形，为了防止情况变成影响系统访问能力的事件。

Wavelength-Division Multiplexing，WDM　波分复用

该技术在一条光纤上复用多个光载体信号，通过使用不同波长的激光携带不同的信号。

Web-based Enterprise Management，WBEM　基于 Web 的企业管理

是一套由分布式管理任务组使用新兴 Web 标准技术开发的一体化企业计算管理环境。

Web console　Web 控制台

一个基于 Web 的、实现对 SAN 的远程和本地网络监视的界面。

Wide area network，WAN　广域网

横跨了不同地理区域的计算机互连网络（跨越了大城市，甚至国界），也用来互连多个局域网。

World Wide Name，WWN　万维网名称

一个由供应商提供的、64 位的全球唯一的分配给网络中的节点和端口的标识符。

World Wide Node Name，WWNN　万维网节点名

一个 64 位节点全球唯一名，在登录网络时使用。

World Wide Port Name，WWPN　万维网端口名

一个 64 位端口的全球唯一名字，在登录网络时使用。

Write aside size　旁路写长度

如果一个 I/O 请求超过了这个预定的长度，写操作就直接转到了磁盘，而不写在高速缓存。这就减少了很多写操作消耗大块高速缓存所带来的影响。

Write-back cache　回写缓存

数据放置在高速缓存，马上有一个确认发送给主机。然后，高速缓存中的数据被提交（降级）给磁盘。

Write cache　写缓存

高速缓存的一部分，设置用来暂时存储一次写操作的数据，然后再将其写到磁盘上永久存储。

Write Once Read Many，WORM　一次写多次读

存储设备（如光盘）的一种能力，可以写一次，读很多次。

Write penalty　写开销

镜像和带校验的 RAID 配置中的 I/O 开销，每一次写操作都被附加额外的对磁盘的写 I/O。

Write splitting　写拆分

截留写操作并将其重定向的过程。一个写到源，一个写到日志。

Write-through cache　透写缓存

数据被放在缓存，写到磁盘，然后向主机确认。

ZIP　一种常用的数据压缩和存档格式。

Zone bit recording　分区位记录

一种记录数据的方法，它利用了磁盘的几何结构，在外边的磁道每个磁道存储比里边的磁道更多的扇面。

Zone set　分区集合

一组分区，可以在网络中作为一个实体激活或停用。分区集合也叫做分区配置。

Zoning　分区

一个网络级别的过程，可将网络中的节点分段成组。分区的成员只能互相通信。